一日一詩
上

드넓은 벌판 위 별들은 떠 있고

하루 한 편 365일 한시 읽기

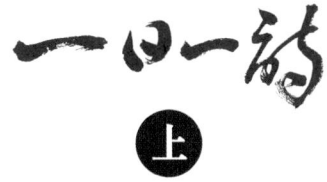
上

드넓은 벌판 위 별들은 떠 있고

김종태 번역·해설

김종태(金鍾泰)

문경에서 태어났다. 국민대학교 국문학과를 졸업하고 성균관대학교 대학원 한문학과 박사과정을 수료하였다. 민족문화추진회 국역연수원 연수부와 상임연구부 과정을 수료하고, 국사편찬위원회 초서과정을 수료하였다.

2004년 이래 한국고전번역원에 재직 중이며 주로 『승정원일기』 관련 번역, 교열, 평가, 자문 등의 일을 하였다. 2021년 현재 역사문헌번역실에서 일하고 있으며 고전번역교육원에서 논어를 강의하고 있다.

『승정원일기』 고종, 인조, 영조 대 번역 사업에 참여하였으며, 『허백당집』(공역), 『고운당필기』(공역) 등을 번역하였다. 「詩文을 통해서 본 평양 고지도의 특성」 등 10여 편의 논문을 쓰고, 『문헌과해석』에 「자적(自適)과 소쇄(瀟灑)의 시경(詩境), 심주(沈周)의 제화시(題畵詩)」 등 누정과 서화 관련 10여 편의 글을 썼다.

중국과 대만으로 고적 답사와 전시 관람 등을 위해 17회 145일 여행을 다녀왔다.

一小詩 ㊤ 드넓은 벌판 위 별들은 떠 있고

제1판 제1쇄 발행   2021년 8월 1일

번역·해설	김종태
펴낸이	허재식

펴낸곳	고반
주소	10859, 경기도 파주시 탄현면 헤이리마을길 82-128. 2층.
전화	031-944-8166
전송	031-944-8167
전자우편	gb@gobanbooks.com
홈페이지	www.gobanbooks.com
출판신고	제406-2009-000053호(2009년 7월 27일)

ISBN	978-89-97169-54-2 (04820)
	978-89-97169-53-5 (세트)

ⓒ 김종태, 2021
값은 뒤표지에 있습니다.

고반(考槃)은 『시경(詩經)』에 나오는, 은자(隱者)의 즐거움을 읊은 시입니다.
은자는 단지 숨어 사는 사람이 아니라 현실과 끊임없이 싸우면서 자유로운 정신세계를 지켜낸 큰사람입니다.
출판사 고반은 큰사람의 지식과 지혜를 모아 세상에 이로운 책을 만듭니다.

책을 펴내며

한시를 읽는 즐거움과 이 책의 특징

　이 책은 2019년 1월 1일부터 12월 31일까지 매일 한 수씩 〈페이스북〉에 연재한 한시들을 작년과 올해에 걸쳐 3번 다듬고 관련이 깊은 그림을 찾아 함께 편집한 것이다. 생각보다 분량이 있어 2권의 책으로 나누었다. 표제 한시는 끝에 덧붙인 1수를 포함 366편이고 해설을 하면서 더불어 소개한 한시가 18편 있는데다 다시 그림의 제발을 설명하면서 소개한 시가 18편 있어 모두 402수의 시가 수록되어 있다. 작은 삽도를 제외하고 연관된 사진을 묶어 헤아리면 수록한 그림이 166점, 사진이 20점, 도합 188점의 이미지를 수록하였다. 차례의 월별 제목은 해당 월의 시에서 뽑았으며 그중 하나를 각 권의 부제목으로 붙였다.

　중국에서 가장 널리 유통되는 한시 선집으로는 『千家詩(천가시)』와 『唐詩三百首(당시삼백수)』를 들 수 있는데 각각 226수와 320수가 실려 있다. 『천가시』는 모두 5언과 7언의 절구와 율시인데 반해 『당시삼백수』는 절구와 율시 외에 장편 고시가 다수 있어 실제적으로는 『당시삼백수』가 훨씬 양이 많다. 우리나라에서 전통적으로 널리 통행된 한시 선집으로 『古文眞寶(고문진보)』 전집과 『五七唐音(오칠당음)』을 들 수 있는데, 『고문진보』 전집에는 242수의 시가 실려 있고, 『오칠당음』에는 오언 194수, 7언 205수, 도합 399수가 실려 있다. 그런데 『오칠당음』은 모두 절구이고 『고문진보』 전집은 장단귀로 된 장편 고시가 많아 실제적으로는 『고문진보』 전집이 더 많은 편이다.

　이번에 필자가 펴내는 『一日一詩(일일일시)』는 절구와 율시가 주종을 이루는 가운데 장단귀와 사곡(詞曲) 등도 아우르고 있으므로 실질적 분량 면에서 이들 책과 비교하여 전혀 손색이 없다. 뿐만 아니라 시대별로 다양하고 여러 시체를 망라하고 있는 데다 계절별로 시가 고루 선정되고 구문 설명과 내용 설명을 아우르고 있어 한시를 배우거나 감상하고자 하는 사람에게 안목을 넓혀 주고 풍성한 감동과 영감을 줄 것으로 믿는다. 특히 시경(詩境)과 유사한 화의(畵意)을 지니고 있는 그림을 함께 곁들이고 제화시도 소개하여 감상하는 재미를 더할 것으로 기대하고 있다.

한시와 현대시는 그 차이점을 찾자면 무수한 이유를 들 수 있어 전혀 별개의 문학인 것으로도 생각이 치달려 갈 수 있지만, 시의 본질에 있어서는 근본적으로 통한다고 말할 수 있다. 한시는 운자(韻字)와 평측(平仄)이라는 규칙이 있어 대개 시상을 전개할 때 운자가 붙어 고정된 뒤의 3글자를 중심으로 생각과 정서를 펴가는 데 비해, 현대시는 규정된 틀이 없어 보다 자유로운 언어를 구사할 수 있다. 한시는 시인의 역량에 따라 그 규칙과 대구(對句), 고사(故事)를 잘 활용하여 오히려 더욱 신묘한 표현을 얻을 수 있고, 현대시는 비유와 상징을 고도로 구사하여 내면세계를 심도 있게 묘사해 낼 수 있다. 언어 수단과 표현 방식의 차이에 따라 펼쳐 가는 예술적 기교는 서로 차이가 있을지 모르지만, 인간의 고양된 정신과 감정을 응축하여 표현하고, 비약하고 초월하며 감지하고 통찰하는 등 다양한 시적 표현으로 산문으로는 도달하기 어려운 세계를 구현한다는 면에서는 서로 통한다. 누적된 문화 전통과 축적된 비유, 자연과의 정서적 교감과 다의적인 함축, 음악성과 회화성 역시 서로 통한다.

한시는 현대시에 비해 향유 계층의 사회적 지위가 높고 문화생활에서 차지하는 비중이 비교도 안 될 정도로 광범위하였다. 한 인간의 내면적 성찰과 자연과의 교감에서부터 고상한 가치의 추구와 깨달음의 표현, 인간 정신의 높은 경계가 때로는 잔잔하게, 때로는 격정적으로 표현되어 있다. 정신이 번쩍 들게 하는 절명시(絕命詩)가 있는가 하면 오묘한 오도시(悟道詩)도 있다. 원한과 분노 어린 한탄과 폭발도 있고 불의와 모순에 대한 고발과 폭로도 있다. 또 다양한 만남을 이루는 사람 간에 수창(酬唱)을 하는가 하면 만나지 못하는 사람들과 시를 주고받기도 하고 이미 고인이 된 사람의 시에 차운하여 정신적 교감을 나누기도 한다. 한시에는 이처럼 한 인간의 내면세계나 인간과 인간, 인간과 자연과의 정서적 교류와 교감이 있다.

특히 전통 시대에는 시와 그림, 글씨를 함께 아우르고 있는 사람을 삼절(三絕)이라 하여 높이 평가하였으며, 한 사람, 혹은 두어 사람, 또는 여러 사람이 한 작품을 완성한 것도 많다. 이런 작품에는 한 시대가 도달한 문화의 정수가 담겨 있다. 뿐만 아니라 많은 한시 작가는 당대의 내로라하는 정객이거나 문인이거나 영향을 크게 끼치는 은자이거나 수재이기도 하고 승려도 있고 여성도 있어 시를 둘러싸고 있는 문화사적 가치가 높고 그 영향도 깊고 광범위하였다. 그러므로 사연이 있거나 훌륭한 작품을 감상한다는 것은 바로 그 시대 문화의 단면을 엿보는 것이자 그 정수를 향유하는 것이라 할 수 있다. 이렇듯 한시는 단순히 하나의 문예 작품으로서의 가치에 국한되는 것이 아니라 당대의 정치와 사회, 문화와 예술, 풍습과 인식 등이 다채롭고 풍부하게 반영되어 있어 다양한 연구의 단서와 실마리를 제공한다.

한시에 녹아 있는 인간 내면의 표백과 자연과의 교감, 인간 상호간의 교류와 여러 사회적인 반응과 예술 행위는 작품을 음미하는 독자를 감염하여 공명을 일으킨다. 현대의 들뜨고 지친 독자들은 이런 한시를 읽고, 위로를 받고 정서를 정화하며 고상한 가치를 추구하고 자연과 교감하려는 천부적 인간 본연의 순수한 동기를 촉발할 것이다. 뿐만 아니라 한시를 통해 얻은 안목은 지금의 자신과 사회, 그리고 자연을 통합적으로 성찰하고 통찰하는 혜안을 열어줄 것이다. 이런 것이 한시를 읽는 즐거움이자 보람이 아니겠는가.

다만, 한자라는 언어 장벽과 난해한 구조물이 우리의 앞길을 가로 막고 있다. 그러나 어떤 분야라도 처음 입문할 때는 낯설기도 하고 어렵기도 한 것이다. 이것은 한시의 영역이 본래 어려워서라기보다는 그 영역에서 이룩한 문화 전통이 깊고도 높기 때문일 것이다. 귀한 물건은 싸지 않는 법이다. 그러나 필자는 표제 한시의 번역문만 읽어도 의미가 통하도록 번역문을 가다듬었으며 고사가 있거나 일상적이지 않은 어법에 대해서는 반드시 해설에서 정면으로 그 내용을 다루었다. 일반 독자들이 혼자서 갈피를 잡기 어려운 맥락에 대해서도 본문에 친절한 해설을 베풀었다. 대부분의 작품은 번역과 해설을 읽어나가면 자연스럽게 이해가 되도록 힘을 썼다. 운자와 평측 역시 당나라 이후 고도로 발달한 것이 사실이지만 이 책에 수록된 많은 작품들이 증명하듯이 지켜지지 않은 것 역시 많다. 이는 시의 본질이 그 형식에 있지 않고 그 내용에 있다는 것을 증언한다. 독자들도 이 점을 잘 알고 마음을 푹 놓고 시를 음미하기 바란다. 시의 문맥과 배경 등에 대해서도 필자는 높은 수준의 고증을 하고 자료를 섭렵하여 쉬운 말로 본문의 해설에 녹였다. 그림 자료 역시 그다지 연관성도 없는 것을 구색으로 채운 것이 아니라 중국의 저명한 도록과 목록집을 품을 들여 상고하고 시와의 연관성을 잘 따져 선정한 것이다. 독자들은 편안한 마음으로 자신의 마음에 드는 시나 그림을 찾아 읽어도 좋을 것이다. 다만 중복되는 내용은 맨 처음 자세히 설명하고 나중에는 간략하게 하였으므로 성실하게 처음부터 읽어나간다면 더 큰 보람이 있으리라 본다. 아무쪼록 이 책을 통해 한시에 대한 재미를 알고 취미를 붙인다면 저자로서는 큰 기쁨일 것이다.

독자들이 이 책을 펼치면 대략 3가지 특징을 발견할 것이다. 계절 순서에 맞게 하루 1편의 한시가 소개되어 있는 점, 한나라 때부터 청나라 시대까지 내용과 형식에 있어 다양한 한시가 소개되어 있는 점, 시에 밀접하고 어울리는 그림이 많이 수록된 점 등을 들 수 있다. 필자가 이렇게 한 사연이 있다.

필자는 2018년 겨울에 상해박물관의 동기창(董其昌) 전시회를 관람하고 도서를 구입하기 위해 상해를 방문하였다. 그때 서점가인 복주로(福州路)의 한 문구점에서 홍콩서 발간된 달력을 하나 구입하였다. 그 달력은 12장으로 되어 있었고 날짜마다 한 수의 시가 간체자로 적혀 있었다. 중국에서는 당시나 명화, 인장, 그리고 양생법 등을 이용해 달력, 다이어리, 카드 같은 문화 상품을 만드는 관행이 있었지만 이 달력은 수록 작품이 다채로우면서도 많아 집에 걸어 놓고 재미삼아 감상해 볼 요량이었다.

한국에 와서 몇 작품 읽어보니 이렇게 해서는 남는 것도 없을 것 같아 하루에 한 수씩 〈페이스북〉에 연재를 하기로 했다. 막상 몇 작품을 올려보니 번역을 시비하고 오류를 지적하는 사람들이 생겨났다. 그래서 나도 제대로 시를 고증하고 해설하게 되었는데 마침 연성대학교의 리무진 교수가 자신이 운영하는 중국학 센터에 시를 연재해도 좋겠느냐고 물어 왔다. 나는 흔쾌히 수락하고 여러 사람들이 볼 것을 감안해 나름대로 해설에 더 품과 정신을 쏟았다.

여기 수록한 한시들은 대체로 내가 평소에 아주 잘 아는 것이 3할, 대략 알고 있는 것이 3할, 처음 보는 작품이 3할 정도 되었다. 나는 처음에는 영수증에 시를 만년필로 적어 점심시간에 산책을 하며 외우고 글을 구상해 본 다음, 틈을 보아 자료를 찾아 고증을 하고 다시 저녁 산책을 할 때 머리로 글을 쓴 다음, 밤에 글을 작성하는 방법으로 진행하였다. 영수증에 쓴 것들은 낱장이라 모아놓기 어렵기 때문에 나중에는 손에 쥘 만한 수첩에 다소 여유가 있게 행초로 몇 수를 적어 놓고 틈틈이 고증하고 외웠다.

수록 작품 중에는 악부시나 송사나 원곡 등 우리나라 독자들에게 익숙하지 않은 한시들도 상당수 있다. 그리고 이백이나 두보, 백거이처럼 유명한 시인에서부터 고위 관료, 승려, 여성, 은자 등 다양한 문인들의 시가 있고 그 풍격도 호방하고 기세가 있는 작품에서부터 침울하며 속삭이는 작품에 이르기까지 다채롭다. 달력에 겹치거나 누락된 시는 필자가 새로 첨가하였고, 계절 배경이 잘 맞지 않는 시는 순서를 다시 조정하였으며, 일부 구절만 있는 것은 전체를 번역하여 소개하였고, 전후편이 밀접하게 짝을 이룬 것은 전체를 소개하였으며, 시의 이해를 돕기 위해 일부 구절을 인용한 시 외에도 새로 18편 정도의 한시를 더 소개하였다. 중간에 명절이 끼어 있거나 중국의 연변이나 소흥 등을 여행할 때도 연재는 계속 진행하였다. 마지막에 소식의 시를 한수 덧붙인 것은 하루 일찍 시를 올리는 관계로 한 수가 남기도 하였고 글 전체를 마무리 하는 시가 필요해서였다. 2019년 연말에 다시 상해에 들러 해당 문구점에 문의하였으나 모른다고 하였고, 작년에 마침 홍콩대 도서관에서 나에게 자료를 문의해 온 김에 물어보았지만 소득이 없어 본래 출판한 출판사나 편집자에 대해서는 필자도 알지 못한다.

나는 한시를 접하기 전에 고등학교 시절부터 시를 즐겨 읽고 지었다. 그 시에 대한 열정이 한시에 옮겨 붙은 것이라 볼 수 있다. 나는 평소 좋은 한시를 외우고 감상하는 취미가 있었는데, 『천가시』와 『오칠당음』의 해설, 손종섭 선생의 저작 등을 통해 옛 사람이 시를 감상하는 법을 알게 되었고, 대륙의 중화서국이나 상무인서관, 그리고 대만의 삼민서국 등에서 나오는 한시 교주본이나 역주본을 통해 원문을 고증하고 바른 뜻을 알아내는 방법을 익혔다. 그러다가 2010년 이후에는 주로 그림과 함께 있는 시나 좋은 글씨로 쓴 한시 등으로 관심이 옮겨갔다. 확실히 책에 시만 적혀 있는 것보다 회화 작품과 함께 있고 또 작자의 친필로 적혀 있는 것이 훨씬 아름답고 심미적 반응도 풍부하다는 생각을 하였다. 심주나 문징명, 동기창 등 문인화가들의 전시를 관람하고 도록을 구입하며 관련 유적지를 찾아보는 일을 하는 것은 그 때문이다. 이 책에서 관련 그림을 부수적으로 넣지 않고 적극적으로 찾아 시와의 친연성과 관련성을 따져 수록한 것은 필자의 이런 경험이 반영된 것이다. 이번에는 시와 따로 출발하였지만 우연히 잘 어울리는 그림을 수록하는 정도에서 그치지만, 다음에는 제화시(題畵詩)를 주제로 해서 보다 시와 그림, 글씨가 밀접하게 어우러진 작품을 소개할 계획을 가지고 있다.

이 책을 내면서 또 독자들에게 소개해야 할 2가지 특징이 더 있다. 하나는 자유로운 해설의 형식에 대한 것이고 다른 하나는 두음법칙과 외래어 표기법에 관한 것이다.

나는 한시의 설명을 딱딱하게 구도를 정해서 하고 싶지 않았다. 한시마다 그 중심 가치가 다르고 우선적으로 서술해야 할 것이 다르기 때문이다. 가령 복잡한 고사가 있는 한시는 먼저 그 고사를 소개해야 할 것이고, 사나 곡처럼 형식이 다른 것은 그 형식을 먼저 말해야 할 것이며, 처음 보는 작가라면 그 작가를 소개해야 할 것이고, 기존에 논쟁점이 있는 시라면 그 논쟁점을 먼저 말해야 할 것이다.

작품에 따라 어떤 것은 어구의 풀이가 중요한 것도 있고, 어떤 시는 배경이나 작가에 대한 이해가 필요한 경우도 있다. 또 어떤 시는 시의 내부보다 외부에 시선을 돌려야 제대로 감상이 되는 것도 있다. 이런 시를 일률적으로 형식을 정해 놓고 감상할 수 있겠는가? 그렇게 되면 시에 따라 모자라거나 넘치는 내용을 억지로 틀로 제약하게 되어 점차 시의 생동하는 감상은 없고 권태로운 형식만 남게 될 것이다. 내가 시 해설의 형식을 정하지 않고 그때그때 그 시에 알맞은 형식을 창조하여 때로는 길게, 때로는 짧게, 자유롭게 글을 쓴 이유가 여기에 있다.

위에서 미리 약간 언급한 것처럼 나의 해설은 크게 2가지 방향에서 진행되었다. 하나는 해당 글자와 구절에서 어떻게 하여 그런 뜻과 번역이 나오게 되었는지 그 과정과 이유를 설명하는 것이고, 다른 하나는 시의 문맥과 배경을 통해 시인이 말하는 의사를 왜곡하지 않고 이해하는 방식이다. 그래서 어떤 시는 구문 풀이를 앞세우기도 하고 어떤 시는 배경 설명을 우선하기도 하였지만, 그 어느 경우에나 가장 중요하고 가장 우선적으로 설명해야 하는 것을 먼저 설명하고 중점적으로 서술하여 시의 본질적인 가치와 의미를 밝히는데 근본 목적을 두는 것은 변하지 않았다. 때문에 독자들이 조금만 사전을 찾아보거나 인터넷을 검색하면 알 수 있는 것은 되도록 서술하지 않았다.

한시의 구문을 설명할 때 문리로만 막연하게 이야기할 수 없고 해당 글자와 구절이 왜 그렇게 해석되고 번역해야 하는지에 대해서는 좀 더 과학적인 설명이 필요하였다. 그래서 한시의 대구는 중국의 저명한 한어 어법 학자인 왕력(王力, 1900~1986) 선생의 책에서 많은 계발을 받았고 품사의 전성은 북한의 고전 번역 부문 교수와 연구자들의 소논문에서 많은 시사를 받았다.

말이 난 김에 이 대목에서 좋은 지적과 도움을 준 몇 분을 소개할까 한다. 3월 21일 백거이의 시에 나오는 楡(유)를 느릅나무가 아니라 비술나무로 알게 된 것은 『한국의 나무』 저자 김태영 선생의 지적을 받은 것이다. 선생과는 전에 杏(행)이나 桂(계) 등에 대해서도 의견을 교환하여 각각 살구나무와 목서류로 제대로 알게 되었다. 1월 30일에 나오는 잉어가 물속에 사는 잉어가 아니라 편지를 넣는 목함이라는 신선한 학설을 신기질의 『가헌사』를 번역한 중문학자 서성 선생에게 들었다. 또 4월 11일에 나오는 『戴叔倫集(대숙륜집)』의 문제점 등도 지적을 받았다. 3월 16일에 나오는 삼삼(三三)과 구구(九九)는 처음에 엉뚱한 방향으로 천착하였는데 『월사집』 등 많은 고전을 번역하고 성리학과 불교에 조예가 깊은 이상하 선생에게 물어 바른 방향으로 번역을 하게 되었다. 8월 17일에 나오는 자수(耆樹)는 아직까지 미진한 점이 있는데 몇 분에게 의견을 물어 가장 문리에 부합하는 방향으로 처리하였다.

   이 책에서 한시 본문 아래 작게 쓴 독음은 두음법칙을 적용하지 않았다. 독자들이 모르는 글자를 사전에서 혼동하지 않고 바로 찾아보도록 하기 위한 것이다. 시의 내용만 안다면 5언은 2, 3으로 7언은 4, 3으로 그리고 기타 장단귀나 사(詞)도 내용에 따라 끊어 읽을 때 그 첫 자에 두음법칙을 적용하여 읽으면 될 것이다. 사실 한문에는 두음법칙이 매우 성가시기만 하고 실효성은 거의 없다. 두음법칙은 일종의 음운 현상이고 또 모든 사람에게 일률적으로 나타나는 현상도 아니다. 일부 발음이 잘 안 되는 사람에게서 제한적으로 일어나는 현상인데, 이를 무리하게 보편화하고 또 표기에까지 강제성을 부여해 음운의 법칙으로 강제한 것은, 그를 통해 얻는 이익보다 불필요한 비용이 더 많이 든다. 국가에는 일관되고 통일적인 언어 정책이 있어야 하므로 이를 잘 따르고 협조해야 한다는 생각을 하면서도 이런 불만을 말하지 않을 수 없다. 특히 외래어와 외국어가 우리 언어생활에서 차지하는 비중이 날로 높아지고 있고, 여기에 대해서는 두음법칙을 적용하지 않는다는 것은 발음이 안 되는 일부 사람들도 실제로는 조금만 정신을 기울이면 발음이 무리 없이 된다는 반증일 뿐이다. 두음법칙은 두음현상으로 실제에 맞게 명칭을 수정하고, 표기는 본래의 음대로 하며, 발음에 한해서 일부 허용하는 것으로 다시 정돈하여, 불필요한 혼동을 일으키고 가외의 비용이 발생하지 않도록 하는 것이 바람직하다.

   또 이 책은 외래어 표기법을 그대로 따르지 않았다. 외래어 표기법에 의하면 중국의 인명과 지명은 과거인이나 과거 지명은 종전의 한자 표기를 따르고 현대인이나 현재 지명은 현재의 발음을 따르는 것으로 되어 있는데, 과거와 현대를 오고 가는 글의 내용상 그렇게 할 수가 없었다. 이 책과 직접 관련이 있는 것은 아니지만, 동북삼성(東北三省)의 경우 우리 동포들이 많이 살고 있고 연변자치주와 장백자치현도 있는데 그 지명과 인명을 현재의 중국 발음으로 하는 것이 과연 옳은지 검토가 필요하다. 용정(龍井)이나 연길(延吉), 도문(圖們), 그리고 장백(長白) 등을 현지 동포들이 일상적으로 말하는 발음을 버리고, 룽징, 옌지, 투먼, 창바이라고 생소하게 적고 읽는 것은 아무래도 문제가 있어 보인다.

나는 본문의 해설에서 지식과 경험의 한계를 솔직히 고백하고 독자들의 가르침을 바란다고 한 대목이 여러 곳 있다. 시구의 풀이와 시의 본질적인 내용에 나름대로 힘쓰긴 했지만 내가 짐작하지 못하는 곳에서 시를 잘못 보거나 미진한 부분이 있을 것이다. 이 책을 읽는 독자들 중에는 학식과 안목이 높은 분들도 많을 것이니, 마땅히 고쳐야 할 대목을 발견하거나 좋은 의견이 있으면 말씀해 주시기 바란다. 개정판에 충실히 반영할 계획이다.

이 책의 서문을 사실 설날 전에 써 놓고도 책을 제때에 내지 못하였다. 원하는 그림을 넣는 일이 여러 가지 어려움에 봉착하였기 때문이다. 그나마 국립중앙박물관 도서관을 다시 개방하여 큰 도움이 되었다. 관계자 여러분에게 감사를 표한다. 이번에 마음에 두고도 미처 싣지 못한 좋은 그림은 다음을 기약한다.

고반(考槃) 출판사의 허재식 대표는 나와 오래전부터 페이스북을 통해 교감을 나누어 왔다. 이번에 이 책의 출판을 흔쾌히 찬동하고 여러 모로 애써 준데 대하여 감사를 드린다. 출판사가 날로 번창하여 그 이름처럼 어지러운 세상에 어질고 깨어 있는 말이 담긴 좋은 책을 많이 보급하기를 축원한다.

아무쪼록 이 책을 읽는 독자들이 고인의 심혼과 열망이 아로새겨진 명시와 함께 어질고 아름다운 삶을 가꾸어 나가길 기원한다.

2021년 7월 22일
대서일에 백련산 아래 서재에서
김 종 태

一日一詩 上 드넓은 벌판 위 별들은 떠 있고

책을 펴내며   한시를 읽는 즐거움과 이 책의 특징 _5

1월 문득 어느 날 밤 맑은 향기 발산하니
천지에 흩어져 만 리의 봄 만드네

001	1월 1일	田家元日 농가의 새해 • 맹호연(孟浩然) _33
002	1월 2일	早梅 이른 매화 • 유종원(柳宗元) _36
003	1월 3일	竹石 대나무와 바위 • 정섭(鄭燮) _38
004	1월 4일	問劉十九 유십구에게 안부를 물으며 • 백거이(白居易) _41
005	1월 5일	雜詩 그리운 당신 • 왕유(王維) _43
006	1월 6일	村雪夜坐 눈보라치는 시골집에서 밤에 앉아 • 백거이(白居易) _46
007	1월 7일	冬晚對雪憶胡居士家 늦겨울 눈 내리는 날 호 거사의 집을 생각하며 • 왕유(王維) _48
008	1월 8일	夜雪 밤눈 • 백거이(白居易) _51
009	1월 9일	夜宴南陵留別 남릉(南陵)에서 떠나기 전날 밤 주연에서 • 이가우(李嘉祐) _54
010	1월 10일	驚雪 신기한 눈 • 육창(陸暢) _57
011	1월 11일	寒梅詞 겨울 매화의 노래 • 이구령(李九齡) _59
012	1월 12일	使之塞上 사신을 가다가 변경에서 • 왕유(王維) _62
013	1월 13일	送友人 친구를 전송하며 • 이백(李白) _64
014	1월 14일	終南山 종남산 • 왕유(王維) _67
015	1월 15일	長干行 장간의 노래 • 최호(崔顥) _71
016	1월 16일	送杜少府之任蜀州 촉주로 부임하는 두 소부를 전송하며 • 왕발(王勃) _74
017	1월 17일	梅花 매화 • 왕안석(王安石) _77
018	1월 18일	示兒 아들에게 • 육유(陸游) _80
019	1월 19일	早梅 일찍 핀 매화 • 장위(張謂) _82
020	1월 20일	十二月十五夜 12월 15일 밤에 • 원매(袁枚) _84

021	1월 21일	白梅 흰 매화 • 왕면(王冕) _87	
022	1월 22일	北風行 북풍의 노래 • 유기(劉基) _89	
023	1월 23일	觀獵 사냥 구경 • 왕유(王維) _92	
024	1월 24일	咏雪 눈 • 정섭(鄭燮) _95	
025	1월 25일	臘月書事 저물어가는 12월 • 장뢰(張耒) _97	
026	1월 26일	臘節 납절 • 위수(魏收) _99	
027	1월 27일	早花 일찍 핀 꽃 • 두보(杜甫) _101	
028	1월 28일	臘月 납월 • 육유(陸游) _104	
029	1월 29일	蘇氏別業 소씨(蘇氏)의 별장에서 • 조영(祖詠) _107	
030	1월 30일	飮馬長城窟行 장성(長城)의 굴에서 말에 물을 먹이며 • 채옹(蔡邕) _111	
031	1월 31일	送友人入蜀 촉으로 가는 친구를 전송하며 • 이백(李白) _115	

2월 풍광은 버들에 먼저 찾아왔고
햇볕은 은근히 꽃을 재촉하네

032	2월 1일	春雪 봄 눈 • 한유(韓愈) _121
033	2월 2일	立春前三日作 입춘 전 3일에 • 육유(陸游) _123
034	2월 3일	庚申 立春前一日 입춘 하루 전 경신일에 • 주희(朱熹) _127
035	2월 4일	立春日 입춘일에 • 양만리(楊萬里) _130
036	2월 5일	元日 새해 첫 날 • 왕안석(王安石) _133
037	2월 6일	立春偶成 입춘날에 • 장식(張栻) _137
038	2월 7일	新柳 새봄의 버드나무 • 양만리(楊萬里) _139
039	2월 8일	城東早春 장안성 동쪽의 이른 봄 • 양거원(楊巨源) _142
040	2월 9일	凉州詞 양주의 노래 • 왕지환(王之渙) _145
041	2월 10일	詠柳 버드나무 • 하지장(賀知章) _148
042	2월 11일	贈范曄 친구 범엽에게 • 육개(陸凱) _152
043	2월 12일	邊詞 변방의 노래 • 장경충(張敬忠) _155
044	2월 13일	立春後作 입춘을 지내고 • 육유(陸游) _157
045	2월 14일	減字木蘭花 _ 立春 감자목란화 _ 입춘 • 소식(蘇軾) _159
046	2월 15일	渡漢江 한강을 건너며 • 송지문(宋之問) _163
047	2월 16일	携手曲 둘이 손잡고 • 구양수(歐陽脩) _166

048	2월 17일	和晉陵陸丞早春遊望 진릉(晉陵)의 현승(縣丞) 육 선생의 시 〈이른 봄에 놀러 나가 멀리 바라보다〉에 화답하여 • 두심언(杜審言) _169
049	2월 18일	早春呈水部張十八員外 이른 봄에 수부원외랑 장적(張籍)에게 드림 • 한유(韓愈) _173
050	2월 19일	春夜喜雨 봄밤에 내리는 반가운 비 • 두보(杜甫) _175
051	2월 20일	江南春 강남의 봄 • 두목(杜牧) _179
052	2월 21일	望嶽 태산을 바라보며 • 두보(杜甫) _183
053	2월 22일	桑茶坑道中 상다갱(桑茶坑)을 지나는 길에 • 양만리(楊萬里) _187
054	2월 23일	遊園不值 정원에 놀러 갔으나 주인을 만나지 못하고 • 섭소옹(葉紹翁) _190
055	2월 24일	春草 봄풀 • 당언겸(唐彥謙) _193
056	2월 25일	遊子吟 객지에 있는 자식의 노래 • 맹교(孟郊) _196
057	2월 26일	回鄉偶書 고향에 돌아와서 • 하지장(賀知章) _200
058	2월 27일	水檻遣心 二首(其一) 물가 정자에서 • 두보(杜甫) _203
059	2월 28일	子夜四時歌 한밤의 사랑 노래 • 無名氏 _208

3월 그 사람 얼굴은 어디로 갔을까
복사꽃은 예전처럼 봄바람에 웃고 있네

060	3월 1일	鳥鳴澗 산새 우는 골짜기 • 왕유(王維) _213
061	3월 2일	夜月 달밤 • 유방평(劉方平) _216
062	3월 3일	春曉 봄날 새벽 • 맹호연(孟浩然) _219
063	3월 4일	憶江南 그리운 강남 • 백거이(白居易) _222
064	3월 5일	題都城南莊 도성 남쪽 어느 집 정원에 쓰다 • 최호(崔護) _226
065	3월 6일	春山夜月 봄 산의 달밤 • 우량사(于良史) _230
066	3월 7일	新雷 첫 천둥 • 장유병(張維屏) _232
067	3월 8일	春中田園作 중춘(仲春)에 전원에서 • 왕유(王維) _234
068	3월 9일	渡湘江 상강(湘江)을 건너며 • 두심언(杜審言) _237
069	3월 10일	惠崇春江晚景 혜숭(惠崇)의 그림 〈춘강만경(春江晚景)〉을 보고 • 소식(蘇軾) _240
070	3월 11일	勞勞亭 로로정 • 이백(李白) _244
071	3월 12일	幽處 내가 은거하는 곳 • 석 문향(釋 文珦) _247
072	3월 13일	子夜吳歌 _ 春歌 자야오가 _ 봄노래 • 이백(李白) _250

073	3월 14일	閑出 한가하게 집을 나서며 • 백거이(白居易) _253	
074	3월 15일	湖上 호숫가에서 • 진윤평(陳允平) _256	
075	3월 16일	春日過僧舍 봄날 절간에 들러 • 원흥종(員興宗) _259	
076	3월 17일	春風 봄바람 • 원매(袁枚) _262	
077	3월 18일	絶句 其一 절구 1 • 두보(杜甫) _264	
078	3월 19일	村居 시골에서 살면서 • 고정(高鼎) _267	
079	3월 20일	泊船瓜州 과주에 배를 대고 • 왕안석(王安石) _269	
080	3월 21일	春風 봄바람 • 백거이(白居易) _273	
081	3월 22일	出郊 교외에 나가서 • 양신(楊愼) _277	
082	3월 23일	減字木蘭花 _ 鶯初解語 감자목란화 _ 꾀꼬리가 울기 시작할 무렵 • 소식(蘇軾) _280	
083	3월 24일	黃鶴樓送孟浩然之廣陵 황학루에서 광릉으로 가는 맹호연을 전송하고 • 이백(李白) _282	
084	3월 25일	春夜洛城聞笛 낙양성에서 봄밤에 피리 소리를 들으며 • 이백(李白) _284	
085	3월 26일	鶯梭 베틀 북 같은 꾀꼬리 • 유극장(劉克莊) _286	
086	3월 27일	春社 토지신에게 지내는 봄 제사 • 매요신(梅堯臣) _290	
087	3월 28일	旅夜書懷 배로 여행하는 밤에 • 두보(杜甫) _294	
088	3월 29일	長安遇馮著 장안에서 풍저(馮著)를 만나 • 위응물(韋應物) _299	
089	3월 30일	江南曲 강남곡 • 유운(柳惲) _302	
090	3월 31일	平坡散牧 평화로이 걸어가는 소 • 심주(沈周) _305	

4월 봄 물결 비와 함께 저물녘 밀려드는데
인적 없는 나루터에 빈 배만 흔들리네

091	4월 1일	錢塘湖春行 전당호의 봄 산책 • 백거이(白居易) _311
092	4월 2일	滁州西澗 저주의 서쪽 물가에서 • 위응물(韋應物) _315
093	4월 3일	賦得古原草送別 옛 언덕 위의 풀 • 백거이(白居易) _318
094	4월 4일	鷓鴣天 _ 十里樓臺倚翠微 자고천 _ 십리 누대가 푸른 산에 기대 있고 • 안기도(晏幾道) _321
095	4월 5일	淸明 청명 • 두목(杜牧) _324
096	4월 6일	寒食 한식 • 한굉(韓翃) _328

097	4월 7일	襄陽寒食奇宇文籍 양양(襄陽)에서 한식날 우문적(宇文籍)에게 • 두공(竇鞏) _331
098	4월 8일	大林寺桃花 대림사(大林寺) 복사꽃 • 백거이(白居易) _333
099	4월 9일	上巳 삼짇날 • 최호(崔護) _337
100	4월 10일	春風曲 봄바람의 노래 • 제기(齊己) _344
101	4월 11일	蘇溪亭 소계정 • 대숙륜(戴叔倫) _347
102	4월 12일	春望 봄날 풍경 바라보며 • 두보(杜甫) _350
103	4월 13일	陽春曲 봄날의 노래 • 이백(李白) _353
104	4월 14일	春夜別友人 봄밤에 벗을 작별하며 • 진자앙(陳子昻) _356
105	4월 15일	春晚 저무는 봄날 • 최도융(崔道融) _360
106	4월 16일	謝中上人寄茶 차를 보내 준 중상인(中上人)에게 감사하며 • 제기(齊己) _362
107	4월 17일	雨晴 비 개인 봄날 • 왕가(王駕) _365
108	4월 18일	春晚 저물어가는 봄날 • 좌위(左緯) _367
109	4월 19일	峽口送友人 협곡 입구에서 벗을 보내며 • 사공서(司空曙) _369
110	4월 20일	春遠 봄날은 깊어 가는데 • 두보(杜甫) _371
111	4월 21일	晩春 늦봄 • 한유(韓愈) _374
112	4월 22일	春思 봄날의 그리움 • 이백(李白) _376
113	4월 23일	春別曲 봄날의 이별 노래 • 장적(張籍) _378
114	4월 24일	三月晦日偶題 삼월 그믐날에 • 진관(秦觀) _380
115	4월 25일	對客 손님과 마주 앉아 • 황경(黃慶) _382
116	4월 26일	三月晦日送春 삼월 그믐에 봄을 보내며 • 가도(賈島) _384
117	4월 27일	憶茗芽 차의 어린잎을 추억하며 • 이덕유(李德裕) _386
118	4월 28일	山行 산행 • 시윤장(施潤章) _391
119	4월 29일	山泉煎茶有懷 산 샘물로 차를 달이다가 • 백거이(白居易) _394
120	4월 30일	送春 봄을 보내며 • 왕령(王令) _397

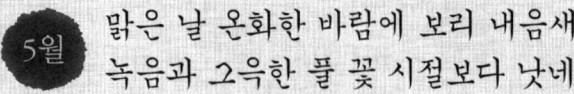

5월 맑은 날 온화한 바람에 보리 내음새
녹음과 그윽한 풀 꽃 시절보다 낫네

| 121 | 5월 1일 | 江畔獨步尋花 강 언덕을 혼자 걸으며 꽃을 구경하다가 • 두보(杜甫) _401 |
| 122 | 5월 2일 | 池上早夏 못 가의 초여름 • 백거이(白居易) _403 |

123	5월 3일	初夏游張園 초여름 장원(張園)에서 놀면서 • 대복고(戴複古) _406
124	5월 4일	閑居初夏午睡起 한가하게 지내며 초여름 날 낮잠을 자고 일어나서 • 양만리(楊萬里) _408
125	5월 5일	宿新市徐公店 신시(新市) 서씨(徐氏)네 주점에서 숙박하며 • 양만리(楊萬里) _412
126	5월 6일	初夏 초여름 • 주숙진(朱淑眞) _414
127	5월 7일	初夏戲題 초여름에 재미 삼아 • 서인(徐寅) _417
128	5월 8일	小池 작은 연못 • 양만리(楊萬里) _420
129	5월 9일	初夏卽事 초여름 어느 날에 • 왕안석(王安石) _422
130	5월 10일	客中初夏 객지에서 초여름에 • 사마광(司馬光) _424
131	5월 11일	絕句 其二 절구 2 • 두보(杜甫) _427
132	5월 12일	春晚雜興 六 저물어가는 봄날 이런 저런 생각들 6 • 육유(陸游) _429
133	5월 13일	玉臺體 十二首 其三 옥대체 12수 제3 • 권덕여(權德輿) _432
134	5월 14일	梅雨 매우 • 유종원(柳宗元) _434
135	5월 15일	藥園 약초 정원 • 사공서(司空曙) _436
136	5월 16일	萱草篇 원추리에 대하여 • 가현옹(家鉉翁) _440
137	5월 17일	詠鵝 거위 • 낙빈왕(駱賓王) _446
138	5월 18일	書湖陰先生壁 其一 호음 선생(湖陰先生)의 집 벽에 쓰다 • 왕안석(王安石) _448
139	5월 19일	遊開元精舍 개원정사(開元精舍)에 놀러가서 • 위응물(韋應物) _451
140	5월 20일	竹枝詞 其一 죽지사 1 • 유우석(劉禹錫) _454
141	5월 21일	早發白帝城 아침 일찍 백제성을 떠나 • 이백(李白) _456
142	5월 22일	江村 강 마을 • 두보(杜甫) _458
143	5월 23일	飲湖上初晴後雨 맑았다가 흐려지는 서호 가에서 한잔 마시며 • 소식(蘇軾) _461
144	5월 24일	晚晴 저녁에 날이 개어 • 이상은(李商隱) _464
145	5월 25일	齊安郡後池絕句 제안군(齊安群)의 후지(後池)에 대한 절구 • 두목(杜牧) _467
146	5월 26일	題何氏宅園亭 하씨(何氏) 댁 정원의 정자에 쓰다 • 왕안석(王安石) _469
147	5월 27일	題破山寺後禪院 파산사(破山寺) 뒤의 선원(禪院)에 쓰다 • 상건(常建) _471
148	5월 28일	聽蜀僧濬彈琴 촉(蜀)의 화상(和尙) 충준(沖濬)의 금(琴) 연주를 듣고 • 이백(李白) _473
149	5월 29일	送友人尉蜀中 위(尉)에 임명되어 촉(蜀)으로 가는 친구를 전송하며 • 서정(徐晶) _476

| 150 | 5월 30일 | 王孫遊 멀리 객지에 있는 당신 • 사조(謝朓) _478 |
| 151 | 5월 31일 | 偶作 우연히 짓다 • 백거이(白居易) _480 |

6월
한낮에 나무 그늘 후원을 덮고
잠에서 깨니 이따금 꾀꼬리 소리

152	6월 1일	憫農 농부의 고생을 생각하며 • 이신(李紳) _485
153	6월 2일	四時田園雜興 夏日 여름철 전원의 어떤 흥취 • 범성대(范成大) _489
154	6월 3일	五月一日作 5월 1일에 짓다 • 육유(陸游) _491
155	6월 4일	采蓮曲 연밥 따는 노래 • 왕창령(王昌齡) _494
156	6월 5일	首夏山中行吟 초여름 산길을 가다가 • 축윤명(祝允明) _498
157	6월 6일	端午卽事 단옷날에 • 문천상(文天祥) _500
158	6월 7일	乙卯重五詩 을묘년 단옷날에 • 육유(陸游) _503
159	6월 8일	夏意 여름의 맛 • 소순흠(蘇舜欽) _506
160	6월 9일	三衢道中 삼구산(三衢山) 가는 길에 • 증기(曾幾) _508
161	6월 10일	五月十九日大雨 5월 19일 큰 비가 내리다 • 유기(劉基) _512
162	6월 11일	夏詞 여름의 노래 • 지생(智生) _514
163	6월 12일	約客 온다는 손님은 안 오고 • 조사수(趙師秀) _516
164	6월 13일	天淨沙 _ 夏 천정사 _ 여름 • 백박(白樸) _519
165	6월 14일	賦得櫻桃 앵두에 대한 노래 • 이세민(李世民) _522
166	6월 15일	池上二絶 연못가에서 • 백거이(白居易) _525
167	6월 16일	送靈澈上人 영철(靈徹) 상인을 전송하며 • 유장경(劉長卿) _528
168	6월 17일	題大禹寺義公禪房 대우사(大禹寺) 의공(義公)의 선방(禪房)에 대해 • 맹호연(孟浩然) _530
169	6월 18일	小兒垂釣 낚시하는 아이 • 호령능(胡令能) _533
170	6월 19일	夏日三首 其一 여름 • 장뢰(張耒) _535
171	6월 20일	巴女謠 파촉(巴蜀)의 소녀 • 우곡(于鵠) _538
172	6월 21일	夏至日作 하지에 • 권덕여(權德輿) _541
173	6월 22일	山亭夏日 산속 정자의 여름 • 고병(高騈) _543
174	6월 23일	積雨輞川莊作 오래 비가 내린 뒤 망천장에서 • 왕유(王維) _546
175	6월 24일	所見 매미 잡는 목동 • 원매(袁枚) _551

176	6월 25일	**江南** 강남 • 無名氏 _553
177	6월 26일	**題西林壁** 서림사(西林寺)의 벽에 • 소식(蘇軾) _556
178	6월 27일	**喜晴** 날이 개어 기뻐하며 • 범성대(范成大) _560
179	6월 28일	**入梅** 매우(梅雨) 시절로 접어들어 • 주남(周南) _562
180	6월 29일	**蓮藕花葉圖** 연의 꽃과 잎 • 오사도(吳師道) _565
181	6월 30일	**溪亭客話** 계곡 정자에서 손님과 나누는 대화 • 문징명(文徵明) _567

작가별 작품 _570
조대별 작가 _581
참고문헌 _591
찾아보기 _598
중국 지도 _625

一日一詩 下 일 년의 좋은 풍경 그대는 기억하시게

책을 펴내며　　한시를 읽는 즐거움과 이 책의 특징 _5

7월　맑은 바람 밝은 달은 주인이 없으니
　　　모두 남루에 시원한 풍경이 되어주네

182	7월 1일	鹿柴 사슴 울타리 • 왕유(王維) _33
183	7월 2일	己亥雜詩 其五 기해년 잡시 5 • 공자진(龔自珍) _35
184	7월 3일	江樓夕望招客 강루에 올라 저녁에 바라보고 객을 초청하며 • 백거이(白居易) _37
185	7월 4일	夏日山中 여름날 산속에서 • 이백(李白) _40
186	7월 5일	西江月 _ 夜行黃沙道中 서강월 _ 밤에 황사령(黃沙嶺)을 지나가다가 • 신기질(辛棄疾) _42
187	7월 6일	鄂州南樓書事 악주의 남루에 올라 • 황정견(黃庭堅) _44
188	7월 7일	夏雨後題青荷蘭若 여름비가 내린 뒤 푸른 연이 있는 절 • 시견오(施肩吾) _48
189	7월 8일	曉出淨慈寺送林子方 새벽에 정자사를 나와 임자방을 전송하며 • 양만리(楊萬里) _50
190	7월 9일	小暑六月節 6월의 절기 소서 • 원진(元稹) _54
191	7월 10일	夏日六言 其三 여름 6언 시 • 육유(陸游) _56
192	7월 11일	銷暑 피서 • 백거이(白居易) _58
193	7월 12일	宿業師山房待丁大不至 업(業) 선사의 산방에 머물며 오지 않는 정대(丁大)를 기다리다가 • 맹호연(孟浩然) _61
194	7월 13일	幽居卽事 其九 은거해 살면서 9 • 육유(陸游) _63
195	7월 14일	齋居 재계(齋戒)를 하고 지내며 • 백거이(白居易) _65
196	7월 15일	子夜吳歌 _ 夏歌 자야오가 _ 여름 노래 • 이백(李白) _67
197	7월 16일	溪居 우계(愚溪)에 살면서 • 유종원(柳宗元) _69
198	7월 17일	大暑 대서 • 증기(曾幾) _73
199	7월 18일	勅勒歌 칙륵가 • 失名 _75

200	7월 19일	如夢令 _ 常記溪亭日暮 여몽령 _ 저물녘 냇가 정자에서 놀던 때 기억나지 • 이청조(李淸照) _77
201	7월 20일	夏晝偶作 여름 한낮에 • 유종원(柳宗元) _81
202	7월 21일	浣紗溪 _ 翠葆參差竹徑成 완사계 _ 무성한 푸른 대숲 아래 오솔길 생기고 • 주방언(周邦彦) _83
203	7월 22일	夏花明 여름 꽃은 찬란하여라 • 위응물(韋應物) _85
204	7월 23일	夏夜追凉 여름 밤 시원함을 좇아 • 양만리(楊萬里) _87
205	7월 24일	六月十八日夜大暑 6월 18일 밤 대서 • 사마광(司馬光) _89
206	7월 25일	入若耶溪 약야계에 들어가서 • 왕적(王籍) _91
207	7월 26일	六月二十七日望湖樓醉書 6월 27일 망호루에 올라 술에 취해 쓰다 • 소식(蘇軾) _94
208	7월 27일	夏日雜詩 여름날의 잡시 • 진문술(陳文述) _96
209	7월 28일	聞新蟬贈劉二十八 첫 매미 소리를 듣고 유우석에게 시를 지어 주며 • 백거이(白居易) _98
210	7월 29일	王氏山房 왕씨 산방 • 추등룡(鄒登龍) _101
211	7월 30일	宿王昌齡隱居 왕창령의 은거지에 묵으며 • 상건(常建) _103
212	7월 31일	聞蟬 매미 소리를 들으며 • 내곡(來鵠) _105

8월 늦더위는 매미 소리에 묻혀 가고 가을은 기러기와 함께 찾아오네

213	8월 1일	望廬山瀑布 여산 폭포를 바라보며 • 이백(李白) _111
214	8월 2일	江村卽事 강 마을의 어느 날에 • 사공서(司空曙) _113
215	8월 3일	山居秋暝 산 속 은거지에 찾아온 가을 저녁 • 왕유(王維) _116
216	8월 4일	秋詞 가을의 노래 • 유우석(劉禹錫) _119
217	8월 5일	蟬 매미 • 우세남(虞世南) _123
218	8월 6일	立秋日 입추일 • 유한(劉翰) _128
219	8월 7일	太原早秋 태원의 이른 가을 • 이백(李白) _131
220	8월 8일	宴散 연회를 마치고 • 백거이(白居易) _133
221	8월 9일	曲池荷 굽이진 연못의 연꽃 • 노조린(盧照鄰) _136
222	8월 10일	初秋 초가을 • 맹호연(孟浩然) _139

223	8월 11일	在獄詠蟬 감옥에서 매미 소리를 듣고 • 낙빈왕(駱賓王) _141
224	8월 12일	立秋日曲江憶元九 입추일에 곡강에서 원진을 그리워하며 • 백거이(白居易) _146
225	8월 13일	月下洗藥 달 아래 약초에 물을 주며 • 전기(錢起) _148
226	8월 14일	自君之出矣 당신이 가신 뒤로는 • 장구령(張九齡) _150
227	8월 15일	中元 백중 • 구원(仇遠) _153
228	8월 16일	襄陽蹋銅蹄歌 양양답동제 노래 • 소연(蕭衍) _155
229	8월 17일	露坐 한데에 앉아서 • 임광(林光) _158
230	8월 18일	新秋喜凉 시원한 초가을을 반기며 • 백거이(白居易) _161
231	8월 19일	淮上遇洛陽李主簿 회수 가에서 낙양서 알던 이 주부(李主簿)를 만나 • 위응물(韋應物) _164
232	8월 20일	登鸛雀樓 관작루에 올라 • 왕지환(王之渙) _167
233	8월 21일	樂遊原 낙유원 • 이상은(李商隱) _169
234	8월 22일	宿建德江 건덕강에 정박하여 묵으며 • 맹호연(孟浩然) _171
235	8월 23일	齊安郡中遇題 제안군에서 우연히 쓰다 • 두목(杜牧) _173
236	8월 24일	聞蟲 벌레 우는 소리를 듣고 • 백거이(白居易) _175
237	8월 25일	夜書所見 밤에 본 것을 쓰다 • 섭소옹(葉紹翁) _177
238	8월 26일	秋風引 가을바람의 노래 • 유우석(劉禹錫) _179
239	8월 27일	微雨夜行 밤길의 안개비 • 백거이(白居易) _182
240	8월 28일	秋思 가을의 사념 • 이백(李白) _184
241	8월 29일	秋夕 가을 저녁 • 두목(杜牧) _186
242	8월 30일	早秋客舍 이른 가을 객사에서 • 두목(杜牧) _188
243	8월 31일	倦夜 잠 못 이루는 밤 • 두보(杜甫) _190

9월
사립문 밖에 지팡이 짚고 서서
바람 쐬며 저녁 매미 소리 듣네

244	9월 1일	臨洞庭 동정호 앞에서 • 맹호연(孟浩然) _195
245	9월 2일	玉階怨 옥 섬돌에서의 원망 • 이백(李白) _198
246	9월 3일	勸學詩 학문을 권하는 시 • 無名氏 _200
247	9월 4일	秋熱 가을 더위 • 백거이(白居易) _204
248	9월 5일	輞川閒居贈裵秀才迪 망천(輞川)에서 한가롭게 지내며 수재(秀才) 배적(裵

		迪)에게 • 왕유(王維) _206
249	9월 6일	秋行 가을날의 산책 • 서기(徐璣) _210
250	9월 7일	乞巧 바느질 솜씨 비는 날 • 임걸(林杰) _212
251	9월 8일	白露 흰 이슬 • 두보(杜甫) _214
252	9월 9일	月夜憶舍弟 달밤에 동생들을 생각하며 • 두보(杜甫) _216
253	9월 10일	馬詩 其五 말에 대한 시 5 • 이하(李賀) _219
254	9월 11일	古風 其五十二 고풍 52 • 이백(李白) _223
255	9월 12일	十五夜望月, 寄杜郎中 15일 밤 달을 바라보면서, 두 낭중(杜郎中)에게 보내다 • 왕건(王建) _226
256	9월 13일	中秋 중추 • 사공도(司空圖) _229
257	9월 14일	仲秋月 其二 중추월 2 • 이교(李嶠) _232
258	9월 15일	陽關曲 _ 仲秋月 양관곡 _ 중추월 • 소식(蘇軾) _234
259	9월 16일	望月懷遠 달을 보고 먼 그대를 그리며 • 장구령(張九齡) _237
260	9월 17일	題李凝幽居 이응(李凝)의 유거에 대해 • 가도(賈島) _240
261	9월 18일	秋涼晩步 시원한 가을의 저녁 산보 • 양만리(楊萬里) _244
262	9월 19일	秋雨寄北 가을비에 북으로 부치며 • 이상은(李商隱) _246
263	9월 20일	望洞庭 동정호를 바라보며 • 유우석(劉禹錫) _249
264	9월 21일	贈鮑春陵別 포용릉(鮑春陵)에게 시를 지어 주면서 이별하다 • 오균(吳均) _252
265	9월 22일	擣衣詩 其一 다듬이질 시 • 유운(柳惲) _254
266	9월 23일	秋分日憶用濟 추분 일에 아들 용제를 생각하며 • 시정의(柴靜儀) _258
267	9월 24일	秋思 가을의 상념 • 백거이(白居易) _261
268	9월 25일	晩燕 늦깎이 제비 • 백거이(白居易) _264
269	9월 26일	江上漁子 강가의 어부 • 범중엄(范仲淹) _267
270	9월 27일	同王徵君湘中有懷 징사(徵士) 왕(王) 선생의 〈소상강에서의 감회〉 시에 화답하여 • 장위(張謂) _271
271	9월 28일	經鄒魯祭孔子而嘆之 추로(鄒魯) 지역을 경유하여 공자의 사당에 제사를 지내고 탄식하며 • 이융기(李隆基) _274
272	9월 29일	秋社 其一 토지신에게 지내는 가을 제사 • 육유(陸游) _278
273	9월 30일	晩晴 저녁에 날이 개어 • 두보(杜甫) _281

10월
나도 좋은 시 지을 수 있지만
그 사람이 들을 수가 없구나

274	10월 1일	感遇十二首 其一 감회를 사물에 부쳐 • 장구령(張九齡)	_287
275	10월 2일	過故人莊 동무의 장원에 들러 • 맹호연(孟浩然)	_290
276	10월 3일	秋思 가을날의 고향 생각 • 장적(張籍)	_292
277	10월 4일	天淨沙 _ 秋 천정사 _ 가을 • 백박(白樸)	_295
278	10월 5일	南浦別 남포의 이별 • 백거이(白居易)	_297
279	10월 6일	河亭晴望〈九月八日〉 맑은 가을날 강가의 정자에서 • 백거이(白居易)	_299
280	10월 7일	九月九日憶山東兄弟 9월 9일에 화산 동쪽에 있는 형제를 그리며 • 왕유(王維)	_302
281	10월 8일	暮江吟 저녁 강가에서 • 백거이(白居易)	_305
282	10월 9일	江上 강 위에서 • 왕안석(王安石)	_308
283	10월 10일	秋宵月下有懷 가을 밤 달빛 아래에서 • 맹호연(孟浩然)	_310
284	10월 11일	金陵晚望 금릉에서 저물녘에 바라보며 • 고섬(高蟾)	_313
285	10월 12일	九日與陸處士羽飲茶 9일에 처사 육우(陸羽)와 차를 마시며 • 교연(皎然)	_316
286	10월 13일	江村 강 마을 • 진윤평(陳允平)	_320
287	10월 14일	菊花 국화 • 원진(元稹)	_323
288	10월 15일	夜泊牛渚懷古 밤에 우저산에 정박하고 고사를 떠올리며 • 이백(李白)	_326
289	10월 16일	小山叢竹四首 其四 소산총죽 4수 4 • 동기(董紀)	_329
290	10월 17일	采菊 국화를 따면서 • 이건훈(李建勳)	_331
291	10월 18일	墨菊 국화 그림 • 심주(沈周)	_334
292	10월 19일	寄全椒山中道士 전초(全椒)의 산중에 있는 도사에게 • 위응물(韋應物)	_337
293	10월 20일	山行 산행 • 두목(杜牧)	_340
294	10월 21일	靜夜思 고요한 밤에 생각하며 • 이백(李白)	_344
295	10월 22일	寄內 아내에게 부치는 시 • 백거이(白居易)	_347
296	10월 23일	秋夜寄邱員外 가을밤에 원외랑(員外郎) 구단(邱丹)에게 • 위응물(韋應物)	_349
297	10월 24일	長安秋望 장안에서 가을에 바라보며 • 두목(杜牧)	_352
298	10월 25일	登新平樓 신평루에 올라 • 이백(李白)	_354
299	10월 26일	楓橋夜泊 단풍나무 숲의 다리 가에 밤에 배를 정박하고 • 장계(張繼)	_357
300	10월 27일	霜月 서리와 달 • 이상은(李商隱)	_360

301	10월 28일	菩薩蠻 _ 平林漠漠煙如織 보살만 _ 뿌연 너른 숲 천에 싸인 듯한 운무 • 이백(李白) _362
302	10월 29일	淸江引 _ 秋居 청강인(淸江引) _ 가을에 • 오서일(吳西逸) _366
303	10월 30일	初寒 첫 추위 • 육유(陸游) _369
304	10월 31일	野望 동고(東皐)의 들녘에서 바라보며 • 왕적(王績) _372

11월
나는 노인이라 들어도 두려울 게 없지만
소년아 듣지를 마라 그대 머리 희어지리

305	11월 1일	山中 산중에서 • 왕발(王勃) _379
306	11월 2일	出塞 其一 변방을 나서며 1 • 왕창령(王昌齡) _382
307	11월 3일	贈劉景文 冬景 유경문(劉景文)에게 드림. 초겨울 • 소식(蘇軾) _385
308	11월 4일	涼州詞 양주의 노래 • 왕한(王翰) _392
309	11월 5일	初冬夜飮 초겨울 밤에 술을 마시며 • 두목(杜牧) _395
310	11월 6일	冬夜聞蟲 겨울밤에 벌레 소리를 듣고 • 백거이(白居易) _399
311	11월 7일	山中 산속 • 왕유(王維) _402
312	11월 8일	立冬日野外行吟 입동일에 야외에서 거닐며 시를 읊다 • 석 문향(釋 文珦) _405
313	11월 9일	天淨沙 _ 冬 천정사 _ 겨울 • 백박(白樸) _408
314	11월 10일	泊舟盱眙 우이(盱眙)에 배를 정박하고 • 상건(常建) _411
315	11월 11일	洛橋晩望 낙교(洛橋)에서 저녁에 바라보며 • 맹교(孟郊) _414
316	11월 12일	螢火 개똥벌레 • 두보(杜甫) _417
317	11월 13일	過香積寺 향적사를 찾아가서 • 왕유(王維) _420
318	11월 14일	早寒江上有懷 이른 추위에 장강(長江) 가에서 회포가 있어 • 맹호연(孟浩然) _424
319	11월 15일	菩提偈 깨달음의 게송 • 혜능(慧能) _428
320	11월 16일	畫雪景 설경 • 문징명(文徵明) _432
321	11월 17일	擬客從遠方來詩 고시(古詩) 〈손님이 먼 곳에서 찾아와〉를 모방하여 • 포령휘(鮑令暉) _436
322	11월 18일	郡齋平望江山 고을 관사에서 강산을 바라보며 • 잠삼(岑參) _440
323	11월 19일	別董大 二首 금사(琴師) 동정란(董庭蘭) 선생을 이별하며 • 고적(高適) _443
324	11월 20일	和張僕射塞下曲 其三 장복야(張僕射)의 새하곡(塞下曲)에 화답하여 3 • 노륜(盧綸) _446

325	11월 21일	從軍行 종군행 • 왕창령(王昌齡) _450
326	11월 22일	白雪歌送武判官歸京 백설가(白雪歌). 귀경하는 무 판관(武判官)을 송별하면서 • 잠삼(岑參) _454
327	11월 23일	苑中遇雪應制 〈금원에서 눈을 만나〉 시에 대한 응제시 • 송지문(宋之問) _457
328	11월 24일	雪中閣望 눈이 내리던 날 초각(草閣)에서 바라보며 • 시윤장(施潤章) _461
329	11월 25일	冬夜卽事 잠 못 이루는 겨울밤에 • 여온(呂溫) _464
330	11월 26일	寒夜 추운 밤 • 두뢰(杜耒) _467
331	11월 27일	雪中望岱岳 눈 속에 대악(岱岳)을 바라보며 • 시윤장(施潤章) _470
332	11월 28일	卜算子 _ 雪月最相宜 복산자 • 장효상(張孝祥) _474
333	11월 29일	送別 송별 • 왕유(王維) _478
334	11월 30일	贈從弟詩 其二 사촌 동생에게 주는 시 • 유정(劉楨) _482

12월
이제 금방 술 한 병을 열자니
어찌 그대가 생각나지 않겠나

335	12월 1일	舟中夜雪, 有懷盧十四侍禦弟 배를 타고 가다가 밤에 눈이 내려 시어(侍御) 노십사(盧十四) 아우를 생각하며 • 두보(杜甫) _487
336	12월 2일	十一月四日風雨大作 11월 4일에 비바람이 몰아치기에 • 육유(陸游) _490
337	12월 3일	逢雪宿芙蓉山主人 눈을 만나 부용산(芙蓉山)의 어느 집에 묵으며 • 유장경(劉長卿) _494
338	12월 4일	雪 눈 • 나은(羅隱) _498
339	12월 5일	雪晴晚望 눈이 개어 저물녘 멀리 바라보며 • 가도(賈島) _501
340	12월 6일	終南望餘雪 종남산의 쌓인 눈을 바라보며 • 조영(祖詠) _504
341	12월 7일	雪望 내리는 눈 속에서 바라보며 • 홍승(洪昇) _508
342	12월 8일	送盧員外 노 원외(盧員外)를 전송하며 • 설도(薛濤) _512
343	12월 9일	淸平樂 _ 年年雪裏 청평락 _ 어릴 땐 해마다 눈 속에서 • 이청조(李清照) _516
344	12월 10일	江雪 강에 내리는 눈 • 유종원(柳宗元) _520
345	12월 11일	採桑子 _ 塞上咏雪花 채상자 _ 변방에 내리는 눈 • 납란성덕(納蘭性德) _524
346	12월 12일	賜蕭瑀 소우(蕭瑀)에게 하사한 시 • 이세민(李世民) _528
347	12월 13일	夕次盱眙縣 저녁에 우이현(盱眙縣)에 정박하여 • 위응물(韋應物) _531
348	12월 14일	晚泊潯陽望廬山 저물녘 심양(潯陽)에 정박하여 여산(廬山)을 바라보며 • 맹

		호연(孟浩然) _534
349	12월 15일	冬夜對酒寄皇甫十 겨울밤 술을 마주 하고 황보십(皇甫十)에게 보내며 • 백거이(白居易) _537
350	12월 16일	至日前思親 동지를 앞두고 부모를 그리며 • 양만리(楊萬里) _540
351	12월 17일	房兵曹胡馬詩 방 병조(房兵曹)의 호마(胡馬)에 대한 시 • 두보(杜甫) _544
352	12월 18일	子夜四時歌 _ 冬歌 자야사시가 _ 동가 • 소연(蕭衍) _547
353	12월 19일	墨梅 묵매 • 왕면(王冕) _550
354	12월 20일	冬夜讀書示子聿 겨울밤에 독서하다가 아들 율(聿)에게 • 육유(陸游) _556
355	12월 21일	邯鄲冬至夜思家 한단(邯鄲)에서 동짓날 밤에 집을 생각하며 • 백거이(白居易) _558
356	12월 22일	冬至夜 동짓날 밤에 • 백거이(白居易) _561
357	12월 23일	對雪 눈을 보며 • 고병(高騈) _566
358	12월 24일	小至 동지 • 두보(杜甫) _569
359	12월 25일	酬王二十舍人雪中見寄 사인(舍人) 왕이십(王二十)이 눈 속에 보내온 시에 대한 답례로 • 유종원(柳宗元) _573
360	12월 26일	冬至後三日 동지를 지나 사흘째 되는 날에 • 장뢰(張耒) _576
361	12월 27일	生查子 _ 重葉梅 생사자 _ 꽃잎이 여러 겹인 매화 • 신기질(辛棄疾) _579
362	12월 28일	冬至 동지 • 왕안석(王安石) _584
363	12월 29일	鷓鴣天 _ 曉日迎長歲歲同 자고천 _ 새벽에 동지 맞이 제사는 해마다 같으니 • 안기도(晏幾道) _587
364	12월 30일	冬至吟 동지의 시 • 소옹(邵雍) _591
365	12월 31일	穉子弄冰 아이의 얼음 장난 • 양만리(楊萬里) _596
이 책을 마치며		於潛僧綠筠軒 오잠현(於潛縣) 승려의 녹균헌에 • 소식(蘇軾) _598

작가별 작품 _602

조대별 작가 _613

참고문헌 _623

찾아보기 _630

중국 지도 _657

1월

문득 어느 날 밤 맑은 향기 발산하니
천지에 흩어져 만 리의 봄 만드네

田家元日
전가원일

농가의 새해

맹호연(孟浩然) _당(唐)

昨夜斗回北 작야두회북	어젯밤 북두성 자루가 북쪽에서 방향 바꿔
今朝歲起東 금조세기동	오늘 아침 새해에는 동쪽에서 시작하네
我年已強仕 아년이강사	내 나이 벌써 벼슬할 나이라는 마흔인데
無祿尙憂農 무록상우농	녹봉이 없으니 오히려 농사를 걱정하네
桑野就耕父 상야취경부	뽕밭에서 일하는 농부에게 가 보고
荷鋤隨牧童 하서수목동	괭이 들고 목동들을 따라가 보기도 하네
田家占氣候 전가점기후	농부들 한 해 기후를 점쳐 보더니
共說此年豐 공설차년풍	다들 올해는 풍년이 들 것이라 하네

양력 1월 1일은 우리나라 입장에선 다소 작위적인 면이 있어 계절적인 실감은 나지 않는다. 반면 음력 정월 초하루는 대개 입춘과 같이 오므로 봄이 시작된 것은 느끼게 된다. 이 시는 새해를 맞이하여 한 해 농사를 시작하면서 풍년에 대한 기대를 드러내고 있다.

다른 구절들은 대개 한자를 따라 읽으면 대강의 뜻을 알 수 있지만 첫 2구는 설명

이 필요하다.

　북두칠성을 두성(斗星)이라 하는데 그 일곱째 별을 북두칠성의 자루, 즉 두병(斗柄)이라 한다. 이 두병이 어느 방향을 가리키는가에 따라 계절이 달라진다. 즉 봄에는 동방 寅(인), 여름에는 남방 巳(사), 가을에는 서방 申(신), 겨울에는 북방 亥(해)를 가리킨다.

　그러니까 정월 초하루는 북방에서 처음으로 동방을 가리키기 시작하는데 첫구에서 回北(회북)이라 한 것은 북방을 가리키다 다시 동방으로 돌아왔다는 말이고, 둘째 구에서 歲起東(세기동)이란 말은 세수(歲首)에 동방을 가리키기 시작했다는 의미이다.

　농부가 세초에 풍년을 기원하듯이 사람들은 새해에 저마다 새로운 다짐과 꿈을 꾼다. 계속 달이 이어져 12월 뒤에 13월, 14월로 나아가지 않고 12월에서 일단 멈추고 한 번 털어낸 뒤에 다시 1년을 새로 시작하는 것은 사람들에게 새로운 기회와 긴장을 준다. 자연의 질서가 그렇고 사람의 삶도 그렇다.

　새해 아침 새로운 기회의 한해가 되길 소망한다.

◐焦秉貞, **御製耕織圖**, 淸(1696), 絹本設色, 26.5×30㎝, 미국 의회도서관.
이《패문재경직도(佩文齋耕織圖)》는 경도(耕圖) 23폭, 직도(織圖) 23폭 도합 46폭으로 구성되었는데 이 그림은 경도 3번째 〈파누(耙耨)-써레질〉이다. 그림 상단에 강희황제가 쓴 7언 절구 1수가 있다.

每當旰食念民依	늦은 식사 할 때마다 농민의 덕택 생각하니
南畝三時願不違	남쪽 들판에서 농사철을 어기지 말았으면
已見深耕還易耨	이미 깊이 논을 갈았으니 써레질도 쉽네
綠蓑靑笠雨霏霏	녹색 도롱이 푸른 삿갓에 비는 보슬보슬

早梅
이른 매화

유종원(柳宗元) _당(唐)

早梅發高樹	키 큰 나무에 이른 매화가 피니
迥映楚天碧	멀리 푸른 초나라 하늘에 빛나네
朔吹飄夜香	삭풍 불어와 밤에는 꽃향기 날아들고
繁霜滋曉白	무성한 서리 내려 자태 더욱 고결하네
欲爲萬里贈	만 리 먼 곳에 이 꽃 보내고 싶어도
杳杳山水隔	아득하여라 산과 물로 막혀 있네
寒英坐銷落	이 매화꽃이 마침내 시들어 떨어지면
何用慰遠客	무엇으로 멀리서 유배 온 객 위로할까

유종원(773-819)이 정치혁신에 실패하고 영주로 유배를 갔을 때 지은 시이다. 키 큰 매화나무가 삭풍이 불고 때아닌 서리가 내리는 가운데 오히려 그윽한 향기를 사방으로 발산하고 고결한 자태는 더욱 돋보이고 있다.

북풍과 서리로 인해 매화의 차별적 특질이 분명히 드러나는데 이는 유종원 자신의 모습이자 자신에 대한 위로이다. 매화나무가 크고 또 일찍 피었기에 겪는 선각자의 고초라 할까.

　매화를 보내고 싶은 친구는 아마도 유배 오기 전 어울리던 장안에 있던 친구일 것이다. 남북조 시대 육개(陸凱)가 강남에 있을 때에 장안(長安)에 있는 벗 범엽(范曄)에게 매화를 한 가지 보내면서 시를 보냈는데, 그 시에 "강남에는 특별한 게 없어, 그저 한 가지의 봄을 보낸다네[江南無所有, 聊贈一枝春.]"라고 한 구절이 있다.

　앞에 나온 초나라 하늘이나 매화는 이 육개의 시와 모두 연결되고 영주로 유배 온 유종원과도 연결된다. 마지막 구절의 원객, 멀리서 온 손님은 바로 유배를 온 유종원 자신을 가리킨다.

　북풍과 서리 속에 핀 매화를 보며 자신을 위로하고 다독이는 가운데 자신의 정체성을 다시 돌아보며 의지를 다지는 시이기도 하다.

竹石
대나무와 바위

정섭(鄭燮) _청(淸)

咬定靑山不放松	팽팽한 긴장으로 청산에 달라붙어 있으니
교정청산불방송	
立根原在破巖中	원래 갈라진 바위틈에 뿌리를 내리고 있네
입근원재파암중	
千磨萬擊還堅勁	천번 만번 치이고 맞아도 오히려 굳세어지니
천마만격환견경	
任爾東西南北風	동서남북에서 불어오는 바람이야 불건 말건
임이동서남북풍	

연일 영하 10도를 오르내리는 강추위가 이어진다. 이런 날씨에 잘 어울리는 시이다. 바위틈에 뿌리를 내리고 사방에서 불어오는 강풍에서 굴하지 않고 살아가는 대나무를 칭송하고 있다.

시 제목이 죽석으로 된 것은 죽석도에 화제로 쓴 시이기 때문에 그렇고 실제로는 대나무를 노래한 시이다. 읽어보면 누구나 느낄 수 있듯이 표면상으로는 대나무를 말하고 있지만 굴하지 않고 살아가는 강인한 인간의 의지를 말하고 있는 것을 알 수 있다. 견경(堅勁), 즉 견인불발과 확고부동한 정신이 이 시의 메시지이다. 나약한 사람에게 맞는 처방약이다.

鄭燮, 竹石圖 軸, 淸, 紙本墨笔, 120×59.7cm, 中國 北京 故宮博物院.
화제로 적은 시의 시심이 여유작작하다.

揚州鮮筍趁鰣魚	양주의 신선한 죽순 준치 철에 나니
爛煮春風三月初	봄바람 부는 3월 초순에 볶아먹네
爲語廚人休欣盡	요리사야, 다 찍어내지는 마시라
淸光留此照攤書	맑은 빛 여기 비출 때 책을 읽나니

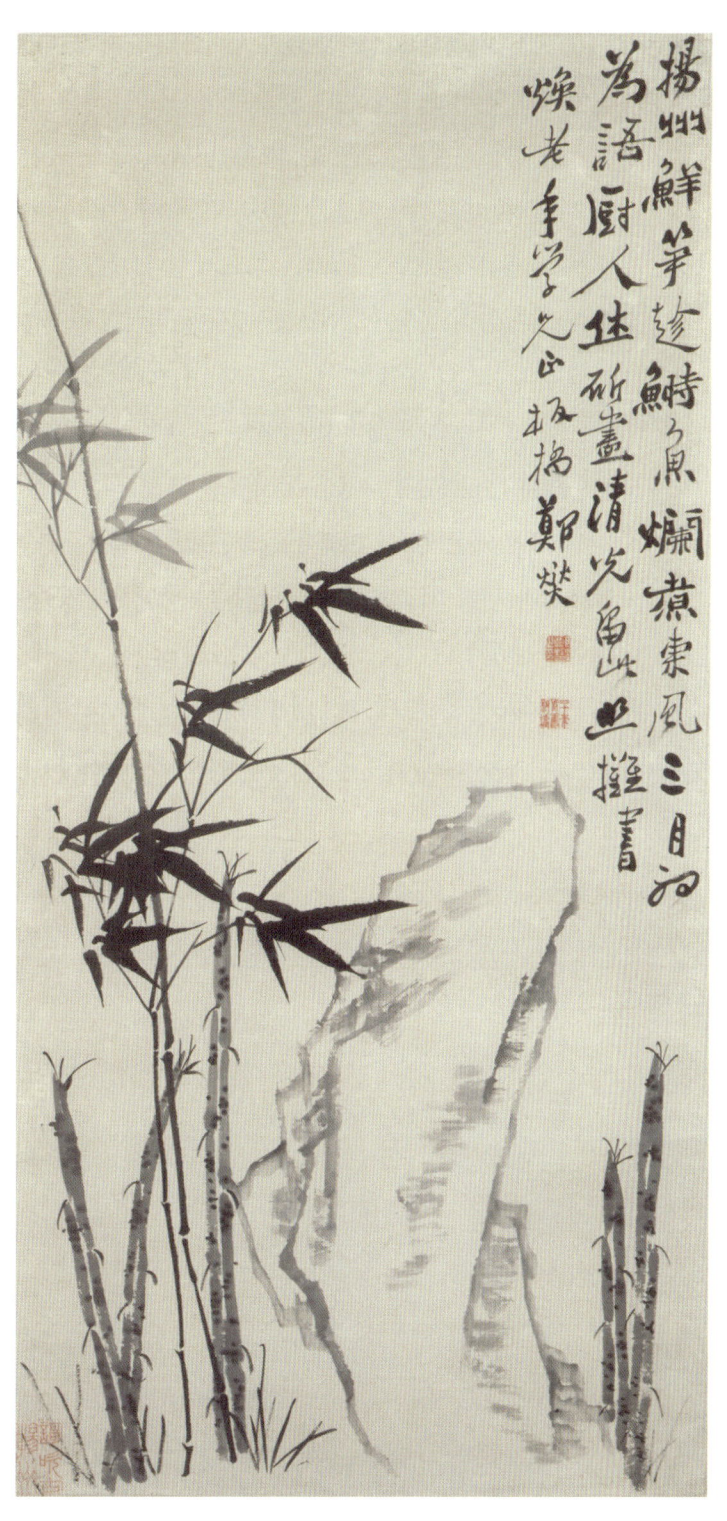

1월•문득 어느 날 밤 맑은 향기 발산하니 천지에 흩어져 만 리의 봄 만드네

앞 두 구는 논리상으로는 도치되어 있으며 마지막 '任爾(임이)'라는 말은 '상관하지 않는다', '신경 쓰지 않는다'는 말이다.

중국에 여행을 가면 '難得糊塗(난득호도)'가 적힌 부채를 흔히 파는데 이게 정섭의 글씨이다. '糊塗(호도)'는 흐리멍덩하여 똑똑하지 않다는 의미이다. 이 말 아래에는 "총명하기는 어렵고 어리석기도 어렵다. 총명한 데서 어리석은 데로 들어가기는 더 어렵다. 한 수를 놓아 주고 한 걸음 물러서면 즉시 마음이 편안하니 훗날 복으로 보답받으려고 하는 것이 아니다.[聰明難, 糊塗亦難, 由聰明而轉入糊塗更難. 方一着, 退一步, 當下心安, 非圖後來福報也.]"는 내용의 주석이 붙어 있다. 그러니까 '어리석기가 어렵다.'는 말은 결국 총명한 사람이 그 총명을 내려놓고 남에게 이익을 양보하며 통이 크게 처신하기가 어렵다는 뜻이 된다. 결국 자신의 능력과 재주를 드러내지 않고 세상과 더불어 조화롭게 살아간다는 『노자(老子)』에 나오는 화광동진(和光同塵)과 통하는 말이다.

정섭(1693~1765)은 청나라 양주팔괴의 한 사람으로 특히 대나무를 잘 그린 화가이다. 그는 시도 잘 썼는데 이 시에서 보듯이 매우 자기 개성이 뚜렷하다.

問劉十九
문유십구
유십구에게 안부를 물으며

백거이(白居易) _당(唐)

綠蟻新醅酒	새로 담근 술 잘 익어 거품 일고
녹의신배주	
紅泥小火爐	작은 화로는 발갛게 달아올랐네
홍니소화로	
晚來天欲雪	저물녘 곧 눈이 내릴 것 같은데
만래천욕설	
能飲一杯無	술 한잔 같이 할 수 있겠나
능음일배무	

   이 시는 818년 백거이가 46세 때 강주 사마로 있을 때 지은 시이다.

   유십구(劉十九)는 백거이의 다른 시 〈유십구동숙(劉十九同宿)〉에는 숭양 처사(嵩陽處士)로 나오는 인물이다. 그 시에 보면 함께 바둑도 두고 술도 마시는 내용이 나오는 것으로 평소 교분이 깊은 막역한 인물로 추측할 수 있다. 전에 내가 유우석으로 잘못 알았는데 이 책 7월 28일에 소개한 〈첫 매미 소리를 듣고 유우석에게 시를 지어 주며 [聞新蟬贈劉二十八]〉를 보면 유우석이 아닌 것을 분명히 알 수 있다. 또 어떤 책에는 유가(劉軻)로 되어 있으나 유가는 팽성(彭城) 사람이어서 하남 등봉(登封) 사람인 유가와 맞지 않다. 이런 내용은 『백거이집전교(白居易集箋校)』(전6책)를 낸 주금성(朱金城)이 이미 오래 전에 밝혀 놓은 내용인데 미처 확인하지 못하였을 뿐이다.

   몇 년 전 겨울 남경에 갔을 때 '紅泥(홍니)'란 음식점이 있었는데 작은 화로에 요리를 얻어 내는 것이 주 메뉴였다. 그리고 그 집 술병에 이 시가 적혀 있었다.

 그 무렵 한시를 어디 연재하고 있어 이 시를 번역한 적이 있다. 지금 이 시를 다시 보니 친구와 마주 앉아 술 한잔 할 수 있는 상황을 노래한 첫 두 구의 환기도 좋거니와, 세 번째 구절은 특별히 좋다는 생각이 든다. 곧 눈이 쏟아질 것 같은데 날도 저문다. 이보다 더 감정을 풍부하게 일으키는 구절도 쉽지 않다. 백석의 〈나와 나타샤와 흰 당나귀〉가 문득 떠오른다.

 예전 문인들의 글과 일화를 보면 우정이 매우 깊었다. 어떤 경우는 오늘날 남녀간의 절절한 사랑보다 더 뜨겁기도 하였다.

沈貞, **竹爐山房圖** 軸, 明(1471), 紙本設色, 115.5×35cm, 中國 遼寧省博物館.
심주(沈周)의 백부 심정(沈貞, 1400~1482)의 작품이다. 심정이 1471년 초여름에 곤릉(昆陵)에 놀러 갔다가 죽로산방(竹爐山房)에 들렀는데 보조법사(普照法師)에게 술대접을 받고 대숲에서 담화를 하다가 그림 부탁을 받아 약간 취한 상태에서 이 그림을 그렸다고 상단 화제에 적혀 있다. 그림 상단에 보조법사에게 술대접을 받는 장면이 그려져 있다.

005
1월 5일

雜詩 (잡시)
그리운 당신

왕유(王維) _당(唐)

君自故鄕來 (군자고향래)	그대 우리 고향서 왔으니
應知故鄕事 (응지고향사)	우리 고향 사정 알겠네요
來日綺窓前 (래일기창전)	오던 날 우리 안채 창 앞
寒梅著花未 (한매착화미)	매화꽃 안 피었던가요?

    내가 이 시를 처음 접한 것은 1996년 가을 무렵이다. 당시 다니던 국역연수원에서 이 시를 주고 번역하라 한 것이 나와의 첫 대면이다.

    그 후 이 시를 여러 액자나 글에서 많이 만났는데 늘 시가 쉽다는 정도의 생각에 머물러 있었다.

    그런데 오늘 보니 셋째 구의 '綺窓(기창)'이란 말이 이옥봉(李玉峰) 시 〈몽혼(夢魂)〉의 紗窓(사창)이란 말을 떠올리게 하였다. 의혹이 있어 삼민서국『왕유시문집』을 펼쳐보니 왕유는 '雜詩(잡시)'라는 제목으로 총 5편의 시를 썼으며, 이 시는 다른 2편의 시와 함께 연작시 형태로 되어 있었다. 첫 시는 맹진(孟津)에 사는 아내가 멀리 간 남편의 편지를 하염없이 기다리는 내용이고 세 번째 시는 봄이 와 매화도 피고 새도 우는데 봄풀마저 자라면 그리움을 어이 달랠까 하는 내용이다. 이 시가 그 가운데 있었다. 즉 이 시는 아내가 남편의 역할이 되어 객지에서 자신의 안부가 궁금할 것이라는 상정을 하고 작성된 것이다. 즉 산동의 고향에 있는 가족들이 나를 그리워할 것이라는 말로 자신이 고향의 가족을 그리는 마음을 표현한 〈九月九日憶山東兄弟(구월구일억산동형제)〉의 수법을 쓴 것이다. 자기 부인을 바로 지적하지 않고 기창(綺窓)이라 은근히 표현한 것이 더욱 여성의 수줍은 정서와 잘 어울린다.

박삼수의 『왕유시전집』을 보니 왕유의 시를 주제별로 나누었는데 이 시를 여성시, 그 중에서도 부녀시로 분류하였다. 저자의 안목에 탄복한다.

언젠가 중국 여행을 하다가 여성 삐끼들에게 유인되어 노래방에 가서 바가지요금을 물은 적이 있었다. 나는 노래를 잘 못하므로 술을 마시며 그들이 하는 노래를 주로 들었는데 중국 노래 중에 여자가 한 대목 부르고 남자가 한 대목 부르고 하는 노래가 많았다. 이런 것이 바로 악부시(樂府詩)와 관련이 있다. 우리나라로 치면 바로 민요이다. 즉 이 시는 왕유 자신의 체험이기보다는 민요풍으로 남녀의 상사(相思)를 주제로 하여 지은 것이라 할 수 있다.

왕유의 다른 잡시 2수도 보니 역시 남녀의 사랑을 다루고 있다. 제목에 雜詩(잡시)라고 쓴 것은 바로 남녀의 사랑이란 주제를 살짝 가려 둔 것이라 할 수 있다. 우리나라 시에도 이처럼 남녀를 주제로 한 것은 그 의미를 가린 제목들이 많이 있다.

그래서 제목을 시대에 맞게 〈그리운 당신〉으로 붙였다. 이 시를 장부가 고향을 그리워하는 시로 보는 것은 하수요, 남자가 여자를 그리워하는 시로 보는 것은 중수요, 여인이 남자를 그리워하는 시로 보는 것은 상수라 할 것이다.

林椿, **梅竹寒禽圖**, 南宋, 24.8×26.9㎝, 中國 上海博物館.
늙은 매화나무 가지와 날카로운 대나무 잎의 기세가 어울린 가운데 보드랍고 다정해 보이는 꾀꼬리 한 마리가 가지 끝에 앉아 있는데 무슨 말을 할듯말듯하다.

1월•문득 어느 날 밤 맑은 향기 발산하니 천지에 흩어져 만 리의 봄 만드네

村雪夜坐
촌 설 야 좌

눈보라치는 시골집에서 밤에 앉아

백거이(白居易) _당(唐)

南窓背燈坐	등불 등지고 남창 앞에 앉았으니
남 창 배 등 좌	
風霰暗紛紛	어둠 속에 싸락눈 분분히 날리네
풍 산 암 분 분	
寂寞深村夜	깊은 산골의 밤 적막하기만 한데
적 막 심 촌 야	
殘雁雪中聞	뒤처진 기러기 울음 눈 속에 들리네
잔 안 설 중 문	

〈장한가〉나 〈비파행〉의 큰 감정을 파노라마처럼 다루어낸 대가의 솜씨를 작은 절구 한편에서 대신 느끼는 기분이다.

이 시는 『萬首唐人絕句(만수당인절구)』에 수록되기도 하였지만 적극적으로 시를 지은 상황이나 배경을 연구한 저작은 당장 보이지 않는다.

이런 정서가 요즘 사람들에게 어떻게 다가올지 모르겠다. 예전 창호지로 문을 바른 시골집에서 겨울밤에 아랫목 온기를 느끼며 웅크리고 누워 있으면 바람이 불어 마당의 기물이 굴러가는 소리, 멀리서 소나무 가지가 찢어지는 소리, 바람이 문 앞을 지나가는 소리, 이에 따라 문풍지가 부르르 떠는 소리 등 다양한 겨울 소리가 들려왔다.

소쩍새 울음이 들리거나 누에가 뽕잎을 갉아대는 생명력으로 부산한 봄밤이나 무더위에 매미와 개구리 소리 요란한 여름이나, 달밤에 감나무 가지가 창호지에 낭만적으로 드리우는 가을과는 다른 다소 근원적인 것을 생각하고 무한한 고독감에 젖게 하는 밤이다.

　겨울밤은 길기도 하지만 그래서 무겁기도 하다. 겨울철에 철학서를 읽으라는 말이 그냥 생긴 것이 아닌 것이다.

　눈보라가 치는 겨울밤, 무리를 잃고 떨어져 길게 우는 잔안(殘雁)이 시인으로 하여금 자신을 고요히 묵상하게 만든다. 몸은 가물거리는 등불 앞에 가만히 앉아 있지만 마음은 시공을 날아다닌다.

冬晚對雪憶胡居士家
늦겨울 눈 내리는 날 호 거사의 집을 생각하며

왕유(王維) _당(唐)

寒更傳曉箭	경고(更鼓) 소리 새벽을 알리는데
淸鏡覽衰顔	노쇠한 내 얼굴 맑은 거울에서 보네
隔牖風驚竹	창문에 흔들리는 대 소리 요란하더니
開門雪滿山	문을 여니 온 산에 펄펄 눈이 내리네
灑空深巷靜	하늘에 눈 날려 깊은 골목 고요하고
積素廣庭閑	흰 눈 쌓여 넓은 마당은 한가롭네
借問袁安舍	거사는 옛날 원안의 집처럼
翛然尙閉關	아직도 초연히 문을 닫고 계시는가

호 거사가 누군지는 알 수 없으나 왕유가 호 거사에게 쌀도 보내주고 불교에 대해서도 이야기를 나눈 것을 보면 오늘날 재가 불자를 거사(居士)로 한 것과 같은 의미임을 알 수 있다.

이 시에 원안(袁安)이라는 인물이 나오는데 왕유는 이 인물을 호 거사에 비유하여 그의 가난과 덕을 드러내며 안부를 묻고 있다. 한시에는 이전의 인물을 빌려 시에서 거론하는 상대를 칭송하거나 자신의 의사를 표현하는 방법이 흔하다. 원안은 한 나라 때 재상을 지낸 인물인데 남에 대한 공감 능력이 매우 뛰어났던 모양이다. 국사를 논할 때 한숨을 쉬고 눈물을 흘리는 일이 많았다.

　이 사람의 천거와 관련한 일화가 있다. 낙양에 언젠가 한 길이 넘는 대설이 내려 사람들이 눈에 갇혀 있다가 며칠 만에 겨우 눈을 치우고 나와 밥을 빌어먹었는데 원안은 집에 가만히 있었다. 당시 낙양령이 순찰을 하다가 집 앞에 눈을 치운 흔적도 없어 갇혀서 굶어 죽었을 것이라 생각하고 눈을 치우고 들어가 보니 추운 방에 그대로 누워 있었다. 낙양령이 왜 나오지 않았느냐고 물으니, 그는 '큰 눈이 내려 모두 굶고 있는데 남에게 요구해서는 안 된다.'라고 대답하였다. 낙양령은 원안을 어질다고 생각하여 효렴으로 천거하였다. 『王右丞集箋注(왕우승집전주)』에 특별히 이 고사를 소개해 놓았다. 이 고사는 후대에 〈원안와설도(袁安臥雪圖)〉라는 제목으로 그려지게 된다.

孫祜, 雪景古事 冊 中 袁安臥雪, 淸, 絹本設色, 31.5×25.6cm, 中國 北京 古宮博物院.
손호(孫祜, 18세기)는 생졸년은 정확하지 않으나 건륭 연간과 정운붕(鄭雲鵬) 등과 합작한 그림이 있는 것으로 보아 18세기 중엽에 활동한 인물이다. 강소성 사람으로 인물과 산수를 잘 그렸는데 왕원기(王原祁)를 본받았다.
이 도책은 모두 10폭으로 구성되어 있는데 이 폭은 한나라 시대의 원안(袁安)의 고사를 그린 것으로 작가가 〈원안와설(袁安臥雪)〉이라 명명해 놓았다. 현재 전해지는 원안와설도 양식의 그림 중에서 가장 현실감이 뛰어난 작품으로 평가된다. 물가에 이웃한 담장은 무너지고 퇴락한 초가가 무너지지 않게 기둥으로 받쳐 놓았다. 고목 몇 그루와 총생하는 대나무가 집을 두르고 있고 진입하는 다리와 마당 등은 온통 눈으로 뒤덮인 가운데 주인공 원안은 이불을 뒤집어 쓴 채 비스듬히 기대어 책을 보고 있다.

밤새 바람이 불어 창문 앞 대가 심하게 요동치고 해서 잠을 설치다가 새벽 인정 소리에 문을 열고 보니 폭설이 내리고 있다. 하늘을 청소라도 하듯 함박눈이 내려 집 앞 골목도 마당도 정적이 감돈다. 이런 날에 가까운 곳에 사는 호 거사가 밥이라도 먹고 있는지 걱정이 되는 것이다. 1월 4일 소개한 〈유십구에게 안부를 물으며[問劉十九]〉와 통하는 면이 있다. 눈이 환기하는 그리움의 파장이 다채롭다고나 할까.

눈 내리는 새벽의 한정(閒靜)이 그림처럼 표현되어 있어 시중유화(詩中有畫)란 말이 절로 떠오르는 시이다.

夜雪 야설
밤눈

백거이(白居易) _당(唐)

已訝衾枕冷 (이아금침랭)	이부자리 썰렁하여 이상하더니
復見窓戶明 (부견창호명)	이제 보니 창문이 훤해졌네
夜深知雪重 (야심지설중)	깊은 밤 눈이 많이도 왔구나
時聞折竹聲 (시문절죽성)	이따금 따악 딱 대나무가 꺾이네

    대나무가 꺾이는 소리를 들어보려고 인터넷을 찾아보았으나 결국 듣지는 못했다. 대신 대나무에 바람이 지나가는 쏴쏴 하는 게 참으로 좋다. 내가 자란 시골에는 대나무가 없어 대나무가 부러지는지 꺾이는지도 알지 못하고 그 소리도 들어보지 못했다. 그런데 언젠가 절간에서 공부하던 사람들이 겨울에 눈 싸인 대나무가 부러지는 소리를 한 것 같기는 하다.

    이 시는 중국 사이트에 보면 자세한 해설도 나와 있고 우리나라 인터넷에도 여러 번역들이 있다. 상당히 알려진 시로 보인다.

    시를 이해하는데 필요한 한두 가지만 말하려고 한다. 둘째 구의 '復見(부견)'은 다시 본다는 의미이다. 이 말은 통상 한 번 본 것을 다시 본다는 의미이지만, 여기서는 앞 구에 나온 '已訝(이아)'와 짝을 이루어 '아까는 이부자리가 선득선득했는데 지금은 다시 창문 환해진 게 눈에 들어오네.'란 의미를 지닌다. 반복을 나타내는 우리말의 '다시'가 아니다. 3구와 4구는 논리적으로는 도치된 것인데 한시에는 이런 구문이 다반사로 나온다. 이럴 때는 앞 구의 뒤에 '~하니'라는 토를 붙이는데 이는 인과를 말하는 것이 아니라 오히려 결과를 말한다.

한시는 보통 2구씩 짝을 이루는데 이 두 구가 병렬인지 인과인지, 아니면 앞의 구가 결과인지를 구분하는 것이 매우 중요하다. 이는 같은 구 안에서도 마찬가지이다. 앞 부분이 원인이고 뒷 부분이 결과인지 아니면 앞이 결과이고 뒤가 원인인지 잘 파악해야 한다.

번역에서는 표현하기 어렵지만 '雪重(설중)'이라 표현한 것은 대나무가 부러질 정도로 눈이 대나무에 많이 쌓인 것을 표현한 것이다. 이 시가 한 편의 시가 될 수 있었던 것은 '雪重(설중)'이나 '折竹聲(절죽성)' 같은 아름다운 시어 덕분이다. 쉬우면서도 음미할 뒷맛이 남는다.

이 시는 초서로 잘 써서 대나무가 많은 지방의 까페나 술집 같은데 걸어두면 잘 어울릴 것 같다. 겨울철 대나무 부러지는 소리가 이따금 따악, 따악 들린다면 그 죽절성과 이 시가 다 살아날 것이다.

郭畀, **雪竹** 卷, 元, 紙本水墨, 31.8×145.2㎝, 臺灣 國立故宮博物院.
곽비(郭畀, 1280~1355)는 파강서원(鄱江書院) 산장(山長)을 역임하였는데 글씨를 잘 쓰고 죽석(竹石)을 잘 그렸다.
푸른 대나무가 북풍에 흰 눈을 맞아 부러질 듯 기울어져 있으나 그 지절(志節)은 그대로 간직하고 있는 듯하다.

1월•문득 어느 날 밤 맑은 향기 발산하니 천지에 흩어져 만 리의 봄 만드네

夜宴南陵留別
남릉(南陵)에서 떠나기 전날 밤 주연에서

이가우(李嘉祐) _당(唐)

雪滿前庭月色閒	앞 뜰 가득 쌓인 눈 달빛도 고즈넉한데
설만전정월색한	
主人留客未能還	주인이 나를 만류하여 돌아가지 못하네
주인유객미능환	
預愁明日相思處	내일 그대 그리우면 어떻게 하나요
예수명일상사처	
匹馬千山與萬山	필마로 천산 만산을 지나갈 그 때에요
필마천산여만산	

요즘은 누군가 이별하는 의식이 그리 대단하지 않다. 고작해야 군대에 가거나 멀리 해외로 유학을 가거나 할 때에 이별의 느낌을 체감할까.

통신이 발달하지 않아서 그런지 한시에는 누군가와 이별하면서 주고받은 작품이 매우 많다. 편지에도 편지를 보내는 사람과 받는 사람에 따라 그 표현이 다르듯이 이별을 할 때 보내는 사람 입장에서는 송별(送別)이라 하고 떠나는 사람 입장에서는 유별(留別)이라 한다. 그러므로 '留別(유별)'이란 말을 그냥 '작별하며'나 '이별하며'로 번역하면 원문을 생각하는 사람 입장에선 무슨 말인지 잘 알기 어렵다.

이가우(?~?)란 인물은 다소 생소하지만 이백이나 유장경 같은 인물과 교유도 한 중당 시대의 시인이다.

이 시의 매력은 떠나는 사람을 만류하는 주인을 곡진한 말로 위로하는 데에 있는

失名, **深堂琴趣圖**, 宋, 絹本設色, 23.6×24.9㎝, 中國 北京 故宮博物院.
깊은 산, 숲으로 둘러싸인 산재(山齋), 한 사람이 당에서 금(琴)을 연주하고 마당에서 학 2마리가 춤을 추고 있다. 집으로 들어가는 비어 있는 공간에 금의 선율이 안개와 섞이고 있어 시적 함축을 느끼게 한다.

1월•문득 어느 날 밤 맑은 향기 발산하니 천지에 흩어져 만 리의 봄 만드네

듯하다. 하룻밤만 더 자고 가라는 주인의 청에 못 이겨 머문 밤의 술자리, 눈도 수북이 쌓이고 달빛도 교교하다. 시인은 "나도 당신 집에 더 머물며 고담을 나누고 싶지만 갈 길이 바빠 가야만 합니다. 그러나 나는 앞으로 천산 만산 먼 길을 가야 하는데 내일이면 벌써 당신이 그리울 것입니다. 그러면 어떡하지요?"

이런 천연스런 말에 주인과의 술자리는 더욱 정겨웠을 것이라 짐작된다.

이 시는 3구가 특별히 좋다. 당신이 그리우면 어떻게 하면 좋을까 걱정하는 預愁(예수)라는 말도 좋고 相思處(상사처)의 '處(처)'가 4구로 연결되는 부분도 좋다. 내일이면 벌써 당신이 그리워지지만 천산 만산 지나는 동안 내내 그리울 것이라는 말이 자연스레 환기된다.

가끔 인터넷에 보면 相思(상사)를 '서로 그리워하다'로 이해하는 사람들이 꽤 보인다. 相思(상사)의 相(상)은 상대방, 즉 대상을 말하는 것이지 '서로'가 아니다. '서로'로 번역해서 우연히 말이 되는 곳이 있지만 대체로는 내가 상대방을 그리워하는 것을 상사라 한다. 어느 일방이 짝사랑하여 못견딘 나머지 병이 난 것은 상사병(相思病)이라 하는데, 서로 사랑한다면 왜 병이 나겠는가? 유사한 문맥에 쓰인 相(상) 자는 대개 그러하다.

驚雪
신기한 눈

육창(陸暢) _당(唐)

怪得北風急	북풍이 거세게 불어 이상하더니
前庭如月輝	앞뜰에 달빛이 내린 듯 환하네
天人寧許巧	하늘은 어쩜 저리도 재주가 많아?
剪水作花飛	물을 잘라 꽃을 만들어 날리네

육창은 당나라 헌종 때 사람으로 과거에 급제하여 벼슬도 지낸 시인이다. 강서관찰판관이란 지방관을 지낼 때 하루 종일 시만 짓고 공문서를 보지 않자 관찰사가 한마디 충고했더니 벼슬을 버리고 갔다고 한다. 육창은 소주(蘇州) 출신이라 다른 데는 이 사람의 행적이 잘 보이지 않지만 소주의 지지(地誌)인 『고소지(姑蘇志)』에 그 행적이 자세하게 서술되어 있다.

이백이 〈촉도난(蜀道難)〉이란 시를 지어 검남 절도사 엄무(嚴武)를 비난하자 육창은 자신이 은혜를 받은 위고(韋皐)를 칭찬하기 위해 거꾸로 〈촉도이(蜀道易)〉를 지었다고 한다. 사실 이백이 지은 〈촉도난〉은 촉으로 가는 산길의 험준함을 주로 노래하고 있는데 그 우의성에 대해 역대로 말이 있었다. 이를 보면 벌써 육창이라는 사람은 이백의 시가 단순하지 않다는 것을 간파하고 그것을 패러디한 것을 알 수 있다. 여하튼 이런 행적만 보아도 성격이 독특하며 시로 자부한 것을 짐작할 수 있다.

寧許(영허)는 如此(여차)와 같은 말인데 차이가 있다면 의문문을 만든다는 것이다.

이 시도 기발한 착상이 시를 떠받치고 있다. 하늘에서 내리는 눈을 보고 하늘이 물을 조금씩 떼어내어 수제비를 만들듯이 꽃을 만들어 날리는 희한한 재주가 있다고 본 것이다.

이런 시를 흔히 영물시(詠物詩)라 한다. 영물시는 기발한 착상을 소재로 한 것이 많다. 그래서 한 편의 동시 같기도 하다. 영물시를 모티브로 그림을 그리기도 하고 그림을 그려 놓은 것에 제화시(題畵詩)로 사용하는 경우도 많다. 이런 그림은 대개 화폭이 작아 소경(小景)이라 부른다. 아마 이 시도 누군가 제화시로 사용했을 가능성이 높다.

눈의 별칭을 剪作花(전작화)라고 하는 것은 이 시에서 유래한 것이다. 그저께 소개한 백거이의 〈夜雪(야설)〉에 나온 '折竹聲(절죽성)'도 이런 경우인데, 시인은 이렇게 고상하고 아름다운 말을 새로 만들어내는 경우가 많다.

寒梅詞
겨울 매화의 노래

이구령(李九齡) _당(唐)

霜梅先拆嶺頭枝 고갯마루의 서리 낀 매화 먼저 꽃을 피우니
萬卉千花凍不知 천만 화훼는 얼어 아무 것도 모를 때이네
留得和羹滋味在 매실로 남아 국에 간을 맞추면 맛이 나니
任他風雪苦相欺 눈보라가 모질게 능멸해도 개의치 않네

이구령(?~?. 964년 진사)은 낙양 사람으로 당송 교체기의 혼란한 시대를 살아 자신의 뜻을 제대로 펼치지 못한 사람인데『전당시』에 23편의 시가 실려 있다. 잘 알려진 시인은 아닌 듯하다.

이 시는 지금까지 소개한 시들과는 다르다. 앞의 시들이 편안히 기대어 감상할 시라면 이 시는 절로 옷깃을 여미게 하고 손을 씻게 만든다.

이 시의 눈알은 和羹(화갱)이다. '국에 간을 맞추는 것'을 의미하는 이 말은『서경(書經)』「열명(說命)」에 나오는 말로 임금이 좋은 정사를 펼치기 위해 국에 간이 필요하듯 어진 신하의 보좌가 필요하다는 의미를 담고 있다. 그 간으로 쓰이는 것이 소금과 매실이다.

이 시에 나오는 고갯마루에 선 매화나무는 남들이 모두 겨울 추위에 잠들어 있을

때 홀로 꽃을 피운다. 그 매화는 속으로 이렇게 생각한다. 나는 나중에 결국 매실로 남아 훌륭한 탕을 끓이는데 없어서는 안 될 매실 간장이 될 것이다. 그러니 이까짓 추위의 능멸은 얼마라도 견딜 수 있어!

任他(임타)는 1월 3일 〈대나무와 바위[竹石]〉에서 설명한 任爾(임이)와 같은 말이고 相欺(상기)의 相은 1월 9일 〈남릉(南陵)에서 떠나기 전날 밤 주연에서〉에서 설명하였다. 끝 구의 欺(기)는 통상 '속이다'라는 뜻으로 많이 쓰이지만 여기서는 기릉(欺凌)이라 해서 '능멸하다', '업신여기다'의 의미이다. 霜梅(상매)도 사전에는 매화의 한 품종으로 나오나 여기서는 서리를 맞은 매화라는 말이다. 다른 의미의 상매는 간장에 오래 절여 두면 마치 곶감에 분이 난 것처럼 서리가 앉아 그런 이름이 붙은 것이다.

첫 두 구는 서로 역접처럼 보이나 실제로는 도치된 형태의 구문으로 '모든 초목들이 모두 잠들어 있을 때에 매화만 홀로 먼저 꽃을 피운다.'는 의미이다. 도치로 이해할 때 의미가 깊게 다가온다.

고귀한 뜻을 품고 어려운 시기를 헤쳐 나가는 선각자에게 바치거나 힘든 시기를 견디고 있는 사람들에게 선사할 만한 뜻이 좋은 시이다.

華嵒, 寒梅翠鳥圖 軸, 淸(1736), 紙本設色, 125x57cm, 中國 天津博物館.⊃

화암(華嵒, 1682~1756)은 양주팔괴(揚州八怪)의 한 사람으로 사의적 화풍의 화조화를 잘 그렸다. 이 그림도 매화 등걸한 가지가 아래로 툭 떨어졌다가 솟구쳐 꽃을 피운 특이한 구도로 그렸는데 필선에 강렬한 정신적 향기가 어려 있다. 푸른 새가 마주 보는 여백에 자신의 독특한 매화론을 펼쳤다. 신라산인은 화암의 호이다.
그림에 쓴 화제는 이렇다.

世稱梅者, 必配以孤山處士. 處士名動人主, 山幾移文, 箋啓纖麗, 不到高雅, 復爲王濟所窺, 故是冰炭中人, 非931偶矣. 唯蘇子卿·洪忠宣, 冷山雪窖時, 同此臭味. 次則夏仲御·劉器之木腸鐵漢, 差堪把臂入林耳. 乾隆元年春新羅山人華岩.
세상에서 매화를 칭송하는 사람은 반드시 고산 처사(孤山處士) 임포(林逋)로 짝을 삼으려 한다. 고산 처사는 그 이름이 임금을 감동시켰으나 진정한 은자가 여러 차례 비판하는 글을 보냈고 임금에게 올리는 글도 섬세하고 아름다워 고아함에 도달하지 못하였으며 게다가 화려한 생활을 한 진나라 왕제(王濟)가 엿볼 정도였다. 그러므로 이는 마음에 갈등이 아직 남아 있는 것이니 매화가 짝할 대상이 아니다.

오직 소자경(蘇子卿)과 홍충선(洪忠善)이 냉산(冷山)과 설교(雪窖)에서 매화와 같은 뜻을 지녔으며, 그 다음으로는 하중어(夏仲御)와 유기지(劉器之)의 나무로 된 심장과 쇠로 된 사나이인데, 이런 사람의 팔을 비틀어 숲으로 데리고 들어갈 만하다. 건륭 원년(1736) 봄에 신라산인(新羅山人) 화암(華嵒).

임포는 매화를 아내로 삼고 학을 자식으로 삼았다는 '매처학자(梅妻鶴子)'로 알려져 있고 매화를 매우 좋아하여 매화시를 많이 쓴 시인이지만, 화암은 그런 임포조차도 마음의 갈등이 있어 매화가 짝할 사람이 아니라 하면서, 매화의 향기를 지닌 사람으로 소자경, 홍충선을 제일로 치고, 그 다음으로 하중어, 유기지를 거론하였다. 소자경은 한나라 때 흉노로 사신 가서 19년간 설교에서 지내며 양을 친 소무(蘇武)를 말하며, 홍충선은 금나라로 사신 가서 15년간 냉산에서 지낸 사람이다. 하중어는 진나라 때 은자 하통(夏統)으로 둘러싼 여인들을 보고도 마음이 움직이지 않아 목석이라 하였고, 유기지는 송나라 때의 사마광의 제자 유안세(劉安世)를 말하는데 여러 번 귀양을 갔어도 마음이 강철과 같이 변하지 않았다 한다. 결국 화암은 강한 지절을 매화의 정신으로 본 것이다.

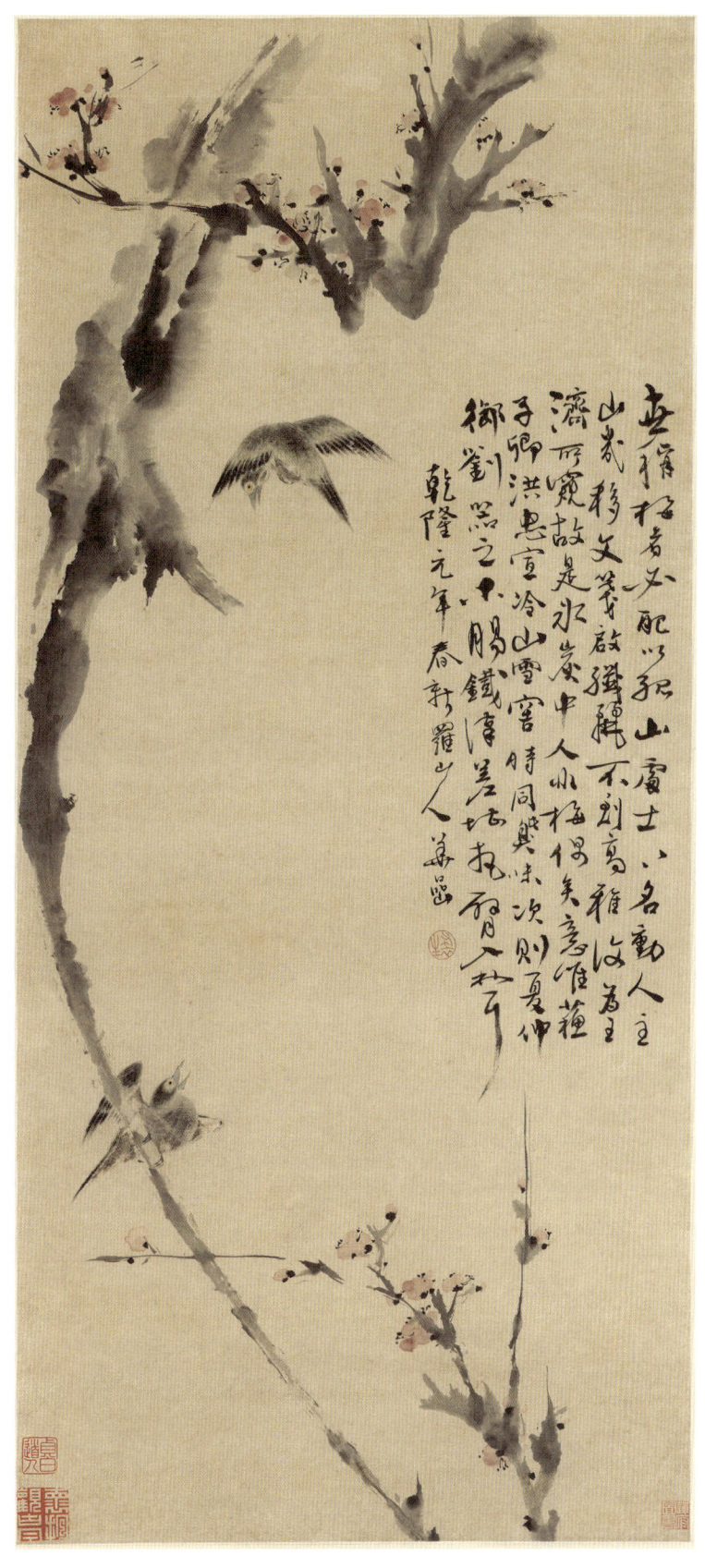

使之塞上
사 지 새 상

사신을 가다가 변경에서

왕유(王維) _당(唐)

單車欲問邊	수레 한 대로 변새로 위문을 가느라
단 거 욕 문 변	
屬國過居延	속국인 거연을 지나가고 있네
속 국 과 거 연	
征蓬出漢塞	쓸쓸한 나의 행렬 나라의 변방을 나가고
정 봉 출 한 새	
歸雁入胡天	돌아오는 기러기 오랑캐 땅에 들어가네
귀 안 입 호 천	
大漠孤煙直	큰 사막에는 한 줄기 연기 곧게 오르고
대 막 고 연 직	
長河落日圓	긴 강에는 지는 해 둥그렇게 떠 있네
장 하 락 일 원	
蕭關逢候騎	소관에서 측후 기병을 만났더니
소 관 봉 후 기	
都護在燕然	도호가 최전선인 연연에 있다 하네
도 호 재 연 연	

해방 이후 우리나라 시를 보면 대체로 섬세하고 침울한 정서가 많다. 이 시에서 보이는 큰 스케일과 웅혼한 정서는 드물다.

우리나라 한시에서는 변방과 전쟁 등을 소재로 한 한시가 많지 않지만 중국 한시에서는 변방을 무대로 한 변새시(邊塞詩)가 상당히 많다. 특히 한나라 당나라 등 북방 유목민과 오랜 긴장과 대결 상태에 있을 때는 변방의 거칠고 웅혼하며 쓸쓸하고 비장감 어린 미감을 다룬 시가 많다.

그림에도 말을 소재로 하거나 초원을 배경으로 한 작품 역시 많다.

곱고 섬세하며 침울한 정서 못지않게 웅혼하고 활달하며 쓸쓸한 비장미 역시 인간의 서정과 문학을 풍요롭게 해 준다.

이 시는 왕유가 서북 변경으로 위문 사절로 갈 때 지은 시이다. 거연, 소관, 연연 이런 말은 모두 당시의 지명이다.

이 시는 두 번째 대구 2짝과 세 번째 대구 2짝이 관주를 칠 만하다. 자신이 당나라 변방을 나가 호지로 들어가는 것을 마치 바람에 날려 떠 다니는 망초나 멀리 이동하는 기러기에 비유하고 있다. 광활한 사막과 긴 강에 피어오르는 봉화와 지는 저녁놀은 거대한 공간감과 함께 주체할 수 없는 고독감을 일으킨다. 더구나 행렬도 단출하여 다소간 울적함이 있는데다 저녁노을이 떨어지고 있다.

왕유 같은 시인이 이런 상황에서 이런 시를 쓰는 것이 당연하지 않겠는가?

무변 광대한 사막에 한 줄기 피어오르는 연기, 장대하게 구불거리며 지나가는 강 저 멀리 떨어지는 낙조!

우리나라에서 이와 유사한 감동을 느끼려면 개마고원에 가야 할까? 아니면 삼수갑산에서 저 멀리 굽이치는 압록강을 바라보아야 할까?

送友人
친구를 전송하며

이백(李白) _당(唐)

青山橫北郭	청산은 북쪽 성곽에 걸쳐 있고
白水繞東城	백수는 동쪽 성을 감아 도네
此地一爲別	여기서 한 번 이별하고 나면
孤蓬萬里征	망초처럼 만 리를 떠돌게 되리
浮雲遊子意	떠가는 구름은 여행자의 심경이요
落日故人情	아쉬운 지는 해는 친구의 정이라네
揮手自茲去	손 흔들며 예서 서로 헤어지자니
蕭蕭斑馬鳴	이으으응 말이 먼저 길게 우네

이 시는 『千家詩(천가시)』에 수록되어서 그런지 굉장히 널리 알려져 있는 것으로 보인다. 중국인들은 이 시에 곡을 붙여 노래를 지어 애창하기도 한다.

이 시가 언제 지어졌는지는 분명치 않다. 산기슭에 성곽이 있고 그 성곽 동쪽으로 강이 굽이 감도는 동구에서 두 사람은 이별의 시간을 맞이하였다.

앞 12회에 소개한 시에 征蓬(정봉)이라 하여 '蓬(봉)'이 등장하였는데 여기 나온 孤

망초와 개망초
좌측에 가지가 벌고 꽃이 핀 것이 개망초이고 우측에 곧추 자라고 아직 꽃이 피지 않은 것이 망초이다. 지금 우리나라에는 망초보다 개망초를 더 흔히 볼 수 있다. 옛 문헌에 나오는 봉(蓬)은 바로 이 망초와 개망초 종류를 포괄하여 부르는 말인데 가을바람에 이리저리 떠도는 꽃씨와 더벅머리의 비유로 쓰이는 것은 주로 망초의 특징과 잘 어울린다. 중국에서는 현재 이 식물을 주로 비봉(飛蓬)이라 부른다.(사진_ 김종태)

蓬(고봉)과 같다. 이 풀은 사전에 주로 '쑥 봉'으로 되어 있어 쑥 종류로 알기 쉬운데 실제로는 우리나라에 흔히 보이는 망초 종류이다. 『예기(禮記)』에 '사내아이가 태어나면 천하를 경영할 포부를 기원하는 의미에서 뽕나무 활에 망초 화살[桑弧蓬矢]을 가지고 천지와 사방에 쏜다'는 내용이 있는데 그때 사용하는 화살이 바로 이 망촛대이니 딱 들어맞는다. 흔히 계란꽃이라 부르기도 한다. 이른 봄에는 나물이나 토끼풀로 뜯기도 하고 여름에는 아이들의 칼싸움 놀이 도구가 되기도 하며 가을에는 멀리 씨를 달고 날아다닌다. 묵정밭에 이 풀이 많은데 멀리멀리 이리저리 날아다니는 마른 망초 꽃을 보면서 여행자를 연상하는 것이다. 이 풀은 이미 『시경』 「위풍(衛風)」 〈백혜(伯兮)〉에 '飛蓬(비봉)'으로 나오며 우리나라 현대 시인들 중에도 이 풀을 소재로 지은 시가 많다. 70, 80년대 몰락하는 농촌의 서글픈 풍경이 이 망초의 이미지와 연관되기 때문이다.

율시의 경우 대체로 경구(警句)가 경련(頸聯)에 많이 나오는데 이 시 역시 경련의 내외 구가 절창이다. *浮雲*(부운)에서 *遊子*(유자), 즉 여행자를 연상하는 것은 어려운 일이 아니다. '구름 나그네'란 유행가도 있지 않은가. 落日(낙일)에서 친구를 만류하고자 하는 마음을 연상하는 것은 우리 정서에서는 바로 다가오지 않을 수 있다. 여기서 말하는 부운과 낙일은 그 자체의 이미지를 말한다기보다는 '부운과 낙일을 바라보는 사람의 마음'을 이미지로 쓰고 있기 때문이다. 떨어지는 저녁노을을 보면서 빨리 지기를 바라는 사람은 특별한 사연이 있지 않은 이상 아마도 없을 것이다. 누구나 붉게 지는 해를 보면 조금 더 감상하고 싶고 사진을 더 잘 찍어보고 싶은 마음이 인다. 이백이 말하는 낙일은 바로 그런 심정을 말한다.

말이 우는 소리를 의성어로 표현하기 어렵다. 우선 갑오경장 이후 한글의 대대적인 약진과 함께 의성어도 발달했는데 그때는 이미 말이 사라지는 시기이기 때문일까. 말 우는 소리를 직접 들어보면 '히히힝'과는 크게 거리가 있다. 그래서 우선 저렇게 표현해 두고서 말 우는 소리를 잘 아는 독자들이 그 표현을 완성해 주기를 기대한다.

終南山 종남산

왕유(王維) _당(唐)

太乙近天都 태을근천도	태을산은 높아 하늘에 가깝고
連山到海隅 연산도해우	이어진 산은 바닷가에 닿았네
白雲回望合 백운회망합	돌아보니 산은 흰 구름으로 덮였고
靑靄入看無 청애입간무	들어가니 푸른 이내는 보이지 않네
分野中峯變 분야중봉변	하늘의 별자리는 중봉에서 나뉘고
陰晴衆壑殊 음청중학수	골짜기에 따라 날씨마저 다르네
欲投人處宿 욕투인처숙	인가를 찾아들어 묵어가려고
隔水問樵夫 격수문초부	물 건너편 나무꾼에게 물어보네

왕유는 종남산에 망천장(輞川莊)을 짓고 살면서 시서화를 잘하여 문학에서도 유명하지만 동기창(董其昌)이 남종화의 원류를 왕유로 잡았기 때문에 회화사에서 더욱 유명해졌다. 일례로 전에 누가 망천 20경이라 해서 내가 잘 모른다고 했더니 그 사람이 매우 의아해 한 적이 있다. 그런데 내가 나중에 보니 그 시는 맹성요(孟城坳) 이하의 연작시 20편을 말하는 것이었다. 그때 회화사에서는 확실히 개념을 명확히 한

다는 생각을 한 적이 있다. 그런데 가끔 책을 보다 보면 어떤 충신을 말하면서 왕유하고는 다르다는 말을 하는 경우가 더러 있는데 왕유가 안록산에게 벼슬을 한 적이 있기 때문이다. 보는 각도에 따라 사람에 대한 평이나 이미지가 많이 다르다는 것을 알 수 있다.

몇 년 전에 서안에 가서 왕유의 망천을 찾아갔는데 택시 기사가 아는 것 같더니 결국 두어 시간 헤매다가 서안으로 돌아온 적이 있다. 종남산은 서안 남쪽에 있는 산인데 가서 보니 이게 산이라기보다는 우리나라 백두대간 같은 큰 산맥이었다. 그러니까 말하자면 서울에서 택시 타고 태백산맥을 가리키면서 봉정암 가자는 것과 같은 셈이다. 백담사도 모르는 사람이 더러 있을 텐데 거기서 한참 더 가는 산중에 있는 봉정암을 누가 잘 알겠는가. 혹 그곳 고적을 잘 아는 사람과 같이 가면 그 흔적을 찾을지는 모르나 지금은 그때 모습이 거의 사라진 것으로 얼핏 들었다.

이 시에서 왕유가 말하고자 하는 것도 자기가 은거하는 종남산은 높기도 높고 크기도 크다는 말이다. 태을산은 종남산의 주봉으로 이 산의 별칭이다. 이 산이 바다까지 이어져 있다는 것은 사실과 다르다. 중간에 구름과 이내를 말한 것은 자신의 등산 체험을 언급한 것이다. 산을 향해 가다가 고개를 돌아보면 온통 흰 구름으로 뒤덮여 있고 산기운이 자욱한 곳에 막상 가보면 흔적 없이 사라지는 깊은 산 특유의 자연 현상을 말한 것으로 보인다.

마지막 두 구는 독자들이 마음에 들었는지 인용하거나 화제로 쓰는 경우가 많다.

3구의 白雲回望合(백운회망합)은 '백운은 고개를 돌려 보면 산과 합쳐진 것이 바라보인다.'는 말이다. 그런데 짧은 시에 이렇게 번역할 수는 없을 것이다. 아무리 시라 해도 우선 논리적으로 사람들이 이해할 수 있어야 한다. 다음 구인 青靄入看無(청애입간무)도 똑같은 구조이다. 이런 것을 흔히 대구하고 하는데 여기서 백운(白雲)과 청애(青靄)는 주어라기보다는 일종의 제시어이다. 그래서 현토를 하면 '白雲은(이라) 回望合이요 青靄는(라) 入看無라'가 된다. 즉 백운과 청애를 제시한 다음 나머지 3글자

◐王時敏, 南山積翠圖, 淸, 絹本設色, 147.1×66.4㎝, 中國 遼寧省博物館.
왕시민(王時敏, 1592~1680)의 만년작이다. 우뚝 솟은 중봉 아래로 양쪽 골짜기에는 안개가 끼고 폭포가 쏟아져 내린다. 큰 바위와 장송이 어우러진 가운데 사찰과 도관이 자리잡고 있어 대산의 위용을 드러낸다.

로 그 상황을 서술하는 방식인데 이런 구문이 한시에서는 매우 많다. 전에 우연히 인터넷에 보니 내가 쓴 글을 누군가 인용해 놓고 이와 유사한 구문을 빨갛게 표시한 다음 한문의 기본도 모른다며 마구 화를 내는 글을 본 적이 있다. 그 사람은 '한문이 어떻게 뒤에 나오는 것을 먼저 해석하느냐.', '아직 실력도 없는 놈이 허명을 바라고 이런 글을 썼느냐!'며 마구 욕을 하고 있었다.

기초 한문에서는 어쩔 수 없이 주어 다음에 술어가 나오고 술어 뒤에 목적어가 나오는 것으로 가르치는지 모르겠지만 한문에는 술어 뒤에 주어가 나오거나 술어 앞에 목적어가 나오는 것이 흔하다. 그리고 형용사나 동사를 뒤에서 수식하는 것도 많다. 특히 한시에서는 그런 구문이 많기 때문에 작은 한시 한 편이라도 우선 구문적으로 잘 파악하자면 오랜 공부가 필요하다.

그나저나 종남산의 망천은 지금 있는지 없는지 모르겠다.

長干行
장간의 노래

최호(崔顥) _당(唐)

君家何處住	그대는 어디 사시나요?
妾住在橫塘	저는 횡당에 산답니다
停船暫借問	배 멈추고 잠깐 물어 볼게요
或恐是同鄕	혹 우리 동향 아닌가요?

 장간(長干)은 글자로만 보면 '긴 장대' 같지만 그런 뜻은 아니고 지금 남경 근처에 있는 골목 이름이다. 전에 남경 진회하(秦淮河)에 가서 배를 타고 지나간 적이 있는데 이 시가 붙어 있었던 기억이 난다.

 장간행은 본래 남경 지방에서 불리우던 민가이다. 이를 황학루 율시를 쓴 최호가 4수로 정리한 것이다. 문학에는 이런 것이 매우 많다. 원래 민가에서 떠돌아다니는 노래인데 세련된 서울 문인이 가서 문학성이 높은 노래나 작품으로 만드는 것이다. 중국에는 죽지사를 정리한 유우석, 우리나라에는 판소리 사설을 여섯마당으로 정리한 신재효 같은 사람이 그런 인물이다.

 최호가 만든 장간행은 총 4수로 이루어져 있는데 여자가 선창하면 남자가 화답하는 식으로 되어 있고 마지막에는 같은 배를 타고 간다는 내용으로 되어 있다. 이 시

는 그 첫 수로 여자가 남자를 은근히 유혹하는 노래라 할 수 있다.

이런 노래는 연원이 아주 깊다. 『시경』에도 남녀가 서로 주고 받는 노래가 많다. 정풍과 위풍에 그런 노래가 많은데 대표적인 것을 들자면 〈진유(溱洧)〉 같은 걸 제시할 수 있다.

경상북도 상주에 가면 공갈못이 있는데 그곳에 전해지는 〈공갈못 노래〉가 있고 지금 비석에 새겨져 있다. 그 가사에 보면 '내 품에 잠자 주소.'이런 대목이 있는데, 이런 걸 모를 심으며 하루 종일 불렀던 것이다. 지금 강원도 정선 아리랑 사설을 들어보면 많은 부분이 주로 남녀의 사랑 노래이다.

이 시는 『천가시』에 실려 있고 『당시삼백수』에는 이 시와 짝이 되는 시까지 실려 있으니 아마도 중국인들은 대부분 학교 교육을 통해 잘 알 것으로 짐작된다.

이 노래를 보면 서울의 일류 셰프가 시골에 돌아다니며 좋은 음식 메뉴를 개발하는 것이 떠오른다. 세상에 새로운 많은 것들은 갑자기 튀어나오는 것이 아니다. 대부분 무명의 인사들이 오랫동안 공을 들여 만들어놓은 것을 세련되게 재가공하거나 새로운 의미를 부여한 것이 많다. 많은 사람들은 새로운 것이 나오면 최종 결과물을 만든 사람을 칭송할 줄은 알지만 실제로 대접받아야 할 사람이 공정한 대접을 받는가에 대해서는 관심을 두지 않는다.

그래서 나는 이 시를 읽는 사람들이 자신이 무엇인가를 연구하면 그 과정을 소상히 밝혀야 하는 것도 알았으면 하는 기대를 하는 것이다.

◐石涛, 大滌子无上神品 回忆秦淮河山水 册 十二幀 中 7번째 그림, 淸, 25.5×20.2cm, 미국 클리블랜드미술관.
대척자(大滌子)는 석도(石濤, 1630~1707)의 여러 호 중의 하나이다. 석도는 청나라 초기에 이색적인 화풍을 지닌 4명의 승려 화가, 즉 사승(四僧)의 한 사람으로 명 황실의 후예이다. 이 그림에서 보듯이 다른 사람이 모방하기 어려운 독특한 구도와 필법으로 그림을 그렸는데 화격과 화의가 매우 뛰어나다.
지금도 진회하(秦淮河)를 지나가면 높은 언덕이 있는데 이 그림은 그 언덕의 높이가 특이하게 강조되어 있다.

送杜少府之任蜀州
촉주로 부임하는 두 소부를 전송하며

왕발(王勃) _당(唐)

城闕輔三秦	삼진이 보호하는 이 도성에서
風烟望五津	서쪽 오진의 풍광을 바라보네
與君離別意	그대와 이별하는 나의 심경
同是宦游人	고향 떠나 벼슬살이 다 같지 뭐
海內存知己	이 세상에 지기가 있다면야
天涯若比鄰	세상 끝이라도 이웃에 사는 것
無爲在岐路	이별의 기로에 서서 아녀자처럼
兒女共沾巾	손수건에 눈물 적시지는 말기를

중국을 여행하면서 보면 입춘첩으로 '物華天寶(물화천보)', '人傑地靈(인걸지령)'을 써 놓은 것을 심심치 않게 본다. '좋은 물건은 하늘이 낸 보물이고, 뛰어난 인물은 땅의 영험한 기운을 타고 났다'는 뜻으로 〈등왕각서(滕王閣序)〉라는 글에 실려 있다. 이 글이 바로 왕발이 14세에 썼다는 글인데 대구와 고사가 좋고 풍격이 아주 웅장하여 기분 내어 읽다 보면 중간에 힘이 빠질 정도이다.

지금 이 시도 그런 왕발의 문풍이 여지없이 발현되어 첫 구부터 웅장한 대구가 등장한다. 번역으로는 구현할 수 없지만 한시 자체로는 三秦(삼진)과 五津(오진)이 대구가 좋고 운자를 놓아 율조를 살리고 있음을 알 수 있다. 그 때문에 城闕輔三秦(성궐보삼진)은 城闕을 제시어로 삼고 輔와 三秦은 술어와 주어를 도치하였으며, 風烟望五津(풍연망오진) 역시, 風烟을 제시어로 삼되 望과 五津은 술어 목적어로 하여 결국 風烟이 五津을 수식하는 구조를 만들고 있다. 한시로는 성궐과 풍연을 시구의 앞머리에서 쿵! 하고 내보이는 맛과 마지막에 같은 운자로 리듬을 맞추는 데에 초점이 있지만 우리말로 번역하면 한국인의 언어 질서로 볼 때 논리적인 구성이 되지 않기 때문에 결국 첫 구를 두 번째 구의 부사절로 구현하는 수밖에 없다.

三秦(삼진)은 항우가 관중에 들어가 진나라 핵심 지역을 3개로 쪼갠 것으로 한나라 때 장안을 둘러싸고 있는 중앙의 경조와 그 좌우에 있는 우부풍과 좌풍익을 말하는데 이를 三輔(삼보)라고도 하니 동사 輔와 잘 어울린다. 후세의 京畿(경기)라는 말과 같다. 五津(오진)은 촉 지역의 장강 상류에 있는 5개의 나루로 지금 그곳 고을 수령으로 가는 두 아무개가 다스릴 지역을 드러낸 것이다. 당연히 장안에서는 보이지 않으니 풍연에 잠긴 그 쪽을 바라본다는 말로, 성궐이라 표현한 장안에는 자신이, 그곳에는 두 소부가 있다는 것을 환기한 말이다.

앞에 왕유의 〈종남산〉에서 얘기하였지만 술어 뒤에 주어가 나오는 구문을 잘 모르면 보삼진(輔三秦), 이 구절을 '삼진에 의해 보호받다'로 해석하려고 고집을 하게 된다. 결국 자신의 뜻을 시구에 관철시키려 하는 사이에 시가 조금씩 난해해지는 것이다. 한시 번역이 조금씩 조금씩 이상해져서 전체적으로 무슨 말인지 모르게 모호하게 되는 것은 대체로 한시의 구법에 대한 이해가 깊지 않은데 연유한다.

사람들이 쉬운 우리말로 한문을 번역해야 한다고 하지만 이런 것을 보면 한시의 번역은 주석과 해설이 필수적임을 자연스럽게 알게 된다. 한시 번역하면 김억을 말하면서 언어 표현을 운운하는데 김억이 번역한 시는 대체로 고사가 없고 시구의 변화가 복잡하지 않은 것들이라 그런 번역을 특징이 다른 한시에 확대하여 논리를 전개하는 것이 애시당초 무리인 것이다.

또 어떤 사람은 그렇기 때문에 번역은 직역을 위주로 해야 하는데 요즘 사람은 자신도 잘 모르면서 모호하게 번역한다고 비판하기도 한다. 정말로 잘 몰라서 모호하게 번역했다면 이는 큰 문제이지만 번역 자체는 우리말로 자연스럽고 일차적으로 크게 노력하지 않아도 알아볼 수 있게 하는 것이 우선이라고 본다. 그리고 필요한 곳에 적절한 설명을 안배하는 열린 시각이 필요하다.

海內存知己(해내존지기)면 天涯若比鄰(천애약비린)이라! 이 세상에 나를 알아주는 당신과 같은 사람이 있다면 당신이 아무리 멀리 있어도 나는 이웃처럼 느낄 것이오! 이 시를 참으로 위대하게 만들고 있다. 요즘 말로 '나는 너의 가슴에 살아 있을 거야.'라는 의미이다. 이별에 즈음에 나눌만한 뛰어난 가구(佳句)이다.

인터넷에 이 구절을 검색해 보면 수없이 많은 작품을 만날 수 있는데, 이것 하나만으로도 왕발이 낙빈왕·노조린·양형과 함께 초당사걸로 이름을 떨친 것이 허명이 아니며 사람들에게 이 시가 큰 사랑을 받고 있음을 알 수 있다.

梅花
매화

왕안석(王安石) _송(宋)

墻角數枝梅 (장각수지매)	담장 위의 매화 몇 가지
凌寒獨自開 (능한독자개)	겨울 추위에 홀로 피었네
遙知不是雪 (요지불시설)	멀리서 봐도 눈은 아니군
爲有暗香來 (위유암향래)	향기가 예까지 오는 걸 보면

暗香(암향)이 이 시의 눈알이다. 이 시는 마지막까지 읽고 나서야 아하! 하면서 고개를 끄덕이게 된다. 그러므로 앞 3구는 마지막 암향을 위한 조연인 셈이다. 중요한 패를 마지막에 보인 이 시의 구성을 높이 산다.

나는 이 매향에 대한 체험이 별로 없다. 아니, 지금까지 살면서 매화 향기를 여러 번 맡아 보았을 텐데 남은 여향이 다 가신 탓이다. 이런 시는 매화 향기를 잘 아는 사람이 설명하면 더욱 시가 빛날 것 같다. 좋은 체험을 가진 독자들이 나를 깨우쳐 주기 바란다.

언젠가 새로 지은 시골집에 몇 달 머무른 적이 있었는데 내가 2층에서 공부하고 있을 때면 어디서 이상한 향기가 감돌았다. 나는 주변의 산 여기저기 핀 야생화에서 향기가 나는 것인가 막연히 생각하다가 문득 오미자 밭에 가득 핀 꽃이 눈에 들어와 향

기를 맡아 보니 바로 그 향기였다. 이 오미자 꽃에서 나는 향기가 꿀과 같은 단맛이 돌면서도 특유의 은은한 향기가 났다. 매화 향은 아마도 이보다 더 그윽할 것이다.

며칠 전 우연히 보니 대만의 임욱검(林煜劍) 서법가가 전통 치마를 입고 나무에 종이를 기대 놓고 금(쪽) 연주 속에 이 시를 쓰는 것을 봤는데 아주 멋있게 보였다. 지금 함께 보이는 병풍은 선조(宣祖)가 쓴 글씨로 첫 수가 바로 이 작품이다. 글씨가 활달하고 능숙한 초서도 다 좋다. 그런데 저 큰 병풍에 적힌 것은 모두 5언 절구로 나름의 아취를 가지고 있는 시들인데 크기와 필체가 시 내용과 덜 어울려 보인다.

여하튼 이 시의 참고 자료로 소개해 본다.

宣祖 御筆 병풍, 조선, 종이, 134.7x53.6cm, 대한민국 국립고궁박물관.
선조의 어필을 목판으로 새겨서 인출한 8폭 병풍. 앞 2폭에 왕안석의 〈매화(梅花)〉, 3, 4폭에 이백의 〈추포가(秋浦歌)〉, 4폭 마지막 글자에서 6폭까지 장적(張籍)의 〈석화(惜花)〉, 6폭 마지막 2번째 글자부터 두보의 〈춘일억이백(春日憶李白)〉 시가 차례로 적혀 있다. 한 작품을 이어서 쓴 것처럼 한 호흡으로 기세있게 쓴 작품이다.

◐**陸復**, **梅花** 軸, 明, 205.3x108.7cm, 臺灣 國立故宮博物院.
만약 향기가 없다면 나뭇가지에 눈이 쌓인 것으로 착각할 만하다.

示兒
아들에게

육유(陸游) _송(宋)

死去元知萬事空 죽으면 만사가 허무한 걸 원래 알지만
但悲不見九州同 구주가 합치는 것 보지 못해 슬프구나
王師北定中原日 우리 군대 북으로 중원을 평정하는 날
家祭無忘告乃翁 네 아비 제사에 고하는 것 잊지 말아다오

육유의 유언 시이다. 九州(구주)는 고대에 중국을 9개의 주로 나누어 제후국으로 삼은 데서 유래한 말로 중국 전체를 가리키는 말이고, 王師(왕사)는 천자의 군대를 말한다. 황제라는 말이 진시황이 처음 만든 것이므로 주나라 때는 천자를 왕(王)이라 했기 때문이다. 이런 말은 모두 『서경』과 『시경』 등에 출처가 있는 말이다.

마지막의 家祭(가제)는 집안 제사를 말하는데 부사구로 쓰이고 있고 乃(내)는 2인칭 대명사이다.

중국의 역대 시인들 가운데 우국의 충정을 가장 많이 노래한 시인은 당의 두보와 지금 소개하는 송의 육유이다. 둘 다 지은 작품 수가 매우 많다. 다만 두보의 경우는 우리나라에선 이미 조선 성종 때 한글로 해석한 언해라는 것이 나오고 국가에서 많은 장려를 하였지만 육유의 경우는 정조 때에 와서야 두보의 시와 함께 각각 500수

를 뽑아 『杜陸千選(두륙천선)』을 간행하는 정도여서 두보에 비해 현격히 덜 알려져 있다.

조선 세종과 성종 연간에 나온 책들은 문화 발전에 큰 토대가 되고 그 실효를 보았지만 영조와 정조 연간에 나온 책들이나 고종 때 외국서 수입한 많은 책들은 나리가 급격히 망해 버리는 바람에 미처 소화를 제대로 하지 못한 감이 있다.

사람이 자신의 일생을 돌아보거나 무슨 간절한 것을 말할 때는 대개 말이 간결하고 쉬운 특징이 있다. 반대로 뜻은 더 깊고 감동은 오래 남는다. 자신과 일체가 되고 오래 익은 생각이기 때문일까. 이 시를 보면 시 역시 시의 이해가 문제가 아니라 사람이 마음을 어떻게 먹고 어떤 실천을 하는가가 결국 관건임을 생각하게 된다.

019
1월 19일

早梅
조매
일찍 핀 매화

장위(張謂) _당(唐)

一樹寒梅白玉條   한 그루 매화나무 백옥 같은 흰 가지
일 수 한 매 백 옥 조
迴臨村路傍谿橋   멀리 도랑의 다리 옆 시골길에 서 있네
형 림 촌 로 방 계 교
不知近水花先發   물가라 꽃이 먼저 핀 줄을 모르고서
부 지 근 수 화 선 발
疑是經冬雪未銷   겨울에 내린 눈이 안 녹은 줄 알았네
의 시 경 동 설 미 소

장위(대략 711-778)는 다소 생소한 인물이지만 위키 백과 등을 살펴보면 당나라 천보 연간에는 시명이 났고 벼슬도 예부 시랑까지 지낸 인물이다. 『전당시』에 40수의 시가 수록되어 있다.

두 번째 구의 傍(방) 자 이하 3글자는 앞의 村路(촌로)를 수식하고 있다. 그러나 읽을 때는 '형림촌로, 방계교' 이렇게 읽어야 한다.

이 시는 그저께 소개한 왕안석의 매화와 똑같이 낯설게 하는 수법을 사용하면서도 마지막 두 구의 처리는 반대로 되어 있다. 왕안석은 매화의 향기를 맡으며 눈이 아닌 줄 알았다는 총명을 드러냈고, 이 시는 저 먼 길가에 핀 매화가 물가라 일찍 핀 줄을 미처 모르고 삼동에 내린 눈인 줄 알았다며 의뭉스럽게 너스레를 떨고 있다.

이렇게 시를 지은 것은 이들이 일부러 이렇게 했다기보다는 경험적 진실에 기초한

것으로 보인다. 즉 매화의 향기는 멀리서도 맡을 수 있기 때문에 눈이 아니라는 것을 안다고 말했고 매화가 왜 이렇게 일찍 핀 줄 몰랐다가 다가가 보니 물가라서 그렇겠구나 하는 생각을 한 데 기인하기 때문일 것이다.

  한시에서 흔히 과장이라고 범범하게 치부하는 많은 것들은 잘 살펴보면 체험의 진실과 감동의 깊이에서 비롯된 것이 많다.

  시를 알면 조수와 초목을 많이 알게 된다고 공자가 말한 것이 있거니와 시를 좋아하게 되면 자연 세상의 다양한 것들에 섬세하게 관심을 둘 수밖에 없다. 한시는 특히 인간의 감정이 교류하는 것뿐만 아니라 자연 현상과 지방의 특색 등에 대해서도 다채롭게 알아나가는 재미를 준다.

十二月十五夜
12월 15일 밤에

원매(袁枚) _청(淸)

沉沉更鼓急	둥둥 경고 소리 급해지고
침 침 경 고 급	
漸漸人聲絕	점점 사람 소리 끊어지네
점 점 인 성 절	
吹燈窓更明	등불 끄자 창이 다시 밝으니
취 등 창 갱 명	
月照一天雪	달빛 온 하늘의 눈을 비추네
월 조 일 천 설	

원매(1716~1797)는 청나라 항주 출신의 시인이자 문장가이다. 강희 건륭 연간에 최고 수준의 시인이었다. 우리나라에 널리 알려지지는 않았지만 신위, 이덕무, 박지원 등 알 만한 사람은 다 알고 있었던 당대 일류 문사이다.

첫 구의 沉沉(침침)은 얼핏 밤이 깊어가는 것을 형용한 것으로 이해하기 쉬운데 여기서는 북소리가 잦아드는 것을 형용한 말이다.

신유(申濡) 『海槎錄(해사록)』에 실린 〈배 가운데서 듣는 경고(更鼓) 소리 -〈종군오경전(從軍五更轉)〉을 모방해서[舟中更鼓擬從軍五更轉]〉라는 시에 보면 1경의 북소리는 鳴(명)으로, 2경의 북소리는 喧(훤)으로, 3경의 북소리는 衰(쇠)로, 4경의 북소리는 沈(침)으로, 5경의 북소리는 鼕(동)으로 표현하고 있다.

〈종군오경전(從軍五更轉)〉이란 시는 진(陳)나라 복지도(伏知道)가 지은 5언 절구 5

수를 말하는데, 국경을 수비하는 군사가 추운 밤 외로움에 잠을 못 이루는 광경을 노래한 작품이다. 이 시를 모방하여 조선의 신흠, 김창협 등이 지은 시가 있다. 군인이 밤에 잠자리에 누워 잠이 안 오면 이런 저런 생각을 하며 뒤척이게 마련인데 그런 걸 시로 지은 것이다.

오늘날에는 하루가 24시로 구성되어 있지만 예전에는 12시로 구성되어 있는데 밤 7시부터 아침 5시 파루를 치기 전까지를 밤이라 할 때, 이 10시간을 각각 2시간씩 나누어 1경, 2경, 이런 식으로 부른 것이다. 그러므로 밤 11시부터 1시까지는 3경이라 하는데 특히 밤이 가장 깊은 시간이다.

이 시에서 沉沉(침침)을 쓴 것을 보면 3경이나 4경 무렵이 아닐까 한다. 즉 겨울밤에 밤이 깊어 나다니는 인기척은 전혀 없는 적막한 가운데 북 소리만 빠르게 울리고 있다. 이제 등불을 끄고 자야 할 시간이다. 등불을 후 불어 끄고 누웠는데 이상하게 밖이 환하다. 창문으로 내다보니, 아! 흰 눈이 가득 내리고 달빛이 쏟아지고 있는 것이 아닌가.

이 시는 그런 내용이다.

조선시대에는 밤 2경 즉 10시에 종을 28번 쳐서 통금을 알리고, 5경 즉 아침 5시에 종을 33번 쳐서 통금을 해제하였는데 이 시에서 북 소리가 급하다고 표현한 것을 보면 경고(更鼓)로 치는 북 역시 여러 번 짧은 간격으로 친 것을 짐작하게 한다.

이 시는 月照一天雪(월조일천설)의 표현이 매우 참신하다. 雪(설)이 白(백)으로 된 경우도 있는데 더 참신하다. 겨울철에만 느낄 수 있는 밤의 서정을 이 시인이 새롭게 발견한 것이라 하겠다.

시는 아주 작은 변화에도 큰 차이가 나서 마치 차를 마시듯 음미해야 한다. 시를 쓰는 입장에서도 기존의 방식에 젖어 있게 마련이라 새로운 이미지를 개발하고 신선한 표현을 얻기가 쉽지 않다. 이 시인은 기존에 없던 새로운 겨울밤의 한 순간을 포착해 내고 있다.

시에서 표현은 하지 않았지만 한 해가 저무는 12월 보름에 시인은 여러 생각으로 잠을 이루지 못하다가 밤이 깊었다는 경고 소리를 듣고 잠들기 직전에 이런 새로운 경험을 한 것인가?

白梅
흰 매화

왕면(王冕) _원(元)

冰雪林中著此身	빙설 서린 숲속에 이 몸을 두었으니
不同桃李混芳塵	세속에 섞여 있는 도리와는 같지 않네
忽然一夜淸香發	문득 어느 날 밤 맑은 향기 발산하니
散作乾坤萬里春	천지에 흩어져 만 리의 봄을 만드네

  왕면(1287~1359)은 절강성 제기(諸暨) 사람으로 원나라 말기를 살았다. 시, 회화, 조각 등에 뛰어난 사람인데 대만 고궁박물원에 〈남지춘조도(南枝春早圖)〉가 있다. 극히 뛰어난 묵매도이다. 만년에 회계(會稽) 구리산(九裏山)에 들어가 매화옥(梅花屋)이란 집을 짓고 밤나무를 심고 물고기를 기르며 청빈하게 여생을 보냈다 한다.

  원말 명초에는 지금의 소주 항주 일대에는 군웅들이 할거하면서 전쟁을 벌여 매우 혼란하던 지역인데 이 사람은 나름대로 자신의 지조를 지키며 산 것으로 보인다.

  이 시는 마치 이 사람의 자화상 같은 작품이라는 느낌을 준다. 빙설과 청향이 이 시의 관건어인데 하나를 고르라면 청향을 선택한다. 따뜻한 봄 다른 꽃들과 봄의 이익을 다투며 피는 복숭아나 자두 꽃과는 자신이 다르다고 말한다. 자신은 얼음과 눈으로 하얗게 덮인 곳에 고결하게 살며 남 다 자는 밤에 그윽한 향기를 피워 온 세상

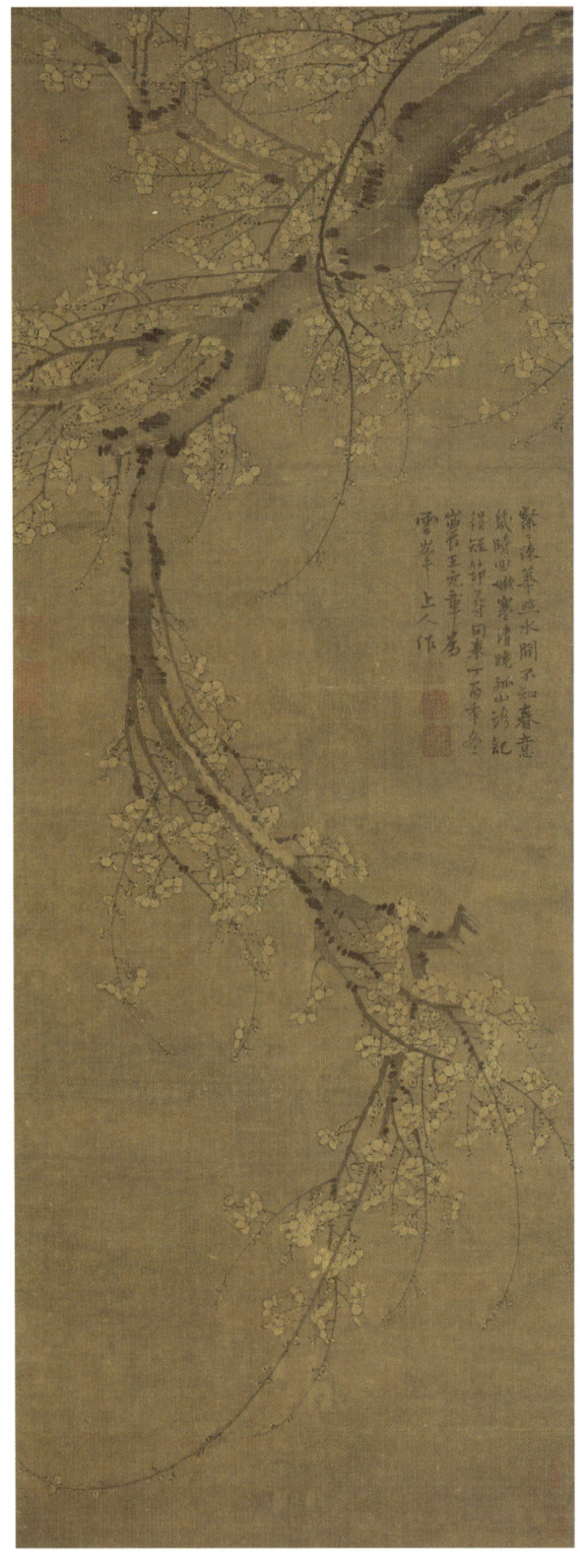

에 새봄을 알린다고 한다.

첫 구의 著(착)을 드러날 '저'의 의미로 풀이한 곳이 보이는 데 여기서는 붙을 '착(着)'의 의미로 쓰였다. 芳塵(방진)은 떨어지는 꽃잎이 만들어내는 먼지를 말하는데 명성 이런 말로도 연역된다. 그러나 여기서는 날씨가 온화해져 여러 꽃들이 앞 다투어 피면서 발생하는 여러 상황을 말하고 있다. 마지막 구는 의미 상으로는 乾坤萬里春(건곤만리춘)을 散作(산작)한다가 되지만 읽을 때는 역시 '산작건곤~만리춘'으로 읽어야 한다.

이 시는 우리나라에는 잘 알려져 있지 않으나 중국에서는 널리 알려진 시이다. 우리나라는 한시를 해도 기초적인 몇 수를 읽다가 치워서 사람들이 『오칠당음』이나 『당시삼백수』, 『고문진보』를 읽으면 시를 많이 아는 것으로 생각하여 더 노력을 안 하는 경우가 많아 송나라 이후의 시에는 깜깜한 경향이 있다. 특히 원나라 시를 잘 모르는데 고려 말 이제현이나 이색 같은 시인들의 시를 이해하자면 원나라 시에도 관심을 가져야 한다. 조선시대의 유명 시인들은 명나라나 청나라 시들도 많이 읽었는데 지금 배우는 사람들이 당시만 읽으면 그러한 시를 이해하기 어렵다.

王冕, **南枝春早圖** 軸, 元(1357), 141.3x53.9cm,
臺灣 國立故宮博物院.
화제에 의하면, 임포(林逋, 967~1028)의 〈산원소매(山園小梅)〉 시를 바탕으로 한 이 그림은 물에 비친 매화를 그린 작품으로 운봉(雲峯)이라는 승려를 위해 그려주었다고 한다.

北風行
북풍의 노래

유기(劉基) _명(明)

城外蕭蕭北風起	성 밖에서 휘익 휙 북풍이 일어나니
城上健兒吹落耳	성 위의 용사들 귀가 떨어지는 듯
將軍玉帳貂鼠衣	장군은 막사 안에서 모피 옷 입고
手持酒杯看雪飛	술잔을 잡고 내리는 눈을 바라보네

유기(1311~1375)는 절강성 남전(南田) 사람으로 자가 백온(伯溫)인데 흔히 유백온으로 잘 알려져 있다. 주원장을 도와 명을 건국한 인물로 지략이 매우 뛰어나고 문장에도 능했다. 예전에 〈주원장〉이라는 중국 드라마를 보니 유기가 맹활약하는 모습이 보이던데 궁벽한 고사 등에도 박식한 인물로 그려진 것이 기억에 남는다.

이 시의 제목이 行(행)으로 된 것에 주의해야 한다.

얼핏 보면 7언 절구 같지만 이 시는 당나라 이래의 근체시의 운자나 평측 규범을 따르지 않았다. 행(行)이나 가(歌)는 일종의 악부라고 하는 노래에서 기인한 것인데 실제 나중에는 노래로 부르지는 않지만 대체로 평측에 얽매이지 않고 운자도 중간중간 바꿀 수가 있어서 최소한의 규칙만 지키면 자신의 감정을 자유롭게 발산하여 시를 쓸 수 있다. 〈비파행〉, 〈장한가〉처럼 '행'이나 '가'라는 제목을 단 시가 호쾌하고 가슴을 후벼 파는 감정 묘사가 가능한 것은 그런 내막이 있다.

이보다 더 자유스러운 것은 고풍이나 고체시라고 해서 운자만 지키면 되고 시구의 길이는 자유롭게 조절하는 시도 있다. 그런데 고시 중에는 7언으로 계속 나가다가 중간에 한두 구만 긴 구절이 나오는 시가 있는데 고시에 대해 평소 본 것이 적으면 큰 낭패를 본다. 실제로 구두를 잘못 찍거나 무리하게 교감을 한 사례를 더러 본 적이 있다.

한편 형식이 복잡하면 시의 표현이 틀에 박히기 쉽지만 두보를 보면 그 까다로운 형식을 지키느라 오히려 더 특별한 시구가 나오기도 한다는 것을 알 수 있다. 예전에 사람들이 시회를 하고 시를 가지고 서로 주고받는 창수를 하는 것은 단순한 취미 활동이라기보다는 이러한 까다로운 조건 속에서 얼마만큼 경구를 지어내는가 하는 경쟁의 성격이 강하다. 즉 우열을 가려 서열을 정하는 것인데 글로 하는 전쟁이라고 할 수 있다. 예전에 백일전(白日戰)이나 시전(詩戰)이라고 하던 것은 그런 성격을 반영한 것이다.

각설하고, 이 시의 앞 2구의 운자는 상성 운자를 썼고 뒤 2구는 평성 운자이기 때문에 7언 절구가 안 됨을 알 수 있고 중간에 평측도 가장 기본인 2번째 4번째 글자의 평측은 다르고 2번째 6번째 글자는 같다는 규칙도 지키지 않고 있다. 그리고 짝이 되는 구에서 2번째와 4번째는 서로 달라야 하는데 역시 이를 따르지 않은 것을 보면 작가가 자유롭게 시를 쓰고 그 때문에 제목을 북풍행이라 단 것임을 알 수 있다.

유기가 이 시를 언제 썼는지는 모르겠으나 엄청나게 춥고 북풍이 몰아치는 성에서 장군은 그나마 막사 안에서 바람을 피하고 술을 마시며 추위를 녹이고 있는데 병사들은 성에서 파수를 서느라 귀가 떨어져 나갈 지경이라고 말하고 있다.

이 시의 의사가 명시적으로 드러나 있지는 않지만 玉帳(옥장)이라 표현된 장막 안에서 털이 북실북실한 담비 가죽 옷을 입고 술을 마시며 눈을 바라보는 장군이 멋있다고 이런 시를 짓지는 않았을 것이다. 건장한 군사들도 귀가 빠질 정도로 추운 곳에서 적과 마주하는 현실에 대한 비판과 그 군사들에 대한 연민이 이 시를 지은 동기가 아닐까. 추위를 감당하는 병사들의 시림이 전해오는 듯한 표현에 작가의 의사가 담겨 있는 것이다.

吹落耳(취락이)는 '바람이 불어와 귀가 떨어지는 것 같다'는 말이다.

요즘 많은 사람들은 실내에서 일하고 이동할 때는 따뜻한 외투가 있지만 실외에서 일하는 사람이 많고 의복이 부실하던 지난 시절에는 이 시구에 공감하는 사람이 많을 듯하다. 아니, 그건 약과라며, 말도 마라며 눈을 부라리거나 손사래를 치면서 자신의 체험을 말해 줄 사람이 지금도 역시 어딘가에는 많을 것이다.

觀獵
관렵
사냥 구경

왕유(王維) _당(唐)

風勁角弓鳴 풍경각궁명	거센 바람에 활시위는 우는데
將軍獵渭城 장군렵위성	장군은 위성에서 사냥을 하네
草枯鷹眼疾 초고응안질	풀은 말라 매의 눈초리 매섭고
雪盡馬蹄輕 설진마제경	눈이 다 녹아 말발굽도 가볍네
忽過新豊市 홀과신풍시	신풍의 저자를 신속히 지나
還歸細柳營 환귀세류영	다시 세류영으로 돌아오네
回看射雕處 회간석조처	독수리 쏘아 맞힌 곳 돌아보니
千里暮雲平 천리모운평	천리의 저녁 구름 평화롭구나

한시에는 늘 많은 고사가 즐겨 쓰인다. 요즘 현대인들이 주로 접하는 시에는 고사가 복잡한 시를 가급적 빼기 때문에 우리말 표현이 한시 번역에서 가장 중요한 것 같지만 사실은 고사의 의미를 얼마나 정확하고 깊이 있게 아는가 하는 것이 한시 이해의 관건일 때가 많다.

많은 사람들이 자신이 어떤 시에 쓰인 고사를 어느 정도 아는 것 같지만 사실은 그 의미를 모를 때가 많다. 시인이 그 고사를 어떤 의미로 썼는가 하는 문맥적 의미에 대한 이해의 깊이는 그 사람의 평소 공부와 직결된다.

이 시에도 당장 눈에 띄는 고사가 두 개 있다. 細柳營(세류영)과 射雕(석조)가 그것이다. 세류영은 한 문제(漢文帝) 때 유명한 장군 주발(周勃)의 병영을 말한다. 이름이 세류영이 된 것은 주발이 가는 버드나무가 많은 곳에 군대를 주둔했기 때문이다. 언젠가 한 문제가 이 병영에 왔는데 군사들이 못 들어가게 했다. 우여곡절을 거쳐 나중에 군영에 들어가 보니 군기가 너무도 엄정해, 문제가 그 전에 자신이 본 군대는 어린아이 장난 같았다고 말한 적이 있다. 여기서는 사냥 나갔다가 온 장군의 군영을 말한다. 신풍은 좋은 술이 나는 곳인데 그곳에 들러 막걸리 한 잔 안 하고 바로 지나왔다는 것은 바로 그 삼엄한 군기를 드러낸 표현이다.

射雕(석조)라는 말은 독수리를 쏘아 맞힌다는 뜻이다. 북제(北齊) 때 곡률광(斛律光)이라는 장군이 까마득히 높이 나는 독수리의 목을 정확히 쏘아 맞추어 잡는 명사수라는 별명이 생겼기 때문에 이 말을 쓴 것이다. 즉 장군이 낮에 무공을 떨치며 사냥을 한 곳을 射雕處(석조처)라고 말한 것이다. 〈사조영웅전(射雕英雄傳)〉의 사조(射雕)가 여기서 나온 말인 듯한데 그렇다면 제 발음대로 하면 '석조영웅전'이 되어야 한다. 새를 쏘아 맞추는 것은 발음이 '석'이기 때문이다.

옛날의 사냥은 오늘날로 보면 오락이라는 측면과 전쟁 연습이라는 두 가지 측면이 있다. 아마도 사냥이 사람의 피를 끓게 하고 중독성이 있었던 것 같다. 그래서 많은 경서에서는 사냥에 빠지는 것을 경계하는 글들이 많다. 그런데 실제 전쟁 연습은 또 사냥만큼 좋은 것이 없기에 옛날 장군들은 사냥을 많이 했다. 옛날 중국 천자들이 정기적으로 사냥을 하고 고구려가 매년 봄에 낙랑 들판에서 사냥을 해서 장수를 선발한 것은 다 그런 이유가 있다.

이 장군이 누군지는 모르겠으나 위성(渭城)으로 나간 것을 보면 장안 외곽에 있는 이곳이 사냥터였던 모양이다. 왕유의 다른 시에 보면 이 위성이 서역으로 가는 이별

장소로 나온다. 머지않아 소개될 것이므로 미리 설명하지 않는다.

　이 시에서 유념해 볼 것은 마지막 平(평)이라는 글자가 아닌가 한다. '저녁 구름이 평안하다'는 말에서 자신이 좀 전에 사냥한 곳을 돌아보며 평화로움이나 안녕 이런 심리 상태를 보이고 있다.

　낮의 사냥에서 다치거나 아니면 너무 흥분해 감정이 거칠어진 것이 아니라 여유가 있다는 것인데 예전 장수들의 넉넉한 도략이나 담대함을 형용할 때 항용 '담소하듯이 적을 쓸어버렸다'고 말하는 것과 같다.

　첫 두 구를 도치하여 활시위에서 윙윙 바람이 우는 한 겨울을 묘사한 것과 신속하게 사냥을 마치고 돌아와 평안한 여유를 지니는 장군의 모습이 잘 조응되어 있다.

　疾(질)은 '민첩하다'의 의미가 있는데 여기서는 풀이 말라 매의 눈초리가 먹잇감을 예리하게 포착할 정도로 매서운 것을 묘사한 말이고, 다섯 째 구의 過(과)는 통상 어디 '들르다'의 의미로 쓰이지만 여기서는 앞의 忽(홀)과 함께 쓰여 곁눈질하지 않고 빨리 지나왔다는 의미이다.

咏雪 눈

정섭(鄭燮)_청(淸)

一片兩片三四片	한 송이 두 송이 세 송이 네 송이
일편량편삼사편	
五六七八九十片	다섯 여섯 일곱 여덟 아홉 열 송이
오륙칠팔구십편	
千片萬片無數片	천 송이 만 송이 무수한 눈 송이
천편만편무수편	
飛入梅花都不見	매화로 날아들어 모두 보이지 않네
비입매화도불견	

    정섭은 호가 판교(板橋)라서 흔히 정판교로 더 알려져 있다. 판교 정섭은 양주팔괴 중의 한 사람인데 난초와 대나무를 특히 잘 그렸다.
    팔대산인의 작품은 내가 직접 진작을 감상한 적이 있지만 정판교의 작품은 직접 본 적이 없다. 아마 머지않아 많이 감상할 것이라는 예감이 있다. 팔대산인이나 정판교의 작품을 보면 매우 독특하면서도 화격이 높고 왠지 수재의 그림 같다는 느낌을 받게 된다. 이 사람이 그린 그림에는 대개 글이 적혀 있는데 그 글씨를 보면 일가를 이룬 것 같다.
    1월 3일에 소개한 〈대나무와 바위〉가 정섭의 자화상 같은 시라면 이 시는 그의 개성을 잘 보여준다.
    처음에는 한 송이, 두 송이 눈이 날리는 것 같은데 시를 다 읽고 나면 하늘에서 내리는 눈이 매화인지 매화가 눈 같다는 말인지 흐릿한 호도(糊塗)의 체험을 하게 된다.

시에서 쓰인 28자 중 매화(梅花) 두 글자만 빼고 제목까지 모두 눈에 대해서 말한 것인데 이 시에 온통 매화 향기가 그윽한 이유는 무엇인가?

방 안을 모두 비웠을 때 햇빛이 가득하다는 장자의 '허실생백(虛實生白)'의 경지인가? 숨기는 것보다 더 잘 드러나는 것이 없으며 작은 것보다 더 잘 나타나는 것이 없다는 『중용』의 '莫見乎隱(막현호은) 莫顯乎微(막현호미)'의 경지인가? 어리둥절한 가운데 정섭이 옆에 다가와 씩 웃는 것 같다.

臘月書事
저물어가는 12월

장뢰(張耒) _송(宋)

荊棘連昌路	연창궁 길에 가시덤불 우거지고
珠璣久化塵	보옥도 세월 속에 가루가 됐네
靑山飛白鳥	푸른 산에는 흰 새가 날아가고
野水渡行人	들판의 내에는 행인이 지나가네
寂寂繁華盡	화려한 꽃 지고 나면 적적해지고
悠悠草木春	초목에 봄이 오면 다시 살아나네
人間有興廢	인간 세상에는 흥망이 있는 법
何事獨傷神	무엇하러 굳이 상심한단 말인가

장뢰(1054~1114)는 북송의 문인으로 소식의 제자 중에 뛰어난 사람 4인을 말하는 소문사학사(蘇門四學士: 秦觀, 黃庭堅, 張耒, 晁補之) 중의 한 사람이다. 중국 낙양시 의양(宜陽)에는 당나라 때의 행궁 연창궁(連昌宮) 옛터가 있다. 지금도 오화사탑(五花寺塔)이 남아 있다. 이 시는 그 허물어진 연창궁을 통해 한 해가 저물어가는 12월의 감회를 서술하고 있다.

저자가 이 시를 만년에 지었다 하는데 백거이 시를 배워서 그런지 평이하고 통속적인 면이 있는 듯하다.

예전에는 설날이 한 번만 있어 1월 1일에 필요한 시가 1편이지만 지금은 신정과 구정 2개가 있어 2편의 새해에 대한 시가 필요하다. 이 시는 다가오는 설을 염두에 두고 읽으면 잘 어울린다.

寂寂繁華盡(적적번화진)과 悠悠草木春(유유초목춘)은 대구가 되는데 대개 율시에서는 이 부분에 대구를 써야 한다. 寂寂(적적)은 繁華(번화)가 盡(진)한 결과로 생긴 적막한 상태이고 悠悠(유유)는 草木(초목)에 春(춘)이 돌아온 상황을 말한다. 꽃이 다 지고 나면 산하가 적막한 듯하고 초목에 봄이 돌아오면 죽은 듯한 초목에 다시 싹이 돋아 언제 그랬느냐는 듯이 활기를 띠는 것을 이렇게 표현한 것이다.

연창궁의 흥망을 보면 새삼 인생사에 허무를 느끼지만 그것이 세상의 이치이다. 한 해가 다 가는 즈음 힘든 일은 이 또한 지나가리라 생각하고 아쉬운 일은 내년에 또 날이 있다고 생각하자.

청산에는 새가 지나가고 시내에는 건너가는 사람이 있다. 세상은 늘 무심하고 태평하다. 너무 마음 끓일 것 없다.

시인은 이런 말을 하는 듯한데 정작 시에서 감지되는 느낌은 집착에서 오는 아픔과 관심에서 오는 허무가 진하게 느껴지는 것은 어인 일인가?

臘節
납절

위수(魏收) _북제(北齊)

凝寒迫淸祀	엄동이라 청사(淸祀)가 가까운데
有酒宴嘉平	가평(嘉平)에 술자리 열겠네
宿心何所道	가슴 속의 말 어디에 터놓으리
藉此慰中情	이 기회에 속마음을 위로하지

   납절은 음력 12월 8일을 말하는데 이를 납제(臘祭)라고도 한다. 하나라 때는 가평(嘉平)이라 하고 은나라 때는 청사(淸祀)라 하고 주나라 때는 大蠟(대랍)이라 하고 한나라 때는 蠟(납)을 臘(납)으로 고쳐 大臘(대랍)이라 하였다. 본문에 여러 단어로 표현된 것은 납제의 그런 전통을 보인 것이다.

   중국사는 주로 화이(華夷) 사상의 영향을 받아 한·당·송·명의 왕조는 자세하게 배우고 원·청이나 전란기의 단명 왕조나 북방의 역사에 대해서는 소략한 경향이 있고, 우리도 그 영향을 받아 그런 시기에 대해서는 잘 모르는 경향이 있다. 그러나 그 시기에도 똑같이 사람이 살고 문인은 시를 쓰고 장군은 무공을 세우고 청춘남녀는 결혼을 했다.

   북제는 신라와도 교류한 나라인데 춘추시대 제나라 지역인 산동과 화북 일대에 수립한 나라로 550년부터 577년까지 유지된 단명 왕조이다. 이 시를 지은 위수(506~572)는 북제 때의 고관이자 문인이었는데 나라의 중요한 문서가 주로 이 사람 손에서 나왔다 한다.

우리나라에선 동지 뒤 3번째 미일(未日)을 납일로 삼고 있다. 그런데 지금 내가 가진 다이어리나 주변 달력에 납일(臘日) 표기가 전혀 없고 책력을 꺼내 날짜를 짚어가니 납향이라 간단하게 표기되어 있다. 조선시대 『승정원일기』나 문집 등에 납일이나 납향을 검색하면 무수한 사례들이 나오는데 지금은 민간에서 거의 전통이 끊어진 것으로 보인다.

중국 달력을 검색하여 찾아가니 12월 8일에 해당하는 양력 날짜에 납팔절(臘八節)이라 표기해 놓았다. 아마도 중국에서는 납일을 지내는 사람들이 있을 것으로 추정되는 부분이다.

예전 그림이나 편지 등에 보면 臘(납)이라고 쓴 글자를 많이 만나게 된다. 납제가 있는 달이라 12월을 납월(臘月)이라 하기에 '납' 한 글자로 나타내는 경우가 많기 때문이다. 글자도 복잡하고 대개 초서로 씌어져 잘 알아보기 어려울 때도 많지만 사용 빈도가 매우 높아 고서나 고화를 다루는 사람이면 반드시 납월과 납제에 대해 잘 알고 있어야 한다.

납제는 한 해의 농사에 대해 감사를 표하고 한 해를 마무리하는 제사이므로 상당히 의미가 있다. 추석 무렵에는 사실 수확이 채 시작되기 전이라 '추수감사절'이란 말은 잘 어울리지 않는다. 한 해를 돌아보고 고마움을 표하며 마음속의 말들을 한번 해 보는 이 납제가 사라진 것은 퍽 아쉬운 일이다.

인터넷에 자료를 찾아보면 이날과 관련한 민속놀이도 많고 제사도 여러 종류가 있었던 것 같다. 그러나 나는 산골에서 자라나 납제와 관련한 추억이 기억나지 않는다. 납제와 관련한 추억이나 잘 아는 분이 나에게 가르침을 주기를 바랄 뿐이다.

早花 (조화)
일찍 핀 꽃

두보(杜甫) _당(唐)

西京安穩未 (서경안온미)	서울 장안은 평안한지
不見一人來 (불견일인래)	오는 사람 하나 없네
臘月巴江曲 (랍월파강곡)	납월의 파강 물굽이에
山花已自開 (산화이자개)	산꽃이 벌써 피었네
盈盈當雪杏 (영영당설행)	눈 앞의 살구꽃은 소담하고
艶艶待春梅 (염염대춘매)	봄 기다린 매화는 아리따워라
直苦風塵暗 (직고풍진암)	다만 전란의 여파가 괴로울 뿐
誰憂容鬢催 (수우용빈최)	뉘라서 수척한 얼굴 걱정하리

763년 10월에 토번이 장안을 함락하여 약탈한 일이 있는데 그해 12월에 사천 낭주(閬州)에 있던 두보가 이 소식을 접하고 지은 시이다. 안록산의 난이 755년부터 763년 사이에 걸쳐 있었다는 걸 상기할 때 이 시에 스며있는 전란에 대한 피로감이 이해된다.

장안이 함락되었다는 소식은 들었는데 그 이후 소식을 전해 주는 사람이 없다. 살

綠水紅橋夾杏花 數間茅屋是漁家 主人莫拒看花客 裁酒湏不惜 唐寅

구꽃, 매화가 피어 봄은 예전처럼 왔지만 전란에 대한 걱정으로 자신이 늙어가는 것도 신경 쓸 여가가 없다.

시를 보면 안록산의 난이 일어났을 때 두보가 쓴 격정적이고 침울한 정서와는 다르다. 이제 전란이 일상의 한 부분이 된 듯하다. 우리나라도 민주화가 되기 이전에 짓눌려 지내는 것이 일상이던 시절이 있었다.

未(미)는 否(부)의 의미로, 사실 관계를 확인하는 의문사이다. 3구의 臘月巴江曲(랍월파강곡)은 술어가 없다. 이처럼 한 구에서 의미가 정리되지 않고 다음 구로 넘어가는 구법이 한시에는 더러 있다. '盈盈當雪杏(영영당설행)이요 艷艷待春梅(염염대춘매)'라는 한문 자체로는 순서적으로 이해되지만 우리말 구문에서는 雪(설)을 當(당)한 杏(행)은 盈盈(영영)하고 春(춘)을 待(대)하는 梅(매)는 艷艷(염염)하다고 풀어야 어법에 맞는다. 當(당)하다는 말은 '눈에 被(피)하다'의 의미도 되고 '눈을 面(면)하다'의 의미도 된다. 살구꽃이 눈을 맞으면 그대로 녹을 것이므로 '아직 녹지 않은 눈을 마주하고 있다'는 의미로 이해된다. 容鬢催(용빈최)는 얼굴에 난 귀밑머리를 재촉한다는 말이니 귀밑머리가 점점 희어진다는 말이다.

이 시에서 개인적으로 흥미로운 것은 매화에 어떤 이념이나 이미지가 덧씌워지지 않았다는 것이고, 살구꽃이 매화꽃과 같이 이른 봄에 피기도 한다는 사실이다. 평소 두보가 쓴 시를 보면 실제 사실에 입각해서 쓰므로 아마 사천 일대에는 일찍 피는 살구꽃이 있는 모양이다. 아니면 매화가 늦거나. 매화에 艷艷(염염)이라는 약간은 탐미적인 의태어를 붙인 것에서도 아직 두보 당시에는 매화와 선비의 지조가 연결되지 않았던 것으로 보인다. 여하튼 살구와 매화를 대구로 쓴 것은 여러 모로 흥미를 끈다.

하긴 요즘 봄이 되면 매화, 살구, 벚꽃이 한꺼번에 피어 어느 것이 먼저 피는 것인지 헷갈리기도 한다. 심지어 개나리와 진달래가 거의 같은 시기에 마구 피어나는 것 같기도 하다. 아니면 사람들이 정신이 없어 꽃들이 한꺼번에 핀다고 생각하는 것인지도 모르겠다.

○唐寅, **杏花仙官圖** 軸, 絹本設色, 147.8×73.2cm, 中國 上海博物館.
계곡의 나무 다리를 건너려는 선비의 눈에 문득 살구꽃이 눈에 들어왔다.

臘月 납월

육유(陸游) _송(宋)

今冬少霜雪	이번 겨울은 서리와 눈이 적어
臘月厭重裘	납월이지만 두꺼운 갖옷 부담되네
漸動園林興	점차 원림에 나가 볼 흥취 생기고
頓寬薪炭憂	완전히 땔감 걱정도 줄어드네
山陂泉脈活	산 연못에는 샘물 다시 흐르고
村市柳枝柔	촌마을에는 버들가지 물 올랐네
春餠吾何患	춘병을 무엇하러 걱정할 것인가
嘉蔬日可求	맛있는 나물을 날마다 뜯어 먹네

매우 신선하고 뛰어난 시라 하지 않을 수 없다. 육유의 시 중에는 이처럼 생활 밀착형이면서도 시적인 성취를 거둔 작품이 많다.

우리나라가 1980년대까지만 해도 전통적인 농경문화가 사회 저변에 남아 있었고 어릴 때 한문을 배운 노인들이 상당수 있었다. 이제 세월이 지나가면 이런 시를 사람들이 이해할 수 있을지 궁금하다. 시라는 것이 자신의 체험이 조금이라도 있어야 재미를 느끼기 때문이다.

시골에서 가난한 어린 시절을 보낸 사람이면 알 것이다. 겨울 내내 묵은 김치와 고들빼기, 무말랭이, 이런 몇 가지 반찬으로 밥을 먹다가 이른 봄, 달래나 씀바귀, 난생이(냉이), 이런 걸 캐어 반찬을 하면 얼마나 맛이 있는지. 그리고 시골에서 밥을 짓거나 소여물을 끓이자면 많은 나무가 필요한데 이때 '물거리'라 하는 잔가지 위주의 나무는 불을 처음 지필 때 사용하고 불이 크게 일어나면 장작을 동개 놓곤 한다. 이 '물거리'를 본문에 '薪(신)'이라 쓴 것이고 장작이 타서 잉걸불이 생기면 이를 화로에 담아 방에 들이거나 나중에 쓸 요량으로 숯을 만들면 '炭(탄)'이 되는 것이다. 군불을 지필 때도 상당량의 장작이 필요하다. 그 많던 나무가 설날 전후가 되면 많이 줄어들게 되어 날이 추워지면 은근히 걱정이 된다.

육유가 이 시를 쓰던 해의 섣달은 날씨가 꽤나 푹했던 모양이다. 겨울엔 추워야 제맛이라 하는 것은 어디까지나 인사치레이고 실제로는 사람들이 푹한 날씨를 좋아한다. 날이 푹하니 두터운 모피 옷이 오히려 귀찮다. 내가 지난번에 상해에 갔는데 너무 좋은 외투를 입고 가서 더워 애를 먹은 기억이 새롭다.

두 번째 구의 臘月(랍월)을 '납월이라'라고 인과형으로 번역할 수도 있고 나처럼 '납월이지만'으로 번역할 수도 있다. 내가 '납월이지만'으로 번역한 것은 그 앞에 '今冬少霜雪(금동소상설)'이 왔기 때문이다. 이 말은 여느 해 같으면 눈이 많이 와 납월에 추웠는데 올 겨울은 눈이 적어 따뜻하다는 의미를 담고 있다. 이처럼 한시는 해당 구절이 아니라 전후의 문맥과 내용에 따라 의미가 결정되는 경우가 많다. 이를 예전 어른들은 주로 문리라는 말로 표현하기도 했다.

날씨가 온화하니 몸을 움직여 원림에도 나가본다. 땔감 걱정도 한결 줄어든다. 날씨가 풀렸는지 산 속에 있는 저수지에는 물이 다시 흐르는 소리가 들리고 마을에 선 버드나무 가지에도 어느덧 생기가 돈다. 이런 날씨는 밥상에서 가장 잘 나타난다. 춘병에 넣어 먹을 나물을 내가 뭐하러 걱정하겠나. 날마다 맛있는 나물을 밭에 가서 캐면 되는데.

　내가 이 시를 신선하고 좋은 시라 한 것은 이런 전통 생활양식이 고스란히 이 시에 담겨 있으면서도 구태의연하지 않기 때문이다. 묵어 있는 언어의 밭에 다시 입맛을 돌게 하는 시라고나 할까.

　중국에서는 입춘에 춘병(春餠)과 생채를 먹는 풍습이 있다. 입춘은 대개 섣달그믐 주변에 오고 우리나라는 찰밥을 해 먹고 남은 나물을 다 먹기 위해 비빔밥을 해 먹는 풍습이 있으니 서로 비슷한 것 같기도 하고 반대인 것 같기도 하다.

蘇氏別業
소씨(蘇氏)의 별장에서

조영(祖詠) _당(唐)

別業居幽處	별장이 아늑한 곳에 자리 잡아
到來生隱心	여기에 오면 은거해 살고 싶네
南山當戶牖	남산은 창과 문에 바로 들어오고
澧水映園林	풍수는 원림을 거꾸로 비춰주네
屋覆經冬雪	지붕엔 녹지 않은 눈 남아 있어
庭昏未夕陰	저녁이 아닌데도 뜰이 어둑하네
寥寥人境外	속세를 떠난 듯한 고즈넉한 이곳
閑坐聽春禽	느긋하게 앉아 봄 새 소리 듣네

조영(699~약 746)은 『천가시』에 이 시를 포함 2수가 수록되어 있는데 왕유와 가깝게 지냈고 시풍도 그와 비슷하여 산수 자연과 은일, 이런 것을 주로 시로 쓴 것으로 소개되어 있다.

『전당시』에는 5째 구가 지금처럼 屋(옥)으로 되어 있는데 『천가시』에는 竹(죽)으로 되어 있다. 대나무에 잔설이 남은 것과 지붕에 잔설이 남은 것은 서로 어느 것이 좋

沈周, **桃花書屋圖** 부분, 明(1475), 紙本設色, 74.5×30.6cm, 中國 中國國家博物院.
고즈넉한 심산 속에 복사꽃은 저 홀로 피고 시간은 느리게 흐른다. 속세를 떠난듯한 이 곳에서 독서 여가에 봄 새 소리를 들을만 하겠다.

은지 알 수 없다. 둘 다 좋은 듯하다.

 혼자 조용히 경치 좋은 곳에 집을 짓고 사는 사람의 거실에 이 시를 써 붙이면 정말 좋을 듯하다. 소씨가 누군지는 잘 모르겠는데 아마도 이 별장이 장안 남쪽에 있었던 것 같다. 정면으로 종남산을 바라보고 종남산에서 흘러나와 위수(渭水)로 흘러드는 풍수가 감아 도는 곳에 별서를 지은 듯한데 사람들도 잘 안 다니는 외진 곳이라 상당히 한적했던 모양이다.

 別業(별업)은 달리 別墅(별서)라고도 하는데 요즘 말로는 별장을 의미한다. 즉 본래의 집 외에 따로 지은 집을 말한다. 한시에 보면 이 별서를 노래한 시가 많다. 그럴 수밖에 없는 것이 별서는 살림집에 비해 아무래도 호젓한 정취가 있고 대개 주변의 풍광이 좋은 곳에 자리를 잡기 때문이다. 그리고 별서가 있다는 것은 기본적으로 신분이 높고 경제적으로 윤택한 것을 의미하며 또 문인 취향을 반영한다.

 중국에는 원림이 아주 발달했는데 이는 별서가 정원과 결합하여 확장된 것이다. 우리나라도 단독으로 있는 누정 외에 별서가 많이 있었다.『승정원일기』에 보면 대신들이 왕에게 불만을 품고 조정을 떠나거나 죄를 지은 혐의가 있어 떠날 때 한강 주변의 자기 처소에 가서 우선 머무는 것을 볼 수 있는데 흔히 사차(私次)라는 말로 표현된다. 이것이 바로 별서이다. 벼슬이 높은 관리들은 2, 3개의 별장을 보통 갖고 있으며 정자 역시 가지고 있는 경우가 많았다. 조선 전기에 한강변에 이러한 고급 관리의 별장이 너무 많아 철거하라는 지시를 내린 적도 있다. 흔히 누정이 한두 개의 건물로 된 곳도 있지만 여러 채의 건물 군으로 이루어진 곳은 바로 이 별서에 해당한다.

 각설하고, 이 시는 그런 별서를 시로 노래하였는데 첫 구의 '幽(유)'와 마지막 구의 '閒(한)'이 이 시 전체의 정조를 지배하고 있다. '유'는 추상적인 것을 가리킬 때도, 구체적인 경관을 말할 때도 다 쓰는 글자인데 이 시의 3, 4구를 보면 경관이 아늑한 곳을 가리키는 것을 확인할 수 있다. 집의 창과 문을 열면 남산이 바로 보이고 집 주변을 흘러가는 강물에는 숲의 나무들이 거꾸로 비친다. 이런 곳에 오면 정말 '나도 직장 그만 두고 여기서 살면 안 돼!' 이런 말이 절로 나온다.

지붕이나 대나무에 겨울 삼동 얼어붙어 있는 묵은 눈은 거무스레할 것이다. 그렇기 때문에 아직 저녁때가 아닌데도 다소 어둑하다고 한 것이다.

한문이든 한시든 내용을 파악하자면 먼저 중요한 동사를 확정하는 것이 중요하다. 가령 '到來生隱心(도래생은심)'은 '到來(도래)하면 隱心(은심)이 生(생)한다'는 말이니 生이 가장 중요하고 '庭昏未夕陰(정혼미석음)'은 '庭(정)이 未夕陰(미석음)으로 昏(혼)하다'는 구조이니 昏이 중요하다. 중요한 동사를 확정하여 전체 의미를 파악하고, 이어 到來(도래)는 來到(래도)와 같고 未夕陰(미석음)은 '夕(석)이 未(미)한데도 陰(음)하다가 동명사처럼 문장에서 쓰인 것을 알아나가는 것이다.

도연명은 초가집을 인경(人境)에 지었어도 속세에서 마음이 떠나 시끄러운 소리가 들리지 않는다고 했지만 이 시는 실제로 일반 민가와는 떨어진 호젓한 곳에 집을 지어 속세의 번잡함이 멀어진 것이다.

요즘 같은 세상에 조용하게 앉아 한가롭게 봄 새 소리를 듣는 청복(淸福)을 누리는 분들이 얼마나 될까. 시 한 편에서 그런 가상의 공간을 상상해 보는 여유라도 자주 있기를 바랄 뿐이다.

飲馬長城窟行
음 마 장 성 굴 행

장성(長城)의 굴에서 말에 물을 먹이며

채옹(蔡邕) _한(漢)

客從遠方來	손님이 먼 곳에서 와서
遺我雙鯉魚	나에게 잉어 두 마리를 주네
呼兒烹鯉魚	아이에게 잉어를 삶으라 하니
中有尺素書	잉어 뱃속에 비단 편지가 있네
長跪讀素書	무릎 꿇고 그 편지 읽으니
書中竟何如	편지 내용이 도대체 무엇일까
上有加餐食	위에는 밥 많이 드시라 하였고
下有長相憶	아래에는 길이 그리워한다 하네

오후에 회의를 마치고 오니 책상 위에 전통 시장 상품권 몇 장이 든 명절 선물이 놓여 있다. 이제 바야흐로 설 명절이 일주일 앞으로 다가온 것인가. 나는 며칠 전에 시골집으로 오징어를 한 상자 보냈다.

요즘도 그렇겠지만 예전에는 여러 가지 사정으로 설에 집에 못가는 사람이 많았다. 그런 사람들은 지금쯤은 편지를 써야 한다. 이 시는 편지와 관련한 재미나는 시이다. 시 내용을 보면 고향의 부인이 보냈음직한 편지가 우연히 남이 선물한 잉어 뱃속에서 나왔다. 한나라 때 소무(蘇武)라는 사람이 흉노에 사신으로 갔다가 억류된 일이 있었다. 나중에 우여곡절 끝에 흉노와 한나라의 관계가 좋아진 뒤에도 소무는 풀려나지 못했다. 그래서 한나라에서 소무가 보낸 편지가 매달린 기러기를 상림원에서 잡았다는 말을 꾸며내어 흉노를 압박해 귀환한 일이 있다. 편지를 어안(魚雁)이라고 옛날 간찰에서 즐겨 쓰는 것은 바로 이 시의 '잉어 뱃속에서 나온 편지'와 소무의 가 보낸 '기러기 발에 매달린 편지'를 합친 말이다.

이 시는 『문선』과 『고문진보』에 〈악부상(樂府上)〉이란 제목으로 실려 있다. 이 시가 악부체이고 맨 앞에 실었다는 말이다. 이 시의 제목 마지막에 '行(행)'이란 글자가 달린 것이 바로 그 악부체를 말한다. 즉 작곡은 하지 않았지만 노래를 염두에 두고 지었다는 의미이다. 진나라 때 만리장성에 큰 샘이 있었던 모양인데 여기서 병사들이 말에 물을 먹이며 쉬곤 했기 때문에 〈음마장성굴행(飲馬長城窟行)〉이라는 독특한 제목을 붙인 것이다. 본래의 시는 지금 소개하는 부분의 배가 된다. 앞부분은 고향을 떠난 남자가 부인이 그리워 전전반측한다는 내용이다.

長跪(장궤)라는 말은 '오래' 꿇어앉는다는 뜻이 아니고 무릎을 땅에 붙이고 엉덩이는 든 상태로 허리를 세운 자세를 말한다. 우리나라에서 어른들 앞에 꿇어앉는 것은 주로 위좌(危坐)라는 말을 쓴다. 소동파가 〈적벽부〉에서 어떤 손님이 퉁소를 아주 구슬프게 불자 옷깃을 여미고 위좌해서 그 이유를 물었다는 바로 그것이다. 위좌는 궤좌(跪坐)라고도 한다. 우리가 편하게 양반다리 하고 앉는 것은 평좌(平坐), 반좌(盤坐)이다. 동춘당 송준길의 말에 내가 몇 마디 보탰다.

나는 개인적으로 이시를 보면서 '加餐食(가찬식)'이라는 말이 아주 반가웠다. 홍석귀(洪錫龜, 1621~1679)의 장서인 중에 '힘써 밥 많이 챙겨 먹으라.'는 뜻의 '努力加餐食(노력가찬식)'이 있기 때문이다. 이 분은 아주 좋은 인장을 많이 가지고 있어 '천하제일강산' 같은 것은 정말 멋지다. '가찬식'과 대를 이룬 '長相憶(장상억)'도 '長相思(장상

홍석귀의 인장
좌에서 우로 '노력가찬식', '제일강산', '장무상망'.

사' 등과 함께 인장에 많이 새기는 글귀이다.

한문에 '歇後(헐후)'라는 말이 있다. 이 말은 문체이기도 하고 대수롭지 않게 여긴다는 뜻도 된다. 다만 별 의미도 없어 보이는 말로 뒷부분에 있는 말이나 속뜻을 전달하게 된다. 그러니까 '가찬식' 이런 인장을 찍었다면 결국 그 뒷 구절인 '장상억', 즉 '난 그대를 그리워한다.'는 뜻을 전달하게 되는 것이다. 그렇기 때문에 한시나 한문은 그 원전의 전후 맥락을 잘 알고 있어야 인용한 말의 속뜻을 잘 알게 되는 것이다. 이런 것이 한문의 어려운 점이지만 바로 이 점이 한문의 표현력을 깊게 하는 묘미이기도 하다.

채옹(133~192)은 한나라 때 유명한 학자이다. 글도 잘하고 글씨도 잘 쓰고 음악도 잘하는 다재다능한 사람이다. 그런데 이 시를 보면 글자는 5자로 떨어지고 2구마다 운자를 달았지만 『시경』의 민요풍이 진하게 배어 있다. 완전한 창작이기보다는 민간에 전해지는 것을 채옹이 잘 정리한 것이 아닐까. 여러 문헌에 무명씨나 미상이라고도 하고 채옹이라고도 하는 것은 그런 사정의 반영일 것이다.

중문학자 서성 선생으로부터 잉어가 목함(木函)의 일종이라는 의견이 있었다. 살펴보니 우리나라에 널리 유통된 명나라 진사 송백정(宋伯貞)이 주석을 낸 『고문진보전집』에는 전혀 언급이 없고 삼민서국 『문선 신역』 등에는 그런 해석이 있다. 『한어대사전』이나 『역대전고』 등 주요 사전에도 쌍리(雙鯉) 등의 주석에 그런 내용이 수록되어 있는 걸 보면 이 학설이 널리 수용된 듯하다. 누가 처음 제시하였는지는 알 수 없지만 그 학설의 요체를 소개한다.

쌍리는 두 개의 잉어 문양이 조각된 나무판으로 그 사이에 편지를 끼운 것이며 잉어를 삶으라고 한 것은 편지를 개봉하라는 일종의 비유적 언어라는 것이다. 중국에는 흔하지만 우리나라에도 두루마리나 호접장 형태로 된 좋은 글씨나 그림을 장황(제본)할 때 첫 장과 마지막 장에 나무판이나 두터운 종이를 붙여 보관하는 경우가 있다. 편지를 멀리 전하고 또 비밀을 확보하기 위해 이 나무판을 편지 봉투의 일종으로 사용하였을 가능성이 있다. 좋은 학설이라 우선 소개하며 후일 더 보충할 것을 기약한다.

雙鯉魚
잉어 문양이 조각된 나무판에 편지를 넣도록 되어 있다. 이런 구체적인 물품을 보면 잉어 두 마리는 목함을 의미하며 잉어를 삶는 것은 목함을 열어 편지를 꺼낸다는 뜻임을 수긍하게 된다.

送友人入蜀
촉으로 가는 친구를 전송하며

이백(李白) _당(唐)

見說蠶叢路	듣자 하니 촉으로 가는 길은
崎嶇不易行	기구하여 가기 어렵다 하네
山從人面起	산이 바로 눈앞에서 나타나고
雲傍馬頭生	구름이 말 머리에서 생겨나지
芳樹籠秦棧	아름다운 나무는 잔도를 에워싸고
春流遶蜀城	봄 강물은 촉나라 성을 감아 도네
升沈應已定	인생의 부침이야 운명이 정한 것
不必問君平	굳이 점쟁이 군평에게 물을 것 있나

    2003년에 이백이 태어난 마을인 청련(靑蓮)에 가 본 적이 있다. 성도(成都)의 북쪽에 있는 강유(江油)에 태백 공원이 있고 거기에 이백기념관이 있는데 그곳에서 우연히 차를 사 마시다 매우 교양 있어 보이는 여자 주인에게 이백기념관에 실망했다고 말하니 두천산(竇圌山)과 청련에 가볼 것을 강력히 권유하였기 때문이다.

    두천산은 이백이 검술을 배우며 노닐던 곳으로 두 개의 산이 마치 쌍둥이 빌딩같

이 생겼다. 청련에 가서 천보산(天寶山)을 찾아 이백이 누이동생 월원(月圓)과 살던 곳을 찾아 가니 농서원(隴西院)이라 명명하고 당시 한창 공사를 하고 있었다. 이 부근에 이백의 사당 태백사(太白祠)도 있고 이백이 크게 깨우쳤다는 마침계(磨針溪)도 있다. 그때 마침 도유(導遊, 여행 가이드) 시험 준비를 하는 어떤 꾸냥(아가씨)을 만나 이런 곳을 쉽게 돌아볼 수 있었다. 지금도 여름 한낮의 뙤약볕과 옥수수, 고구마 밭, 그리고 청련강에서 고기를 잡는 아이들이 떠오른다. 이백이 어릴 때 살던 곳이나 장안으로 나오는 길을 생각해 보면 이백은 기본적으로 산악 지형에 익숙했을 것으로 짐작된다.

이 시는 743년 장안에서 촉으로 좌천되어 가는 친구를 전송하며 지은 시이다. 비슷한 풍격을 지닌 〈촉도난〉이 731년에 지어졌다고 하는데 첫구에 '듣자하니[見說]'라는 말을 넣은 것을 보면 이백도 당시에 진나라 잔도에는 직접 가보지 않았던 것으로 보인다.

崎嶇(기구)는 산세나 산길이 험한 것을 말하

仇英, 劍閣圖, 明, 絹本設色, 295.4×101.9㎝, 中國 上海博物館.
관중에서 촉으로 가는 길이 촉도라면 그 중에서 한중에서 촉으로 갈 때 반드시 지나야 하는 관문이 바로 검문관(劍門關)으로 이를 검각이라 한다. 바로 앞에서 산이 나오고 말 머리에서 구름이 생긴다 할만 하다. 그림의 하단에서 위로 살펴보면 까마득하고 아슬아슬한 길에 선 것 같은 실감이 난다.

니 흔히 '팔자가 기구하다.'는 말은 이를 인생에 비유한 셈이다. 도연명의 〈귀거래사〉에 나오는 '기구'는 인왕산의 성벽 길 정도를 말하는 것이고 이백이 이 시에서 말하는 기구는 황산 몽환지구나 화산에 올라가는 길같이 아주 험한 것을 말하는 것이니 같은 말이라도 실제 내용은 큰 차이가 난다.

몇 년 전 한중(漢中)에 있는 잔도박물관에 가서 잔도 주변의 비석과 잔도 실제 모형을 본 적이 있다. 이 잔도는 자칫 잘못하면 바로 생사가 갈리는 험준한 곳에 설치되어 있다. 그러니 변화무쌍한 운무 속에 모퉁이를 돌면 전혀 보이지 않던 산이 눈앞에서 불쑥 나타나기도 하고 말 머리 옆에서 갑자기 없던 구름이 피어난다고 말한 것이다. 잔도 주변에서 자라는 나무와 꽃은 봄을 맞이하여 향기로울 것이고 성도를 굽이도는 강은 아름다울 것이라는 말로 친구를 위로한다. 그리고 팔자소관이니 너무 침울해하지 말라고 다독인다.

蠶叢(잠총)은 촉나라의 시조라고 하는데 이 사람이 누에치는 법을 가르쳐 이름에 蠶(잠)이 들어갔다. 여기서는 예전 잠총이 다스리던 지역, 즉 촉 지방을 말한다. 君平(군평)은 엄군평(嚴君平)이라는 은자로 성도에서 점집을 운영하여 생계를 꾸리면서 제자들에게 『노자』를 가르친 사람이다. 인물로는 잠총과 군평, 자연과 문화 명승으로는 잔도와 촉성을 주요 제재로 채택하여 시의 제목 入蜀(입촉)과 잘 조응하는 짜임새를 보여주고 있다.

좋은 일보다는 나쁜 일로 한 해를 마무리 할 때 더욱 큰 감회에 휩싸이게 된다. 이 시에서 말한 것처럼 어떤 것은 운명으로 받아들여야 할지도 모른다. 그런 운명의 장난을 피할 수는 없다. 그러나 뜻이 있는 사람은 험준한 잔도에도 향기로운 꽃나무들이 우거져 있는 법이고 변방의 촉성에도 휘감아 도는 아름다운 봄 강물이 햇빛에 반짝이며 흘러가고 있다는 것을 잊어서는 안 될 것이다.

2월

풍광은 버들에 먼저 찾아왔고
햇볕은 은근히 꽃을 재촉하네

春雪 (춘설)
봄눈

한유(韓愈) _당(唐)

新年都未有芳華   새해에 도무지 꽃이 없더니
신년도미유방화

二月初驚見草芽   이월에 돋은 새싹 경이롭네
이월초경견초아

白雪卻嫌春色晚   백설이 늦는 봄을 걱정하여
백설각혐춘색만

故穿庭樹作飛花   일부러 나무에 꽃처럼 내리네
고천정수작비화

오늘로 어느덧 두 번째 달을 맞이하였다.

한유(768~824)는 당나라 때 고문 부흥 운동을 이끈 사람으로 워낙 유명해서 설명을 하는 것이 오히려 실례이다. 다만 이 시와 관련하여 한 가지만 말한다.

한유는 종래 사륙변려문이라는 운율과 미문 지향의 산문을 실질적 내용을 중요시한 진나라 이전의 고문으로 돌아가야 한다는 것을 주장하였다. 그래서 그의 문장은 구절의 길이가 일정치 않게 되었다. 그러면서도 문장의 리듬과 의미 전달을 원활하게 하기 위해 종래 대구법 등은 그대로 활용하면서 허사 등을 잘 활용하고 문장의 구성을 묘미 있게 하여 감정의 기복 등을 충실히 반영하게 된다.

이 시에는 그의 산문가적 솜씨가 잘 발휘되어 있는데 특히 허사와 동사의 사용이 매우 볼만하다. 이를 짧은 번역문에 그대로 구현하기는 어려운 일이다. 한두 가지 언급을 한다.

都(도)는 온통, 모두, 이런 말인데 이 말 속에는 '아직 꽃이 하나도 안 보이네' 하는 불만과 초조가 담겨 있다. 初驚(초경)의 初는 始(시)나 一(일)과 같은 말로 어떤 일을 처음 하거나 겪을 때 쓰는 말이다. 그다음 나온 驚 자는 이른 봄에 나온 새싹에 대한 경탄도 있지만 都(도)에 담긴 실망, 초초, 원망, 불만이 처음으로 해소될 때의 기쁨, 반가움이 담겨 있는 말이다. 卻(각)은 '도리어'의 의미로 문장을 반대로 서술하거나 예상과 다른 진술을 할 때 사용하는 글자이고, 嫌(혐)은 싫어하다·미워하다·꺼리다 등의 의미로 쓰는 말인데 이 문장에선 그렇게 하면 퍽 생소하게 느껴진다. 오히려 걱정하다로 하면 그 의미가 살아난다. 故(고)는 '일부러, 고의로'란 말이고, 穿(천)은 '어디로 파고들다'는 의미이므로 여기서는 하늘에서 내리는 눈이 나뭇가지 속으로 날리는 것을 이렇게 표현한 것이다.

예전에 '이백은 산문을 시처럼 쓰고 한유는 시를 산문처럼 쓴다.'는 말을 들었는데 이 시를 보면 그런 것을 알 수 있다. 그런데 한유가 시를 산문처럼 쓴다는 말은 시의 문장 구성이 산문의 구법처럼 되어 있다는 말이지, 그 내용이 산문같다는 말은 아니라고 본다. 시를 시답게 만드는 것은 그 문장에 있는 것이 아니라 그 발상과 창조한 시적 세계에 있기 때문이다. 현대의 시 역시 마찬가지라고 나는 생각한다.

立春前三日作
입춘 전 3일에

육유(陸游) _송(宋)

春近寒尤苦	봄이 가깝지만 추위가 심해
先生不下堂	선생은 방에서 나오지 않네
烏皮蒙燕几	검은 가죽은 궤(几)를 덮었고
白拂挂禪牀	흰 주자는 선상에 걸려 있네
書架斜斜設	서가는 비뚤비뚤 놓아 있고
梅花細細香	매화는 은은하게 향기 나네
悠然睡還起	스르르 잠들었다 일어나니
已覺日微長	해가 벌써 쪼끔 길어졌네

    늦게 일어나 머리를 깎으려고 근처 단골 미장원에 갔더니 손님이 많아 거절당하고 부근 콩나물 해장국집에 갔더니 차를 세울 곳이 없는 정도이다. 간신히 주차를 부탁하고 문 앞자리에서 점심을 먹고 나오다 또 좁은 주차 공간으로 뒷 차에 살짝 붙었다. 내가 유명하지 않아서 망정이지 하마터면 손석희 옹처럼 큰 봉변을 당할지도 모를 일이다. 냉엄한 현실을 절감하고 또 명절이 가까워졌음을 체감한다.

이 시는 이런 인간 세상의 냉엄함과 번잡함과는 달리 속진이 전혀 느껴지지 않는다. 오히려 그 반대로 느긋하고 조용하여 나의 성정을 길러주고 거칠어진 마음을 푸근하게 위무한다. 세상에 정신적으로 큰 상처를 입은 사람을 치료하는 음악과 미술은 많이 들어 보았지만 문학 치료는 드문데 이런 시야말로 사람의 마음을 치료하는 효과가 높다.

전통 시대에는 글이 단순히 의사를 전달하는 실용성 외에 인간의 일상을 가치 있게 만드는 의식의 기능과 위무의 기능, 사교의 기능 등 여러 역할을 담당하였다. 요즘은 장례식이나 어떤 축하연에 참석하는 사람이 대부분 챙겨야 할 것으로 돈 봉투를 생각하겠지만 예전엔 글이었다. 만사가 그렇고 축시가 그렇다. 문인들의 사귐은 주로 글과 글씨, 편지로 이루어졌으며 글 중에서는 시가 단연 그 중심이었다.

사족이 길었다. 几(궤)는 앉아 있을 때 팔을 기대어 놓는 도구이다. 의자 팔걸이 부분을 떼어 바닥에 놓았다 생각하면 된다. 흔히 귀족 노인들이 앉는 공간에는 바닥에는 푹신한 보료가 깔리고 등에는 쿠션처럼 등을 받치는 안석(安席)이 있고 옆에는 이 궤가 있다. 아직 노인이 안 돼봐서 그 필요성을 체감하지는 못하지만 이 궤, 안석과 더불어 지팡이는 노인의 신체를 부축하는 필수 도구이다. 그래서 노인이 이동할 때는 이 궤장(几杖)을 받들고 모시는 사람이 있어 궤장을 받든다는 말로 '모신다'는 의미를 대신하며, 궤(几) 대신에 신발을 의미하는 구(履)를 넣어 '장구(杖履)'라고 하면 '그 사람이 노닐던 곳'이라는 뜻이 되어 흔히 장구지소(杖履之所)의 형태로 '그 사람의 노닐던 자취'라는 뜻으로 쓰이게 된다. 한편 이 궤장은 일종의 권위나 의장의 성격도 지니게 되어 조선에서는 나이 70에 벼슬을 그만두면 봉조하(奉朝賀)가 되는데 그때 이 궤장을 하사한다. 지금 남아 있는 궤장의 실물 그림을 보면 이동용 의자와 긴 지팡이가 그려져 있어 궤가 방안에서는 팔을 기대는 도구로 쓰이지만 이런 경우에는 의자의 의미로 쓰인다는 것을 자연 알게 되는데 언제부터 궤에 의자의 의미로 쓰이게 되었는지는 알 수 없다. 날씨가 아직 추워 오피(烏皮), 즉 검은 양가죽으로 궤를 감쌌다는 말이다.

禪牀(선상)은 승려들이 앉는 탑상(榻床)을 말한다. 이 탑상은 우리나라에서는 그다지 가구로 발달하지 않았지만 중국에서는 크게 발달하였는데 지난번 상해 박물관에서 〈명청 가구 특별전〉으로 내 놓은 가구의 다수는 바로 이 탑상이었다. 원대의 화가 예찬(倪瓚) 초상화를 보면 이 탑상에 앉아 문방구를 곁에 두고 포즈를 취한 것을 볼 수 있으며, 『고문진보』〈등왕각서〉에 '서유가 진번의 자리를 내려놓게 하였다.[徐孺下陳蕃之榻]'고 할 때의 榻(탑)이 바로 이것이다. 단순히 의자를 다락에서 내리는 것이 아니라 잘 보관해 둔 탑상을 가지고 와서 내려놓았다는 의미인 것이다. 우리나라 궁궐에 가면 임금이 앉는 옥좌가 있는데 의자의 공간이 상당히 넓은 것을 알 수 있을 것이다. 이것이 바로 탑상의 한 형태이다. 그래서 이를 '어탑(御榻)'이라 하고 여기서 임금이 어떤 사안을 결정하면 '탑전 정탈(榻前定奪)'이라 하며 여기서 하교를 하면 '탑전 하교(榻前下敎)'라 한다.

白佛(백불)이라 하는 것은 흰 털이 달린 불자(拂子)를 말한다. 스님들이 의식을 행할 때 보면 승복에 가사를 걸치고 이 불자를 들고 있는 것을 보았을 텐데 서안 비림에 현장법사가 책을 지고 인도에서 오는 그림에도 이 불자를 손에 든 모습이 그려져 있다. 이 불자가 선상에 걸려 있다는 말은 이 스님이 외출을 하지 않는다는 의미이다.

칩거하는 방 안에도 어디선가 서가 사이로 매화 향기가 은은히 찾아들고 동지 때 가장 짧아졌던 낮의 길이가 입춘 무렵이면 조금이나마 길어지는 느낌을 받는다.

이제 곧 입춘이다. 입춘 무렵에는 해질녘에 평소와 달리 날이 아직 지지 않았다는 느낌을 은연중 감지하는데 이 시인은 그걸 놓치지 않고 시로 형상화하고 있다. 아주 조용하고 무료하며 정적인 가운데 봄이 왔다는 미세한 신호를 감지하는 능력이 탁월하다.

사람들은 정몽주나 김상헌의 이름을 알기에 그들의 시도 모두 격정적이고 충절을 노래하였을 것으로 지레 짐작하는 경우가 많다. 그러나 그들의 시를 전체적으로 검토

한 경험이 있는 내가 볼 때는 대체로 섬세하고 육유의 이 시처럼 한적(閑寂)을 노래한 시들이 훨씬 많다. 이는 매천 황현 역시 마찬가지이다. 육유도 역시 그러해서 전원시가 훨씬 많다. 이들이 우국충절을 노래한 근원에 이런 섬세한 시인의 감수성이 자리 잡고 있다는 것을 알면 충절이나 우국이 어떤 마음에 기초하고 있는지 자연 알게 될 것이다.

庚申 立春前一日
입춘 하루 전 경신일에

주희(朱熹) _송(宋)

雪花寒送臘	날리는 눈 추운 납월 보내고
梅萼暖生春	매화꽃 송이 따뜻한 봄 오네
歲晚江村路	한해가 저무는 강마을의 길
雲迷景更新	구름 덮인 풍경 다시 새롭네

    송나라 주자가 입춘 날 저녁에 쓴 시이다. 입춘에 어울리게 운자도 새로운 봄을 의미하는 春(춘), 新(신)을 선택하였다. 그런데 제목에 굳이 그날의 일진인 庚申(경신)을 쓴 것은 아마도 申(신) 역시 春(춘), 新(신)과 같은 眞(진) 자 운목(韻目)에 있기 때문일 것이다.

    주자를 위시해서 정명도(程明道), 정이천(程伊川), 소강절(邵康節) 이런 분들의 시는 일반 풍경을 노래한 시 같은데 은연중에 평소 자신의 생각이 담긴 것들이 많다. 무리하게 의미를 확대해서 시를 읽는 것도 문제이지만 그러한 경향이 있는 것 자체를 부인하긴 어렵다.

    지금 雪花(설화)라고 하면 주로 성애 같은 것이 꽃 모양으로 퍼진 것이나 나무에 얼어붙은 눈꽃을 가리키지만 한시에 보이는 설화는 주로 하늘에서 내리는 눈 자체를 의미한다. 그냥 눈이라고 하는 것과 그 실체는 같다. 梅萼(매악)의 '萼' 역시 구체적으로는 꽃송이를 받치고 있는 녹색 계통의 받침을 말하지만 실제 시어로는 그냥 꽃 자체를 가리키는 경우가 허다하다. 마치 노를 의미하는 棹(도)로 배를 표현하거나 影(영)으로 그 사물 자체를 가리키는 것과 같다. 다만 이 시에서는 매화가 갓 봉오리를 맺은 것을 말하는 듯하다.

첫 두 구는 구법이 독특하다. 寒(한)과 暖(난)은 앞에 나오는 설화와 매악을 형용한 것이 아니라 마지막에 나오는 臘(납)과 春(춘)을 형용한 것으로 보인다. 우리말은 어미를 다양하게 변화시켜 평서형, 의문형, 명령형, 감탄형 등 필요한 여러 문형을 만들 뿐만 아니라 다양한 감정을 담게 되지만, 한문은 글자 자체가 고정되어 있기 때문에 글자의 위치를 변화시키거나 실사를 돕는 허사를 이용해 그러한 의미를 만들어 낸다.

그런데 이 시에는 한 글자의 허사도 없고 오직 실사만 있다. 그러다 보니 앞 두 구에서 시인이 강조하고 싶은 부분이 앞으로 나오고 형식적 요소는 뒤로 빠진 형태가 되었다. 즉 이 시인은 섣달의 인상으로 눈을 꼽고 봄의 첫 인상을 매화꽃 봉오리로 본 것이다. 또한 섣달은 추웠고 이제 시작되는 봄은 따뜻하다는 것을 드러내고 싶은 것이다.

雲迷(운미)는 구름 자체가 흐릿하다는 말이 아니라 구름이 많이 끼어 다른 물상이 잘 보이지 않을 때 이렇게 표현한다. 즉 구름에 가려 잘 보이지 않는다는 말이니 결국 구름이 많이 끼었다는 말이 된다.

날리는 눈, 추웠던 엄동설한은 드디어 가고 매화꽃 피기 시작하는 따뜻한 봄이 이제 오는구나.

시인의 말을 산문으로 풀면 이렇게 되지 않을까.

입춘 날 저녁 한해가 저물어 가는 회포를 안고 시인은 산책에 나섰다. 눈앞의 풍경은 구름에 가려져 흐릿하다. 시인은 호젓하게 거닐다가 길 옆에서 이제 갓 피어나려 하는 매화를 본다.

이 시의 발상은 대강 이렇다. 오늘 시골 오는 길에 안개와 구름이 많이 끼었는데 이 시의 분위기와 거의 같았다. 사계절의 첫 출발 입춘을 여는 전날 저녁의 풍경으로는 제격이다 싶다. 한 해의 계획을 세우기에 좋은 밤이다.

立春日
입춘일에

양만리(楊萬里) _송(宋)

何處新春好	새 봄 좋은 풍경은 어디일까
深山處士家	깊은 산골 처사의 집이구나
風光先著柳	풍광은 버들에 먼저 찾아왔고
日色款催花	햇볕은 은근히 꽃을 재촉하네

    오늘이 입춘이다. 이 글을 아침에 썼으면 더 좋겠지만 오늘이 마침 섣달그믐이라 한 밤이 되어서야 조용한 시간이 생긴다.

    예전에 입춘첩에 관심이 있어 우리나라는 물론 중국을 여행할 때도 가게나 대문의 춘첩을 눈여겨보고 사진도 찍곤 하였다. 내 기억으로는 우리나라에는 여러 곳을 다녀도 입춘첩의 글귀가 立春大吉(입춘대길)과 建陽多慶(건양다경), 掃地黃金出(소지황금출), 開門萬福來(개문만복래) 등 비교적 단조로웠다. 진주의 남사 마을에는 재물과 관련된 입춘첩이 많았고 안동 하회(河回)는 충효와 관련된 입춘첩이 많았던 것 같다. 가끔 우연히 어떤 고가에서 다양한 춘첩을 만나면 매우 반가웠다. 이는 우리나라 사찰의 주련도 마찬가지여서 좀 관심을 가지고 보면 그다지 다양하지 않다는 것을 알게 된다.

내가 중국을 여행하면서 산동성 곡부(曲阜)의 부자동(夫子洞)에 갔더니 시골 마을인데도 매우 다양한 춘첩이 있었고, 하남 맹진(孟津)의 왕탁 고거(王鐸故居)가 있는 마을에 가니 상당히 문향이 있는 춘첩이 많았다.

최근 대만 사람들이 주축이 된 서법이나 만년필 글씨 모임에 가입해서 그들이 쓰는 춘첩을 보니 상당히 좋은 것들이 많아 역시 내가 적극적으로 못 찾아보았구나 하는 생각을 했다.

중국의 일반 가정집이나 가게에 붙이는 춘첩은 여러 좋은 글자를 조합해 만든 글자와 부귀복락을 희구하는 내용이 대종을 이루고 있다.

이 시의 첫 두 구는 공교롭게도 하나의 춘첩으로 써도 하등 손색이 없는 좋은 구절이다. 우리나라에서 많이 쓰는 춘첩 중에 "春光先到吉人家(춘광선도길인가), 和氣自生君子宅(화기자생군자댁)"(봄빛은 착한 사람의 집에 먼저 찾아오고,/화락한 기운은 군자의 댁에 절로 생긴다.)이 있는데 이와 거의 유사한 말이다.

깊은 산골 외딴 처사의 양지 바른 집에 봄이 찾아 왔다. 그 봄 풍경은 가장 먼저 버드나무의 파란 새싹에서부터 왔다. 그리고 꽃도 머지않아 필 것 같다.

著은 발음이 '착'과 '저' 2개가 있는데 이 경우 '봄빛이 버들에 드러났다.'고 해도 말이 될 듯하고 '봄빛이 버들에 붙었다.'고 해도 말이 될 듯하다. 그런데 역시 着(착)으로 쓴 곳을 보면 '착'으로 보는 게 옳다. 여기서는 '봄이 버들에 왔다.'는 의미로 '착'을 쓴 것이다. 비근한 예로 선착순이라는 말을 생각해 보면 금방 이해될 것이다.

이 세 번째 구절이 좋아 후대에 많이 시작에 애용되지만 마지막 구절은 더 좋다. 꽃이 핀다고 진술하지 않고 햇볕이 꽃을 빨리 피우려고 은근히, 혹은 정성껏 노력한다는 말을 통해 꽃이 피기 직전의 풍광과 함께 햇볕이 따스해진 느낌까지 전달하고 있지 않은가.

양만리(1127~1206)는 북송이 망하고 남송이 개국하던 해에 태어났다. 얼핏 호처럼 보이는 독특한 이름처럼 80세까지 오래 살고, 남아 있는 시도 대략 4천 수 정도로 알려져 있지만 실제 작품은 육유 이상으로 많이 쓴 다작의 시인이다. 이 사람의 시풍은 내가 읽은 것이 많지 않아 말할 만한 능력이 안 되지만 대자연을 스승으로 삼아 이 시처럼 아주 참신하고 묘한 것이 많다고 한다.

글을 쓰고 보니 建陽多慶(건양다경), 立春大吉(입춘대길)이 참으로 좋다는 생각이 든다. 각 글자가 짝을 이루어 건립, 양춘, 다대, 경길이 된다. 그러니까 우리나라 사람이 가장 좋은 입춘첩을 골라 가장 효율적으로 썼다는 생각도 든다.

元日 (원일)
새해 첫 날

왕안석(王安石) _송(宋)

爆竹聲中一歲除 (폭죽성중일세제)	폭죽 소리 속 한 해가 저물어 갔고
春風送暖入屠蘇 (춘풍송난입도소)	따뜻한 봄기운 도소주에 들어왔네
千門萬戶曈曈日 (천문만호동동일)	동네방네 집집마다 해가 밝아 오니
總把新桃煥舊符 (총파신도환구부)	복숭아 목판 부적을 새로 교체하네

오늘은 설날이다. 설날에는 대개 차례를 지내는데 요즘 차례상에는 예전보다 다양한 과일을 올린다. 그런데 차례이든 제사상이든 반드시 올리지 말아야 할 과일이 있다. 바로 복숭아이다. 이 복숭아는 귀신을 쫓는다는 문화적 상징이 오래 축적되어 왔다. 그래서 아무리 맛있는 복숭아라도 차례상에는 올리지 않으니 복숭아를 아주 좋아한 부모일 경우 그 자식 입장에서는 매우 서운할 수도 있겠다.

중국에서는 고대로부터 대문에 복숭아 목판을 설치하고 거기다 귀신을 잘 알아보고 혼을 내는 신다(神荼)와 울루(鬱壘)라는 귀신을 그리거나 이 귀신 이름을 써서 잡귀나 사악한 기운을 막는 풍습이 있었다. 이 판의 이름이 도부(桃符)인데 이걸 한 해가 시작하는 설날 아침에 새로 교체하는 것이다. 어제 소개한 입춘첩이 이 도부가 나중에 변한 것이라는 학설이 있다. 도부의 원시 형태는 오래전부터 있었지만 직접적인 시원은 당나라로 보고 춘첩은 오대(五代) 시대로 보는 것이 유력하다.

　이 시에서 또 하나 소개해야 할 말은 도소(屠蘇)이다. 도소는 도소주를 말하는데 산초, 방풍 등 여러 약재를 넣어 빚은 일종의 약주로 지금도 중국에서 팔고 있는 술이며 우리나라에서도 판 적이 있다. 새해 아침에 이 도소주를 나이 역순으로 마시며 역병을 예방했다고 한다. 이 술은 후한 때 화타(華陀)라는 의사가 처음 제조하였다가 나중에 개량된 것으로 보이는데 왜 도소라는 이름이 붙은 것인가에 대해서는 간단치 않다. 여러 약재를 베어 넣었기 때문에 그런 이름이 붙은 것 같다.

張擇端, **清明上河圖** 卷, 北宋, 絹本淡設色, 24.8×528cm, 中國 北京 故宮博物院.
〈청명상하도〉는 서양(徐揚)의 〈고소번화도(姑蘇繁華圖)〉(1759)와 함께 도회 풍물을 그린 두루마리 그림의 걸작이라 할 만하다. 화폭의 규모, 등장하는 인물 등에서 극히 정묘하고 이야기가 풍부하다.

〈청명상하도(清明上河圖)〉에 보면 번화한 북송 개봉의 풍경을 짐작해 볼 수 있는데 이 시에서 말한 대로 섣달그믐에는 불꽃놀이를 하고 해가 밝아 오면 대문의 도소판을 새로 갈고 도소주를 마시며 건강을 기원한 것을 알 수 있다.

도소주를 마시는 풍습은 한국의 경우 정월 대보름의 귀밝이술과 유사하며 불꽃놀이는 12월 마지막 날의 제야의 종을 치고 불꽃놀이를 하는 의식과 닮아 있다. 도부판의 교체는 오늘날 다이어리를 교체하는 것과 좀 비슷할까. 풍습은 바뀌었지만 그 의식의 본질은 어딘가에 남아 있는 경우가 많다.

이 시 첫 구의 동사는 '除(제)'로 '지나가다.'라는 뜻을 지니며 둘째 구의 동사 入(입)과 잘 어울려 송구영신의 의미를 지니고 있다. 셋째 구의 日(일)과 마지막 구의 新(신), 이런 말들이 시의 분위기를 지배하고 있는데 동사는 각각 '동이 터오다'는 의미의 曈曈(동동)과 換(환)이다.

오래된 송나라 개봉의 도회적 분위기와 설날 풍경을 동시에 느껴 볼 수 있는 시이다.

왕안석(1021~1086)은 사마광과 정치적인 운명이 엇갈린 인물로 사마광이 북쪽 인사들의 여론을 반영하였다면 왕안석은 남방 인사들의 여론을 반영한 인물이다. 당송팔대가의 한 사람으로 꼽을 정도로 왕안석은 문장에도 뛰어났다. 사마광에 비해 평가 절하된 면이 있다.

立春偶成
입춘날에

장식(張栻) _송(宋)

律回歲晚冰霜少	해가 바뀌어 얼음과 서리 적으니
율회세만빙상소	
春到人間草木知	세상에 온 봄 초목이 먼저 아네
춘도인간초목지	
便覺眼前生意滿	어느덧 눈앞에 생의가 충만하구나
변각안전생의만	
東風吹水綠參差	동풍이 물에 불어 물결 일렁이네
동풍취수록참치	

　　장식(1133~1180)은 호가 남헌(南軒)이라 『논어』나 『맹자』 같은 경서의 주석에는 늘 남헌 장씨라고 나오는데 사서삼경을 공부한 사람은 자신도 모르게 수없이 접한 인물이다. 백록동 서원에서 주자와 함께 강의도 하였고 당대에 주자에게 큰 영향을 미친 인물이다.

　　첫 구의 律回歲晚(율회세만)은 설명이 필요하다. 천자문에 律呂調陽(율려조양)이라는 말이 있다. 율과 려로 음양을 조절한다는 말이다. 이 말은 '윤달로 한 해를 만든다'는 閏餘成歲(윤여성세)라는 말과 짝을 이루고 있다. 즉 1년을 계산하면 대략 11일 정도 남아 이걸 모아 3년에 별도의 1달을 만들어 한 해를 구성한다는 것이 윤여성세이다. '율과 려로 음양을 조절한다'는 말은 양율 6개와 음려 6개를 12개월에 각각 갈마들게 배치하여 기후에 맞게 달력을 만든다는 것을 말한다. 본래 율관은 대나무를

잘라 만든 일종의 악기인데 이 원리를 달력에도 이용하고 도량형에도 이용하여 그 문화적 파급력이 매우 크다.

그래서 律回(율회)라는 말은 일 년의 첫 달로 다시 돌아왔다는 말이니 결국 정월(正月)이 되었다는 말이고 歲晚(세만)은 한 해가 저물었다는 말이다. 이를 한국어의 어법에 맞게 조정하면 한 해가 저물고 다시 새해가 돌아왔다는 말이다. 입춘이 바로 그 묵은해와 새해의 교차점에 있으므로 이렇게 말한 것이다.

봄이 다시 찾아 온 것은 초목과 물 등 자연의 변화에 잘 드러난다. 초목은 다시 부드럽게 변하고 연초록 입을 틔우기 시작하며 얼어붙은 물은 다시 녹아 일렁인다. 생의는 생기, 즉 생명력을 말하는데 봄이 되어 다시 이 생명력이 약동하고 있는 것을 입춘의 가장 큰 특징으로 묘사한 것에서 이 시인의 평소 철학가다운 면모를 엿보게 한다.

顧正誼, 開春報喜 軸, 明, 紙本設色, 87.2×31.1cm, 臺灣 國立故宮博物院.
고정의(顧正誼, 1573~1620)는 송강(松江) 사람으로 시서화를 잘하였는데 동향의 동기창(董其昌)에게 그림을 배웠다.
상단의 제사로 보면 설날 풍속을 그린 그림이다. 큰 소나무가 있고 매화가 둘러싼 집 안에는 노인들이 팔짱을 낀 채 술이 올려진 화로를 끼고 있고 마당에서는 아이들이 폭죽을 터뜨리고 있다. 이런 광경을 보고 작가는 올해 날씨가 고르고 풍년이 들 것이라 점치고 있다.

新柳
새봄의 버드나무

양만리(楊萬里) _송(宋)

柳條百尺拂銀塘 (류조백척불은당)	백 척의 버들가지 맑은 연못에 스치네
且莫深靑只淺黃 (차막심청지천황)	짙은 청색 말고 연한 황색으로만 남기를
未必柳條能蘸水 (미필류조능잠수)	꼭 버들가지가 물에 잠길 필요는 없네
水中柳影引他長 (수중류영인타장)	물속 버드나무 그림자가 길게 잡아당기니

어제 잠시 나들이를 다녀오면서 최근 입춘 시에 버드나무가 언급된 것이 생각나 저절로 눈여겨보게 되었다. 확실히 양만리가 〈입춘일〉 시에서 風光先著柳(풍광선착류)(풍광은 버들에 먼저 찾아왔다.)라 한 것처럼 버들 빛은 어느새 달라졌는데 이 시에서 말한 것보다 더 옅은 황색 빛이 났다. 아마도 지금쯤 중국 서호에는 이런 풍경이 펼쳐져 있을 것 같다.

버드나무는 대체로 가지가 위로 자라는 楊(양)과 아래로 길게 늘어지는 柳(류)로 구분할 수 있다. 봄에 버들피리를 만들어 부는 갯버들은 楊이고 가지가 길게 발처럼 드리워져 풍치가 아주 좋은 것은 柳이다.

그런데 옛날 시문에는 양류(楊柳)를 통칭하거나 혼용하여 쓴 경우가 적지 않다. 늘어진 버들을 수류(垂柳)라고 하는데 이를 수양(垂楊)이라고 한 경우가 대표적이다. 그래서 사람들은 이를 수나라 양제나 수양대군 등과 연결하여 해석하기도 하지만 실제로는 아무런 근거가 없다.

　가늘고 긴 버들가지가 수면에 닿을 정도로 발처럼 늘어져 있고 다시 그 물속에 비친 그림자가 길게 이어져 있다. 바람이 불면 버들가지가 흔들거리고 그에 따라 물속의 그림자도 흔들리는데 물속의 그림자가 일렁이는 데에 따라 실제의 버들이 움직이는 착각도 일어난다.

張崟, 臨頓新居第三圖卷 부분, 淸, 紙本設色, 23.9×200.5㎝, 中國 蘇州博物館.
소주(蘇州) 일원에는 원나라 말기부터 많은 문인과 화가들이 모여 살아 문인 문화가 매우 발달하였다. 빗으로 빗은 듯한 버들과 아기자기한 새 연잎이 빚어내는 강남의 봄 풍경을 그린 이 그림을 보고 있노라면 절로 시심(詩心)이 생겨난다.

이 시인은 바로 이 점을 시로 묘사해 낸 것이다. 즉흥적인 것 같지만 물속의 버드나무 그림자가 실제의 버들가지를 잡아 당겨 늘이므로 굳이 실제의 버들이 물에 잠기려고 애써서 가지를 늘일 필요가 없다는 생각지 못한 진술과 약간의 웃음을 유발하는 표현을 얻으려면 많은 노력이 있어야 할 것이다.

사서(四書)에 있는 주자의 주석에는 어려운 글자들이 거의 없다. 이 시에 쓰인 말들이 그렇다. 우선 시의 함축미를 위해 즐겨 사용되는 고사나 고사의 변용이 전혀 없다. 어려운 한자도 '잠기다'는 뜻의 '蘸(잠)' 1자이다.

이전의 전고를 환골탈태 시켜 새로운 맛을 내고 시어를 잘 매만지는 시풍이 송나라 때 황정견(黃庭堅)을 조종으로 하는 강서시파(江西詩派)인데 양만리도 처음에는 강서시파의 일원인 왕안석, 진사도 등의 시를 배웠으나 나중에는 이 시처럼 매우 쉬운 말을 사용하고 전고를 쓰지 않으며 해학이나 그윽한 정취를 추구하는 시풍을 개척하였다. 이를 사람들은 양만리의 호 성재(誠齋)를 붙여 '성재체(誠齋體)'라고 부른다.

쉬운 말만 사용해도 묘한 생각을 표현하려면 자연 산문과는 다른 시의 문법이 생기기 마련이다. 두 번째 구절의 '且莫深靑只淺黃(차막심청지천황)'은 深靑(심청)과 淺黃(천황)이 각각 동사의 역할을 한다. 深靑 자체로는 부사 深과 형용사 靑의 결합이지만 이 문장에서는 '짙은 청색으로 변하다.'는 동사의 역할을 한다. 뒤의 淺黃 역시 '옅은 황색으로 남다.'는 동사의 역할을 하게 된다. 이처럼 한자는 문장에서의 역할에 따라 본래 자신의 품사를 변화하여 다른 품사의 역할을 하면서 다양하고 풍부한 표현이 가능하게 되는데 시에서는 더욱 그러한 면이 있다. 북한에서 나온 한문 관련 논문을 보면 이런 품사의 변용에 대해 큰 관심을 기울이고 있다.

이 시인이 마지막에 引(인) 자를 써서 첫 구에 버들가지가 백척(百尺)으로 늘어진 이유를 해명한 것도 매우 용의주도하다.

城東早春
장안성 동쪽의 이른 봄

양거원(楊巨源) _당(唐)

詩家淸景在新春　이른 봄은 시인이 좋아하는 맑은 경치
綠柳纔黃半未勻　버들에 반 정도 노란 싹이 틀 무렵
若待上林花似錦　상림원 꽃 화사한 비단처럼 만개할 땐
出門俱是看花人　문 밖에 온통 꽃구경 인파로 북적이지

여러 해 전에 이 시를 한번 번역하고 해설한 적이 있었다. 그때는 시의 표면적인 어구를 충실히 반영하는 번역을 했다면 이번에는 최대한 한국어의 자연스러움을 살리는 방향으로 시인의 의사를 반영했다. 그때 번역한 "시인들의 맑은 경치 이른 봄에 있으니 / 갓 싹이 튼 노란 버들 아직 고르지 않네. / 상림원 꽃 비단처럼 화사할 때를 기다린다면 / 문 나서면 온통 꽃구경하는 사람으로 넘칠 테지"와 비교해 보기 바란다. '시인들의 맑은 경치가 이른 봄에 있다'는 말을 나는 '시인들은 꽃이 만개하는 만춘이 아니라 처음 싹이 트는 조춘을 좋아한다.'는 의미로 이해했다.

半未勻(반미균)은 '반은 아직 균일하지 않다.' 즉, 아직 버들가지가 황색으로 변하지 않은 것이 절반은 된다는 의미이다. 그러니 둘째 구의 의미는 버들의 반 정도만 겨우 노란 빛으로 싹이 텄다는 의미로 보았다. 앞 두 구는 보는 이에 따라 더 좋은 표현이나 견해가 있을 수 있으니 좋은 의견을 주기 바란다.

『천가시』에 주석을 낸 왕상(王相)의 견해는 이렇다. 재상이 인재를 발탁하는 것은 그 인재가 아직 비천할 때에 하는 것이지, 그 사람의 공업이 드러나서 모든 사람이 알 때 하는 것이 아니다. 즉 이른 봄은 인재가 아직 그 능력을 드러내지 않았을 때이며 궁궐 후원에 꽃이 필 때는 사람들이 다 알 때라는 것이다. 세상 사람들은 항상 일이 지나간 뒤에 깨닫는다는 경어(警語)로도 읽힌다.

예전에 번역을 하면서 이런 설명을 붙였다. 내가 다시 보아도 이 시는 봄을 감상하는 유미적인 면은 그것대로 좋고 또 후반 두 구는 심층적 의미로 읽을 수 있다고 본다. 독자들 역시 자신의 경험에 비추어 이 시를 여러 모로 감상해 볼 것을 권한다. 전에 명 말기에 공안파 산문가들이 쓴 글을 보니 이 시와 동일한 발상을 가진 작품들이 더러 있었다. 문인들의 시선과 취향은 고금에 통하는 바가 있는 듯하다.

양거원(楊巨源)은 700년 무렵 당나라 중기 시대의 인물로 70살에 나이가 차서 퇴직할 정도로 벼슬을 오래하였으며 전당시에 157수의 시가 남아 있다.

『고문진보』에 한유가 쓴 〈소윤 양거원을 전송하는 서문[送楊巨源少尹序]〉에 "國子司業楊君巨源이 方以能詩로 訓後進이러니 一旦에 以年滿七十으로 亦白丞相하고 去歸其鄕이라."는 구절이 있다. 즉 "국자감 사업 양거원이 시를 잘하여 후학을 가르쳤는데 어느 날 나이 70이 되어 승상에게 아뢰고 조정을 떠나 자신의 고향으로 돌아갔다."는 말이다. 당대의 지명도에 비해 지금 우리에게는 상당히 생소한 인물로 느껴진다.

당대에 상당한 지명도가 있던 인물도 그러한데 후인들이 우리들 중에 몇 사람이나 기억할까. 우리가 아는 지식의 범주가 매우 좁다는 것은 그만큼 알아야 할 것들이 늘어간다는 말이니 후인들이 전인을 기억하는 것은 아마도 점점 줄어들 것이다.

나는 잘 못하지만 자신의 생활을 잘 관리하고 시간과 돈, 건강을 잘 안배하여 이 시에서 말한 경치를 한번 느껴보는 것도 요즘 말로 일종의 소확행이 아니겠는가. 씹을수록 맛이 나는 시이다.

吳歷, **湖天春色圖**, 清(1676), 紙本設色, 123.5×62.5cm, 中國 上海博物館.
오력(吳歷, 1632~1718)은 '사왕오운(四王吳惲)'으로 병칭되는 청초육가(淸初六家)의 한 사람으로 상숙(常熟) 출신의 화가이다. 가는 필선과 담채로 화사한 수반 풍광을 표현하였다. 크고 작은 나무들과 새들이 원근에 따라 자연스럽게 포치되고 시야가 멀리 트여 있어 보는 사람에게 시원하게 조망하는듯한 개활감을 준다.

040
2월 9일

凉州詞
양주사
양주의 노래

왕지환(王之渙) _당(唐)

黃河遠上白雲間	황하는 멀리 백운 사이로 올라가고
一片孤城萬仞山	만 길 산자락에 선 외로운 성 하나
羌笛何須怨楊柳	굳이 구슬픈 양류곡을 연주할 것 있나
春風不度玉門關	어차피 봄바람은 옥문관에 오지도 않는데

이 시는 변방을 지키는 군인들이 고향을 그리워하는 정서를 담고 있다. 이 시를 쓴 왕지환(688-742)은 변새시인으로 유명하다. 이 시는 〈登鸛雀樓(등관작루)〉와 더불어 그의 대표작이다. 〈등관작루〉는 스케일도 크고 교훈성도 높아 고금에 애송된다. 이 시 역시 황량한 가운데서도 웅혼하고 장엄한 기상과 함께 비애미를 발산하고 있다.

2011년에 중화서국에서 『唐詩排行榜(당시배항방)』이라는 흥미로운 책을 발간하였다. 당시 100수를 고금의 서적에 인용한 지수, 논문 지수, 문학사, 인터넷 이용 지수 등 여러 지표를 이용해 100대 순위를 마치 가요계 순위 차트처럼 제시하였는데, 1위가 최호의 〈黃鶴樓(황학루)〉, 2위가 왕유의 〈送元二使安西(송원이사안서)〉, 그리고 바로 3위와 4위가 왕지환의 〈양주사〉와 〈등관작루〉였다. 가장 많이 순위에 오른 시인은 두보로 17수, 왕유가 10수, 이백이 9수, 이상은이 6수, 두목이 6수, 맹호연이 5수 등의 순위였는데 왕지환은 전체 작품에는 밀리지만 3위와 4위를 차지하고 있다. 5위는 두보의 〈등악양루〉이다. 우리 한국인에게 중국 한시 순위를 꼽게 하면 이 작품은 높은 등수에 들지 못할 것 같은데 이 시가 중국인에게 애송되는 것에서 중국인의 성정을 이해하는데 참고가 될 듯하다.

이 시에서 말하는 고성(古城)은 지금의 감숙성 무위(武威)에 있었던 양주성(凉州城)을 말한다. 『당시삼백수』에서는 유영제(劉永濟)라는 학자가 옥문관은 돈황에 있어 황하와 거리가 멀기 때문에 첫 구에 황하라 쓴 것은 잘못이라고 비평하였다. 그 때문인지 황하를 황사(黃沙)로 봐야 한다거나 시에 문제가 있다는 의견이 여기저기 보이는데 이는 사려 깊지 못한 착오로 보인다.

이 시의 제목과 앞 두 구에서 묘사한 것을 보면 '고성'이 옥문관이 아닌 것이 분명하다. 옥문관은 곽말약(郭沫若) 선생이 그린 『中國史稿地圖集(중국사고지도집)』에 보면 지금의 돈황 근처에 표기되어 있다. 여러 사진 자료를 참고하면 지대는 높지만 평탄한 곳이다. 지금의 무위시 일대의 지형을 살펴보면 이 시 첫 두 구의 묘사가 크게 무리하지 않다. 또 옥문관이 양주성의 서쪽에 위치하여 논리적으로 모순될 것 같지만 넓은 지역 명칭으로 보면 표현상 흠 될 것이 없다.

첫 구를 '황하가 멀리 백운 속에서 흘러오고'라고 이치에 닿게 번역하지 않고 '상(上)'의 의미를 살린 것은 이 시인이 고성 쪽으로 시선을 두면서 드넓은 개활감(開豁感)과 함께 고성의 지형을 황량한 가운데서도 장엄하게 묘사한 것이라 여겼기 때문이다. 이 시인은 황화물이 내려오는 상류 방향으로 물의 흐름을 거슬러 시선을 두고 있다. 황화물이 내려오는 아득히 먼 곳에 흰 구름이 떠 있고 그곳에 아주 높은 산이 있으며 바로 거기에 양주성이 있다는 말로 변방을 묘사하고 있기 때문이다.

3구의 동사는 '須(수)'로 '필요로 하다'는 뜻이다. 앞에 붙은 何(하)가 의문문을 만들며, 뒤의 '怨楊柳(원양류)'는 수의 목적어가 된다. '怨楊柳'는 다시 '양류를 원망하다'고 풀어도 되고 '원망스러운 양류'라고 풀어도 문제될 것이 없다. 중요한 것은 '양류가 뭐

냐는 것이다. 양류를 통상 '절양류(折楊柳)'라고 하는, 앞에 나온 피리의 곡조 이름이라 하는데 대체로 동의한다. 개인적으로 '원양류' 전체가 곡조가 아닐까도 생각하는데 아직 그런 주석을 보지는 못했다.「소아」의 〈채미(采薇)〉 시에도 "昔我往矣엔 楊柳依依러니 今我來思엔 雨雪霏霏로다.(내가 군대 올 때는 버들이 하늘하늘 하더니 지금 내가 제대하려니 눈이 펄펄 오는구나.)" 이런 노래가 있다. 이 노래는 군대를 보낼 때 부르는 시인데 당나라 때는 벌써 이별할 때 버들 류의 柳와 머물 류의 留 발음을 이용하여 떠나가는 사람에게 버들을 꺾어 주는 풍습이 있을 때이다. '절양류' 노래가 무엇인지는 몰라도 대체로 이별을 아쉬워하면서 무사히 돌아오라는 내용을 담고 있을 것으로 짐작된다.

이곳이 변방 지대이니 변방에 있는 악기를 이용하여 고향을 그리는 노래를 부른 것으로 볼 수 있다. 마지막 구는 이런 노래가 다 무슨 소용이냐? 버들에 싹이 돋지 않는다고 원망해 봐야 무슨 소용이람? 나라에선 우리를 조금이나마 생각해 주는 줄 알아? 우리는 개돼지야! 이런 원망의 외침이다. 3구의 전환도 좋고 마지막 구의 강한 비판을 지닌 심화도 좋다. 이래서 춘풍(春風)에는 버들에 싹이 돋게 하는 자연의 봄바람에서 그치지 않고 오늘날로 치면 정부의 관심이라는 속뜻도 담긴 것으로 본다.

이 시는 앞에서 본, 이른 봄을 노래한 시들과는 이질적인 정서를 지닌 작품이다. 장르나 연대순으로 배열하면 그런 것이 눈에 안 띄는데 계절별로 배치하는 바람에 그 정서적 이질감이 확연히 드러난다. 고도 경제 성장의 축제를 즐기는 사람이 있는가 하면 누군가는 돌아가는 기계나 전철에 치어 죽는 음지에 살고 있다. 이런 상황을 한문으로는 '향우지탄(向隅之歎)'이라 한다. 사람들이 마루에 모여 모두 즐겁게 술을 마시는데, 그중에 한 사람이 홀로 쓸쓸히 구석으로 돌아앉아 운다는 말로『說苑(설원)』이란 책에 나온다.

앞 두 구의 장엄한 묘사와 뒤 구의 비애감이 묘하게 어울려 중국 인민들의 감성을 자극하는지 이 시는 고금에 걸쳐 중국인에게 널리 사랑을 받는 것으로 보인다.

詠柳 (영류)
버드나무

하지장(賀知章) _당(唐)

碧玉妝成一樹高 (벽옥장성일수고)	푸른 옥빛으로 단장한 키 큰 버드나무
萬條垂下綠絲縧 (만조수하록사조)	가지마다 푸른 끈을 아래로 드리웠네
不知細葉誰裁出 (부지세엽수재출)	저 가느다란 잎은 누가 만들었을까
二月春風似剪刀 (이월춘풍사전도)	이월의 봄바람은 가위인가 봐

하지장(659-744)이 한 편의 동시 같은 시 세계를 펼쳐 보였다. 하지장은 초서를 잘 쓰고 술을 많이 먹는 풍류 문인으로 이름이 났는데 이 시를 보면 그의 내면에 동심이 가득해 보인다. 2월 버드나무의 싱그러운 푸른빛을 중국인이 좋아하는 벽옥(碧玉)으로 비유를 하였고 늘어진 버드나무 가지와 바람에 한들거리는 고운 잎을 신기한 눈으로 보고 있다. 이렇게 곱고 신기한 잎을 봄바람이 다 만들었단 말이지.

아울러 키가 크다느니 단장을 했다느니 아래로 끈을 드리웠다느니 하는 데서 은연중 미인이 환기되기도 한다.

장지연(張志淵)의 『大東詩選(대동시선)』에 황진이의 〈詠半月(영반월)〉이 실려 있다.

誰斲崑山玉 (수착곤산옥)　누가 곤륜산 옥을 쪼아

裁成織女梳	직녀의 빗을 만들었을까
牽牛一去後	견우가 한 번 가버린 뒤
愁擲碧空虛	속상해 벽공에 던졌나 봐

소재는 다르지만 물상을 위트와 참신한 아이디어로 아름답게 노래한 점은 똑같다. 하지장은 2월의 고운 버드나무 잎을 봄바람이 가위로 솜씨 있게 잘라 만들었다고 하였고, 황진이는 반달을 견우와 헤어진 직녀가 속이 상해 던진 빗으로 스토리텔링을 하였다.

이런 시인들의 아이 같고 비단결 같은 마음과는 달리 현실은 매우 우울하다. 새로 이사온 고전번역원 부근에 조그만 개울이 구파발까지 흐르고 그 개울 양 옆에 10~20년 정도 되어 보이는 버드나무가 30여 그루 서 있었는데 작년에 구청에서 모두 베어버렸다. 멀쩡한 개울에 돌로 제방을 쌓고 길을 엉망으로 만들어 너무도 속이 상해 국민신문고에 신고까지 했는데 수해를 방지하기 위해 그렇게 했다는 것이다. 그 버드나무는 개울둑에 있는데 수해와 무슨 관련이 있는지 도무지 이해가 안 간다. 수해를 방지하려면 돌다리의 간격을 늘리고 개울 바닥의 인공 구조물을 철거해야 할 텐데 공사비만 들이고, 내가 보기엔 전혀 나아진 게 없다. 개울가에 있던 버드나무를 다 베어 내고 인공적으로 규격화하여 잣나무와 회양목을 심었는데 전혀 어울리지 않아 절로 탄식이 나온다.

도무지 멀쩡한 공간을 살풍경으로 바꿔 놓는 이유를 알 길이 없지만 나도 생업이 있어 이 일로 자꾸 속을 끓일 수도 없고 해서 참고 지내지만 산책할 때마다 절로 욕이 나온다. 이런 공무원들은 한시나 회화 등 시심을 기르고 인문적 소양을 쌓게 하는 특강을 수강하는 엄벌(?)에 처해야 한다.

하지장은 왕발, 낙빈왕, 송지문과 함께 초당사걸로 문학사에 자리를 잡고 있다. 하지장에 대한 인상은 이백과 두보의 시를 통해 나에게 전달되었다. 이백(701~762)은 하지

장과 42살의 나이 차가 나는데도 이백이 쓴 시만 보면 격의 없는 친구 같다. 이백이 처음 장안에 왔을 때 '인간 세상에 귀양 온 신선'이란 뜻의 적선(謫仙)이라는 멋진 별칭을 붙여주고 이백을 장안의 문사들에게 널리 소개한 인물이 바로 하지장이다. 이백은 만년에 절강성 사명산(四明山)으로 돌아간 하지장을 술을 마시며 그리워하는 시 2수를 썼다. 〈對酒憶賀監 二首(대주억하감 이수)〉가 그것이다. 하감이라 한 것은 하지장이 궁중 도서관 관장인 비서감(秘書監)을 지냈기 때문이다. 어쩌면 하지장에게서 받은 은혜를 이 멋진 시로 갚았는지도 모른다. 두보(712-770)는 53살 차이가 나는데 〈飮中八仙歌(음중팔선가)〉에서 하지장이 배를 타고 가듯 흔들거리며 말을 타고 가고 술에 취해 우물에 빠져서는 그대로 잔다고 묘사하여 하지장을 두주불사형의 신선으로 묘사하고 있다. 우리나라에서는 『칠언당음』의 첫 페이지를 펼치면 하지장이 고향 소흥의 경호(鏡湖)로 돌아와 쓴 〈回鄕偶書(회향우서)〉가 나오기 때문에 예전에 한문을 공부하던 분들은 하지장이 누군지 자세히는 몰라도 퍽 친숙한 시인이었을 듯하다.

戴進, 柳塘圖 軸 부분, 明, 絹本設色, 110.5×54.8cm, 臺灣 國立故宮博物院.◐
전망이 좋은 정자에서 봄 비가 보슬거리는 날 무성한 버드나무와 물오리, 수면에 떨어지는 빗방울 등을 감상하는 장면임을 상상하게 한다.
전폭에는 화면 상단에 이런 시 한 구절이 적혀 있다.

雨微塘柳暗	연못의 무성한 버들엔 비가 부슬부슬
景潤水亭幽	물가의 그윽한 정자는 전망도 훤하네

贈范曄
친구 범엽에게

육개(陸凱) _남북조(南北朝)

折花逢驛使　　우체부를 만나 매화를 꺾어서
寄與隴頭人　　농두에 사는 분께 보냅니다
江南無所有　　강남에 달리 보낼 것이 없어
聊寄一枝春　　한 가지 봄이나마 보냅니다

    이 시를 주석으로 낸 것이 여러 번이었지만 이렇게 한 편의 시로 차분히 번역해 보기는 처음이다.

    驛使(역사)는 공문서나 편지를 전달해 주는 사람이다. 隴頭(농두)는 이 시를 받는 수신인 범엽이 살고 있는 동네를 지칭한다. 연구자들은 대체로 장안 근처의 농현(隴縣) 북쪽에 있는 농산(隴山)을 지목한다. 그렇다면 농두는 농산의 들머리 어디쯤을 가리킬 것이다.

    이 시의 기존 번역을 보면 折花逢驛使(절화봉역사)를 '꽃을 꺾다가 역사를 만나다'로 순차적으로 번역을 하고 있다. 이대로 하면 떡 본 김에 제사 지낸다는 말이 된다. 그런데 다른 많은 선물을 제쳐 두고 '一枝春(일지춘)'을 선물로 보내는 고매한 시인이 이런 식으로 시를 쓰지는 않았다고 본다.

이는 한시의 구법에 대한 이해의 부족에서 온다. 첫 구는 모름지기 '생각지 않게 장안 방면으로 가는 역리를 만나자 문득 친구 생각이 간절해 매화꽃을 꺾어 보냈다.'는 말이 되어야 한다. 5언의 구조가 2·3으로 짜여져 있어 이렇게 쓴 것일 뿐 순서는 당연히 逢驛使折花(봉역사절화)가 되어야 한다. 중국인들의 시 해설에도 '꽃을 꺾고 있을 때 우연히 역사를 만났다.'고 풀이하는 경우가 많은데 나의 문리로 볼 때는 이는 문제가 있다고 생각한다.

마지막의 一枝春(일지춘)은 '매화 한 가지의 봄'을 말한다. 매화라는 글자가 이 시에는 없지만 다른 판본에는 첫 구의 花(화)가 梅(매)로 되어 있는 곳이 많고 시 내용으로 볼 때도 梅라야 전체적으로 어울리는 것을 알 수 있다.

편지의 형식으로 된 한 편의 시에서 친구에 대한 정과 함께 시인의 고매한 운치가 고금에 찬연히 한 가지 매화처럼 빛나고 있다.

이 시를 쓴 육개(?~대략 504)는 남조 송나라 시대의 인물이다. 관운장을 사로잡고 복수를 위해 물밀 듯 밀고 내려오는 유비의 복수군을 이릉(夷陵)에서 화공으로 대파한 육손(陸遜)의 집안 조카 되는 위진 시대의 육개(198~269)와는 다른 인물이다.

한편 이 시를 받은 범엽(范曄, 398~445)은 『후한서』를 저술한 바로 그 '범엽'이다. 『說浮(설부)』, 『學齋佔畢(학재점필)』 등을 상고하면 범엽의 자 울종(蔚宗)을 써서 범울종(范蔚宗)으로 기록하였기 때문이다. 그런데 위의 책과 『瀛奎律髓(영규율수)』 등에는 흥미로운 사실 하나를 기록해 놓았다. 세상 사람들이 '일지춘(一枝春)' 고사의 주인을 육개로 알고 있지만 사실은 전국시대의 월나라 사신 제발(諸發)이라는 인물이 매화를 꺾어 양(梁)나라 임금을 만나러 온 일이 있다는 것이다.

양나라 신하 중에 한자(韓子)라는 인물이 있는데 이 사람이 '어찌 일지매(一枝梅)를 열국의 임금에게 보낸단 말인가?'라며 호통을 치자, 제발이 각국마다 풍습이 다르다며 논쟁을 한 일을 소개해 놓았다. 글의 제목까지 '매화를 꺾어 역사에게 보낸 것은 제발에게서 비롯한 것이지 육개에게서 비롯한 것이 아니다(折梅遣使始於諸發, 不

始於陸凱'라고 그 점을 부각하고 있다.

그렇다면 육개는 강남에 고대로부터 일지매를 귀한 선물로 보내는 풍습이 있다는 것을 알고 이 제발의 고사를 자신의 시에 인용한 셈인데『荊楚歲時記(형초세시기)』 등에서 그 원류를 밝혀 놓지 않아 세상 사람들이 모두 육개가 처음 이런 운치 있는 일을 한 것으로 알고 인용한 셈이 된다.

오늘날 논문이나 글에 보면 이런 일이 많아 일일이 손으로 꼽을 수 없을 정도이다. 어찌 '일지춘(一枝春)'을 한탄하는 사람이 월나라 사신 제발(諸發)에서 그칠 뿐이겠는가. 식자들의 세심하지 못함을 길게 탄식한다.

邊詞
변방의 노래

장경충(張敬忠) _당(唐)

五原春色舊來遲 오원의 봄빛은 옛날부터 더디 온다더니
二月垂楊未挂絲 2월의 수양버들 아직 실을 달지 않았네
即今河畔冰開日 이제야 여기는 강가에 얼음이 풀리는데
正是長安花落時 장안은 지금 한창 꽃이 지고 있을 때지

앞서 왕지환의 〈凉州詞(양주사)〉를 소개하였는데 이 시는 그와 같은 변새시(邊塞詩)로 분류된다. 변새라는 말은 변경, 변방과 비슷한 말이지만 전쟁의 긴장이 묻어나는 말이다. 우리나라는 삼국시대에는 서로 치열하게 각축하였지만 남아 있는 시들이 거의 없고 고려, 조선시대에는 중국과 대체로 평화를 추구하였기 때문에 변방에서의 전쟁이 많지 않았다. 조선 초에 여진족이나 선조 때 일본과의 전쟁으로 많은 전쟁 관련 시가 제작되었다.

이에 반해 중국은 주나라 이전부터 북방과 늘 크고 작은 전쟁이 끊이지 않았고 진시황이 만리장성을 쌓은 뒤로는 더욱 갈등이 고조되어 한나라 이후 수많은 전쟁이 있어 왔다. 그런데 성당 시기에 오면 당의 국력이 팽창하여 종래 수비 위주의 전쟁에서 북방에 공세를 취하게 되는데 이런 시기에 종군해서 군대의 실정을 잘 아는 시인

들이 등장하였다. 그들은 변경의 색다른 풍광과 군인들의 생활 등을 소재로 웅혼하고 기개가 있으며 긴장미가 넘치고 진한 비애와 향수를 일으키는 시풍을 개발했다. 고적, 잠삼, 왕창령, 그리고 왕지환 같은 시인들이 이런 시를 잘 썼는데 이것을 주로 변새시라고 부른다.

앞에서 소개한 왕지환의 시가 감정의 기복이 심하고 강렬한 파토스가 있다면 이 시는 별다른 기교를 사용하지 않고 소박한 불평의 정조를 띠고 있다. 변방 오원과 장안의 날씨를 푸념하듯이 말하는 것에서 자연 추운 날씨에 고생하는 변방의 병사를 연상하게 만들고 있다. 문학적 파괴력은 왕지환만 못하지만 이 시도 그 나름대로 잔잔히 스며들 듯 호소하는 힘이 있다.

未挂絲(미괘사)는 수양버들 가지에 매달린 실가지 자체가 없다는 말이 아니라 거기에 싹이 돋지 않아 존재감이 없을 정도로 잘 보이지 않는다는 말이다. 수양버들 실가지가 겨울이라 해서 어디 가는 것은 아니지 않는가. 다만 싹이 나지 않으면 없는 것처럼 잘 보이지 않는데 이걸 시인이 예리하게 포착한 것이다.

장경충은 초당 때의 시인으로 그다지 이름이 알려지지 않았는지 『전당시』에 2편의 시가 수록되어 있을 뿐이다. 그는 삭방군 총관을 역임했는데 이 시는 그때 지은 것으로 보인다. 오원(五原)은 그의 근무지로 오늘날 내몽골 자치구에 있는 오원현(五原縣)에 해당한다. 찾아보니 서안 북방에 있는데 옥문관과 비슷한 위도에 위치해 있다.

전에 여름에 백두산에 간 적이 있는데 고원 지대에 여름이 되어서야 겨우 꽃이 피었다. 지금은 주로 내몽골 등을 관광으로 가니까 초원의 아름다운 모습을 주로 보지만 그곳에 와서 산다고 생각하면 사정은 전혀 다를 것이다.

이 시를 보니 문득 내몽골에 가 보고 싶다는 생각이 든다. 사람이 하고 싶은 것을 다 하며 살 수는 없겠지만 언제 한 번 광활한 초원에 가서 찬 공기를 호흡해 보아야 이런 시가 바로 가슴에 와 닿아 설명도 실감나게 잘할 듯하다.

立春後作
입춘을 지내고

육유(陸游) _송(宋)

春不遺窮僻	봄은 궁벽한 곳에도 찾아오니
天如念寂寥	하늘이 말없이 마음을 쓰는 듯
鳥鳴知節換	새가 우니 계절이 바뀐 것이고
池溜覺冰消	못 물이 흐르니 얼음이 녹았군
冷餅供新薺	춘병에 냉이 나물 차려 올리고
輕裘換故貂	묵은 옷을 얇은 옷으로 바꾸네
豊年無疾苦	풍년이 들고 별 탈 없이 지내며
鄰曲遞相招	이웃끼리 서로 초대하게 되기를

입춘을 보내고 난 뒤에 입춘 무렵의 감회와 앞으로의 소망을 담아 쓴 시이다. 지난 2월 2일에 소개한 시는 입춘 전 3일에 은은히 퍼지는 매화의 암향과 낮이 시나브로 길어진 것으로 입춘의 기별을 노래하였다면 이 시는 입춘 무렵 변화한 계절에 따른 음식, 의복 등을 한 해의 기원과 함께 담아내었다.

첫 구의 '봄이 궁벽한 곳도 빠뜨리지 않는다.'는 말은 봄은 어느 곳이나 빠짐없이 온다는 말로 육유가 살고 있는 궁벽한 산골에 봄이 왔다는 것을 말하고, 두 번째 구의 '하늘이 생각을 하는 듯 적료하다.'는 말은 하늘이 궁벽한 곳에도 봄을 베풀기 위해 골똘히 마음을 쓴다는 말이다. 3구와 4구의 동사 知(지)와 覺(각)의 주체는 새 소리를 듣고 연못의 물이 흘러가는 것을 보는 사람이니 바로 육유 자신이다. 冷餠(냉병)이란 결국 춘병을 말하는 것이다. 뜨거운 것은 탕병(湯餠)이 있으므로 거기에 대응하여 냉병이라 한 것으로, 월남쌈 같은 걸 연상하면 쉽게 이해될 듯하다.

춘병에 봄나물을 먹고 봄에 맞는 가벼운 옷으로 갈아입는 것은 당시 입춘날의 풍습으로 생각된다. 그리고 마지막 두 구는 한 해 농사도 잘 되고 아무 탈 없이 살면서 이웃끼리 서로 술도 내고 밥도 나누면서 사이좋게 살자고 기원하는 것이다. 우리나라 사람들이 입춘에 보리 뿌리로 풍흉을 점치고 정초에 동고사를 지낼 때 축원하는 것과 아주 흡사하다. 옛사람들에겐 입춘이 한 해의 시작임을 알 수 있다.

이 시는 육유의 『검남시고』 권 72에만 실려 있고 다른 문헌에는 실려 있지 않아 그런지 막강한 정보를 자랑하는 바이두에도 원문 말고는 더 부연된 정보가 거의 보이지 않는다. 바이두 역시 널리 알려진 것이 자꾸 새끼를 쳐서 많은 것처럼 보이는 것이지 막상 따지고 들고 조금만 깊이 들어가 보면 바로 바닥을 드러낸다.

우리나라에도 이런 현상은 심각해서 기본 정보를 누가 제공하거나 기초적인 번역을 깔아주면 이를 가공한 지식들이 번창하지만 기초적인 번역이나 정보를 제공하지 않는 것은 역시 황무지 상태이다. 지금 지식인들은 가급적 남이 하지 않은 미개척 자료를 발굴하고 번역하는 일에 더욱 힘써야 한다. 남이 알아주는 것과 관계없이 문화 인프라를 만드는 것은 우리 시대 지식인의 중요한 사명이다.

減字木蘭花 _ 立春
감자목란화 _ 입춘

소식(蘇軾) _송(宋)

春牛春杖	입춘에 흙으로 만든 소와 쟁기 든 농부
無限春風來海上	무한한 봄바람이 바닷가에서 불어와
便與春工	봄 신의 공력과 함께
染得桃紅似肉紅	살결처럼 복숭아꽃을 붉게 물들이네

春幡春勝	입춘에 만든 깃발과 마름모 노리개
一陣春風吹酒醒	한바탕 봄바람이 불어와 술이 깨니
不似天涯	이곳이 천애의 먼 곳이 아닌 듯
卷起楊花似雪花	버들개지를 눈처럼 하늘 높이 날리네

    시를 그동안 소개하였는데 오늘은 송사(宋詞) 작품을 한 편 소개한다. 보다시피 시의 형식이 아니다. 4자 7자를 2번 반복하여 하나의 단을 이루고 이러한 단이 2개로 되어 있는 사(詞)이다. 앞에서 소개한 〈양주사(凉州詞)〉와 〈변사(邊詞)〉에 쓰인 사(詞)는 시의 제목으로 '~노래'라는 의미이지만 이번에 소개하는 〈감자목란화(減字木

蘭花〉)는 문학 양식의 하나인 사(詞)이다. 사는 고대의 악곡에 붙이는 노랫말을 의미하므로 본래 작곡을 염두에 두고 지어진 가사이지만 송나라 시대에 오면 차츰 노래로 부르지는 않고 음악성과 통속성은 그대로 가지고 있는 일종의 문학 양식으로 정착한다.

우리나라 사람은 사에 취약하다. 한문을 배울 때 자연스럽게 시는 배우지만 사를 배우는 경우는 드물기 때문이 아닐까 한다. 필자는 어릴 때부터 삼국지를 좋아하여 번역본은 대략 5번 정도 읽고 삼민서국 모종강 본으로도 2번을 읽었는데 그 서문에 있는 시가 좋아 수백 번 읽었지만 무언가 미심쩍은 구석이 있었다. 3번째 구절이 위로 붙어야 하나 아래로 붙어야 하나 분명치 않았기 때문이다. 나중에 보니 이게 임강선(臨江仙)이라는 사패(詞牌)에 붙인 하나의 사인 것을 알았고, 3번째 구에도 별도의 운자가 붙은 것을 확실히 알게 되었다.

또 몇 년 전에는 심주(沈周)의 그림이 좋아 그 그림에 쓴 시를 몇 백편 번역해 보았는데 어떤 작품이 이상해서 나중에 보니 역시 사였다. 시의 장단귀는 불규칙적이고 일회적이라면 사는 악곡에 사용된 것이다 보니 노래에 1절, 2절이 있듯이 같은 형식이 반복된다는 차이점이 있다.

전에 서호(西湖)를 주제로 한 문학 작품을 살피느라 『서호지』 등 관련 문헌을 보니 의외로 시보다 사 작품을 많이 수록해 놓아 사가 명청시대에도 여전히 사랑받았음을 알게 되었다.

지금 소식이 사용한 〈減字木蘭花(감자목란화)〉는 이 사의 제목이기도 하지만 실제 의미는 곡조, 즉 사보(詞譜)의 이름이다. 사보를 사패(詞牌)나 사조(詞調)라고도 하는데 다 같은 말이다. 고려시대에 경기체가라는 것이 있는데 이 사와 아주 흡사하다. 글자의 수와 구절의 형태를 미리 정해 놓고 거기에 말을 집어넣으면 되기 때문이다. 또 근대기에 뽕짝이 일본에서 들어왔는데 기본 박자를 여러 가지로 변주하고 거기에 가사를 붙여 부르는 면에서는 사와 유사한 면이 있다.

〈감자목란화〉는 〈목란화〉란 사패에서 글자 수를 조금 줄인 사패라는 의미이다. 마침 두어 달 전에 같은 직장의 어떤 동료가 나에게 자신이 번역한 사보 관련 책을 한 권 주어 오늘 찾아보니 〈목란화〉란 사패가 안 보이기에 왜 그걸 〈감자목란화〉 사패 부분에 주석을 달지 않았느냐고 한마디했다.

어떻듯 사를 잘 모른다 하더라도 사보(詞譜)라는 게 있다는 것은 분명히 알고 있어야 한다. 늘 만만한 시만 있다면 무슨 재미가 있겠는가. 길이나 물이 굽이치는 것은 자연의 순리이고 인생에 우여곡절이 있는 것은 숙명이다. 생선에도 가시가 있어야 발라 먹는 재미가 있고 살코기에도 비계가 붙어 있어야 씹는 맛이 있지 않겠는가.

이 사는 소식이 해남도에 유배되어 온 시기에 지어진 작품이다. 어떤 판본에는 〈기묘년 담이춘사(儋耳春詞)〉로 제목이 되어 있는데, 기묘년이 소동파(蘇東坡)의 나이 63세가 되는 1099년이며. 담이가 당시 해남도의 한 고을 이름이기 때문이다. 소동파의 별호 담이옹(儋耳翁)은 여기서 유래한다. 동파는 여기서 3년 뒤 유배가 풀려 상경하다가 66세로 작고하였다.

春牛(춘우)와 春杖(춘장)은 입춘 날 흙으로 빚어 만든 소와 쟁기를 잡고 있는 사람 모형이며 春幡(춘번)과 春勝(춘승)은 종이나 비단으로 만든 깃발과 장식으로 만든 소품이다. 杖(장)은 犁杖(여장)이라 하여 쟁기라는 뜻이 있고 勝(승)은 여인의 머리 장식이라는 뜻이 있다. 즉 문간에 흙으로 빚은 소와 쟁기, 농부 모형을 만들어 놓고 그 옆에 좋은 글귀를 적은 깃발을 세우고 또 머리 장식도 만들고 한 것이다. 이는 농사를 권장하는 의미를 담고 있는 풍속으로 그 기원은 『한서』에 관련 언급들이 있을 정도로 오래되었다. 3구의 便輿(변여)를 便丐(변개)라고 쓴 판본도 있다. 그럴 경우에는 '봄 신의 공력을 빌려'의 의미가 된다.

不似天涯(불사천애), '천애와 같지 않다'는 말은 소식이 해남도에 있는 것을 반영한 말이다. 해남도는 중원에서 멀리 떨어진 남방 지역이라 과연 천애(天涯)라 부를 만하다. 그런데 입춘 풍속도 같고 버들 솜 날리는 것도 북송 개봉과 같기에 '내가 지금 천애 고도에 와 있는 것 맞아!' 이런 심정으로 한 말이다. 남해에서 불어오는 봄바람은 훈훈하고 개봉의 낯익은 풍속도 보면서 하늘엔 또 낭만적으로 버들개지가 날린다. 마음의 질곡이 나도 모르게 봄바람처럼 녹아내린다.

'버드나무 꽃이 눈처럼 날린다.'는 말은 우리나라에서는 평소 실감하기 어려운 것이다. 버드나무가 많은 곳에는 봄에 벚꽃이 눈처럼 내리듯이 버들개지가 하늘에서 정말 눈처럼 날린다. 나중에 중국에서 그런 장면을 만나면 이 시를 한 번 떠올려 주기를 부탁한다.

渡漢江
한강을 건너며

송지문(宋之問) _당(唐)

嶺外音書斷	오령의 남쪽이라 서신도 끊어진 채
영외음서단	
經冬復歷春	겨울을 지내고 다시 봄을 지났구나
경동부력춘	
近鄉情更怯	고향이 가까울수록 더욱 겁이 나
근향정갱겁	
不敢問來人	오는 사람에게 소식도 묻지 못하네
불감문래인	

   우리나라에서 많이 읽은 『오칠당음』 첫 장을 펴면 송지문(656~712)의 〈途中寒食(도중한식)〉이라는 시가 나온다. 그리고 4번째에 바로 이 시가 나온다. 이 책은 저자별로 작품을 배치해서 몇 수 연이서 소개하고 있기 때문이다. 그래서 이 시는 중국뿐만 아니라 우리나라에도 널리 알려졌다.

   嶺外(영외)는 고개의 바깥을 말한다. 바깥은 당시 수도인 장안의 시각에서 볼 때 바깥을 말하고 嶺(영)이란 오령(五嶺)이라 해서 중국 남방에 있는 5개의 큰 산맥을 말한다. 중국에는 예로부터 죄를 지은 관원을 지방의 낮은 관리로 좌천시키거나 유배를 보냈는데 이 5령의 남쪽으로 많이 보냈다. 영외를 달리 영표(嶺表)라고도 하는데, 영외, 영남, 영표 이런 말은 우리나라의 영남에도 그대로 썼던 말이다.

   송지문은 시적 역량으로는 대단한 사람으로 보인다. 그런데 측천무후 때 출세를 하느라 나댔다가 그가 몰락하자 바로 그 이듬해인 705년에 이 오령 남쪽으로 유배를 온 것이다. 그 지역이 바로 광동(廣東) 나정현(羅定縣)이라는 곳이다. 나정이라는 곳은 지금 광주(廣州) 시 서쪽 오주(梧州) 남쪽에 위치해 있는데 사방 큰 산이 있어 교통이 아주 불편하니 편지를 못 받았다는 말이 사실과 부합한다. 이 시는 그 이듬해 유배에서 풀려 고향 집으로 돌아가며 지은 것이다.

내가 며칠 전에 누구의 부탁으로 우연히 김흔(金訢, 1448~1492)의 〈翻譯杜詩序(번역두시서)〉를 보게 되었는데, 그 책에 "위로는 『시경』으로부터 아래로는 심전기(沈佺期), 송지문에 이르기까지 포괄하여 여러 작가들의 장점을 모아 크게 완성한 것이니, 시는 두보에 이르러 극에 이르렀다 할 만하다."라는 대목이 나온다. 이를 보면 송지문이 두보의 집대성에 상당한 영향을 미친 것을 두시를 번역한 조선 초기의 우리나라 문인들도 알고 있었던 것이다.

『신당서』 「송지문전」을 보면 송지문은 바로 심전기와 함께 초당 때 율시를 정착시키는데 큰 공헌을 한 인물이지만 측천무후 시기에 간교하고 음험한 일을 많이 꾸민 인물로 그려져 있다. 송지문의 아버지 송영문(宋令文)은 문장과 서법에 능하였는데 송지문은 부친의 문재를 물려받고 동생 지제(之悌)는 서법으로 이름이 났다. 송지문은 외모도 듬직하고 말도 잘한 스타일이었는데 다소 재승덕박(才勝德薄)한 인물로 평가되어 있다.

이런 영향 때문인지는 몰라도 『당시배항방』과 『천가시』에는 그의 시가 한 편도 수록되지 않았고 『당시삼백수』에 1수 실려 있을 뿐이다. 이는 『오칠당음』과는 다른 선록 기준인데 중국 문인들이 시인을 평가할 때 그 사람의 시만 보는 것이 아니라 그 사람의 일생을 감안하는 것이 아닌가 생각된다.

어쨌든 이 시를 보면 실제의 자기 체험을 녹여 쓴 시라 쉬운 말 가운데 절실한 정을 표현하고 있어 이 시인의 재주를 알 수 있다. 자신이 귀양 간 사이 집안에 화가 닥친 것은 아닌지, 혹 그동안 무슨 상사라도 있었던 것은 아닌지 별별 생각이 떠올라

고향 쪽에서 오는 사람을 봐도 선뜻 물어보지 못하는 불안한 인간 심리의 한 자락을 묘하게 낚아챈 것이다.

송지문의 고향이 산서성 분주(汾州)라고도 하고 괵주(虢州) 홍농(弘農), 즉 오늘날의 하남성 영보(靈寶)라고도 하는데 이 시로 보면 영보가 맞을 듯하다. 한강은 『시경』에도 많이 나오는 한수(漢水)로 더 잘 알려져 있는 장강의 큰 지류로, 황하와 장강 사이에 위치해 있어 만약 고향을 분주로 잡으면 우리나라 지리 개념으로 환산해 볼 때 얼추 서울서 부산이나 의주까지 가는 거리니 대충 잡아도 아직 보름은 족히 가야 한다.

이는 시의 정서에 맞지 않는다. 그런데 고향을 영보로 잡으면 이제 거리도 몇 백리 정도로 서울서 평양 정도 거리에 지나지 않고 또 평탄한 길을 갈 뿐 아니라 큰 도로가 나오니 위의 시 내용과 아주 잘 맞게 된다. 이 시가 송지문의 고향을 확인하는데 도움을 준다.

당나라 때 교통로를 참조하면 송지문은 일단 광주로 간 다음, 여기서 장사, 악양을 지나 형주, 양양을 거쳐 이제 정주, 동관으로 가는 길을 잡았을 것이다. 그렇다면 이 시는 한강을 건너 양양(襄陽) 부근에서 썼을 가능성이 높다. 여기서 자신의 집이 있는 홍농 방면으로는 큰 도로가 나 있으므로 오는 사람이 어느 방향에서 오는지 말씨 등으로 충분히 짐작이 가능하고 산천 풍물이 자기 고향과 비슷해지기 때문에 고향이 가깝다는 정서적 반응이 실제 정황과 부합한다.

이 시를 보면 아주 진정을 토로하여 시를 쓰는 사람인데 송지문은 무슨 생각으로 처신을 그렇게 하여 후세의 박한 평가를 자초하였는지 모를 일이다. 연구가 필요하다.

携手曲
휴수곡
둘이 손잡고

구양수(歐陽脩)_송(宋)

落日堤上行 _{낙일제상행}	해질녘 방죽 위를 거닐며
獨歌携手曲 _{독가휴수곡}	〈둘이 손잡고〉를 홀로 부르네
卻憶携手人 _{각억휴수인}	손잡고 가던 사람 생각나는데
處處春華綠 _{처처춘화록}	곳곳에 봄 꽃 푸르기만 하네

휴수곡(携手曲)은 악부의 악곡명이기도 하고 이를 계승하여 남북조 때 심약(沈約)과 오균(吳均)이 각각 지은 염정시(艷情詩), 즉 사랑 노래의 명칭이기도 하다. 그런데 구양수가 이 시를 짓던 날 부른 노래는 오균이 지은 작품으로 보인다. 그 노래가 이렇다.

豔裔陽之春 _{염예양지춘}	꽃 피고 새싹 돋는 따뜻한 봄
攜手清洛濱 _{휴수청락빈}	그대 손잡고 거니는 맑은 낙수가
雞鳴上林苑 _{계명상림원}	닭이 울면 상림원에서 노닐고
薄暮小平津 _{박모소평진}	해질녘엔 소평진을 거니네
長裾藻白日 _{장거조백일}	긴 치맛자락엔 해가 아롱지고

廣袖帶芳塵	넓은 소매에는 꽃잎이 붙었네
故交一如此	옛날 사귀던 사람 이와 같건만
新知詎憶人	새 사람 사귀니 어찌 날 그리리

소평진은 하남 맹진에 있는 황하 가의 지명이다. 이 시를 보면 다시 심약의 〈휴수곡〉과 연관되어 있는 것을 알게 된다. 그 시는 한무제의 사랑을 받은 위자부(衛子夫)라는 여인을 주제로 한 노래인데 이 여인은 숙종 대의 장희빈과 아주 흡사한 인물로 가기(歌妓)에서 황후까지 되었다가 폐출되어 자결한 아주 드라마틱한 인생을 산 인물이다. 위청이라는 장군이 이 여인의 오빠이다. 장희빈은 아들 경종이 왕위에 올랐지만 일찍 죽는 바람에 자신이 국모로 다시 추앙을 받지 못하고 악녀라는 오명을 뒤집어썼지만 위자부는 자신의 증손자가 황제가 되어 자신이 다시 황후로 추존되었다. 그 증손자가 바로 한 선제(宣帝)이다.

구양수(1007~1072)의 시는 이 악곡의 제목을 그대로 따서 그가 26세 되던 해인 1032년에 지은 시이다. 이와 유사한 애정시 7수를 짓고는 제목으로 〈옥대체를 모방하여 짓다. 7수[擬玉臺體七首]〉라고 해 놓고 또 명도 원년(明道元年)이라 해 놓았기 때문이다. 지금으로부터 대략 천 년 전에 지어진 시인데 오늘날 걸 그룹 가사와 본질적인 차이가 없다.

옥대체는 『玉臺新詠(옥대신영)』의 문체라는 말이다. 남조 양(梁)나라 문인 서릉(徐陵)이라는 사람이 이 책을 지었는데 주로 궁중이나 기방의 사랑 시를 모아 놓았으며 여성 작가들의 작품도 다수 들어 있는 책이다. 그러니까 구양수는 젊은 시절 어느 날 저녁 방죽을 따라 거닐며 사랑 노래를 흥얼거리다가 절로 마음이 움직여 자신도 모방해서 한 곡 지어 본 것이다. 〈휴수곡〉은 송 이후에도 원, 명, 청을 내려가며 지어졌다.

이 시는 이상은의 〈登樂遊原(등낙유원)〉이나 우리나라 시인 김광균의 〈언덕〉 같은 작품을 연상하게 하는 젊은 날의 그리움과 외로운 정서를 환기한다. 3번째 구의 卻(각)은 却(각)과 같은 자로 글의 흐름을 바꾸거나 예상과 다른 내용을 말할 때 쓰는 글자이다. 자신의 외로움과 그리움을 달래기 위해 봄 방죽 길을 걸었는데 도리어 옛 애인이 생각난 것을 짐작하게 한다. 처음과 끝구는 마지막에, 가운데 두 구는 두 번째에 각각 서술어를 놓았다. 마지막 '春華綠(춘화록)' 3글자는 구양수의 개성적인 표현인데, 푸른 풀과 잎 사이에 봄꽃이 피어 있다는 의미이다.

〈취옹정기〉나 〈추성부〉 같은 걸 보면 구양수가 상당히 감성적이면서도 낭만적인 사람이란 걸 짐작하게 되는데 이 시를 보니 인간 구양수의 체취가 더 직접적으로 다가온다.

和晉陵陸丞早春遊望
진릉(晉陵)의 현승(縣丞) 육 선생의 시 〈이른 봄에 놀러 나가 멀리 바라보다〉에 화답하여

두심언(杜審言) _당(唐)

獨有宦遊人	홀로 객지에서 관직 생활을 하니
偏驚物候新	유난히 계절의 변화에 민감하네요
雲霞出海曙	구름과 노을이 바다에서 피어나는 새벽이나
梅柳渡江春	매화와 버들이 강을 건너오는 봄에도
淑氣催黃鳥	따뜻한 봄기운 꾀꼬리 울음을 재촉할 때나
晴光轉綠蘋	화창한 봄 햇살 부평초를 자라게 할 때에도
忽聞歌古調	뜻밖에 당신이 노래한 고아한 시를 듣자니
歸思欲霑巾	고향에 가고 싶어 눈물이 나려 하네요

벗이 지은 시에 화답하는 시라 이를 염두에 두고 번역하였다.

두심언(645~708)은 시성 두보의 조부인데 이 시를 보면 두보의 그 절묘한 대구들이 조부를 의탁한 것인가 하는 생각이 절로 난다. 특히 '구름과 노을이 바다에서 떠오르는 새벽이나 매화와 버들이 강을 건너오는 봄'과 같은 구절은 절로 몸을 움직이게 하고 손바닥이 무릎을 치게 만든다.

　아마 지금 남해 바다 어디라도 가면 새벽에 해가 뜰 무렵 찬란한 구름과 안개가 바다에 피어나는 장관을 볼 수 있을 것이고 섬진강이나 하동 어디쯤에는 매화와 버들이 강 건너편에 대군처럼 몰려와 눈을 뜨고 이쪽을 바라보고 있을 것이다.

　이 시에 바다와 매화와 버들의 언급을 미루어 이 시는 두심언이 강남에 있던 689년 무렵에 지어진 시로 추정된다. 제목에 육승(陸丞)이라 한 것은 육씨 성을 가진 승(丞) 벼슬을 하는 사람을 말하는데 승은 우리나라로 치면 역의 찰방 비슷한 관직이다. 이 사람을 육원방(陸元方)이라고도 한다. 진릉(晉陵)은 오늘날 강남 무석(無錫) 옆에 있는 상주(常州)를 말한다.

　두심언이 이 상주 고을의 강음현(江陰縣)에서 벼슬을 한 적이 있는데 이때 아마 두 사람은 동료로 지내다가 봄도 오고해서 바람 쐬러 나갔다가 육승이 먼저 한 수 읊자, 이에 두심언이 화답하여 이 시를 지은 것으로 보인다. 제목에 〈이른 봄에 놀러나가 멀리 바라보다[早春遊望]〉라고 한 것이나 마지막 부분에 '홀연히 고조를 노래하는 것을 들으니[忽聞歌古調]'라고 한 것은 그런 추정을 뒷받침한다.

　이 시의 풍물은 대체로 강남의 봄 풍경을 떠올리게 하는데 두심언의 직접 체험에서 우러난 것으로 보인다. 두심언은 『좌전』의 주석을 낸 진나라 장군 두예(杜預)의 후손으로 고향이 양양(襄陽)이다.

　앞에 경물을 묘사하고 이어 자신의 정감을 드러내는 여느 시의 표현 방식과는 달리, 이 시는 마치 신문 기사처럼 먼저 헤드라인을 뽑고 이어 구체적 근거를 중간에 제시한 뒤에 다시 마지막에 주제를 강조하면서 글을 정리하는 구조로 되어 있다. 일종의 정중경(情中景)의 구조라 할 수 있는데 형식적으로는 바깥의 정(情) 부분이 중요하지만 실제 핵심은 가운데의 경물 묘사에 있다.

趙嵒, **八達春遊圖**, 五代 梁, 絹本設色, 161.9×102㎝, 臺灣 國立故宮博物院.⊃
조암(趙嵒, 10세기 전반 활동)은 양(梁) 태조의 부마이다. 8명의 의관을 갖추어 입은 귀족들이 각자 말을 타고 봄나들이를 나선 유쾌하고 경쾌한 한 순간을 그린 그림이다. 팔달(八達)이 누구인지는 의견이 분분하지만 당대의 귀족임에는 분명하다. 정치하면서도 화려한 궁정 화풍으로 그려진 이 그림은 각 인물들의 동작이 서로 연관되어 생동하는 가운데 호방한 기풍이 넘친다.

物候(물후)라는 말은 기후가 변화하는 것에 따라 수목이나 금조 등 자연 물상이 변화하는 것을 말하는데 병렬 복합어로 본 번역이 많다. 轉綠蘋(전록빈)은 부평초가 햇살을 받아 점점 자라나고 색깔이 짙어지는 것을 말한다. 蘋(빈)은 개구리밥, 부평초, 네가래 등으로 불리는데 중국에서는 흔히 전자초(田字草)라고 한다.

나는 이 시에서 '梅柳渡江春(매류도강춘)'이라는 구절이 너무도 좋은데 우리나라 시인들은 偏驚物候新(편경물후신)을 주로 차용했다. 淑氣催黃鳥(숙기최황조)와 晴光轉綠蘋(청광전록빈)을 보면 이 시인의 안목이 예사롭지 않은 걸 알 수 있다. 역시 천하의 두보가 그냥 나온 것이 아닌 것이다.

이 시는 『당시배항방』에 43위에 올라 있다.

早春呈水部張十八員外
조춘정수부장십팔원외

이른 봄에 수부원외랑 장적(張籍)에게 드림

한유(韓愈) _당(唐)

天街小雨潤如酥 　　장안의 대로 우유처럼 적셔주는 보슬비
천가소우윤여소
草色遙看近却無 　　멀리선 보이던 풀빛 가까이선 안 보이네
초색요간근각무
最是一年春好處 　　지금이 일 년 중 봄이 가장 좋은 때
최시일년춘호처
絶勝煙柳滿皇都 　　장안에 푸른 버들 넘칠 때보다 훨씬 낫네
절승연류만황도

　이른 봄의 아름다움을 찬미하는 시이다.
　제목의 水部(수부)는 상수도 등을 관장하는 관서명이고 十八(십팔)은 형제 서열이 18번째라는 의미이다. 最是(최시)는 '가장', '무엇보다도' 등의 의미이다. 自是[본래, 당연히], 要是[요컨대], 眞是[정말로], 總是[모두] 등에 쓰이는 是는 접미사의 역할을 하는 것이지 동사가 아니다. 絶勝(절승)은 아주 주의해야 한다. 다른 곳에서는 뛰어난 경관의 의미로 많이 쓰이나 여기서는 뒤의 '煙柳滿皇都(연류만황도)'를 받아서 그것보다 '현격히 뛰어나다'의 의미이다. 酥(소)의 기본적 의미는 우유를 응축한 치즈 같은 것인데 희우(喜雨)와 윤물(潤物)의 의미를 담고 있다.
　이 시가 『천가시』에는 〈初春小雨(초춘소우)〉라는 제목으로 7언 절구에 편입되어 있는데, 본래 한유(768~824)가 장적에게 보낸 시로 2편으로 지어진 시이다. 한유와 장적

은 동갑으로 서로 친한 사이다. 『고문진보』에 〈重答張籍書(중답장적서)〉라는 글이 있는데 바로 이 장적에게 보낸 한유의 편지이다. 그 편지를 보낼 때는 40세 이전이라 뜻이 강개한데 이 시는 한유의 나이 56세인 823년에 지어졌으니 그만큼 원숙기의 심미안을 느낄 수 있다. 죽기 1년 전의 작품이다. 뒤의 한 수를 더 본다.

莫道官忙身老大 _{막 도 관 망 신 노 대}	바쁘다고 늙었다고 말하지 마시라
即無年少逐春心 _{즉 무 년 소 축 춘 심}	봄을 즐기는 젊은이 마음 없는 게지
憑君先到江頭看 _{빙 군 선 도 강 두 간}	먼저 강가에 한 번 나가 둘러보시게
柳色如今深未深 _{유 색 여 금 심 미 심}	버들 색이 지금 얼마나 짙어졌는지

앞의 시만 보면 잘 모르겠는데 뒤의 시를 보고 나니 이 시 2편은 편지로 적어 보낸 시이며 한유가 장적에게 '공무로 바쁘다', '이제 늙었다.' 이런 핑계 대지 말고 한번 강가로 나가 버드나무 색깔을 감상해 보라는 시임을 확실히 알 수 있다. 이 시를 예전에 앞의 시만 번역해 본 적이 있었는데 이번에 두 편을 다 읽어보면서 글이란 역시 전후 맥락을 알고 전체를 봐야 한다는 것을 다시금 실감한다.

〈중답장적서〉를 보면 편지를 주고받으며 진지하게 문장을 논하는 사이로 보이는데 이 시를 보면 장적이 공무에 바빠 봄 구경 가자는 한유의 권유를 못 받아들일 정도로 바빴던 모양이다.

봄을 처음 느낄 무렵, 버들에 봄이 왔는지 멀리서 보면 누런색이 돌지만 가까이서 보면 가지가 잘 안 보인다. 이것을 살펴보라는 이 시의 마지막 구와 잘 조응이 되는 앞 시의 草色遙看近却無(초색요간근각무)는 참으로 뛰어난 조춘의 가구(佳句)이다.

春夜喜雨
봄밤에 내리는 반가운 비

두보(杜甫) _당(唐)

好雨知時節 (호우지시절)	고마운 비 시절을 아는 듯
當春乃發生 (당춘내발생)	만물이 움트는 봄에 내리네
隨風潛入夜 (수풍잠입야)	밤에 가만가만 봄바람을 따라와
潤物細無聲 (윤물세무성)	보슬보슬 촉촉이 초목을 적시네
野徑雲俱黑 (야경운구흑)	들 오솔길 온통 구름으로 컴컴하고
江船火獨明 (강선화독명)	강의 배엔 불빛만 저 홀로 반짝이네
曉看紅濕處 (효간홍습처)	비 맞은 꽃을 새벽에 나가 보면
花重錦官城 (화중금관성)	금관성에 꽃이 활짝 피어 있으리

아침에 출근하는데 폭설이 내린다. 뜻밖의 날씨에 차도 놀라고 내 눈도 놀란다. 이 시에 빗대어 시를 지으면 今看江雪處(금간강설처), 雪重漢都城(설중한도성)이라 할까.

이 시는 761년 두보 나이 50세 때 성도 초당에서 지은 시이다. 당시 성도 일대에 1년 전부터 심한 가뭄이 들었는데 이해 2월에 비가 내려 그 기쁨을 이렇게 노래한 것이다. 시 제목에 희우(喜雨)라고 한 것이 많은 것을 말해 준다. 이 말은 『춘추곡량전』

에서 유래한 말로 백성들의 농사를 생각하는 뜻이 담겨 있다고 한다. 소동파가 쓴 〈희우정기〉는 바로 그런 의미를 담아 지은 정자의 기문인데 우리나라 한강변에도 세종이 작명한 희우정이 있었다. 지금의 망원정이 바로 그것이다. 한편 『수호지』에 등장하는 양산박 산채의 두령 송강(松江)의 호가 급시우(及時雨)인데 남이 곤경에 처했을 적에 때맞추어 돕는다는 의미가 담겨 있으니 이 시의 희우(喜雨), 호우(好雨)라는 말과 다 통하는 말이며, 입춘첩에 흔히 쓰는 '우순풍조(雨順風調)'의 우순이 바로 이 시의 첫 구 그대로이다. 그러니 희우는 가뭄을 그 전제로 하는 말임을 알 수 있다.

이 시는 최소 5번 이상은 번역해 보고 아마도 수백 번은 읽었을 것이다. 예전에 주로 논란이 된 곳은 '發生(발생)'과 '花重(화중)' 부분이었다. '발생'을 비가 내리는 것으로 보는 설이 있었고 '화중'의 '重'을 '겹겹으로 피다'는 의견들이 있다. 1, 2구는 순차적인 구문으로 보면 좋은 비가 시절을 알아 봄에 내린다는 의미로 보이지만, 자세히 보면 만물이 봄이 되어 움터 나오는 바로 그때 봄이 시절을 알아 적기에 내린다는 의미로 도치 구문이다. 그러므로 '발생'은 초목의 싹이 움터 나오는 것을 의미한다. 화중의 '중'은 꽃이 활짝 피었다는 의미로 보아야 봄밤에 보슬보슬 내리며 마른 대지를 촉촉히 적시고 있는 비를 보며 기뻐하는 시인의 마음이 더욱 잘 드러난다. '중' 자를 쓴 것은 가물어 제대로 피지 못한 꽃송이가 밤새 내린 비를 듬뿍 흡수하여 자기 마음대로 싱그럽게 개화한 것을 말한 것이다. 그런 꽃이 나뭇가지에 잔뜩 달려 있으면 가지가 절로 휘어져 있을 것이니 그걸 重으로 표현한 것이다.

비가 그친 다음날 햇빛이 나면 더욱 좋을 이러한 싱그러운 꽃이 아직 채 가시지 않은 빗방울을 달고 있는 상황을 상상할 수 있다. 그렇다면 들판의 곡식 싹들과 산의 초목들은 어떻게 되었겠는가. 결국 '花重'의 重은 충분히 비가 올 것을 기대하는 마음이 실린 글자이고 바로 앞 두 구 '野徑雲俱黑(야경운구흑)'과 '江船火獨明(강선화독명)'에 그런 기대를 하게 하는 상황이 묘사되어 있다. 그리고 '화중'과 조응되는 앞의 '紅濕處(홍습처)'는 그 앞에 나온 '細無聲(세무성)'과 조응되므로 이 시를 짓는 밤

沈師正, **江上夜泊圖**, 조선, 153.5×61㎝,
대한민국 국립중앙박물관.
심사정(沈師正, 1707~1769)은 화훼도 잘 그렸지만 고사와 시문을 바탕으로 한 그림도 많이 그린 문인 화가이다. 두보의 〈춘야희우〉에서 "들 오솔길은 온통 구름으로 컴컴하고, 강의 배엔 불빛만 저 홀로 반짝이네[野徑雲俱黑, 江船火獨明.]"를 화제로 삼아 그려낸 시의도(詩意圖)이다. 들판과 산은 구름이 자욱한 가운데 온통 어두컴컴하고 강가의 정박한 배에서 노를 안고 조는 사공과 붉게 빛나는 등불 등은 바로 이 시를 화가 나름대로 그림으로 재현한 것이다.

의 상황을 말한 것으로 보인다. 시어가 전후로 치밀하게 조응되고 있는 것이 이 시의 특징이자 두보시의 특징이다.

여기 나오는 금관성(錦官城)은 오늘날 성도(成都)를 말한다. 성도에는 예로부터 비단이 많이 나 '잠총(蠶叢)'으로 불린다고 31번 한시 〈송우인입촉(送友人入蜀)〉에서 말한 바 있는데 이 지역의 비단을 촉금(蜀錦)이라 한다. 성도에는 옛날에 직금관(織錦官), 즉 비단 제조를 관장하는 관원들이 근무하는 관청인 금관이 있었는데 이것이 나중에 성도의 별칭이 되었다는 설이 있다.

성도는 원래 들이 넓긴 하지만 물이 질척질척 사방으로 흐르고 홍수가 잦아 사람이 살기 어려운 땅이었다. 그런데 진나라 때 이빙(李冰)이라는 사람이 인공 댐을 만들어 홍수를 조절하고 농업용수를 항상 적절히 공급하게 되었는데 그 댐이 지금의 도강언(都江堰)이다. 삼국지에 보면 제갈량이 늘 성도를 두고 '천부지국(天賦之國), 옥야천리(沃野千里)', 즉 '하늘의 창고처럼 산물이 풍부한 지역이고 비옥한 농토가 천리에 걸쳐 있는 땅'이라 한 것은 바로 이빙과 그 아들의 노력 덕분이었다. 그래서 도강언 사람들은 그 댐에서 홍수를 조절하기 위해 물길을 갈라지게 만든 날카로운 제방을 '어취(魚嘴)'라 하고 성도평원으로 들어가는 물길을 '보병구(寶瓶口)'라고 부른다. 내가 예전에 이곳에 가보고 큰 감명을 받아 사진을 확대해서 나의 서재에 걸어두고 있다.

이런 풍부한 물산이 산출되는 큰 분지인 성도 주변에 1년 넘게 가뭄이 들었다가 드디어 만물이 약동하고 봄, 생명이 발아하는 바로 그 적기에 봄비가 내리고 있는 것이다. 그래서 두보는 마치 봄비를 사람을 대하듯 공경하는 자세로 시를 적어 나갔고, 마지막엔 '화중금관성(花重錦官城)'으로 그 기쁨의 무게와 이웃과 함께 하는 마음을 담고 있는 것이다.

이 시는 『당시배항방』에 92위에 올라 있다.

051 2월 20일

江南春 강남의 봄

두목(杜牧) _당(唐)

千里鶯啼綠映紅 천리에 꾀꼬리 울고 신록과 꽃 어울리는데
水村山郭酒旗風 수향이나 산촌이나 주점 깃발 펄럭이네
南朝四百八十寺 남조 때의 사찰 사백 팔십 개
多少樓臺烟雨中 그 많은 누대가 안개비를 맞고 있네

두목 시에는 특유의 풍류가 서려 있고 어떤 구절은 매우 정채를 띠고 있다. 〈淸明(청명)〉 시에도 "아이야, 술집이 어디냐고 물으니, 목동이 멀리 살구꽃 핀 마을을 가리키네.[借問酒家何處在, 牧童遙指杏花村.]"라는 구절이 있는데 이 시도 어디선가 한 잔 걸친 술꾼의 호기가 묻어난다.

〈춘향전〉에 보면 '취과양주(醉過揚洲) 귤만거(橘滿車)의 두목지(杜牧之) 풍채로구나'라는 구절이 나온다. 두목지가 술에 취해 양주의 기루 거리를 지나가면 아가씨들이 귤을 던져 수레에 가득했다는 말이다. 진나라 반악(潘岳) 역시 낙양 거리를 지나가면 여자들이 과일을 던져 수레에 가득했다는 척과영거(擲果盈車) 고사가 있다. 반악은 글이나 외모 쪽인 것 같고 두목은 풍채와 풍류 때문이었던 것 같다.

이런 말이 우리나라에는 널리 퍼져 연극 대본 〈맹진사댁 경사〉에도 유사한 구절이

나온다. 예전에 한문을 같이 공부하던 동료가 자신이 한 배역을 맡았는데 거기에 나오는 두목지가 도대체 누구냐고 물은 적이 있었다.

목지(牧之)는 바로 두목(803~852)의 자인데 두목은 역대의 전장제도를 모아 놓은 『通典(통전)』이란 책을 만든 두우(杜佑)의 손자로 이상은(李商隱)과 같은 시기에 활동했다. 두목의 호가 번천(樊川)인데 우리나라 허난설헌의 호가 '번천을 경모한다'는 의미의 경번(景樊)이다. 허난설헌은 남편과는 사이가 좋지 않았고 두목을 아주 존경하여 자신의 호까지 삼은 것이다. 두목의 풍채는 이처럼 우리나라에 널리 알려진 것으로 보인다.

이번 기회에 '四百八十寺(사백팔십사)'의 유래를 한번 찾아보았다. 이 다섯 글자가 모두 측성이라 평측과 무관할 뿐 아니라 오히려 작가의 취향이 강하게 느껴지기 때문이다. 청나라 때 유세기(劉世琦)가 지은 『南朝寺考(남조사고)』의 서(序)에 의하면 양(梁)나라 시대에는 사찰이 도합 2천840개가 있었고 당시 수도인 남경에 7백여 개가 있었다고 한다. 480개의 뚜렷한 역사적 근거가 없다는 말이다.

남조는 진나라가 북쪽 호족에 밀려 장강 이남으로 수도를 옮긴 동진부터 송, 제, 양, 진 기간 동안, 북방 정권 수나라에 통합되기 전까지를 말하는데 이 시기에 모두 건강(建康)을 수도로 삼았다. 건강은 바로 오나라 손권이 도읍한 건업(建業)으로 오늘날 남경(南京)에 해당한다. 당나라 때는 이곳을 양주(揚州)로 불렀고 두목은 회남절도사 우승유(牛僧孺) 밑에서 서기를 하며 이곳에 3년 정도 머물렀는데 이 시는 바로 그때 833년 두목의 나이 31세 때 한창 기루에 드나들 때 지었다.

술집에서 술 마시면서 온갖 이야기를 다 하기 마련인데 남조 시대의 수도였던 양주의 화류계에는 대체로 사찰이 어느 정도라는 말은 돌아다녔을 법하고 두목은 술집에서 사찰의 규모 같은 것을 들었을 확률이 높다. 『南史(남사)』의 순리열전 〈郭祖深(곽조심)〉에 "도성에 불사가 500여 개 소가 되는데 웅장하고 화려함을 다했다. 승려가 10여 만이며 물자와 재산이 풍부하다. 각 군현에 소재한 것은 이루 다 말할 수 없

張宏 等, 八家送寇慎去官圖冊 中 虎丘春霽, 明, 32.7×64.5cm, 中國 蘇州博物館.
소주(蘇州) 호구(虎丘) 일대의 화창한 봄 풍경을 그린 그림이다. 왼쪽 상단의 높은 언덕이 바로 호구이고 높이 보이는 탑이 호구탑이다.

다.[都下佛寺五百餘所, 窮極宏麗. 僧尼十餘萬, 資産豐沃. 所在郡縣, 不可勝言.]"는 대목이 있는데, 이 책에 당시 남경의 사찰이 500여 개라 하였으니 당나라 시대에 480개라 한 것이 완전히 동떨어진 숫자는 아니다. 숫자가 허구라 하더라도 허구의 문화적 맥락은 있는 것이다. 학식이 풍부한 분의 가르침을 기다린다.

한편 명나라 때 양신(楊愼, 1488~1559)이 지은 『丹鉛總錄(단연총록)』을 보니, 두목은 이 구절 말고도 다른 시에 '漢宮一百四十五', '二十四橋明月夜', '故鄕七十五長亭' 이런 식으로 숫자를 쓰기를 즐겨 했다는 것이다. 이 시인의 독특한 언어 취향을 살핀 재미 있는 지적으로 보인다. 이렇게 구체적인 숫자를 쓰게 되면 전체를 포괄하는 효과가 있고 시에 독특한 풍취를 더하게 되는 듯하다.

금강산 1만2천봉은 고려시대 이곡의 『稼亭集(가정집)』에도 보일 정도로 유서가 깊지만 딱히 무슨 근거가 있는 것은 아니다. 낙화암 3천 궁녀라든가, 박목월의 남도 삼백리, 서정주의 파촉(巴蜀) 삼 만리, 이런 것은 대개 무슨 수학적이거나 역사적인 근거가 있는 것이 아니다. 정서적 울림을 염두에 둔 일종의 수사법으로 보아야 한다. 그러나 그 숫자의 문화적 맥락은 있는 법이라 그런 점을 역시 간과해서는 안 될 것이다.

회화 작품에 보면 가끔 소중현대(小中現大)나 이와 유사한 말들을 만나게 된다. 이는 큰 자연의 실제 경치를 작은 화폭에 옮긴다는 말이다. 이 시가 꼭 그렇다. 강남 천리에 걸친 아름다운 봄 풍경이 유서 깊은 남조 시대의 건축물들과 어울린 특유의 장관을 28자의 7언 절구에 담아내고 있다. '남조사백팔십사'는 바로 그 전체를 포괄해 내는 역할을 하는데 이런 면도 아울러 눈여겨 볼만하다.

이 시는 『당시배항방』에 61위에 올라 있다.

望嶽
태산을 바라보며

두보(杜甫) _당(唐)

岱宗夫如何   저 태산은 도대체 어떤 산인가
齊魯靑未了   제노에 걸쳐 푸른 산색 끝이 없네
造化鍾神秀   대자연은 신령하고 수려한 경관을 모았고
陰陽割昏曉   산의 앞뒤에 따라 어둠과 밝음이 나뉘네
蕩胸生曾雲   층층 운해 피어나 가슴 속 후련하고
決眥入歸鳥   돌아가는 새 보느라 눈을 크게 뜨네
會當凌絶頂   언젠가는 기필코 저 산 정상에 올라
一覽衆山小   다른 산들이 작은 것을 보고 말리라

736년 두보의 나이 26세 때 지은 작품으로 시인의 호연지기와 함께 웅대한 포부가 드러나 있다. 내가 보고 있는 삼민서국『두보시선』의 맨 앞에 놓인 시이다.

두보는 고향이 공현(鞏縣)이다. 공현은 낙양과 정주 사이에 있는 현으로 지금의 하남성 공의(鞏義)에 해당한다. 그의 증조부가 이곳에서 관직 생활을 하였다. 앞의 책에 딸린 연보를 보면 두보는 3살부터 낙양에서 살았으며 19세부터 강남 지역을 돌아다니며 놀고 그러다가 이 해에 진사 시험에 응시했는데 떨어졌다. 마음도 달랠 겸 아버지한테 문안도 갈 겸 산동으로 여행을 떠났는데 부친 두한(杜閑)이 당시 산동 연주(兗州)에서 근무하고 있었기 때문이다. 연주에서는 태산이 몇 십리 거리에 있으니 이곳에 온 김에 명산을 탐방한 셈이다. 태산은 지금의 태안과 제남 사이에 있는데 이는 예전 노나라와 제나라 국경 일대에 해당하며 두보는 지금 노나라 북쪽 태안 방면에서 이 산을 보고 있다.

두보가 활약하던 성당 시대에는 문인들이 이리저리 명승지를 탐방하고 명사들과 교유하는 만유(漫遊)의 풍조가 있었다. 두보만 그런 것이 아니고 이 당시 시인들의 시를 보면 그 이동 거리가 넓다. 당시의 사회 안정과 경제적 조건, 수로와 역로의 발달, 이런 여러 조건이 마련되었을 텐데 시가 활달하고 격정적인 감정을 토로하는 것은 이런 영향이 있는 것이다.

『삼국지』나 이백, 두보 시는 마치 사서(四書)처럼 하나의 문학 작품이라기보다는 일반 인문 상식에 가깝다는 느낌을 준다. 우리나라에서도 도연명 시와 더불어 두보 시는 일찍부터 많은 문인들의 관심을 받아 책이 간행되었다. 두보 시가 내용이 어려운 데도 불구하고 언해나 번역을 조선 초기부터 일찍 서두른 것은 그 내용도 내용이지만 시의 최고봉이라는 인식이 깔려 있었기 때문이다. 결국 이 시의 마지막에 다짐한 것처럼 시산(詩山)의 대종, 그 절정에 올라 여러 산들을 굽어보게 될 것이다.

첫 구에 岱宗(대종)이라 한 것은 오악의 으뜸이라는 의미가 있다. '造化鍾神秀(조화종신수)'는 중국 여행을 하다 보면 주련이나 패방에서 가끔 보게 되는데 여기서 '鍾'은 '모으다'의 의미이다. '陰陽割昏曉(음양할혼효)'는 산의 음과 양, 즉 해가 비치는 산의 남쪽과 음지가 생기는 산의 북쪽이 한 쪽은 밝고 한 쪽은 어둡다는 의미이다. 이를 산이 하도 커서 한 쪽이 새벽이면 다른 한 쪽은 저녁이라고 해석하는 것은 지나치게 글자에 얽매여 이치를 벗어난 것으로 보인다. '蕩胸生曾雲(탕흉생증운)'과 '決眥入歸鳥(결자입귀조)'는 각각 뒤의 3글자를 먼저 해석하고 앞의 2글자를 해석해야 한다. 이 구절도 앞 구는 도치이지만 뒷 구절은 도치가 아니라고 보는 학자도 있는데 이는 '결자(決眥)'라는 표현을 쓴 의도에 부합하지 않는다. 도치 구법이 한시에는 많으므로 굳이 억지로 '가슴이 툭 트이는 것은 층층 구름이 생겨나기 때문이요.' 이런 과정을 거치려고 애쓸 필요가 없다. 한시가 주로 2·3자, 혹은 4·3자 등으로 글자가 조합되고 또 대구를 이루기 위해 이렇게 쓴 것뿐이다. 여기서 '曾(증)'은 層(층)과 통용하는 글자이고 '入(입)'은 '시야에 들어왔다'는 의미이다.

◐弘旿, 岱巖標勝 冊 中 岱頂, 淸, 紙本設色, 25.2×36.1cm, 臺灣 國立故宮博物院.
홍오(弘旿, 1743~1811)는 애신각라(愛新覺羅), 즉 청나라 황족으로 강희제의 손자이다. 서화에 조예가 깊었다.
대정(岱頂)은 대산(岱山)의 절정(絶頂), 즉 태산의 정상이라는 의미로 남천문(南天門)과 옥황정(玉皇頂) 일대가 그려져 있다.

'會當(회당)'은 '앞으로 반드시 ~ 할 것이다.'의 의미이다. 이 글자 때문에 마지막 2구는 앞의 6구와 달리 장래의 희망을 나타내는 구가 된다. 여기서 '凌(능)'은 어떤 대상의 '위에 위치하다.'는 의미이다. 대장부가 큰 뜻을 품는 것을 '능운장지(凌雲壯志)'라고 하는데 구름 위로 올라갈 정도로 크고 높은 뜻을 말한다.

『杜詩詳註(두시상주)』에서는 이 시를 4층의 '망(望)'으로 나누어 각 두 구절씩 원망(遠望), 근망(近望), 세망(細網), 극망(極望)으로 설명했는데 상당히 근리하다. 시 제목의 망악(望嶽)은 전반 6구의 경관 인식과 후반 2구의 장대한 포부를 모두 포괄하는 이중적인 의미가 있는 것으로 이 시를 더욱 빛나게 한다. 시 전반에 걸친 큰 기세와 국량은 웅혼하여 앞으로 출현한 대시인을 예감하게 하는 기운을 느끼게 한다.

태산은 1,535미터로 제주도의 한라산이 1,947미터인 것에 비하면 그리 높은 산이 아니다. 실제 아침 일찍 올라가면 혼자 걸어가서 저녁에 내려올 수 있다. 그러나 이 주변에서 태산이 가장 높고 또 출발하는 높이에서 산 정상까지는 실제로 올라가보면 상당히 멀고 웅위(雄偉)한 느낌을 받게 되어 체감하는 높이는 훨씬 높다. 그리고 산 여기저기 석각이나 도관 등에 공자, 진시황, 한고조를 거치면서 축적된 인문 경관이 많다. 이 시의 마지막도 공자가 태산에 올라가 천하가 작은 것을 알았다는 고사를 배경으로 하고 있듯이 태산은 자연의 산이기도 하지만 과반은 인문의 산이다.

시의 풍경 묘사를 보면 태산 정상에는 안 올라갔어도 상당히 높은 곳에 올라 간 것으로 보이는데 이는 당시 두보가 처한 사회적 위치와도 비슷해 보인다. 그러나 이런 인문의 산 정상에 올라가 보겠다고 다짐하는 두보의 결기만큼은 예사롭지 않다. 역시 사람은 나처럼 흐리멍덩해서는 안 되고 독한 마음을 먹어야 성공을 하는 모양이다. 무언가 새로운 다짐을 하는 이른 봄에 태산에 올라가면 좋겠다는 생각을 문득 한다. 그때를 위해 이 시를 외워 두어야 한다.

桑茶坑道中
상다갱(桑茶坑)을 지나는 길에

양만리(楊萬里) _송(宋)

晴明風日雨乾時 비가 개어 맑은 날 바람과 햇볕 좋은데
草滿花堤水滿溪 계곡엔 물 가득 방죽에는 꽃과 풀이 가득
童子柳陰眠正著 목동은 버드나무 그늘에서 단잠에 빠졌는데
一牛喫過柳陰西 소는 풀을 뜯으며 그 그늘 서쪽을 지나가네

    이 시는 양만리 나이 66세 때, 1192년에 지어졌다고 한다. 한 폭의 목가적인 산수화나 수채화를 떠올리게 한다.

    이 시에 토를 붙여 읽으면 '晴明風日雨乾時에 草滿花堤水滿溪를. 童子柳陰眠正著한대 一牛喫過柳陰西를'이 된다. 時(시) 다음에 '에'라는 토가 떨어진다. 그러나 내용은 '雨乾時(우건시)' 다음에 '晴明風日(청명풍일)'이 온다. 뒤의 구절 역시 '水滿溪(수만계)'가 '草滿花堤(초만화제)' 앞에 와야만 시상이 자연스럽게 연결된다. 첫 구는 4·3의 글자 조합 때문이고 뒤의 구문은 溪(계)와 西(서)를 같은 운목(韻目)에 맞추기 위해서 모두 도치를 한 것이다. 또 '草滿花堤[측측평평]'는 '草花滿堤[측평측평]'를 도치한 것인데 이는 평측을 고려한 것이다. 이러한 것을 흔히 도장구(倒裝句)라고 하는데 수사법과도 관련이 깊다.

첫 구의 '乾'은 발음이 '간'으로 '마르다.'의 의미이며 '雨乾(우간)'은 '비가 그치다.'는 뜻이다. 바이두에 보면 雨乾을 '하늘에서 내린 빗물이 증발하여 흔적이 없어지다.'는 의미로 풀이하였고 우리나라 번역에도 '우간'이 들어가는 말을 그런 맥락으로 본 경우가 많은데 이는 잘못이다.

두보의 〈洗兵行(세병행)〉 시에 "농가에선 애타게 바라지만 비가 안 와 안타깝고, 뻐꾸기는 도처에서 봄 씨뿌리기하라 재촉하네.[田家望望惜雨乾, 布穀處處催春種]"에 쓰인 용례를 보면 '우간'은 하늘에서 '비가 내리지 않는다.'는 의미임을 알 수 있다. 택당 이식의 시에 "봄바람 불어와 강물에 향기가 나고 장마가 그치어 해가 후원에 뜨네.[香飄玉道春風轉, 日出瓊林宿雨乾]" 같은 시구를 보면 우리나라 시인들도 그렇게들 알고 있었는데 후인들이 조어의 맥락과 도장구를 잘 몰라 원의를 제대로 구현하지 못할 뿐이다.

3구의 正(정)은 '한창 ~ 하는 중이다.'의 의미이다. 著(착)은 着(착)과 같은 뜻으로 잠에 빠져들었다는 의미이다.

상다갱(桑茶坑)은 『楊萬里集箋校(양만리집전교)』(중화서국)에 의하면 지금 강남의 영국시(寧國市) 서남 35리에 있는 상수갱촌(桑樹坑村)이라 한다. 이 시는 『양만리집』에 보면 〈영국현을 지나며[過寧國縣]〉 뒤에 수록되어 있고 7언 절구 8수로 구성되어 있다. 이 연작시에는 茶(다)에 관한 내용은 전혀 보이지 않는다. 소개한 시는 그 중 7번째 시인데 이 동네를 지나가면서 그 풍광을 노래한 것이다. 이곳은 지금 안휘성 경현(涇縣)에 해당하는데 마을 이름에 坑(갱)이 들어가는 것이 많다. 우리나라도 산골 마을에 가면, 마을 이름에 ~골, ~실, ~뜸 등의 접미사가 붙는데 중국에도 계(溪), 산(山), 강(崗), 갱(坑) 이런 이름이 많다. '갱'에 谷(곡)이나 壑(학)의 의미가 있고, 주변에 비해 오망한 곳에는 따로 塢(오)라는 접미사가 있으니, '갱'은 골짜기에 있는 마을을 말하는 것으로 보인다. 잘 아는 분의 가르침을 기다린다.

이 시에 묘사된 계절은 초여름에 해당하여 달력의 이날에는 덜 어울린다. 계절에 앞서 미리 읽는 셈 치자.

비가 그친 다음날 소를 뜯기러 간 아이는 지루해서 버드나무 그늘에서 쉬다가 졸고 있고 소는 한동안 배가 고팠던지 싱싱한 풀을 만나 한창 식사를 하는 중이다. 계곡에 물이 가득하고 방죽에 풀이 잔뜩 돋아나려면 아마 며칠 비가 내렸음직하다.

바람도 좋고 햇살도 좋은 화창한 날 심심할 정도로 한가로운 산골의 풍경을 보며 지나가는 시인의 마음은 어떠할지? 시인 자체가 산수화의 한 소품은 아닐는지? 절로 만사를 팽개치고 강호를 종횡하며 수묵이나 담채의 한 산수화 소품이 되고 싶다.

遊園不值
유원불치
정원에 놀러 갔으나 주인을 만나지 못하고

섭소옹(葉紹翁) _송(宋)

應憐屐齒印蒼苔	이끼에 신 자국 나는 것 아파할까봐
응련극치인창태	
小扣柴扉久不開	살살 사립문 두드리나 계속 안 열리네
소구시비구불개	
春色滿園關不住	정원 가득한 춘색 가두어 둘 수 없어
춘색만원관부주	
一枝紅杏出牆來	살구꽃 한 가지 담장을 넘어 와 있네
일지홍행출장래	

매우 이채로운 시이다. 아취 있는 스토리 중에서 가장 시적인 장면 하나를 잘라 제시한 듯하다. 마당에 감상용으로 기른 이끼가 상할까봐 함부로 들어가지 않고 가만히 사립문을 두드리는 방문객의 발상도 고사의 운치 있는 풍도이거니와 마지막 두 구는 특이한 정채를 띠며 다양한 비유와 상상의 날개를 펴게 만든다. 자라나는 사물을 억지로 막을 수 없고 사람의 춘정을 마냥 누를 수만은 없는 법칙이나 순리가 담겨 있는 듯도 하다. 정취(情趣)도 있고 화취(畵趣)도 있으며 선취(禪趣)마저 감돈다.

섭소옹(1194~?)은 송나라 시대 절강성 용천(龍泉) 사람으로 항주 서호(西湖)에 은거한 시인인데 행적은 비교적 자세하지 않고 7언 절구에 아주 능했다고 한다. 이 시 한 편만 봐도 그 내공이 강력하게 감지된다.

깊은 산골 계곡에 가면 아주 탐스러운 이끼가 자란다. 집으로 가지고 가고 싶은 마음이 동한다. 그런 이끼 위를 나막신의 발굽으로 꽉 밟으면 어떻게 되겠는가. 이 시를 쓴 사람도 아취 있는 고사인데 시에서 묘사된 사립문을 닫아 건 정원의 주인도 고사가 아닐까. 서호(西湖) 고산(孤山)에 살던 매처학자(梅妻鶴子) 임포(林逋)의 유적을 몇 년 전에 탐방해 본 적이 있는데 서호는 뒤로 큰 산들이 있어 갈홍(葛洪), 낙빈왕(駱賓王) 이런 사람도 살았고 많은 고사들이 살았으며 수많은 시문들이 전해 오는 곳이다. 전에 「서호십경을 거닐다」(『문헌과해석』, 2016)에서 서호 관련 문헌을 앞에 소개한 적이 있다.

이런 배경을 알고 보면 정원의 주인 역시 서호에 은거해 살던 사람으로 보인다. 고대에 요 임금이 허유(許由)에게 천하를 물려주겠다고 하자 허유가 화를 내며 계곡물로 자신의 귀를 씻었다는 은자의 이야기가 있다. 그런데 소보(巢父)-발음이 '부'가 아님에 주의라는 인물은 이보다 한술 더 떠 자신이 먹이고 있는 소에게 허유의 귀를 씻은 물을 먹일 수 없다면서 상류로 몰고 간 희한한 이야기가 전해 온다. 천하를 놓고 살벌하게 자웅을 겨루는 자들에게 핵폭탄을 투하하는 이야기이다. 이 시를 지은 섭소옹이 세상을 피해 은거하는 허유라면 정원의 주인은 소보와 같은 절대 은자로 시가 설정되어 있는 것 같은 느낌이 든다.

첫 구의 應憐(응련)은 '응당 ~ 애석해 할 것이다.'라는 강한 추정을 나타낸다. 應(응)이 '응당~ 해야 한다.'라는 당위의 구문에도 많이 쓰이지만 이처럼 강한 추정을 나타낼 때도 쓰인다는 것을 잘 알아야 한다. '憐(련)' 대신에 '嫌(혐)'으로 된 판본도 많은데 이 경우 뜻이 더 직접적이기만 하지만 의미는 '련'이 더 깊어 보인다. 유사한 부사 중에 當(당)이 있는데 역시 당위와 강한 추정에 두루 쓰인다. 또한 보조동사 可(가)의 경우 '~ 할 수 있다.'라는 가능에도 쓰이지만 '~ 해야만 한다.'라는 구문도 상당히 많으며, 『승정원일기』에는 可也(가야)의 형태로 '~ 하라.'는 명령형에도 쓰인다. 이런 부사들은 산문은 물론이지만 시의 경우 매우 섬세하게 알고 있어야 시인의 의도를 잘 파악할 수 있다.

不住(부주)는 '~하지 못하다.'는 의미이다. 따라서 關不住(관부주)는 '가두어 놓지 못하다.'의 의미가 된다.

이 시는 『천가시』 7언 절구 항목에 수록되어 있다. 『천가시』는 우리나라에는 크게 통용되지 않았는데 중국에서는 널리 유통되어 다양한 판본이 나와 있다. 이 책은 본래 위에는 그림이 있고 아래에 시 본문과 해설이 있는데 『오칠당음』에 붙은 해설과 아주 비슷하다. 해설을 누가 한 것인지 궁금해 전에 연구를 했는데 언제 그만두었는지 모르겠다. 오늘 이런 이야기를 하려고 『천가시』 그림책을 찾으니 어디 있는지 보이지 않아 절로 탄식이 나온다. 다만 오늘처럼 문헌이 풍부하지 않아 고증에는 더러 이상한 데가 있지만 시를 보는 안목과 수준은 매우 뛰어나다는 한마디를 하고 싶다.

지금은 대만의 구섭우(邱燮友)와 유정호(劉正浩) 선생이 주석을 낸 삼민서국 본이 아주 좋다. 내가 『천가시』를 좋게 보는 이유는 세 가지다. 하나는 그림이 있다는 것이고 다른 하나는 평측이 표시되어 있다는 것이며 나머지 하나가 해설이 좋다는 것인데 구섭우 선생 책은 뒤의 두 가지를 만족했으나 그림이 없는 것이 불만이다. 전에 대만 고궁박물원 서점에서 매우 뛰어난 『천가시』 판본을 발견했는데 너무 비싸 사지 못하였다. 그 책은 도판의 그림이 아주 정밀하고 일일이 손으로 그린 것이라 정말 볼 만하였다.

나는 늘 시는 그림과 함께 있어야 빛이 난다는 생각을 하고 있다. 그래서 평소 제화시에 관심을 가지고 이런저런 노력을 하고 있다. 당장 발등에 떨어진 불을 시급히 끈 다음, 나도 하고 싶은 이런 일을 좀 해 보려고 벼르는 중이다.

春草 봄풀

당언겸(唐彦謙) _당(唐)

天北天南遠路邊	남쪽이나 북쪽이나 길가에 붙어서는
托根無處不延綿	뿌리에 의지하여 이리저리 뻗어가네
萋萋總是無情物	무정한 저 풀은 모두 무성도 하건만
吹綠東風又一年	푸른 풀에 부는 동풍 다시 또 한 해

객지에서 고향에 돌아가고 싶은 마음을 다시 무성해지는 봄풀에 의탁한 시이다. 봄풀이 고향에 돌아가고 싶은 마음을 상징하는 건 층층이 유래가 있다.

회남소산(淮南小山)이 지은 『楚辭(초사)』〈招隱士(초은사)〉에 "왕손은 떠돌아다니며 돌아오지 않는데, 봄풀은 돋아나 무성하구나. 날은 저물어 마음 기댈 곳 없건만 매미들만 처연하게 울어대네.[王孫遊兮不歸, 春草生兮萋萋. 歲暮兮不自聊, 蟪蛄鳴兮啾啾.]"라는 구절이 있다. 여기 나오는 왕손(王孫)은 굴원(屈原)을 가리킨다. 굴원이 초나라 왕족의 후예이기 때문이다. 굴원은 자신의 간언이 받아들여지지 않자 벼슬을 버리고 방랑하다가 멱라수에 투신하여 자살하였는데 〈초은사〉는 바로 그런 굴원에게 어둡고 무서운 그런 깊은 산에 있지 말고 빨리 돌아오라는 내용으로 되어 있다.

그러니 여기 등장하는 풀은 '또 한 해가 지나 새로 봄풀이 돋아나건만 우리 왕손,

굴원님은 언제나 돌아오시려나!'라고 하는 애타는 기다림과 안타까운 탄식의 정한이 스며있는 시어이다.

이 초은사에서 유래한 춘초(春草)는 왕유의 〈山中送別(산중송별)〉에도 "봄풀은 해마다 푸를 텐데, 왕손은 언제 오시려나[春草年年綠, 王孫歸不歸]"라는 대목이 있으며, 백거이의 〈古原草(고원초)〉에도 "또 그대를 보내는데, 봄풀 우거진 곳에 이별의 정 가득하네.[又送王孫去, 萋萋滿別情.]"라는 구절이 있다.

이러한 내력이 있어 봄풀은 이별과 귀향 이런 것을 떠올리게 하는 상징성이 담기게 되었다. 필자가 기억하는 것이 이 정도여서 그렇지 마음먹고 찾아보면 아마도 많은 사례가 있을 것이다.

그런데 여기서 '萋萋總是無情物(처처총시무정물)'은 외관상 '萋萋'가 주어이고 그러한 것이 모두 무정물이라는 구조로 보이지만 실상은 뒤의 무정물이 주어이고 '처처'는 형용사로 서술어의 역할을 하는데 도치된 구조이다. 본래의 어순대로 정리하면 '無情物總是萋萋'가 된다. 그런데 이렇게 하면 우선 4·3의 구조로 말이 정돈되지 않고 또 감정도 잘 안 담기게 된다. 이 말에서 가장 중요한 것이 '처처'이기 때문에 이 말을 앞으로 도치한 것이다. 천근한 비유로 영화 〈내부자들〉에서 이병헌이 '장난하나? 지금 나랑.' 이렇게 말한 것과 같다. 지금이라는 시각과 나라는 대상보다 장난하냐고 따지는 것이 가장 중요하기 때문에 본능적으로 이렇게 말하듯이 시구 역시 그런 것이다. 이러한 구법은 한시에 아주 많다.

무정물은 지각이 없는 사물로 바위, 돌, 이런 것을 주로 말하는데 나무나 풀도 무정물이라 한다. 그래서 이 구절은 '저 무정한 풀은 봄이 되어 다시 무성해졌건만 나는 고향에 가지도 못하네.' 이런 의미가 된다.

봄바람 부는 야외에 시인이 나와 있다. 저 먼 언덕에도 이쪽 산비탈에도 봄풀이 자라난다. 그리고 보니 천하에 다시 봄이 돌아와 겨울바람이 할퀴고 간 산야에 새 풀이 돋아나 어느새 무성해지고 있다. 이렇게 무정한 봄풀은 해마다 돋아나건만 나는 올해도 고향에 가지 못하나. 또 객지에서 떠돌아야 하나.

당언겸(?~893)의 이 시는 바로 춘초(春草)에 중첩된 이런 귀향의 의미를 환기한 것이다. 오래도록 객지에 있으면서 고향에 가지 못하는 것이 '又一年(우일년)'이란 말에 녹아 있다.

당언겸은 산서성 태원(太原) 출신으로 만년에 녹문산(鹿門山)에 은거하여 호가 녹문선생이다. 『구당서』에 그의 전(傳)이 수록되었는데 문사가 장려하며 7언시에 특히 능하고 글씨, 그림, 음악 등에 아주 뛰어났다고 한다. 『전당시』에 2권의 시집이 전한다.

이 사람은 안녹산의 난이 끝나고 다시 황소의 난이 발생하고 나중에 주전충 등이 일어나는 등 당나라가 쇠약하여 5대의 혼란기로 접어드는 시기에 살아 몇 년 동안 한수(漢水) 남쪽에 숨어서 난을 피하기도 하였다. 그러다 벼슬살이를 상당히 하다가 위에서 말한 양양 녹문산에도 은거하였는데 나중에는 본래의 고향이 아닌 한중(漢中)에서 작고하였다. 이 시가 어느 때에 지어진 것인지 정확히 알 수 없으나 이러한 난의 여파로 몇 년 동안 고향에 가지 못할 때가 아닌가, 일단 추정해 본다.

불광동 대조 시장에 오래된 순댓국집이 있는데 그 집 카운터에는 자작시 한수가 코팅되어 있다. 앞에 인생에 대한 이야기를 죽 적은 뒤에 마지막 부분에 '후회만 남은 인생, 지난해에도 반성 못하고 올해도 반성 못하고 다시 또 한 해.' 대강 이런 내용이 적혀 있는 것으로 기억하는데 '또 일 년'이라는 무게가 정말 실감되었다. 이 봄에 나 말고도 여러 가지 사연으로 '또 일 년'의 회포를 안고 봄풀을 바라볼 사람이 많을 것이다.

遊子吟
객지에 있는 자식의 노래

맹교(孟郊) _당(唐)

慈母手中線	어머니 손에 있던 실은
遊子身上衣	객지에 있는 자식의 옷
臨行密密縫	집 떠날 때 촘촘히 바느질하는 건
意恐遲遲歸	객지에서 오래 머물까 걱정 때문
誰言寸草心	누가 조그만 풀의 마음으로
報得三春暉	봄날 햇빛에 보답한다고 하리

『고문진보』에 〈送孟東野序(송맹동야서)〉라는 한유(韓愈, 768~824)의 명문이 있다. 사물이 불평불만이 있기 때문에 소리가 나듯이 시도 그렇다는 아주 대단한 글이다. 이 글만 보면 한유가 맹교에게 가르치는 것 같지만 실제 맹교(751~814)가 한유보다 17살이나 많다. 한유는 28세부터 벼슬을 했고 맹교는 50살에 겨우 진사에 붙어 54세에 지금의 강소성에 해당하는 율양 현위(溧陽縣尉)로 부임하게 된다. 그런데 이들이 이런 식으로 나이를 초월하여 교유할 수 있는 것은 둘이 망형지교(忘形之交)를 맺었기 때문이다. 망형지교는 형체, 즉 세속적인 나이, 신분 이런 걸 떠나서 정신적으로 사귀어보자는 것이다. 오늘날 가끔 취미 동아리에서 보이기도 하지만 대개는 결국 나이

華嵒, **宋儒詩意圖**, 淸(1724), 紙本設色, 86.9×117.2cm, 中國 蘇州博物館.
화암(華嵒, 1682~1756)은 청나라 중기의 양주 화파의 한 사람으로 구도가 독특하고 필묵이 자유분방한 화가이다. 이 그림은 능숙한 필치로 간결하게 그렸는데 풍속적 정취가 그윽이 감돈다. 큰 나무 앞에선 초가에 노모가 앉아서 자제들의 예물을 차례대로 받고 있다. 음식을 보채는 아이도 인상적으로 묘사해 놓았다

나 신분을 따지는 것으로 돌아오니 쉽지 않은 사귐이 분명하다.

하여튼 이 글 마지막에 보면 '맹동야가 지금 강남으로 가는데 좀 불만스러운 구석이 있어 자신의 명이 하늘에 달렸다는 내용으로 위로한다.'는 내용이 나온다. 여기서 말하는 강남이 바로 맹교의 첫 직장인 율양이다. 현위는 현령 밑에서 치안을 담당하는 사람이니 오늘날로 치면 지방 어느 군의 경찰 서장쯤 되는 지위이다. 이 시는 바로 이때 지어진 것으로 804년 맹교의 나이 54세에 해당한다.

맹교는 이 시에 주석을 달아 어머니를 율양현으로 모시고 와서 지었다.[迎母溧上作]라고 하였다. 맹교의 집은 본래 절강성 덕청(德淸)에 있는데 율양서는 서울서 평양 정도 거리가 되는 곳이다. 그러니까 객지를 떠돌면서 간난신고 끝에 첫 직장을 잡아 어머니를 모셔 와서 이 시를 지어 바친 것이 된다.

이 시만 보면 집을 떠나는 상황을 염두에 두고 지었거나 아니면 객지에서 어머니 은혜를 생각하며 지은 것으로 상상할 수 있지만, 실제로는 그래도 어머니에게 따뜻한 밥에 깨끗한 술 한 잔이라도 올릴 수 있는 처지가 되어 지은 것이다. 실제로도 문학 작품은 대개 안온한 시기에 많이 지어진다. 사람이 너무 궁핍하고 곤란한 상황에 처해 있으면 문학적 경험은 쌓일지 모르나 실제 작품을 짓기는 어렵다. 나의 경험 역시 그러하다.

첫 두 구는 '어머니가 바느질을 하여 길을 떠나는 아들의 옷을 짓는다.'라는 의미보다는 '객지에서 내가 입고 있던 옷은 어머니가 집 떠날 때 손수 지어 준 옷이지.' 이런 의미로 보인다. 3, 4구는 맹교가 지은 다른 시 〈遠遊(원유)〉가 참조가 된다. 그 시에 "오래도록 길가에서 밥을 먹고, 집에서 입고 온 옷 다 해어졌네.[長爲路傍食, 著盡家中衣.]"라는 구절이 있다. 이 말을 참조하면 어머니가 옷을 꼼꼼하게 바느질한 건 객지 생활이 오래되면 우리 아들이 이 옷을 오래 입어야 하기 때문에 더욱 신경을 쓴다는 말로 이해된다.

마지막 정리하는 말에 쓰인 '誰言(누가 ~ 하리오.)'이 『고문진보』에는 '難將(~로 하기 어렵다.)'으로 되어 있다. 난장의 평서문보다는 '수언'으로 쓴 의문문이 더욱 감정을 고조시킨다. 그래서 그런지 대체적으로 '수언'으로 되어 있다.

이런 맥락에서 보면 이 시의 제목을 '길 떠나는 아들의 노래'라거나 '나그네의 노래' 이렇게 하면 시의 내용과 잘 어울리지 않는다.

'길 떠나는'보다는 '먼 객지에 있는'이 실상에 부합한다. 그리고 나그네라는 말에는 '정처 없다.'라든가 '길 가는 사람' 등의 의미가 흔히 담겨 있다. 그러나 여기서 말하는 유자(遊子)는 '집을 떠나 멀리 있는 자식'이라는 의미이다. 구체적 표현은 다양하게 할 수 있겠지만 그 의미는 대략 '먼 객지에 나가 있는 아들이 어머니의 은혜를 생각하는 노래'라는 의미가 담겨야만 한다.

   소식이 맹교와 가도(賈島)의 시를 두고 '맹교의 시는 차갑고 가도의 시는 수척하다[郊寒島瘦]'고 말한 적이 있다. 신산스런 지난날을 돌아보며 어머니에게 바치는 이 시는 천고에 형편이 여의치 않은 사람에게 더욱 공명을 일으키니, 한유가 말한 대로 정말 시로써 만고를 울렸다[鳴]라고나 할까.

回鄕偶書
고향에 돌아와서

하지장(賀知章) _당(唐)

少小離鄕老大回　　어려서 고향 떠나 늙어서 돌아오니
鄕音無改鬢毛衰　　사투린 그대로나 머리털은 빠졌네
兒童相見不相識　　아이들 나를 보고 누군지 몰라
笑問客從何處來　　어디서 오셨어요, 웃으며 물어보네

『칠언당음』의 가장 앞에 수록되어 있는 시이다.

不相識(불상식)의 '相'은 '서로'라는 뜻이라기보다 상대방을 지칭하는 문법적 맥락에서 쓰인 글자이다. 즉 이런 경우에는 문장의 형성을 위해 들어간 글자이지 실제의 '서로'라는 뜻은 없다.

하지장(659~744)은 이백의 시를 보면 소문난 술꾼처럼 보이지만 벼슬살이를 오래하였다. 그리고 벼슬도 주로 문한(文翰)과 관련이 있는 도서관이나 태자의 선생 이런 것을 하고 법전이나 문장 관련 편찬 사업에도 참여한 것을 보면 실제 면모는 학자였던 것으로 보인다. 이 사람이 744년에 벼슬을 그만두고 고향 소흥(紹興)의 경호(鏡湖) 가로 내려갔는데 이 시는 그때 지은 시이다.

경호는 하지장의 고향에 있는 호수이다. 하지장이 귀향할 때 현종은 이 경호의 한 구역[一曲]을 하사하면서 시도 써 주고 태자는 백관을 인솔하고 배웅했으니 하지장의 당시 위상을 알 만한다.

귀밑머리[鬢毛]가 쇠약했다는 것만 보면 사십, 오십의 초로를 연상하기 쉽지만 실제로는 이 사람이 죽던 해로 86세나 되었던 것이다. 그러니 衰(쇠)의 실제 의미는 머리가 세어진 정도가 아니라 마구 빠진 것에 가깝다.

이 시를 보면 마지막 2구에서 가벼운 유머가 보이기도 하지만 실제의 감정은 침중한 것으로 보인다. 다만 많은 인생체험을 한 노인답게 삭히고 있을 뿐이다. 이 시와 함께 쓴 뒤의 시에는 시인의 내면이 더 분명히 드러나 있다.

離別家鄉歲月多　　고향을 떠나 산 지 세월이 오래되니
리별가향세월다

近來人事半銷磨　　근래에 세상사 너무 많이 변하였네
근래인사반소마

惟有門前鏡湖水　　오직 문 앞의 경호의 푸른 물만
유무문전경호수

春風不改舊時派　　봄바람에 예전 그대로 물결치네
춘풍불개구시파

銷磨(소마)는 사전적으로는 '녹거나 닳아서 없어진다.'는 의미이다. 그러나 여기서는 많은 창상(滄桑)을 거쳐 변해도 너무 많이 변한 것을 표현한 말이다. 십여 년 전에 이 시를 처음 번역했을 때는 이 말을 잘 몰랐는데 이번에 보니 이 말이 바로 이해된다. 조선시대에 관료들이 수없이 말하던 '세도가 무너졌다.'는 다양한 표현 중의 하나와 같은 것이다. 여기서 '人事(인사)'는 인간사, 즉 세상사를 말한다.

이 2편의 시는 변한 것[改]과 변하지 않은 것[不改] 사이의 긴장으로 시의 기둥이 구성되어 있다. 그리고 작가의 가장 깊은 심중, 즉 '세상사 글러버린 것'에 대한 한탄이 消磨(소마)라는 2글자에 나타나 있으니, 이 말은 이 시의 창문이라 할 만한다. 귀향할 당시 이임보(李林甫)와 양국충(楊國忠) 등이 활개를 쳐서 11년 뒤 안녹산의 난을 부르기 직전의 시기를 감안하면 '세상이 글러버렸다'는 그의 인식이 이해될 것이다.

80년대 한국 농촌을 배경으로 정태춘의 많은 노래가 지어졌다. 순박한 인심은 점차 사라지고 돈이면 다 되는 세상, 많은 사람이 떠나 버린 빈 마을, 정의가 전도된 정치 질서와 선거들. 이 시는 오히려 이러한 경험을 떠올려 보았을 때 제대로 이해되는 시이다. 알고 보면 말랑말랑하고 막걸리 한잔하면 웃어넘길 수 있는 그런 시가 아닌 것이다.

水檻遣心 二首(其一)
물가 정자에서

두보(杜甫) _당(唐)

去郭軒楹敞	성도에서 외진 곳 정자 앞 툭 트이고
無村眺望賒	마을도 없으니 멀리까지 다 보이네
澄江平少岸	맑은 강물 넘칠 듯해 언덕이 낮고
幽樹晩多花	으슥한 숲은 늦게서야 꽃이 많네
細雨魚兒出	가랑비에 물고기 물위로 출몰하고
微風燕子斜	미풍에 제비는 비스듬히 날아가네
城中十萬戶	성 안은 10만 호
此地兩三家	이곳은 두세 집

이 시는 761년 두보 50세에 지은 시이다.

내가 두보 초당에 가 본 것은 2003년과 2007년이다. 2003년에는 53일간 황하와 장강 유역의 문화재와 산천을 답사할 때 갔고, 2007년엔 지인들과 함께 갔다. 아마도 이 수함(水檻)은 그 초당 건물 주변에 있었을 것이다. 바쁜 일들을 마무리하는 대로 다시 문인들의 유적과 고금의 명소를 찾아 바람처럼 다니고 싶어진다.

水檻(수함)은 물가에 세워진 건물의 난간을 말한다. 우리에게 친숙한 말로는 '물가 정자'이다. 정자를 세우면 자연 난간을 만들게 되는 것이다. 이런 정자는 기본적으로 전망이 좋은 곳에 세운다. 정자를 세우는 목적이 멀리 바라보거나 주변의 풍광을 관람하면서 답답한 마음을 풀고 기분을 전환하는 데에 있기 때문이다. 또 정자는 술을 마시며 놀거나 아취 있는 모임을 열기도 하고 손님을 접대하거나 글을 읽기도 하는 등 일종의 문화 공간의 역할을 하기 때문에 살림을 하는 생활공간과는 다소 위치나 거리 면에서 호젓한 곳에 자리 잡는다.

이 시의 제목에 遣心(견심)이라 한 것은 '마음을 풀어내다.'는 의미로 금방 말한 정자의 목적 그대로다. 비슷한 말에 견흥(遣興)이란 말도 있다. 이와 달리 즉경(卽景), 즉사(卽事) 이런 말도 있는데 눈앞의 경치나 당장 닥친 일에 대해 시를 쓴다는 뜻이다. 그런데 그 결과를 놓고 보면 표현만 다르지 결국 의미는 같은 말이다. 이 시의 총 8구 중 앞 2구는 정자의 전망을 말하였고 그 다음 4구는 정자 주변의 다양한 경관을 묘사하였다. 멀고 가깝고 세밀한 여러 경관이 드러나 있다. 마지막 두 구는 맨 앞의 두 구와 호응하며 이 시를 정리하고 있다. 그리고 이 시는 전 8구의 4짝을 모두 대구를 맞추어 썼다. 그러므로 이 시를 이해할 때는 이 시가 정자에서 기분을 풀기 위해 쓴 작품이라는 점과 8구에 모두 대구를 맞추어 쓴 시라는 점을 유의해야 한다.

'軒楹(헌영)'은 바로 수함 건물 자체를 말한다. '澄江平少岸(징강평소안)'은 '비가 와서 수면이 높아 양안과 비슷한 높이가 되어 그 언덕이 평소보다 낮아져 보인다.'는 말이고, '幽樹晚多花(유수만다화)'는 정자 주변에 있던 나무들이 다소 음지라 다른 곳보다 늦게 꽃이 핀다는 말로 보인다.

특히 뒤의 구절을 '저녁이 되자 꽃이 많이 피었다.'라는 뜻이나 '저녁인데도 꽃이 아직 많이 남아 있다.'라는 의미로 번역한 것이 많은데 이는 무리해 보인다. 특별한 꽃을 제외하고는 황혼 무렵이면 꽃이 대개 질 시간이다. 꽃이 질 시간에 많이 핀다는 것이 사리에 닿는가? 또 울창한 나무에는 과연 꽃이 저녁까지 많이 남아 있는가? 앞

梁箕星, 『藝苑合珍』 中 浣花卜居, 조선(영조대), 일본 大和文華館.
『예원합진(藝苑合珍)』은 중국의 유명한 고사와 시문을 당대의 화가와 명필을 동원하여 그림과 글씨를 나란히 합벽첩(合璧帖)으로 꾸민 책으로 왕실 자제의 교육을 위해 만든 것으로 알려져 있다. 두보가 이 시에 묘사된 수함(水檻)에 앉아서 봄 풍경을 내다보며 시를 쓰고 있다.

에 '幽(유)' 자를 쓴 것이 이유가 있다. 이 말은 앞의 강안(江岸)을 받은 말로 완화계(浣花溪)를 말하는데 이곳이 다소 음지가 아닐까 추정한다.

조선시대 잠곡 김육의 집구시(集句詩)에도 보면 "青松寒不落, 幽樹晚多花."라는 구절이 있어 '晚(만)'을 '저녁에도'라고 이해한 것으로 보이는데 이는 잘못 이해한 것으로 보인다. '늦게서도'의 뜻이다. 두목의 시에 "늦가을 단풍이 너무 좋아 수레를 멈추고 보니, 서리 맞은 단풍이 봄꽃보다 붉네.[停車坐愛楓林晚, 霜葉紅於二月花.]"라고 할 때의 '晚(만)' 자와 같다. 여기서는 계절 중의 늦가을을 의미한다. 이런 용법이 두보의 이 시에 쓰인 만과 크게 다르지 않다. 그러나 약간 차이나는 점이라면 두보의 이 시에서는 '다른 곳보다 늦게'라는 의미로 쓰였다는 점이다.

이 시와 같은 제목에 쓴 다른 시에 "촉 지방은 항상 밤에 비가 내리는데 강 정자에는 이미 아침에 비가 개었네.[蜀天常夜雨, 江檻已朝晴.]"라는 대목을 생각해도 꽃을 묘사한 시간을 황혼 무렵으로 잡는 것은 이상하다. 보통 봄꽃을 노래하면 양지에 일찍 핀 꽃을 대상으로 하거나 늦봄의 흐드러진 꽃을 소재로 삼지만 이처럼 음지에 늦게 피는 꽃을 주목한 점에서 두보의 폭넓은 안목을 새로 깨닫게 된다. 이번에 이 글을 쓰면서 이 晚(만) 자를 가장 유의하여 살펴보았다.

또 '細雨魚兒出(세우어아출)'은 가늘게 비가 내려 수면에 빗방울이 떨어질 때 물고기들이 출몰하며 입을 뻐끔거리는 것을 말하며, '微風燕子斜(미풍연자사)'는 작은 제비가 가볍게 부는 바람에도 바람을 타서 똑바로 날아가지 않고 비스듬하게 날아가는 것을 말한다. 여기서 '연자(燕子)'는 제비로 보면서도 '어아(魚兒)'를 '물고기 새끼'로 이해하는 사람들이 많다. 만약 물고기 새끼라면 비가 올 때 왜 하필 작은 새끼들만 출몰하는가? 많은 시인들이 왜 하필 큰 고기는 다 놔두고 일부러 작은 물고기만 잡아오는 것인가? 여기서 '아(兒)'는 허사로 한국어로 치면 일종의 접미사이다. 즉 구아(狗兒), 묘아(猫兒), 화아(花兒), 자아(字兒) 이런 말과 같다. 비근한 예로 남아(男兒)라는 말도 이런 유형이다. '남자의 새끼'가 아니다. 남자가 아기를 낳는가?

이런 말 중에 명사 뒤에 일종의 양사가 붙는 말도 많다. 예컨대 소를 '우두(牛頭)'라고 하고 쌀을 '미두(米斗)'라고 하는 경우나 음식물을 찬미(饌味), 책을 서권(書卷)이라 하는 경우이다. 요즘도 시골에 가면 노인들이 옛날을 회고할 때 '쌀말이나 팔아먹을 정도는 되었지.(한 말 정도의 쌀을 살 경제적 능력은 되었지.)' 이런 말을 들을 텐데 바로 그런 용법이다. 예전에 번역하는데 금나라 사신이 자꾸 '우두(牛頭)'를 요구하여 이상했는데 나중에 보니 이게 '소머리'가 아니고 그냥 '소'였다.

각설하고, 이 시는 5, 6구의 대구가 그 묘사의 세밀함과 정묘함으로 고금에 사랑을 받는데 내가 보기엔 그 앞 3, 4구 역시 못지않게 좋은 것 같다. 두보의 시는 한 번 봐서 바로 이해가 안 되는 곳이 많다. 자신의 지식 범주를 벗어나기 때문인데 바로 그런 곳에 묘한 구석이 많다. 이 때문에 많은 사람이 두보시를 번역하고 해설을 하였다고 하여 후인들이 자신이 할 일이 없을까 걱정할 필요는 없다. 대가란 바로 이런 것이다.

子夜四時歌
자야사시가

한밤의 사랑 노래

無名氏 _위진(魏晉)

光風流月初	맑은 바람에 달도 떠오르고
광 풍 류 월 초	
新林錦花舒	신록에 화사한 꽃도 피었네
신 림 금 화 서	
情人戱春月	봄달 구경하는 사랑하는 이
정 인 희 춘 월	
窈窕曳羅裾	예쁘게 치맛자락 끌고 있네
요 조 예 라 거	

비가 그치고 날도 갠 데다 맑은 바람이 살랑살랑 불어오고 이제 갓 달이 뜬 봄밤이다. 이런 봄밤에 나무에는 처음 싹이 튼 보드랍고 싱그러운 잎이 달렸고 고운 꽃들도 화사하게 피어 있다. 내가 사랑하는 사람이 긴 치맛자락을 살살 끌면서 달을 감상하고 있다.

앞의 두 구는 남녀가 사랑을 하기에, 혹은 사랑에 빠지기에, 아니면 외로움을 타기에 아주 좋은 조건을 제시하였다. 즉 당시 사람들이 생각하는 세상에서 가장 아름다운 배경이다.

이 시는 위진 남조 시대에 민간에서 불리어지던 노래인데 송대에 악부에 채록된 시이다. 4계절 별로 시가 각각 봄 20수, 여름 20수, 가을 18수, 겨울 17수가 있어 총 75수나 된다. 이 시는 몇 편 읽어보면 전체적으로 여성 화자가 주로 사랑을 주제로 노래하는 것을 알 수 있다. 그 감정의 세밀한 풍경은 다양하다.

일설에는 이 시를 제목에 보이듯이 동진(東晉) 시기에 살던 자야(子夜)라는 여인이 지은 것이라고도 한다. 만약 자야라는 여인이 이 노래를 전부 지었다면 보통 여인이 아니다. 그런데 그런 여인이 이 노래를 잘 부를 수는 있겠는데 그 문학적 표현이나 구상으로 볼 때 가능할까 의심이 든다. 이백이 지은 〈子夜吳歌(자야오가)〉 역시 이 악부를 본받아 지은 것이다.

지금 소개하는 시는 그 중에 봄에 해당하는 시로 세 번째에 수록되어 있는데 역시 사랑이 주제다. 이 시의 맥락이 잘 이해가 안 되어 이리저리 찾아보니 연나라에서는 봄날 달밤에 나가 노는 풍습이 있었던 것 같은데 당시 남조 시대에도 그와 유사한 풍습이 있지 않았을까 추정한다.

이 시를 뽑은 사람의 심미안이 높다고 생각한다. 이런 봄밤의 아름다움을 노래한 시문이 아주 많다. 관련 시가 머지않아 나올 것이다. 지금 소개한 시는 은근히 사람을 달구고 있는데 좀 더 온도가 높은 시를 차례로 소개한다. 여름과 가을에서 한 편씩 뽑았다.

青荷蓋淥水 청하개록수	푸른 연 맑은 물 덮어
芙蓉葩紅鮮 부용파홍선	연꽃 꽃잎 붉고도 곱네
郎見欲採我 랑견욕채아	넌 날 보고 꺾고 싶겠지
我心欲懷蓮 아심욕회련	근데 난 연꽃을 갖고 싶어

'見(견)'은 연꽃을 감상하는 여인을 남자가 본다는 말로 보인다. 그런 여인이 사랑스러워 품고 싶겠지만 여인은 연꽃을 가지고 싶다는 내용이다. 여자가 남자를 향해 사랑의 도발을 하는 것인가? 절로 마음이 간지러워진다. 가을은 이보다 수위가 한 단계 높아 주의가 필요하다.

開窓秋月光	가을 달빛에 창문을 열고
滅燭解羅裳	촛불 끄고 비단 치마 벗네
合笑帷幌裏	휘장 안에서 웃음 지으니
舉體蘭蕙香	온 몸에서 나는 난초 향기

난초와 혜초는 아름답고 향기가 나는 풀로 고결한 굴원(屈原)이 〈離騷(이소)〉에서 노래하여 주로 '현자'의 비유로 쓰이는 식물인데 여기서는 고혹적인 여인의 향기를 비유하고 있다. 이런 시를 여인이 노래하고 있으면 분위기가 어떨까 심히 궁금하다. 기루 같은 데선 손님의 흥을 돋우거나 고객을 유인해야 하니 이런 노래가 필요할 법도 하다. 풍속사를 연구하는 사람들이 이런 시를 보면 무슨 좋은 생각이 나거나 할 말이 많을 것도 같다.

이런 시가 있는 줄 상상도 못하였는데 이번에 이걸 쓰면서 이런 시가 이렇게 많다는 것을 새로 알았다. '바이두'에도 원문 소개 외에는 별다른 내용이 없는 걸 보면 중국에서도 거의 알려지지 않은 것으로 보인다. 당시에 얼마나 많은 대중적인 사랑 노래가 있었을지 상상도 할 수 없다. 이와 같은 시는 인간과 당시 사회를 이해하는 데 매우 현실감을 준다. 그리고 시대를 초월하여 사람들 마음을 연꽃처럼 물들이고 난초 향처럼 끌어당긴다.

3월

그 사람 얼굴은 어디로 갔을까
복사꽃은 예전처럼 봄바람에 웃고 있네

鳥鳴澗
산새 우는 골짜기

왕유(王維) _당(唐)

人閒桂花落	한가한 마음 계화는 떨어지고
夜靜春山空	고요한 밤 봄 산은 적막하네
月出驚山鳥	달이 뜨자 산새들 깜짝 놀라
時鳴春澗中	봄 계곡에서 이따금 울어대네

고즈넉한 산골의 봄날 밤에 느끼는 적막한 아름다움을 표현한 시이다. 한가한 마음으로 거니니 토독 톡, 계화가 떨어지는 소리가 귀에 들리고 밤이 되어 사위가 더 고요해지자 봄 산은 그야말로 공허한 적막 속에 잠겨든다. 흐르는 물소리 졸졸거리고 계화의 향기만이 은은할 뿐. 교교하게 달이 떠오르자 달빛에 놀란 새들이 빈 골짜기 어디선가 이따금 울어댄다. 적막감을 더한다.

어제 소개한 시가 낭만적이고 화사한 봄밤에 달구경을 하는 여인의 자태와 향기에 관한 시라면 이 시는 고독과 적막 속에서 느끼는 봄밤의 아름다움이다. 앞의 시가 속세의 멋이라면 이 시는 선가의 맛이라고나 할까.

이 시는 『唐人絕句選(당인절구선)』 같은 책에는 별도의 시로 편집되어 있으나 실제로는 황보악(皇甫岳)이란 사람이 사는 운계(雲溪)에 대해 왕유가 지은 5편의 시 중

하나이다. 그 5편은 각각 연화오(蓮花塢), 노자언(鸕鶿堰), 상평전(上平田), 평지(萍地)라는 제목을 달고 있어 모두 지명인 것을 알 수 있다. '鳥鳴澗(조명간)'을 '새가 골짜기에서 운다.'라고 하지 않고 '새 우는 골짜기'로 번역한 이유이다.

이 시에서 말하는 桂花(계화)는 오늘날 흔히 관상용으로 심고 계피의 재료가 되기도 하는 계수나무가 아니다. 목서(木犀)라고 하는 나무인데 그 종류가 매우 많다. 금목서, 은목서, 박달목서, 구골나무 같은 것들이다. 가을에 꽃이 피는 것이 많지만 이 시에서 말하는 것처럼 봄에 꽃이 피는 것도 있다. 이수광(李睟光)도 『지봉유설(芝峯類說)』에서 봄과 가을에 각각 꽃을 피우는 계화를 고증하기도 하였다. 직접 나무 주변에서 향기를 맡으면 아주 향기가 그윽하고 꽃도 매우 기품이 있다. 고전 시문에 나오는 桂(계)는 대개 목서 종류를 가리킨다.

이 桂(계)라는 글자는 '절계(折桂)'라 하여 과거급제를 뜻하는 말로 많이 쓰인다. 진(晉)나라 때 극선(郤詵)이라는 사람이 장원급제하였다. 이에 진무제(晉武帝)가 소감을 물었는데, "계림의 가지 하나요, 곤륜산의 옥 한 덩이[桂林之一枝, 崑山之片玉.]"라고 답한 말이 고사가 되었기 때문이다. 그런데 조선시대에도 우리나라에 이 계(桂)를 실제로 심었던 것으로 보인다. 이 나무를 온실에 키우기도 하고 이 꽃을 따서 술을 담가

惲壽平, 淸花卉畫冊 中 桂花, 淸, 66.8x60.7cm, 臺灣 國立故宮博物院.
운수평(惲壽平, 1633~1690)은 외곽 테두리를 쓰지 않는 몰골법(沒骨法)으로 자신의 의사대로 사생(寫生)하였는데 청대 화훼화의 종사(宗師)라 평가된다. 전하는 말에 의하면 집이 가난하여 산수화를 그려 팔아 살았는데 왕휘(王翬, 1632~1717)의 그림을 보고 도저히 뛰어넘을 수 없다고 생각하여 화훼로 전향하였다고 한다. 부채에 그려진 그림은 봄에 피는 금색과 붉은빛의 두 가지 계화로 진한 향기를 풍기는 종류라고 한다. 계(桂)는 중국어 발음으로 귀(貴)와 같이 '꾸이 [guì]'로 발음되어 '존귀하다'는 길상의 의미가 담겨 있다.

먹거나 김치에 넣은 사례들이 보이기 때문이다. 지금도 남도 쪽에서는 마당에 한 그루쯤 심는다고 한다.

앞에서 말한 '운계'를 종래 장안 근처로 추정하였으나 최근 연구에 따르면 헌종 개원 연간에 왕유가 강남으로 놀러간 적이 있는데 이때 소흥에 있는 황보악의 별서가 있는 오운계(五雲溪), 즉 약야계(若耶溪)를 가보고 지은 시라 한다. 목서는 주로 남방 지역에 자라니 그런 면에서는 이 주장이 설득력이 있어 보인다.

예전의 신대철 시인의 시 〈나무 위의 동네〉에 "멀리서 스윽스윽 톱질하는 소리 들린다."라는 시구가 있었는데 시골에서 자란 나는 그런 표현이 아주 마음에 들었다. 이 시에 보면 앞 2구에서 한정(閒靜)을 설정해 놓고 마지막에 새 소리로 그런 적막감을 배가시키고 있다. 동적인 것을 가미하여 그 적막감을 실감나게 한 것이 이 시의 묘미이기도 하다.

예전에 큰집에 제사지내러 가면 병풍에 이 시가 적혀 있었는데 지금 생각해도 제사용 병풍에 묘하게 어울리는 시라는 생각을 한다.

계화의 향기 은은히 퍼지는 산골은 잘 몰라도 나름대로 남모르는 아름다움을 간직한 산골은 도처에 있다. 나도 봄날 산의 고즈넉함을 느껴본 것은 같은데, 달이 떠오르면 새가 과연 놀라는지 봄 산의 적막감은 다른 계절과 어떻게 다른지 잘 알지 못한다. 이 글을 읽는 사람 중에 틀림없이 잘 아는 사람이 있을 것이다.

목서(木犀)
계화(桂花)는 오늘날 흔한 계수나무가 아니라 목서 종류를 말한다. 사진 위에서 아래로 금목서, 은목서, 구골나무이다.(사진_ 김태영)

夜月
달밤

유방평(劉方平) _당(唐)

更深月色半人家	밤 깊어 달빛 비스듬히 집을 비추는데
갱심월색반인가	
北斗闌干南斗斜	북두성은 누워있고 남극성은 비껴있네
북두란간남두사	
今夜偏知春氣暖	따뜻한 봄기운을 오늘밤에 잘 알겠네
금야편지춘기난	
蟲聲新透綠窓紗	푸른 창으로 벌레 소리 들리기 시작하니
충성신투록창사	

예로부터 혼자 사는 사람이 계절 변화에 민감하다고 하는데 이번에 날짜별로 시를 읽어보니 정말로 시인들이 계절의 변화를 섬세하게 감지하고 있어 놀랍다. 이 시가 그런 시이다.

이 시를 통해 비로소 벌레들의 울음으로 봄을 알 수도 있겠구나 하는 생각이 든다. 밤이 깊어 새벽이 가까운 시간이다. 훤한 달빛에 눈을 뜨니 달이 기울어 집을 비스듬히 비춘다. 창문으로 내다보니 북두성은 멀리 가로로 누워 있고 남극성은 황혼 무렵의 해처럼 비껴 있다. 어디선가 풀벌레가 운다. 아! 이제 봄이 정말 왔나 보다.

북두칠성은 북극성 주위를 도는데 새벽에 국자 아가리를 위로 하여 가로로 누워 있다. 闌干(난간)은 '가로로 걸쳐 있다.'는 말이다. 이 말만으로 그런 뜻을 짐작하기 쉽지 않다. 그런데 한문은 모르는 글자를 보고 합리적으로 그 뜻을 추정하는 학문이 아니고 그런 말을 누가 언제 어떤 맥락에서 쓰기 시작했는가를 살피는 것이 첩경이다. 한문에서 사서삼경이나 노자와 장자, 두보와 이백, 한유와 유종원, 사기와 한서 등 기본서를 익혀야 한다는 것은 그런 이유 때문이다. 그런 책들이 일종의 용례 사전이자 문법서인 것이다. 이 방법 말고 다른 지름길은 한문에는 없다.

그렇기 때문에 송명의 시를 공부하면서 한당의 시를 모르면 안 되고 한당의 시를 알려면 당연히 선진 시대의 시를 알아야 한다. 같은 맥락에서 한국 한시를 이해하자면 자연 중국의 한시를 이해해야만 하는데 특히 당시 사람들이 많이 본 책에 수록된 중요한 시들을 잘 알고 있어야 한다. 후대의 시를 연구하는 사람은 자료가 많아 좋겠지만 반면 알아야 할 지식이 더 많아지는 부담을 감당해야 한다.

'闌干(난간)'은 조조의 아들 조식이 "달이 지자 삼성은 빗겨 있고, 북두성은 가로놓였네.[月沒參橫, 北斗闌干.]"라고 쓴 데서부터 '가로로 놓이다'는 의미로 쓰였고 나중에는 이 말로 북두성을 대용하게도 된 것이다. '闌(난)'이나 '干(간)'에 가로막다는 뜻이 있는데 그 뜻이 가로로 걸쳐 있다는 뜻으로 된 것이 아닐까도 생각해 본다. 그리고 앞 구에 半(반)은 달이 기울어 있어 집의 반 정도만 달빛이 비친다는 말이니 결국 비스듬하게 비친다는 의미이다.

남극노인성은 북반구에서 2월에 남쪽의 지표면에서 좀 올라온 좌측 지점에서 관찰되기 때문에 저렇게 말한 것이다. '斜(사)'라는 글자는 해가 지기 직전에 떠 있는 위치를 말할 때 흔히 사용된다. 남극성을 노인성이나 수성(壽星)이라고도 하는데 우리나라에서는 한라산 정상이나 서귀포에서만 관찰된다고 한다. 유방평이 은거한 곳이 낙양 남쪽 여수(汝水)와 영수(潁水) 주변이니 위도가 거의 비슷하다. 위도가 비슷하면 같은 별이 관측되는지는 잘 아는 분의 견해를 들어보는 것이 필요하다.

窓紗(창사)는 오늘날의 방충망과 비슷한 것인데 상류층에서 주로 사용하던 것이다. 주로 여성이나 귀족의 시에 이 시어가 많이 나오는 이유이다. '綠(녹)' 자는 그 비단의 색이 푸르다는 뜻이 아니라 그 비단 창문의 바깥에 있는 신록이 비치기 때문으로 보인다.

　연전에 이 노인성과 관련하여 국립중앙박물관에서 전시를 한 적이 있고, 직접 관련된 것은 아니지만 국립국악원에서도 농사를 주관하는 별에 제사를 하는 영성제와 관련한 음악을 연주한 적이 있다. 노인성과 관련하여 제현 행사를 보지는 못했는데 고려와 조선시대에 제사를 지냈으며 조선시대에는 영성과 함께 소사(小祀)로 분류되어 국가에서 관장하였다.

　제목을 달밤으로 과감하게 한 것은 이 시의 제목이 어떤 곳에는 '月夜(월야)'라고도 되어 있기 때문이다.

　유방평은 낙양 사람으로 생몰년은 미상이나 현종과 대종 연간에 활동하였다. 처음에 벼슬하였다가 대부분 은거해 살았는데 시와 그림에 능한 것으로 알려져 있다. 『전당시』에는 보유편까지 합쳐 27편의 시가 수록되어 있으며, 장언원의 『역대명화기』에도 그가 산수와 수석(樹石)에 능하였다고 하였다. 『당시삼백수』에는 이 시와 함께 〈春怨(춘원)〉을 실어 놓았다.

春曉
봄날 새벽

맹호연(孟浩然) _당(唐)

春眠不覺曉   날 샌 줄도 모르고 자는데
춘면불각효
處處聞啼鳥   여기저기 지저귀는 새소리
처처문제조
夜來風雨聲   밤사이 들리던 비바람 소리에
야래풍우성
花落知多少   꽃잎은 얼마나 떨어졌을까
화락지다소

    멀리 굽이치는 양양(襄陽)의 한수(漢水) 위로 새벽 물안개가 피어오르고 비가 지나간 초목에는 여명의 햇살이 훤하게 비친다. 새싹이 터서 갓 신록을 이루기 시작하는 수목들 사이로 여기저기 꽃도 보인다. 한 폭의 담채화가 전개된다. 여기는 녹문산(鹿門山) 골짜기, 은자 맹호연의 초당. 새들이 집 주변의 나무에 날아들어 이리저리 날면서 지저귄다. 처마와 나무 밑동의 축축한 비가 말라가고 있다. 햇살은 집 안으로도 비쳐 든다. 침상에 한 은자가 뒤척이며 누워 있다. 눈꺼풀을 몇 번 움직이더니 시나브로 눈을 뜬다. 새들의 소리가 다시 들린다. 은자는 기지개를 켜는가 싶더니 다시 몸을 뒤척이며 온기를 찾는다. 그리고 새 소리를 듣는다.
    이윽고 화면에는 천천히 '춘면불각효, 처처문제조……'라는 초서 글씨가 나타난다.
    차 몰고 오면서 이런 장면을 상상해 보았다. 세상에 나가 출세하여 이름을 날리고 싶거나 생활에 내몰려 허덕이지 않는 사람만이 이런 시를 쓸 수 있다. 평온한 마음으로 자연 속에 살지 않으면 어떻게 이런 시를 쓸 수 있겠는가?

이 시의 제목이 〈春眠(춘면)〉으로 된 곳도 많다. 이 시에서 종래 논점이 된 것은 '知多小(지다소)'를 어떻게 보는가였다. 간찰이나 남의 안부를 묻는 여러 공문서에 보면 문장 앞에 '不知(부지)'라는 말이 무수히 나온다. 시에도 이런 말은 많다. 어떤 사람들은 "잘 모르겠지만~ 아닌가?"의 형태로, 또 어떤 사람들은 "~인지 모르겠다."는 의미로 해석했다. 또 어떤 사람들은 과감하게 그 말을 생략하고 "~인가?"라는 의문문으로 바로 해석했다. 지금은 전에 비해 번역이 많이 정교해진 편이라 "~인가"의 형태가 대세를 형성하고 있다. 이 不知(부지)는 의문문을 이끄는 말이기 때문이다. 그런데 예전 사람들 중에 의문문으로 보지 않은 사람들이 많아 어떤 경우에는 "~인지 모르겠다."고 번역해야 할 때가 있긴 하다. 이 시에 쓰인 知(지)는 이 不知(부지)의 의미이다. 『오칠당음』에는 '知多小(지다소)'를 '知幾何(지기하)'로 풀어 놓았다.

여기서는 꽃잎이 얼마나 많이 떨어졌는지를 정말 몰라서 묻는 것도 아니고 남에게 얼마나 많이 떨어져 있는지를 알려주려고 하는 말도 아니다. 봄날 새벽에 아직은

惠崇, 溪山春曉圖 부분, 宋, 絹本設色, 24.5×185.5cm, 中國 北京 故宮博物院.
이 그림은 본래 긴 두루마리로 되어 있는데 강남의 봄풍경을 그린 작품이다. 이 부분 앞에는 호수와 다리가 있고 그 곳에서 물고기를 잡는 어부들과 노니는 물새 등이 그려져 있다. 이 부분에는 맹호연이 살았을 법한 산가(山家)와 복숭아 꽃과 버드나무가 어우러진 계곡 풍경이 섬세하면서도 수려하게 묘사되어 있다.

찬 기운이 남아 있어 온기를 찾다가 늦게 새소리에 깨어 간밤에 잠결에 들은 비바람 소리를 생각하고 지금 새가 우는 곳에 있는 나무의 꽃으로 관심이 옮아간 것뿐이다. 즉 그러한 봄날의 정경을 노래한 것이기 때문에 "꽃이 얼마나 떨어졌을는지."라고 혼자 중얼거리는 형태의 말인 것이다. 나가서 확인하는 것도 아니고 정말 그것이 궁금한 것도 아니며 봄날의 감상으로 그 꽃을 환기하고 있는 것이다.

이 시는 5언 절구 중에서는 뽑히지 않아서는 안 될 것 같은데 『당인절구선』에 이 시가 없는 것은 이상한 일이다.

맹호연(689~740)은 이백보다 12살 많고 두보보다는 23살이 많다. 이름으로 사용하는 호연은 실제 그의 자이다. 고향인 양양의 녹문산에 은거해 살았는데 이곳은 후한의 방덕공(龐德公) 등 은자들이 많이 살던 곳이고 제갈공명이 살았던 융중(隆中)과도 멀지 않은 곳이다. 나이 40에 장안에 와서 왕유, 이백 등과 교유하였다. 이 시처럼 전원풍의 시가 많다.

이 시는 중국인들의 애송시를 조사한 책 『당시배항방』에 62위에 올라 있다. 이 시가 그런 평점밖에 못 받은 것이 다소 의아하다.

憶江南 그리운 강남

백거이(白居易) _당(唐)

江南好	강남이 좋으니
風景舊曾諳	옛날에 본 풍경 눈에 선하네
日出江花紅勝火	해 뜨면 강변 꽃들 불꽃보다 붉고
春來江水綠如藍	봄 오면 강의 물결 쪽빛처럼 푸르지
能不憶江南	이런 강남이 어이 아니 그리우랴

이 작품은 사(詞)로 제목의 〈憶江南(억강남)〉은 사패 이름이다. 원래 당나라 때 이덕유(李德裕)가 죽은 기생을 애도하기 위하여 〈謝秋娘(사추낭)〉이란 사를 지었다가 나중에 〈望江南(망강남)〉으로 이름을 바꾸었다고 한다. 이덕유가 만든 사보를 백거이가 다시 〈억강남〉으로 바꾼 것이다. 운자는 諳(암), 藍(남), 南(남) 3글자이다. 따라서 앞 2구는 연결해 번역하고 가운데 긴 대구는 대구의 운율을 잘 살려야 하고, 마지막 구는 앞의 내용을 정리하는 구조로 번역해야 한다.

이 시는 동일 제목에 3수의 시가 있는데 이는 그 첫 수이다. 나머지 2수는 억강남(憶江南)으로 시작한다. 두 번째 시에 강남에서 항주가 가장 그립다는 대목이 있어 그런지 항주 서호에 가면 이 시를 적은 부채를 판다.

백거이는 강남에 3번 갔다. 815년에 오늘날 구강(九江)이라는 곳에 강주 사마로 좌천되어 간 이래, 822년엔 항주 자사, 825년엔 소주 자사를 지냈다. 강주 사마로 갔을 때는 〈비파행〉을 지었고 항주 자사로 갔을 때는 서호의 제방을 쌓았으며 소주 자사로 갔을 때는 지금 소주의 중심 거리인 산당가(山塘街)를 만들었다.

이 시는 이로부터 세월이 좀 지난 837년에 낙양서 지은 시이다. 이 시의 구체적인 풀이나 내용은 인터넷에도 많고 하므로 여기서는 백거이가 그리는 강남에 대해 간단히 말해본다.

강남(江南)이라 하는 곳은 장강 남쪽을 말하지만 대개 소주와 항주 일대를 말한다. 나는 소주와 항주, 상해의 문화 유적과 박물관 전시를 보러 몇 번 가 보았는데 이들 박물관은 서화 관련 전시 수준이 아주 높다. 항주의 절강성 박물관에 가면 왜 강남이 부유하게 되었나를 알기 쉽게 전시해 놓았다. 강남은 토양과 기온, 수운 등 좋은 자연 조건과 해산물, 소금 등의 생산과 유통으로 일찍부터 개발되었는데 특히 춘추전국시대에 오나라에 해당하는 소주 지역과 월나라에 해당하는 소흥 지역이 서로 국운을 건 경쟁을 하는 과정에서 일찍부터 개척이 되었다. 그 뒤로도 주변 지역이 개발되면서 농업 생산력이나 소금, 비단 생산 등이 다른 지역에 비해 10배 이상 높은 곳도 있을 정도여서 중국서 가장 부유한 곳이다. 이러한 경제적 부를 바탕으로 특히 소주 일대에는 수많은 문인과 서화가들이 거주하여 과거 급제자도 많고 전반적으로 교양 수준이 높다. 게다가 기후는 따뜻하고 물이 풍부하여 경관이 더욱 좋다.

항주에는 서호가 있고 소주에는 수많은 원림이 있다. 태호를 둘러싸고 많은 문인과 서화가의 고거가 있다. 부호들과 장서가, 문인들이 이 주변에 많다 보니 자연 술과 풍류가 발달하였다.

이 시에서는 강남의 풍경만 말하고 있지만 그 배경에는 이런 윤택한 삶이 있는 것이다. 실제 이어지는 2편의 시에서 항주의 산사와 호수, 소주의 오궁과 술, 미녀를 언급하여 그런 마음을 숨기지 않고 있다. 사이기 때문에 시보다 보다 솔직하게 내면이 표현되어 있다.

　운문을 시와 사로 갈라 책을 묶다 보니 백거이 시집에는 이런 사가 수록되어 있지 않은데 백거이를 소개하는 해제에서도 이런 작품을 언급하지 않는 것은 잘못이다. 장르로 나눈 책이라 하더라도 그 작가를 전반적으로 이해하기 위해서는 그 작가의 중요 특징이 드러나는 작품을 언급해야 작가의 면모를 잘 이해하게 된다.

李嵩, **西湖圖** 卷, 南宋, 紙本, 27×80.7㎝, 中國 上海博物館.
이숭(李嵩, 대략 1190~1230)은 남송 궁정의 화원 화가로 3대에 걸쳐 대조(待詔)를 지냈다. 서호를 조감하는 구도로 실경에 사의(寫意)를 배합하여 그렸는데 자신이 자란 고향 항주의 서호를 그린 작품이라 그런지 필치가 매우 능숙하고 깊은 정취가 어려 있다.

3월 • 그 사람 얼굴은 어디로 갔을까 복사꽃은 예전처럼 봄바람에 웃고 있네

題都城南莊
도성 남쪽 어느 집 정원에 쓰다

최호(崔護) _당(唐)

去年今日此門中　　지난해 오늘 이 대문 안에서
人面桃花相映紅　　사람 얼굴 복사꽃이 함께 붉었네
人面不知何處去　　그 사람 얼굴은 어디로 갔을까
桃花依舊笑春風　　복사꽃은 예전처럼 봄바람에 웃고 있네

최호(772-846)는 당나라 때 경조윤, 어사대부, 절도사 등 고관을 지낸 시인으로 이 시는 그가 진사 시험에 합격하던 796년, 그의 나이 25세 이전에 지은 시이다.

남의 집 장원(莊園)에 이런 야릇한 시를 왜 썼을까? 매우 흥미로운 사연이 있다.

최호는 자질이 매우 준수하지만 까칠해서 남과 함부로 사귀지 않았다. 진사 시험에 떨어진 뒤에 청명절에 혼자 도성 남쪽을 거닐다가 꽃과 나무가 우거진 집을 발견했다. 아주 조용했다. 한참 문을 두드리니 안에서 어떤 여자가 문틈으로 물었다.

"뉘시오?"

최호는 어디에 사는 누구라고 말한 다음, 봄날 혼자 걷다가 술을 마셔 목이 마르다고 말했다. 그러자 그 여자가 물 한 대접을 떠다 주며 자리에 앉으라고 하였다. 그 여자는 늘어진 복숭아나무에 기대어 물끄러미 최호를 지켜보는데 매우 호의적이었다.

여인의 자태는 복숭아꽃처럼 아리따웠다. 그런데 최호가 말을 걸어보아도 대답은 하지 않고 눈으로 가만히 쳐다보기만 했다. 최호가 고맙다고 인사를 하고 간다고 하니 여자가 대문까지 나왔다가 정을 이기지 못하고 다시 들어갔다. 최호도 아쉬운 듯 돌아보며 집으로 돌아왔다.

그 뒤에 다시 그 집에 가지 못하였다. 이듬해 청명, 홀연히 최호는 그 여자가 생각나 그 집에 다시 가 보았다. 대문이 굳게 잠겨 있었다. 최호는 이 시를 대문 왼쪽 짝에다 썼다.

며칠 뒤에 우연히 도성 남쪽에 왔다가 다시 그 집에 가보았다. 그 집에서 곡하는 소리가 났다. 최호가 문을 두드리니 안에서 노인이 나와 물었다.

"그대가 최호인가?"

"네. 제가 최호입니다."

노인은 다시 곡을 하면서 말하였다.

"그대가 우리 딸을 죽였네."

최호는 깜짝 놀라 어쩔 줄을 몰랐다. 노인이 말했다.

"우리 딸이 계년(笄年, 15세)으로 글자는 알지만 아직 시집을 가지 않았네. 그런데 작년부터 늘 무엇을 잃은 사람처럼 황홀한 상태로 있었네. 며칠 전에 함께 나갔다가 집에 돌아오는데 왼쪽 대문에 적힌 글자를 보고 들어가더니 병이 나 마침내 음식을 먹지 않다가 며칠 만에 죽었네. 내가 늙었는데도 이 애가 시집가지 않은 건 장차 군자를 구해서 나의 몸을 의탁하려 한 것인데 오늘 불행히도 죽었으니 이것이 그대가 죽인 것이 아니고 뭔가."

말을 마치고 노인은 다시 통곡을 했다. 최호 역시 큰 충격을 받아 안으로 들어가서 곡을 하였는데 아직도 침상 위에 여자가 단정히 누워 있었다. 최호가 여자의 머리를 넓적다리 위에 뉘고 곡을 하면서 축원을 했다.

"최호가 여기 있소! 최호가 여기 있소!"

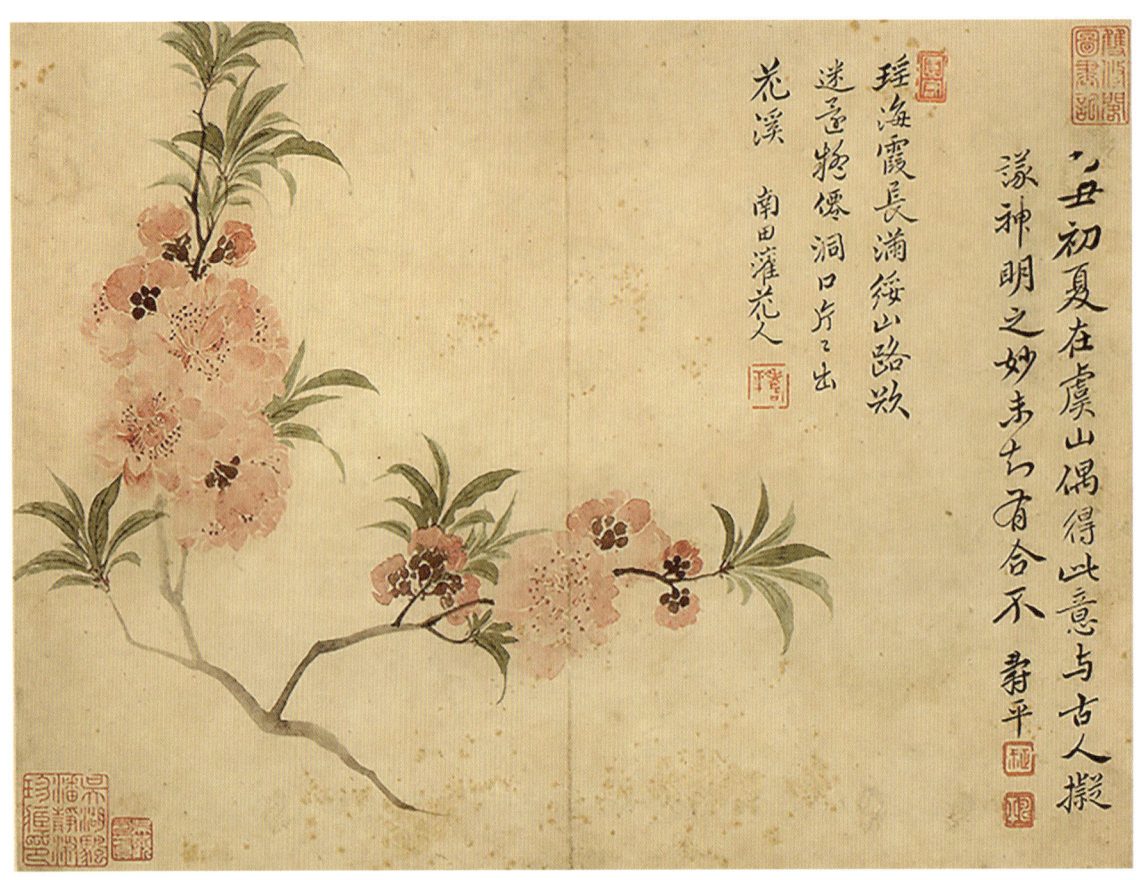

惲壽平, **春花圖** 中 6번째 복숭아 꽃 그림, 淸, 紙本設色, 26.3×35.7cm, 中國 上海博物館.
화사한 복사 꽃 한 가지가 사람의 마음을 설레게 할 정도이다. 복사꽃의 정령이 이 그림에 그대로 옮겨 온 것 같다.

그러자 한참 만에 여자가 눈을 뜨더니 반나절 만에 다시 살아났다. 여자의 아버지는 크게 기뻐하여 딸을 최호에게 시집보냈다.

『說郛(설부)』 권80 「情感(정감)」 조에 실린 이야기이다. 물 한 사발과 시 한 수로도 사람의 정감이 통하면 이런 인륜대사가 이루어진다는 예증이라 할 수 있다. 이 내용은 『事文類聚(사문유취)』, 『天中記(천중기)』 등 여러 문헌에 전하는데 그 중 『설부』의 내용이 가장 상세하여 그 내용을 그대로 소개하였다. 이 시의 남녀 두 주인공은 모두 용모가 뛰어나고 눈이 높은 선남선녀인데 희한하게 물 한 대접으로 저렇게 만나기도 하니, 인연인지 운명인지 우연인지 알 수가 없다.

몇 년 전에 국립중앙박물관에서 신안해저선 유물을 크게 전시하였는데 붉은 단풍잎 문양에 시가 적힌 접시가 나와 화제가 되었다. 나도 그 시가 흥미로웠는데 중문학자 이창숙 선생이 「단풍잎이 맺어 준 사랑」(『문헌과해석』 79)이라는 글로 담아내었다. 많은 사람이 살다 보니 기이한 인연이 많기도 하지만 기이한 인연 중에서도 기이한 인연이 아닐 수 없다.

春山夜月
봄 산의 달밤

우량사(于良史) _당(唐)

春山多勝事	봄 산에는 완상할 것들이 많아
賞玩夜忘歸	갈 생각 잊고 밤까지 빠져 있네
掬水月在手	물을 손에 뜨면 달이 손에 있고
弄花香滿衣	꽃을 만지면 꽃향기가 옷에 가득
興來無遠近	흥이 나선 거리를 따지지 않았고
欲去惜芳菲	가려 하니 방초에 미련이 남네
南望鳴鍾處	종소리 울리는 남쪽을 바라보니
樓臺深翠微	짙은 숲 저 멀리 누대가 희미하네

봄 산의 완상에 푹 빠져든 체험을 비단 짜듯 엮어 놓은 시이다.

뛰어난 경치를 승경(勝景)이라 하니 그런 승경을 감상하는 일이 승사(勝事)이다. 바로 이어지는 말에 상완(賞玩), 즉 감각기관으로 감상도 하고 손으로 만져 보기도 하는 일을 말한다. 손으로 물을 떠서 그 안에 달이 있는 것을 마셔 보기도 하고 옷에 향기가 베일 정도로 꽃을 찾아 아름다움에 탐닉하는 것이 바로 그러한 것이다.

단순히 경치를 감상하는 것만이 아니라 여러 가지로 즐기고 있기에 승경이라 쓰지 않고 승사로 썼으며, 다시 상완이란 말로 받고, 이어 그 구체적인 내용을 진술한 것이다. 첫 구에서 4구까지 시어와 시상이 인과적으로 이어져 있으며 추상에서 구체적 표현으로 전개되고 있다.

3, 4구는 참으로 멋진 대구라 할 만한데 이러한 대구만 모아놓은 『推句(추구)』에도 수록되어 있다.

흥이 날 때는 멀고 가까운 곳을 따지지 않고 이리저리 감상하며 산 깊이 들어왔고 이제 날이 저물다 못해 밤이 되었는데도 미련이 남는다. 흥이 날 때의 상황과 돌아갈 때의 아쉬움이 절묘한 긴장을 일으키고 있다.

제목에서는 달밤이라 하였지만 종소리를 들은 것을 보면 저녁에서 바로 밤이 시작되는 시간이 아닐까 한다. 봄 산의 아름다운 정경과 멀리 산사에서 들리는 종소리가 어울려 긴 여운을 남긴다.

이 시를 쓴 우량사(于良史)는 시어사, 감찰어사 등 고관도 지낸 관료인데 5언시의 대구를 특히 잘했다는 평이 있다.

新雷 (신뢰)
첫 천둥

장유병(張維屛) _청(淸)

造物無言卻有情 (조물무언각유정)	조물은 말이 없지만 마음은 있어
每於寒盡覺春生 (매어한진각춘생)	늘 추위가 다하면 봄이 오는구나
千紅萬紫安排著 (천홍만자안배착)	울긋불긋 온갖 꽃을 준비해 놓고
只待新雷第一聲 (지대신뢰제일성)	첫 천둥소리 울기기만 기다리네

    장유병(1780~1859)은 광동 사람으로 1822년에 진사에 합격하여 관직 생활을 하다가 1836년부터는 관직을 그만두고 향리에서 은거한 시인이다. 이 시는 아편전쟁이 일어나기 10여 년 전인 1824년에 쓴 시로 당시 암울한 청조 말기에 새로운 봄이 오기를 기대하는 마음이 담겨 있다.

    造物(조물)은 두보의 〈망악〉에 나온 '조화(造化)'나 소동파의 〈적벽부〉에 나오는 '조물자'와 같은 말이다. 옛날 사람들이 '하늘[天]'이라고 하는 것이다. '말이 없지만 정(情)이 있다'고 할 때의 '정(情)'은 무정물이 아니라 지각이 있는 유정물이다. 『논어』 「양화(陽貨)」에 '하늘이 말을 하지 않지만 사계절이 운행하고 백물이 생겨난다.'고 할 때의 의미가 깔려 있다.

    그런데 이 시에서는 조물이라 해서 자연 현상을 다 주관하는 것은 아니고 사시의 변화나 천둥과 같은 것은 기계적 자연 현상으로 보고 그러한 변화에 맞추어 만물을 생육하고 변화시키는 것에 의미를 국한해서 쓴 것으로 보인다. 이는 이 시가 단순히 자연 현상을 말하는 것이 아니라 시인의 철학적인 생각과 신념, 그리고 희망을 시에 담으려고 하여 생겨난 현상으로 보인다. 그러므로 이런 부분을 지나치게 따지기보다는 시인이 무엇을 말하려고 하는가에 중점을 두는 것이 좋을 듯하다.

하늘에 마음이 있는지 없는지, 조물의 존재 여부는 잘 모르겠으나 사람이 극한 상황에 처하면 평소 무신론자도 종교를 갖는 경우가 많듯이 이 시는 청조 말기의 부패와 서세동점의 암담한 상황에서 새 시대를 준비하고자 하는 귀한 의지가 담긴 시인 것만은 분명해 보인다. 그래서 시인이 정한 제목을 함부로 고칠 수는 없지만 〈천둥을 기다리며〉로 바꾸고 싶은 충동을 느낀다.

북한 영화에 〈봄날의 눈석이〉(1985년작)란 작품이 있다. 남북한의 반목을 넘어서서 화해를 다룬 상징성이 강한 작품이다. 한국, 북한, 미국, 일본을 무대로 하면서 일본에 거주하는 두 청춘남녀의 사랑이 이야기의 중심 기둥을 이루고 있다. 여자 쪽 외삼촌이 남한에 사는데 황금만능주의에 빠져 둘의 결혼을 반대하였다가 나중에 여자의 아버지가 남자 친구의 아버지 덕으로 탈출한 사실을 알고 극적으로 화해하고 결혼을 한다는 이야기이다. 영화의 상징인 '눈석이'는 봄이 되어 햇볕을 받아 쌓인 눈이 안에서부터 녹아내리는 현상을 가리키는 순우리말이다. 우리에게 익숙한 말 '해빙'과 통하는 말이다.

몇 년 전 남북의 두 지도자가 판문점에서 만나는 극적인 장면을 지켜보았고 백두산에서 손을 맞잡는 모습도 보았다. 남북이 주체가 되어 다시 이 시에서 말하는 것처럼 큰 우레가 치듯이 남북한의 관계가 다시 좋아지기를 바란다. 그때를 기다리며 우리가 할 수 있는 千紅萬紫(천홍만자)를 미리미리 준비해 두어야 할 것이다.

이 시는 1999년 중화서국에서 원행패(袁行霈)가 5언과 7언의 절구 50수를 뽑아 엮은 『신편천가시』에 수록되어 널리 알려진 것으로 보이는데 아침에 찾아보니 없어 아쉬웠다. 이 책에는 삽화와 함께 시가 소개되어 있는데 모두 유명한 시들이다.

067 3월 8일

春中田園作
중춘(仲春)에 전원에서

왕유(王維) _당(唐)

屋上春鳩鳴	지붕 위에는 봄 비둘기가 울고
村邊杏花白	마을 주변엔 살구꽃이 하얗네
持斧伐遠揚	도끼 들고서 뽕나무 가지 손보고
荷鋤覘泉脈	괭이 메고 가 지하수를 찾아 보네
歸燕識故巢	돌아온 제비는 옛 둥지를 알아보고
舊人看新曆	작년 집주인은 새 달력을 살펴보네
臨觴忽不御	술잔 앞에 두고 문득 마시지 못하니
惆悵遠行客	먼 타향살이 슬픔이 밀리어 오네

삼민서국『왕유시문집』에서는 이 시를 왕유가 은거한 망천(輞川)에서 지은 것으로 보고 있다. 제목의 春中(춘중)은 '봄날'이라는 의미로 볼 수도 있으나 중춘(仲春), 즉 음력 2월로 보는 것이 시의 내용과 어울려 보인다. 지금이 음력 2월이니 남쪽으로 가 보면 이와 흡사한 전원 풍경을 만날 수 있을 듯하다. 그리고 이 시의 말구처럼 베트남이나 연변 등 외국에서 와 살고 있는 사람들은 무시로 고향 생각이 나지 않겠는가.

3구의 遠揚(원양)이란 말은 '멀리 뻗어나간 뽕나무 가지'라는 뜻으로 『시경』「빈풍(豳風)」편 〈칠월(七月)〉에 나오는 말이다. 봄에 누에를 치기 위해 뽕을 따기 어려울 정도로 '멀리 뻗어나간 가지'를 손본다는 말로 보인다. 泉脈(천맥)은 농사짓는데 필요한 물을 얻기 위하여 찾는 일종의 지하수이다. 鋤(서)는 한국의 넓적한 괭이와 같은 농기구이다. 흔히 '호미'라고 번역하는 경우가 많은데 이는 실제와 맞지 않다. 호미를 어깨에 메고 가는 사람이 있는가? '御(어)'는 '음식물을 들다'는 뜻이 있다. 그래서 임금이 약이나 음식을 먹는 것을 진어(進御)라고 한다.

5, 6구의 대구가 정교하다. 신춘에 돌아온 제비가 옛 집을 찾는 것과 이 집에 살던 자신이 새 달력을 보는 것이 신구의 대비가 된다. '舊人(구인)'을 동네에 오래 살던 사람으로 보는 의견도 있으나 그렇게 하면 대구가 정교하지 않고 시상이 산만해진다. 노론 벽파의 영수 김귀주(金龜柱, 1740~1786)의 시에 '옛 사람은 새 달력을 보고 새 매화는 옛 가지를 이별하네. 인생이 또한 그 얼마더냐 영화란 그저 한 때일 뿐.[舊人看新曆, 新梅別舊枝. 人生亦幾何, 榮華徒一時.]'이라고 한 표현을 보면 구인(舊人)을 '작년의 그 사람'이란 의미로 본 것을 알 수 있다. 또 제비가 돌아와 옛 보금자리 주변을 나는 것은 고향을 떠올리게 한다. 술잔을 앞에 두고 문득 먼 객지에 와 있는 쓸쓸한 기분을 느끼는 것은 이 때문이다.

왕유의 조부 때는 태원(太原)에 살았지만 왕유는 하동 포주(蒲州)라고 하는 곳에서 태어났다. 북쪽에서 내려오는 황화가 동쪽으로 방향을 트는 지역으로, 왕지환(王之渙)이 읊은 관작루(鸛雀樓)가 있는 곳이다. 왕유는 15살에 장안으로 갔기 때문에 여기서 그리는 고향은 바로 포주의 고향을 말하는 것으로 보인다.

막연히 왕유가 망천에서 유유자적한 것 같지만 이 시를 보면 왕유가 그곳에서 나름대로 타향살이의 서글픔이 있었던 것 같다. 그러나 어쩌면 타향에서 은거하였기에 시, 서, 화, 음률을 두루 통하는 예술가의 삶이 가능했을지도 모른다. 만약 고향에 있었다면 사람들이 어릴 때의 모습으로 왕유를 대하였을 테니 무슨 고상한 문예 활동이 가능하겠는가. 이런 사향(思鄕)의 감정은 오히려 삶의 긴장이나 촉매제가 되었을지도 모를 일이다.

068
3월 9일

渡湘江
상강(湘江)을 건너며

두심언(杜審言) _당(唐)

遲日園林悲昔遊 봄날의 원림 옛날 추억에 젖게 하니
今春花鳥作邊愁 올 봄의 꽃과 새는 시름만 자아내네
獨憐京國人南竄 도성에서 남으로 유배 가는 가련한 신세
不似湘江水北流 북쪽으로 흘러가는 상강만도 못하구나

아름다운 봄날이 아름다워서 더 슬퍼질 수도 있다는 사실을 알게 해주는 시다. 아름다움이란 때로 자살의 충동을 느끼게도 하고 이처럼 슬픈 감정을 일으키기도 한다.

두심언(645-708)은 두보의 조부로 앞서 48회(2월 17일)에서 소개한 적이 있다. 이 시는 두심언이 705년에 유배를 가다가 상강을 건너며 지은 시이다. 당나라 태종을 이어받은 고종의 아들 중종은 즉위하던 해에 바로 자신의 어머니인 측천무후(則天武后)에게 폐위되었는데 측천무후가 나중에 병들었을 때 신하들이 중종 복위를 추진하였다. 이때가 바로 두심언이 61세 되는 705년이 된다.

측천무후 총신 중에 장역지(張易之)가 있었는데 두심언이 이 사람과 가깝게 지냈기 때문에 반정 세력에 의해 유배를 가게 된 것이다. 이때 두심언의 유배지는 하내(河內), 즉 지금의 하노이인데 당시엔 봉주(峰州)로 부르던 곳이다. 오늘날도 장안에서 하노이

까지는 먼 거리인데 당시로서는 아주 멀 뿐만 아니라 생활환경도 안 좋은 곳이었다.

상강이라는 곳은 〈소상팔경도〉의 무대가 되는 바로 그곳이다. 상강은 광서성과 광동성에서 발원하여 형양(衡陽)과 장사(長沙)를 거쳐 동정호를 향해 북류하는 물이다. 두심언이 월남을 가려면 장사를 거쳐 오령을 넘어야 하는데 오령을 넘기 전에 이 물을 건너야 한다. 그러므로 이 시를 짓기 오래 전부터 상강 물과는 반대 방향으로 계속 걸어 온 상태이다.

봄날 날은 길고 수목의 새싹과 꽃이 청홍으로 어울린 원림은 아름답기만 하다. 좋은 날씨에 아름다운 경치를 만났으니 당연히 같이 즐길 사람이 떠오른다. 예전 같이 어울리던 사람들과 함께할 수 없다는 마음에 그리운 마음은 슬픔을 낳고 아름다운 경치는 그런 슬픈 감정을 더욱 자극한다. 고운 꽃들도 노래하는 새들도 오히려 더 큰 시름을 자아낼 뿐이다. 남쪽 저 하늘 끝으로 유배를 가는 나의 신세, 북으로 도도히 흘러가는 상강이 오히려 부럽기만 하다.

"봄날이 더디 가는데 흰 쑥을 많이도 캐네.[春日遲遲, 采蘩祁祁]" 이런 시가 『시경』「빈풍(豳風)」편 〈칠월(七月)〉에 나온다. '봄날이 더디 간다.'에서 '더디 간다.'의 遲와 '日'을 합친 '遲日(지일)'을 봄날이라는 의미로 쓰는 것이다. 이런 대표적인 사례가 '거저(居諸)'이다. 이 말은 『시경』「패풍(邶風)」편 〈백주(柏舟)〉 시에 "해와 달이여 어찌 뒤바뀌어 이지러지는가[日居月諸. 胡迭而微]"에서 온 말이다. '일거월저(日居月諸)'에서 居와 諸는 어조사에 불과한데도 나중에 '居諸(거저)'를 떼어 '日月(일월)'이라는 의미로 쓰면서 '세월'이라는 뜻을 담게 된 것이다. 한문을 볼 때 글자나 글을 보고 추정하거나 넘겨짚어서는 안 되는 것은 바로 이런 사례들이 아주 많기 때문이다.

邊愁(변수)는 변방의 고통 때문에 발생하는 걱정을 말한다. 지금 자신이 당나라 변경에 와 있기 때문에 이 말을 쓴 것이다. 不似(불사)는 '~와 같지 않다' 말이지만 이 시에서는 不如(불여), 즉 '~만 못하다.'라는 의미로 쓴 말이다. 시에서는 2, 4, 6번째 글자의 평측이 중요한데 지금 '似(사)'의 자리에 측성 자가 와야 하기 때문이다. 만약 如(여)

를 쓰면 평성이 되어 평측이 맞지 않는다. 실제로 많은 한시에 쓰인 '불사'는 단순히 '다르다'의 의미로 쓰인 것도 있지만 '못하다'의 의미로 쓴 것이 많은 것은 이 때문이다.

이 시에서 다 말하지는 않았지만, 강물을 거슬러 가면서 자신의 지난날을 회고한다는 점과 강물이 자신이 온 곳을 향해 자신이 가는 곳과는 반대 방향으로 흘러간다는 구조로 이 시가 설정되어 있다. 두보 시가 상당히 구조적으로 설계되어 있는 것은 이런 조부의 영향을 받은 듯하다.

계절이 바뀌는 봄날은 향수와 함께 애상감도 느끼게 된다. 그런 날은 이런 시를 소리내어 읽어보라.

惠崇春江晩景
혜숭(惠崇)의 그림 〈춘강만경(春江晩景)〉을 보고

소식(蘇軾) _송(宋)

竹外桃花三兩枝　　대숲 너머 복사 꽃 두어 가지
春江水暖鴨先知　　따뜻해진 봄 강물 오리가 먼저 아네
蔞蒿滿地蘆芽短　　물쑥은 지천이고 갈대 싹 뾰족뾰족
正是河豚欲上時　　지금은 바로 복어가 올라올 무렵

　　혜숭(惠崇)의 그림을 보고 소동파가 쓴 제화시(題畵詩)이다. 〈춘강만경〉, 즉 '봄날 강의 저녁 풍경'을 그린 이 그림은 지금 전하지 않는다. 다만 소식의 이 시가 남아 혜숭의 존재를 알리고 있다. 이렇게 그림에 직접 쓰지 않고 그림을 보고 쓴 제화시도 매우 많다. 소식은 1085년 개봉에서 이 그림을 본 것으로 알려져 있다. 소식이 50살 때이다.
　　혜숭은 복건성 건양(建陽) 사람으로 송나라 초기의 화승이다. 곽약허(郭若虛)의 『圖畵見聞志(도화견문지)』에 혜숭은 소경화(小景畵), 즉 화첩이나 선면에 그리는 그림을 잘 그렸다고 하는데 특히 겨울철 물가의 쓸쓸하고 황량한 풍경은 다른 사람이 도달하기 어려운 경지였다 한다. 고궁박물원에 〈추포쌍원(秋浦雙鴛)〉이란 그림이 있다.
　　강변에 대나무가 자라고 그 한 쪽에 복사꽃이 이제 갓 피기 시작한다. 강변 언덕에는 물쑥이 시퍼렇게 돋아나 있고 갈대 싹은 이제 뾰족뾰족하다. 그 사이의 물에는 오리 몇 마리가 헤엄치며 다니고 있다.

소식의 시를 통해 혜숭의 그림을 이렇게 상상해 본다. 혜숭은 아마도 이런 봄의 경물을 통해 천기의 생동하는 기운을 그림에 담으려 했을 것이다. 河豚(하돈)은 복어의 다른 이름인데 봄에 가장 맛있다고 한다. 소식은 혜숭의 그림에는 없는 복어를 언급하여 사람들의 미각을 자극하며 그림에 생동감을 더하고 있다.

이 그림을 보고 바로 복어를 떠올린 것을 보면 소동파가 상당한 미식가로 보인다. 〈후적벽부〉에서도 만추 10월 보름, 뱃놀이하기에 앞서 거구세린(巨口細鱗)의 농어와 술을 챙긴 사람이며, 중국에 가서 독한 중국술과 먹기에 좋은 요리가 동파육(東坡肉)이기도 한 것을 보면 더욱 그렇다. 그러나 소동파보다도 30년 더 앞서 살았던 매요신(梅堯臣, 1002~1060)의 〈하돈〉 시에 "봄 물가에 갈대 싹 나오고, 봄 언덕에 버들개지 날리네. 하돈이 이 무렵이 되면, 귀해서 생선 새우는 꼽지도 않네.[春洲生荻芽, 春岸飛楊花. 河豚當此時, 貴不數魚鰕.]"라고 한 것을 연역한 것이다. 그리고 이 그림의 실제 경치는 2월에 해당하지만 이때는 이미 복어가 강물에 많아 올라와 있는 시기라고 하며 후대의 평자들은 소동파의 이 구절이 타당하지 않다고 지적하기도 한다.

노아(蘆芽)나 적아(荻芽)라고 한 것은 갈대의 어린 순을 말하는데 중국 남방 사람들은 이것을 탕으로 끓여 먹는 것을 최고의 맛으로 친다고 한다. 그러니 이 그림의 갈대 싹을 보면 많은 사람이 탕을 생각하고 또 제철 음식인 복어를 연상할 것이다. 이 시가 유명해진 것은 이런 문화적이 배경을 바탕으로 하고 있다.

혜숭이 그린 그림은 동일 제목의 2폭이라 소식도 2편을 썼는데 특히 앞 시가 유명하다. 나머지 한 편을 더 본다.

兩兩歸鴻欲破羣　　쌍쌍이 돌아가는 기러기 행렬 무너질 듯
량 량 귀 홍 욕 파 군
依依還似北歸人　　북으로 귀향하는 사람이 아쉬워하는 모양
의 의 환 사 북 귀 인

惠崇, **沙汀煙樹圖**, 北宋, 24×25cm, 中國 遼寧省博物館.
간결한 필법으로 강 좌우 양안의 버드나무와 어린 연잎, 안개를 묘사하고 중앙의 강을 공백으로 삼아 이른 봄 강의 정취를 더욱 효과적으로 묘사하고 있다. 이런 강으로 복어가 올라오고 강변에는 어린 갈대순도 자랄 것이다.

遙知朔漠多風雪	북쪽 사막엔 아직 눈보라가 많이 칠 텐데
요지삭막다풍설	
更待江南半月春	강남에서 봄 반달 정도 더 기다렸다 가길
갱대강남반월춘	

 기러기는 안진(雁陣)이라는 말이 있듯이 전투 대형처럼 질서정연하게 편대를 이루어 난다. 아마도 혜숭이 그린 그림에는 기러기 편대가 정연하지 않고 무언가 허술해 보였던 듯하다. 소식은 그런 기러기 대형을 보고 북쪽에 고향을 둔 사람이 돌아가면서 남쪽에서 살던 것을 못 잊어 떠날 때 주저하는 것이라 해석한다. 그러면서 아직 북쪽의 사막은 춥고 눈도 많이 올 것으로 생각되니 강남에서 달포 정도 좀 더 머물다 가면 어떠냐고 유머를 던진다. 자연의 경치에 인간의 감정을 부여하여 그림을 더욱 서정적으로 만들고 있다.

 첫 구의 欲(욕)은 기러기들의 의지가 아니다. '~하려고 한다.'가 아니라 '~인 듯하다.'란 뜻이다. 기러기의 의지와는 무관하게 행렬 중에 몇 마리가 낙오할 것처럼 보인다는 말이다. 두목(杜牧)의 〈淸明(청명)〉 시에, 명절인데 고향도 못 가고 게다가 비까지 추적추적 내려 '너무도 마음이 서글프다'는 말을 '欲斷魂(욕단혼)'이라고 한 '欲(욕)'과 같은 용법이다.

070 3월 11일

勞勞亭
로로정

이백(李白) _당(唐)

天下傷心處	천하에 가장 슬픈 이곳
勞勞送客亭	손님과 작별하는 로로정
春風知別苦	봄바람도 이별의 고통을 아는지
不遣柳條青	버들가지 푸르게 만들지 않았네

예전 사람들은 이 시를 읽을 때 지금처럼 '노로정'이라 하지 않고 '로로정'이라 했을 것이다. 최소한 1933년 한글 맞춤법이 나오기 전까지는 말이다. 두음법칙을 표기에 적용하는 발상은 처음 이숭녕이 하였고, 이어 이희승과 최현배가 동조하여 정착된 것이라 하는데 나는 매우 잘못된 것이라 생각한다. 실제로 ㄴ, ㄹ을 첫소리에 발음하기 어려운 사람도 있지만 아무 문제가 없는 사람도 많다. 그러므로 이를 자음동화처럼 하나의 발음현상으로 허용하는 것으로도 충분하였는데 표기에까지 적용한 것은 문제가 있다. 만약 이것이 정말 법칙이라면 왜 외래어에는 적용을 하지 않나? 그것은 한국인이 발음상으로 문제가 없다는 것을 반증한다.

두음법칙 때문에 '로로정'을 '노로정'으로 표현하면 마치 '노'와 '로'가 다른 글자인 것처럼 보이고 읽을 때도 두 글자를 반복해서 읽는 의미가 사라져 버린다. 한문 번역과 관련된 일을 하다 보면 정말 불편하고 거추장스럽고 착각이 많이 발생하는 것이 바로 이 두음법칙이다. 지금 새삼스럽게 대단한 주장을 하자는 것은 아니지만 이런 구체적 사례를 만날 때마다 두음법칙을 만든 사람을 절로 원망하게 된다.

로로정은 삼국시대 오나라 때 창건한 정자로 남경시 서남쪽에 유지가 남아 있다. 고래로 송별 장소로 유명한 정자이다. 이 시가 언제 지어졌는지 분명치 않은데 연구자들은 749년 이백이 금릉, 즉 남경에 갔을 때 지은 시로 보고 있다. '로로(勞勞)'라는 말은 이별을 아쉬워 슬퍼하고 근심하는 모양을 뜻한다. 『옥대신영』에 수록된 고시 중에 무명인의 〈초중경의 아내를 위해 짓다[爲焦仲卿妻作]〉에 "손들어 이별하며 오래도록 슬픔에 젖으니, 두 사람 다 안타까워하네.[擧手長勞勞, 二情同依依]"라는 표현이 있는데, 이 정자의 작명과 매우 연관성이 있어 보인다.

이백은 많은 사람들과 사귀고 술을 많이 마셨기 때문에 송별시와 유연시(遊宴詩)가 많다. 그런데 삼민서국『이백시전집』에서는 이 시를 제영시(題詠詩)에 분류하고 있다. 이 시의 성격이 누군가를 송별하는 데 초점이 있는 것이 아니라 그 송별의 장소로 애용되던 정자 자체에 있다고 본 것이다.

두 번째 구에 '勞勞送客亭(로로송객정)'이라 한 것처럼 어떤 사물명 사이에 갈 '之(지)'라든가 이처럼 송객(送客) 등의 수식 어구를 넣은 표현이 한문에는 많다. 이는 한문 특유의 조어법으로 풍부한 표현을 가능하게 한다. 마지막 '遣(견)'은 '使(사)'의 의미로 쓴 말이다.

고인(古人)들이 이별을 할 때 절류(折柳)라고 하여 아쉬운 마음을 전하는 뜻으로 버들을 꺾어 길 가는 사람에게 주었는데 이는 버들 '柳(류)'가 머물 '留(류)'와 발음이 같은 데서 착안한 것이다. 요즘 우리나라 사람이 '사과'의 의미로 '사과'를 주는 것과 비슷하다. 이백이 이 정자에 갔을 때가 마침 이른 봄이었던 모양이다. 아직 버들이 누구에게 꺾어 줄만큼 푸르지 않은 것을 보고 아이디어를 얻은 것 같다. 버들이 이별을 아쉬워하는 사람 마음을 알아 일부러 싹이 안 트게 하였다는 정감어린 말을 한 것이다.

봄은 만물이 약동하고 이제 모든 것이 시작되는 시기라 이별과 안 어울릴 것 같은데 묘하게 봄이 이별과 잘 어울리는 것은 참 알지 못할 인간의 감정이다.

幽處
내가 은거하는 곳

석 문향(釋文珦) _송(宋)

幽處絕煩喧	그윽한 이곳 소란함은 없고
白雲常在門	흰 구름 늘 문에 걸쳐 있네
高歌動澗壑	큰 노래 소리 골짝을 울리고
空境外乾坤	빈 이곳은 세상 밖의 세상
洗眼菖蒲水	창포 잎의 이슬로 눈을 씻고
輕身枸杞根	구기자 뿌리 먹어 몸 가볍네
閑中存至樂	한가한 가운데 지락이 있나니
難與俗人言	속인들과는 말하기 어렵네

승려 문향(1210~?1290)은 지금의 항주 서쪽 임안(臨安) 근처에 있는 오잠(於潛) 사람으로 어려서 항주에서 출가하여 동남방을 두루 돌아다닌 승려이다. 자신이 지은 시에 제영시가 300이요, 돌아다닌 곳이 4천 리라 한 표현이 있다. 나중에 어떤 일로 감옥에 갇혔다가 나온 뒤로는 행적을 감추었는데 죽을 때 나이가 80여 세라고 한다. 호는 잠산노수(潛山老叟)이고 문집『潛山集(잠산집)』이 있다.

이 시인의 문집은 12권인데 일별해 보면 산수에서 은거하고 소요하는 즐거움을 노래한 것이 많다. 음시와 독서, 산보가 주로 일과였던 것 같은데 한국의 승려들 시와는 다르게 은거하는 독서인 같은 인상을 준다. 조용히 음미해 볼만한 시가 많다.

구기자는 본래 국화와 함께 기국(杞菊)이라 병칭하며 장수의 소재로 시문과 회화에 많이 보이지만 창포가 눈을 밝게 한다는 것은 낯설다. 찾아보니 창포에는 '통구규(通九竅)'라 해서 눈, 코, 귀, 입 등 인체에 있는 9개의 구멍을 잘 통하게 하고 '명이목(明耳目)'이라 해서 눈과 귀를 밝게 해 주는 약성이 있다고 한다. 명나라 때 의학자 이시진(李時珍)의 『本草綱目(본초강목)』에 '잣나무 잎의 이슬과 창포 잎의 이슬로 매일 아침에 세수를 하면 눈이 밝아진다.'라고 하였다. 옛날 학자들이 책상에 창포 화분을 둔 것은 이 때문이다. 이 시인이 말한 것도 이런 맥락으로 보인다.

아무도 없는 골짜기에서 큰 소리로 노래하면 사방에서 울려 더욱 신이 나고 멀리 내지르면 자신의 소리가 메아리가 되어 돌아온다. 세속과 멀어진 자신만의 공간은 또 다른 별세계이다. 밤늦게 등잔 아래서 책을 읽느라 뻑뻑해진 눈알은 창포물로 씻으면 다시 맑아지고 구기자 뿌리를 달여 먹으니 폐와 혈관이 원활하고 기운이 나서 몸도 가볍다. 한가하게 자연 속에서 내면의 충일함을 즐기는 이러한 삶을 성공을 위해 밤낮으로 경쟁하는 속인들에게 말하기는 어려울 것이다.

승려보다 더 승려다운 가식 없는 시어에서 은자의 체취가 흔흔히 풍긴다. 별도의 한 시경(詩境)을 연 이런 시인을 알게 되어 기쁘다.

文伯仁, **石湖草堂圖**, 明(1553), 紙本設色, 25.8×142.4㎝, 中國 蘇州博物館.
문백인(文伯仁, 1502~1575) 소주 출신으로 문징명(文徵明)의 조카이다. 문징명의 가법을 전수받아 산수를 잘 그렸다.
이 그림은 명나라의 서법가 왕총(王寵, 1494~1533)이 소주의 능가산(楞迦山) 자락의 능가사 근처에 있는 석호초당(石湖草堂)에서 글씨를 쓰고 있는 모습을 그린 그림이다. 당시 소주에서는 산수에 고사(故事)를 적용해 그리는 그림이 유행하였는데 이는 오문화파(吳門畵派)의 중요 특장이다. 문백인은 자신의 제자 김용(金用)이 북경으로 과거 시험을 치러 갈 때 그를 격려하기 위하여 이 그림을 그려 주었다. 가는 필선으로 정치하게 그려내고 채색도 곱게 한 수작이다. 왕총은 왕희지와 우세남을 배워 행초서를 특별히 잘 썼다.

子夜吳歌 _ 春歌
자야오가 _ 봄노래

이백(李白) _ 당(唐)

秦地羅敷女	진나라 참한 아가씨 나부
采桑綠水邊	푸른 물가에서 뽕을 따네
素手青條上	푸른 가지 오가는 하얀 손
紅粧白日鮮	붉은 차림 햇살 아래 곱네
蠶饑妾欲去	누에가 배고파 전 가야해요
五馬莫留連	귀공은 더 지체하지 마셔요

제목의 〈자야오가〉는 한나라 악부의 한 형식으로 그 기원은 앞의 2월 28일(59회) 〈자야사시가(子夜四時歌)〉에서 언급한 적이 있다. 골자만 다시 말하면 남방의 민간 가요라는 설과 자야(子夜)라는 실명의 작가라는 두 가지 학설이 있다. 이 시는 〈자야오가〉의 4편 중 봄에 해당한다. '長安一片月이요, 萬戶擣衣聲이라'라고 시작하는 시는 가을에 해당한다.

새파란 뽕잎에 흰 손이 오락가락하고 햇살을 받아 더욱 아름다운 여인의 차림을 묘사하였다. 그런데 이 여인이 정말 아름다운 건 그런 외모만이 아니라 지체가 높은 고을 수령 같은 사람의 수작에도 넘어가지 않는 기품을 지녔다는 점이다.

孫艾, **蠶桑圖** 軸, 紙本設色, 65.7×29.4cm, 中國 北京 故宮博物院.
뽕잎에 붙은 누에가 시원하게 뽕잎을 갉아 먹고 있다. 아래에 전인부(錢仁夫)와 심주(沈周)의 시가 적혀 있는데 심주는 누에가 뽕잎을 갉아먹는 소리를 빗소리에, 갉아 먹은 모양을 구름에 비유하고 있다.

여기 나오는 나부(羅敷)는 이름에서 연상이 되듯 누에를 잘 치는 여인이다. 한단(邯鄲) 출신이고 미녀로 알려져 있다. 한나라 악부 〈길 가의 뽕나무[陌上桑]〉에는 결혼한 여인으로 형상화되어 있다. 五馬(오마)는 귀인을 말한다. 보통 수레는 말 4필이 끄는데 태수는 의전을 높여 5마리가 끈다. 그래서 태수를 오마라 하며 태수처럼 귀한 신분의 사람들도 오마라고 한다.

이 시는 이백이 이전의 시를 자기 나름으로 다시 리메이크한 것이다. 동일한 제목이나 같은 소재로 다시 작품을 짓는 경우는 보통 두 가지 이유가 있다. 하나는 그 작품이 좋아서이다. 이런 경우 그 작품을 충실히 모방하는 방향으로 가는데 작품에 '擬(의)' 자가 붙는 경우도 있다. 마치 그림에 '倣(방)'이 붙은 것과 같다. 〈비파행〉 같은 작품은 우리나라에 몇 번 속작이 나왔다. 다른 하나는 이전의 작품이 마음에 안 들어서이다. 대개 그 소재나 고사는 좋은데 작품을 제대로 만들지 못했다고 생각하는 경우이다. 우리나라에 〈서경부〉는 여러

편이 있는데 이시항의 〈서경부〉가 그런 경우다. 이런 의고 작품은 대체로 작가의 문학적 역량에 대한 자신감이나 자부심에서 출발하는 경우가 많다. 그러므로 현대의 표절과는 출발 동기가 오히려 반대이다. 그리고 이전에 만든 작품의 겉모습뿐만 아니라 그 정신까지 묘사해 내려면 해당 작품과 작가에 대한 연구와 이해가 깊어야 하므로 남들이 모르는 경지를 발견해야 한다. 기존 작품의 정신을 되살리고 심화시킨다는 면에서 이는 창조적인 예술정신과 오히려 통하는 것이다. 예전 의고(擬古) 작품을 볼 때 이런 주의가 필요하다.

이백은 그럼 어느 쪽일까? 기회가 되면 두 작품을 비교해 보기 바란다. 〈길 가의 뽕나무〉는 추근대는 사람에게 많은 말을 하고 있다. 그러나 이백의 시는 단 두 마디다. '누에가 배고파요!', '더 머물지 마세요!' 어느 쪽이 거절하는 여인의 모습을 더 잘 형상화한 것인가?

아름다운 계절, 마음씨가 더 아름답다면 정말 아름다운 세상이 될 것이다. 뽕잎도 피고 싱그러운 봄이 되기 전 마음의 준비를 위해 미리 이런 시를 읽어 두면 좋을 것이다.

073 3월 14일

閑出
한 출
한가하게 집을 나서며

백거이(白居易) _당(唐)

身外無羈束 신외무기속	외물에는 구속된 마음 없고
心中少是非 심중소시비	마음에는 다투는 시비 적네
被花留便住 피화류편주	꽃에 끌리면 머물러 감상하고
逢酒醉方歸 봉주취방귀	술을 만나면 취해서 돌아오네
人事行時少 인사행시소	세상일에 참견하는 것 적고
官曹入日稀 관조입일희	관청에 드나드는 것도 드무네
春寒遊正好 춘한유정호	쌀쌀한 봄 날씨 다니기엔 딱 좋아
穩馬薄綿衣 온마박면의	길들인 말에 얇은 면 옷 입고서

이 시만 보면 관직에서 떠나 시골에서 한가롭게 지내면서 지은 시 같지만 실제로는 백거이(772-846)가 가장 안정된 관직 생활을 하던 828년 그의 나이 57세에 장안에서 지은 시이다. 『白居易集箋校(백거이집전교)』(上海古籍出版社, 1988)에 수록된 연보에 의하면 그는 당시 2월 19일에 낙양서 장안으로 돌아왔으며 비서감에서 형부 시랑으로 자리를 옮긴 상태이다. 지난번 〈그리운 강남〉(63회)에서 언급한 소주 자사에서 돌아온 지 3

년 만이다.

'被花留便住'는 '被花˘留便住'로 띄어 읽어도 의미상으로는 '被花留˘便住' 된다. 즉 '꽃에 의해 붙잡히면 곧 머물고'라고 새겨야 하는 말이니, 꽃이 자신을 끌면 끌리는 대로 머물러 감상한다는 말이다. 官曹(관조)는 관청의 의미이다. 조선시대에 이호예병형공을 육조(六曹)라 하는데 여기에 사용된 曹(조)가 바로 그것으로, 어떤 사무를 나누어 맡아 다스리는 곳이라는 의미이다.

출세한 고관들 시에 이런 한적한 생활을 노래한 시가 많다. 우리나라 서거정(徐居正) 같은 경우가 대표적이다. 많은 관리들의 경우 실제로는 벼슬을 다투고 여러 가지 일로 복잡하지만 이처럼 전혀 벼슬에는 관심이 없고 초연하게 세속의 물욕을 벗어나 은거해 사는 삶을 꿈꾸는 시가 많다.

그 이유는 저마다 다르지만 대체적인 경향은 있다. 하나는 다른 관리들에게 자신이 크게 관직에 욕심이 없는 사람으로 포장하려는 것이고 다른 하나는 실제로 관직에는 있지만 마음은 자연에 있기 때문이다. 은자로 사는 사람도 형편은 마찬가지여서 겉으로는 은자로 살지만 실제는 벼슬에 관심이 많은 경우가 있고 어쩔 수 없이 내몰려서 은거 생활을 하는 경우도 많다.

일반 백성의 입장에서 보자면 벼슬을 하는 관료는 정말 공무에 충실한 사람이 필요하고 은거해 사는 사람은 여러 학문이나 교양의 혜택을 나누는 것이 좋을 것이다. 지금도 그렇지만 예전에도 그런 사람은 적고 당대나 후대에 문집이나 여러 기록으로 포장된 경우가 오히려 많다.

백거이 입장에서 이 시를 보자면 강주 사마로 좌천될 때 크게 좌절을 경험했고 또 근년에 병까지 앓아 세상일에 의욕을 잃은 것으로 보인다. 실제로 이해 12월에는 100일간 병가를 내기도 한다. 조정의 심각한 당쟁과 개인적인 질병에 시인이 평소 관심을 둔 노자나 불교 취미가 파고들어 이처럼 현실과 적극적으로 대결하지 않고 명철보신하면서 자신의 천명을 즐기는 방향으로 나아간 것으로 보인다. 백거이의 호 낙천

(樂天)은 이 시 전체의 정조를 지배하는 한(閑)과 아주 잘 어울려 보인다. 시인이 몇 년 뒤 낙양으로 은퇴한 뒤에는 그러한 색채가 더욱 강해진다.

3, 4구는 이런 생활 태도를 가장 잘 보여준다. 아름다운 꽃이 나를 잡아끌면 그대로 머물러 그 꽃을 즐겁게 감상하고 좋은 술을 만나면 취하도록 실컷 마신 뒤에 귀가한다. 또 자신의 일이 아니면 굳이 나서지 않고 세상일에 참견도 하지 않는다. 관직 생활이 이제는 하나의 은거 방편이기까지 하다. 이런 태도는 전체적으로 달관한 사람의 자세를 보여준다. 끝까지 세상사로 고민했던 두보와는 반대의 인생 태도이다.

아직은 약간 쌀쌀한 날씨. 그러나 봄나들이 떠나기엔 딱 알맞을 때이다. 잘 길들인 말을 타고 가벼운 면 옷으로 갈아입고 산뜻하게 출발하는데서 여유 있는 50대 후반의 백거이의 로망과 당시 당나라 상류층 지식인의 경향을 엿볼 수 있다.

074
3월 15일

湖上(호상)
호숫가에서

진윤평(陳允平) _송(宋)

流水斷橋邊 (유수단교변)	흐르는 물결 서호의 단교 가
笙歌擁畫船 (생가옹화선)	생황 선율 유람선을 감싸네
日酣花半醉 (일감화반취)	날마다 취하니 꽃도 취하고
春困柳三眠 (춘곤류삼면)	졸리는 봄이라 버들도 조네
策杖登雲洞 (책장등운동)	지팡이 짚고 동천을 올라가고
觀魚上玉泉 (관어상옥천)	물고기 보며 샘물을 찾아가네
鳳城歸去晩 (봉성귀거만)	도성에서 늦게 돌아왔다고
山鎖萬重煙 (산쇄만중연)	산이 만 겹 운무로 가리웠네

진윤평은 절강성 은현(鄞縣), 즉 지금의 영파(寧波) 사람으로 송말원초 시기를 살다 간 인물이다. 출생 시기를 대략 1215년에서 1220년 사이로 잡고 있다. 그는 송나라 때는 과거에 낙방한 뒤 지금의 상해와 절강성 일대를 떠돌며 살았고 원나라 때는 인재로 천거되어 대도(大都)까지 갔으나 사양하고 돌아왔다.

『兩宋名賢小集(양송명현소집)』에 보면 그는 재주가 뛰어나고 박식해서 당시의 이름난 공경들이 다 그에게 경도되었다고 하며 산수를 찾아 마음대로 다니며 시를 지었는데 특히 음률에 맞는 가사를 잘 지었다고 한다. 그가 지은 『石湖漁唱詞(석호어창사)』가 그 흔적이다. 『宋百家詩存(송백가시존)』에 그의 시집 『西麓詩藁(서록시고)』가 수록되어 있는데 이 책의 소전(小傳)에는 『양송명현소집』의 내용에 이어 '맑은 풍모와 굳센 절조[淸風勁節]를 당시 사람들이 존경하였다.'라는 말이 덧붙어 있다. 진윤평은 시와 사 둘 다 많은 작품을 썼는데 서호를 무대로 한 것이 많다.

 이 시 전후의 시를 살펴보면 원나라 때 천거되어 대도로 갔다가 다시 항주 서호로 돌아왔을 때 지은 시로 보인다. 이 시 바로 다음에 기록된 시가 〈西湖莫春(서호모춘)〉이며 이 시의 첫 구에 나오는 단교(斷橋)는 바로 서호의 백제(白堤)에 있는 단교잔설(斷橋殘雪)로 유명한 바로 그 '단교'를 말하기 때문이다. 특히 이 시의 끝 2구는 공치규(孔稚珪)의 〈北山移文(북산이문)〉을 바탕으로 하고 있다. 남경 종산(鍾山)에서 은거하던 주옹(周顒)이 출세하여 현령을 하다가 서울로 가는 길에 이 산에 들리려 하니, 같이 은거하던 공치규가 종산의 신령이 공문을 보내 못 오게 가로막는다는 내용으로 지은 글이다. 그 글에 보면 구름과 안개로 산과 골짜기를 안 보이게 하고 나뭇가지를 부러뜨려 주옹의 수레를 막아야 한다는 내용으로 되어 있다.

 雲洞(운동)이나 玉泉(옥천)은 모두 미화법으로 구름이 낀 동천(洞天), 즉 아름다운 골짜기나 맑은 물이 흘러나오는 샘을 말한다. 마침 서호 북고봉(北高峰) 아래 '옥천'이 있어 '운동'도 지명일 것 같지만 이 사람 시에 〈雲間洞天(운간동천)〉이란 시가 있어 둘 다 일반명사로 보인다. 이곳에 다시 가려고 하니 서울에 가서 오래 머물다 왔다고 산이 화를 내며 못 오게 구름과 안개를 만 겹으로 둘러쳐 잠갔다는 것이다.

 앞 4구는 당시 서호의 풍경을 연상하게 한다. 단교 주변에 유람하는 배들이 떠다니고 그 주변에 음악을 연주하는 소리가 요란하다. 이런 풍경 속에서 연일 술에 취해 다니니 주변의 꽃들도 술에 취해 얼굴이 벌겋고, 나른한 봄이라 버드나무도 비스듬히 누워 졸고 있다. 한나라 무제의 동산에 있는 어떤 버드나무는 사람과 흡사한데 하루에 3번 일어나고 3번 잤다는 고사가 있다. 그래서 삼면류(三眠柳), 성류(聖柳), 인류(人柳)라고 한다. 버드나무가 바람이 불 때 한쪽으로 누워 있는 모습을 보고 이런 생각을 한 듯하다.

항주의 서호 백제에서 단교를 건너 임포(林逋)가 살던 고산(孤山)에서 놀다가 쌍봉삽운(雙峰揷雲) 방향으로 가면 초당4걸의 한 사람인 낙빈왕이 은거한 영은사(靈隱寺)가 나온다. 그 곁에 도광암(韜光庵)도 있고 냉천정(冷泉亭)도 있다. 이쪽에 옥천사(玉泉寺)도 있고 예전 갈홍(葛洪)이 연단을 빚었던 곳도 있다. 아마도 이 시인의 행로는 이 방향이었을 것이다.

春日過僧舍
봄날 절간에 들러

원흥종(員興宗) _송(宋)

青春了無事	푸르른 봄날 할 일도 없어
挈客上伽藍	손님 데리고 절간에 올랐네
遙指翠微樹	멀리 푸른 숲을 가리키고
來尋尊者庵	승려의 암자를 찾아 왔네
不須談九九	구구를 논할 필요 없는데
何必論三三	굳이 삼삼을 말할 것 있나
且坐吃茶去	우선 앉아 차나 한잔 하고
留禪明日參	참선은 남겼다가 내일 하세

원흥종은 생몰연대가 불확실한데 남송 고종과 효종 연간에 살았던 인물이다. 성도(成都) 남쪽에 위치한 융주(隆州)의 인수(仁壽)가 그의 고향이다. 출사하기 전에 구화산(九華山)에 살아 호가 구화(九華)이고 그의 문집도 『구화집』이다. 그는 진사에 급제한 뒤에 주로 역사를 편찬하는 관직을 많이 맡았는데 귀족을 비판하는 상소를 올렸다가 참소를 당해 윤주(潤州)에서 여생을 마쳤다. 당대의 장식(張栻)이나 육구연

(陸九淵) 등과 편지를 주고받은 게 많다. 전반적인 면모는 학자형 관료인 셈이다.

'구구(九九)'와 '삼삼(三三)'은 선불교의 공안(公案), 즉 화두(話頭)에서 나온 말이다. 운문선사(雲門禪師, 864~949)에게 어떤 승려가 묻기를 "어떤 것이 최초의 한 구절입니까?" 하니, 선사가 대답하기를, "구구는 팔십일이니라."라고 하였고, 뒤이은 질문에도 계속 같은 답을 한 일이 있다. 이는 마음의 근본 자리를 이미 답하였는데 자꾸 따져 묻는 분별심을 두고 한 말로 보인다. 『禪門拈頌集(선문염송집)』 24권에 나온다.

또 '삼삼(三三)'은 문수보살(文殊菩薩)과 무착선사(無著禪師, 820~900)의 대화에서 나온 말이다. 무착이 문수에게 수행자가 얼마나 되느냐고 묻자, 문수가 앞에도 삼삼[前三三], 뒤에도 삼삼[後三三]이라는 말로 답해 주었다. 『碧巖錄(벽암록)』 35칙에 나온다.

이 '전삼삼, 후삼삼'과 '구구팔십일'은 현상으로 다르게 나타나는 사물의 차별상(差別相)에 대해 근본 자리를 가리켜 보인 것으로 이해할 수 있다. 그러므로 여기서 구구가 삼삼보다 굳이 더 중요한 것은 아니다. 삼삼이든 구구든 이런 선문답은 하지 말자는 것이다. 이 암자에서 선의 근본을 그냥 느끼며 차나 한잔 하면 되지 새삼스럽게 선문답 따위를 들먹일 필요가 없다는 뜻이다.

나는 처음에 이 부분을 다르게 보았는데 시가 딱 떨어지지 않아 한문도 잘 하면서 불교에 조예가 깊은 이상하 선생에게 물어 보았더니 무착선사와 운문선사 이야기를 해 준다. 내가 꼬치꼬치 물으니 '하, 이 사람 빨리 원고 제출해야 하는데……' 라고 뒤를 흐려 깊이 토론해 보지는 못하였다. 이 시를 보는 사람들은 이를 바탕으로 더 생각해 보기 바란다.

吃茶去(흘다거)는 당나라 조주선사(趙州禪師, 778~897)의 공안에서 나온 말로 여기 쓰인 '去(거)'는 의미를 강하게 하는 일종의 조사이다. '차를 마시고 가라.'는 말이 아니고 '차를 마시라.'의 의미이다. 마지막 구는 '선(禪)'을 남겼다가 내일 참구(參究)하세'란 의미이니, 쉽게 말하면 참선은 내일 하자는 말이다.

따분한 어느 봄날 야유회 겸 다소 먼 거리에 있는 사찰을 찾아 구경도 하고 차도 마시고 머물러 참선을 하는 것을 통해 남송 시대 지식인의 여가 생활도 함께 엿볼 수 있는 시이다. 또한 한시 한 편의 이해가 참으로 어렵지만 알고 보면 매우 재미있다는 사실도 알려주는 좋은 시이다.

076
3월 17일

春風
봄바람

원매(袁枚) _청(淸)

春風如貴客	봄바람은 귀한 손님 같아
一到便繁華	오기만 오면 번화해지니
來掃千山雪	천산의 눈을 녹이며 와서
歸留萬國花	만국에 꽃을 남기고 가네

청나라 항주 출신 저명 문인 원매(1716~1797)의 시이다.

전 시대에 수없이 많은 시인들이 봄바람을 노래했는데도 마치 빈 종이에 처음으로 봄바람을 그리는 것처럼 시를 써 놓았다. 봄을 노래하는 시로는 스케일이 크고 담긴 의미도 자연 현상을 초월하는 언외지의(言外之意)가 풍부하여 이 시인의 국량을 엿보게 한다.

원매는 수원(隨園)이란 대정원을 경영하면서 호를 수원주인(隨園主人)이라고도 했는데 물질적 풍요와 호색을 마음껏 구가한 특이한 인물이다. 수원이란 이름 자체도 지형을 그대로 따라서 정원을 만들었다는 의미이다. 이처럼 그는 사람의 욕망을 긍정하고 적극적으로 향유해 전통문인들이 가난하게 살면서 정신적 자유와 풍요를 누린 것과는 아주 대조되는 인물이다. 그런데 더욱 놀라운 것은 이런 자신의 사치스러운 생활비용을 글을 팔아 마련했다는 것이다. 요즘도 전업 작가로 살기는 어려운 일인데 18세기에 전업 작가로 살면서 이러한 호사를 누린 것은 확실히 이색적이다.

『중국의 은자들』(한길사)에는 이런 원매가 또 은자로 소개되어 있어 더욱 놀랍다. 그는 북경에 와서 관리 생활을 하였는데 만주어 시험에서 낙제하여 결국 정식 관리가 되지 못하고 강소성 율수현(溧樹縣)으로 방출되었다. 그는 1749년 34세부터 82세로 죽을 때까지 이 수원에서 주로 지냈다. 50년 가까이 역량 있는 문인이 벼슬을 하지 않았다는 면에서는 은자로 볼 수도 있지만 원매는 자신의 대저택에서 호화롭게 사람들과 어울려 살았기 때문에 재야의 고소득 저명 문필가로 불러야 실상에 맞다.

원나라 말기 이래 많은 문인들이 강남에 모여 살면서 점점 문인들의 생활과 가치관이 사회 경제적인 발전과 함께 변해온 여정의 한 양상으로 이런 원매와 같은 문인 유형이 등장한 것일 것이다.

누가 읽어보아도 쉽고 좋은 이 시를 보면 인기를 끌 수 있겠다는 생각도 든다. 이런 시가 한국에 널리 알려지지 않은 것은 퍽 이상한 일이다.

袁起, 隨園圖, 淸, 絹本設色, 42×142cm, 中國 南京博物院.
자연적인 지형을 활용하여 대규모 저택을 짓고 그 전면에 큰 연못을 조성하였는데 연꽃이 한창 피어 있는 여름 풍경이다. 원매는 1748년 귀향한 이래 작고하기 전까지 50년간 이 수원(隨園)에서 살았다. 수원은 그림에서 보듯이 매우 넓고 화려한데 그는 이곳에서 많은 첩들과 여제자, 그리고 강남의 명사들과 자신의 욕망을 채우고 호화로운 연회를 즐기며 살았다.

077
3월 18일

絶句 其一
절구 1

두보(杜甫) _당(唐)

遲日江山麗 　봄날이라 강산은 수려하고
춘풍화초향
春風花草香 　봄바람에 화초도 향기롭네
泥融飛燕子 　제비는 녹은 진흙 물고 날고
니융비연자
沙暖睡鴛鴦 　원앙은 따뜻한 모래톱서 조네
사난수원앙

　　764년 늦봄, 두보가 53세 때에 성도에서 지은 시이다. 4구가 모두 대구로 이루어져 있다. 遲日(지일)은 봄날이라는 뜻이다. 3월 9일(68회) 두심언(杜審言)의 〈渡湘江(도상강)〉에서 자세히 설명하였다. 1구는 봄 햇살 아래 수려한 강산의 모습을, 2구는 봄바람 속의 향기로운 화초를 노래하였는데 이런 대구의 구사를 위해 반드시 춘일(春日)이 아닌 다른 말이 필요한 것이다. 花草(화초)는 앞의 강산과 짝을 이루어 꽃과 풀들을 광범위하게 지칭하고 있다.

　　봄이 와 진흙이 녹으니 제비가 와서 집을 짓기 위해 날아다니고 모래톱의 모래가 따뜻하니 원앙이 잠을 잔다는 내용을 매우 회화적으로 묘사해 놓았다. 앞의 2구가 원경과 중경이라면 이 2구는 근경이다. 하나는 동경(動景), 하나는 정경(靜景)을 골라 역시 봄에 움직이는 사물들을 포괄하는 효과를 낸다. 만약 이 시를 그림으로 그린다

周之冕, **雙燕鴛鴦圖**, 明, 絹本設色, 186.2×91.2cm, 中國 北京 故宮博物院.
주지면(周之冕, 16세기)은 소주 사람으로 사의(寫意) 화조화를 잘 그려 가장 신운(神韻)이 있다는 평가를 받는다. 부러진 고목에도 파릇한 새순이 돋았고 꽃나무에 꽃이 만개하였는데 정답게 짝을 이룬 원앙 암컷은 꽃을 보고 있고 제비 두 마리는 하늘을 마주 날고 있다.

면 '봄바람 속의 화초 향기'는 어떻게 묘사해야 할까?

〈絕句(절구)〉라는 제목의 이 시는 2편으로 구성되어 있다. 뒤의 다른 한편은 아마도 우리나라 사람이면 학교에서 배워 잘 아는 시일 것이다. 참고삼아 같이 붙여둔다.

江碧鳥逾白 _{강벽조유백}	강이 파라니 새 더욱 희고
山靑花欲然 _{산청화욕연}	산이 푸르니 꽃 불이 일듯
今春看又過 _{금춘간우과}	올 봄도 보면서 또 보내니
何日是歸年 _{하일시귀년}	언제나 고향에 돌아갈는지

然(연)은 燃(연)의 의미이다. 花欲燃(화욕연)은 꽃에 금방 불이라도 붙을 것처럼 붉다는 말이다.

첫 수의 정교한 대구와 달리 이 시는 전 2구는 대구를 쓰고 후 2구는 산구(散句)를 썼다. 첫수는 주로 경치를 묘사한 것이지만 이 시는 서정에 무게 중심이 있는데 3구에서 정교한 대구를 깨어 파란을 준 것이 사향(思鄕)으로 인한 시름을 표현하는데 오히려 자연스럽다.

이 시의 '又(우)' 한 글자에 깊은 묘미가 있는 것을 고래의 많은 사람들이 지적했는데 역시 묘미가 있다. 앞 2구에서 선명한 대조적 심상을 사용한 것이 오히려 又에 더 큰 무게를 주는 듯하다.

두 편의 시를 함께 읽어도 좋고 개별 작품으로 따로 떼어 읽어도 좋고 앞 시는 앞 시대로 좋고 뒤의 시는 뒤의 시대로 좋다.

村居
촌거
시골에서 살면서

고정(高鼎) _청(淸)

草長鶯飛二月天	풀 자라고 꾀꼬리 나는 이월
초장앵비이월천	
拂堤楊柳醉春煙	봄 안개에 취한 버들 방죽에 흔들리네
불제양류취춘연	
兒童散學歸來早	아이들은 방과 후 일찍 돌아와
아동산학귀래조	
忙趁東風放紙鳶	서둘러 봄바람에 연을 날리네
망진동풍방지연	

　방죽에 안개가 끼고 그 주변에 늘어서서 흔들리는 봄버들을 배경으로 아이들이 학교를 마치는 대로 급히 집으로 뛰어와 연날리기 놀이에 열중하는 모습을 그리고 있다.

　2구가 특히 눈길을 끈다. 버들의 실가지들이 방죽 위에 늘어뜨려진 상태로 바람이 불면 방죽을 스치고 있는데 시인은 그 모습을 봄 연무에 취해서 그런다고 한다.

　연날리기는 우리나라도 그렇지만 중국도 매우 유서 깊은 전통 놀이다. 〈청명상하도〉 두루마리를 펼치면 먼저 안개 낀 강가의 버드나무들이 나오고 소를 타고 가는 아이에 이어 연을 날리고 버드나무를 꺾어 노는 아이들 모습이 등장한다. 요즘은 연을 날리는 모습을 보기가 드물지만 예전에는 정초부터 보름 때까지 연날리기가 무척 성행하였다. 특히 흥미로운 것은 연을 날리다 보면 연싸움을 걸어오는 아이들이 있게 마련이고 대부분의 아이들은 이를 각오하고 연을 날리러 간다. 어렸을 때 형들이 연싸움에서 이기기 위해 사기 조각을 가루로 내어 연실에 풀을 먹여 바르던 기억도 난다. 바람을 타고 연이 하늘 높이 떠오르고 실타래를 감았다 풀었다 하면서 연싸움을 하는 것은 참으로 흥미진진하였다. 연날리기는 도랑에서 썰매를 타거나 마당에서 팽이를 치는 것과 함께 겨울철 3대 아이들 놀이라 할 만한다.

고정(1828-1880)은 청나라 항주 출신으로 19세기 후반을 산 시인이다. 중국의 교과서에 이 시가 실려 있는 모양인데 실제 행적은 잘 알 수 없다. 『拙吾詩稿(졸오시고)』라는 은자풍의 시집이 있다.

여름이 연꽃의 계절이고 가을이 국화의 계절이라면 봄은 버드나무의 계절이라 할 만하다. 우리나라에서 과거와 현재에 걸쳐 버드나무가 가장 많은 도시는 평양일 것이다. 평양을 달리 유경(柳京)이라 하는 것은 이 때문이다. 대동강 변의 안개낀 버드나무를 보면서 이 시를 한번 읽고보고 싶다.

泊船瓜州
과주에 배를 대고

왕안석(王安石) _송(宋)

京口瓜洲一水間	경구는 과주와 강 하나를 건너 있고
鍾山只隔數重山	종산은 산 몇 개 저 너머에 있네
春風又綠江南岸	봄바람 또 강 남안을 푸르게 하는데
明月何時照我還	밝은 달 언제나 돌아오는 날 비출까

이 시는 왕안석(1021~1086)이 1068년 봄에 강녕부(江寧府)에서 한림학사 겸 시강(翰林學士兼侍講)의 벼슬을 받고 다시 고향 강녕에서 개봉으로 갈 때 지은 시이다. 강녕은 지금의 남경에 해당하며 남경 동쪽에 있는 종산(鍾山)에는 왕안석의 부모 묘가 있다. 『왕안석문집』에 실린 이 시의 주석에 의하면 당시 왕안석은 개봉으로 갈 때 경구(京口)라는 장강 나루에서 시승 보각(寶覺)을 만나 강을 건너 맞은 편 과주(瓜洲)에 배를 대고 그에게 이별하면서 이 시를 지어 주었다고 한다.

경구는 지금의 진강(鎭江)으로 남경에서 동쪽으로 가면 나오는데 당시 진강에서 배를 타고 과주로 건너가 여기서 개봉으로 난 운하를 이용해 상경했을 것으로 보인다. 그러므로 지금 과주는 유숙하기 위해 배를 정박한 장소이며 이 시에서 말한 것처럼 과주에서 보면 몇 개의 산 너머 저 멀리 선산이 있는 종산이 보일 것으로 추정된다.

沈周, **京江送別図** 卷, 明(1491), 絹本設色, 28×159cm, 中國 北京 故宮博物院.
이 그림은 오위업(吳偉業)의 고조 오유겸(吳惟謙)이 서주 태수(敍州太守)로 부임할 때의 모습을 심주(沈周, 1427~1509)가 65세 때 그린 작품이다. 떠나는 자와 배웅하는 자들이 공손히 읍을 하고 있는 모습이 인상적이다. 넓은 강물과 수목의 푸른 빛에 이별의 감정이 서린 듯한데 왕안석 역시 이와 같은 이별을 하고 개봉으로 떠났을 것이다.

    이 시는 기본적으로는 고향을 떠나면서 언제 다시 돌아올까 하는 심정을 표출한 시로 이해된다. 다만 시를 쓴 시점과 자신도 모르게 시에 유로된 서정에서 여러 생각을 불러일으킨다.
    왕운오(王雲五)가 쓴 『王安石詩(왕안석시)』 연보에 의하면 왕안석이 개봉에 들어간 것은 4월이니, 지금 장강의 남안을 초록으로 물들이는 봄바람은 일차적으로는 자연의 봄바람이지만 작년에 즉위한 신종(神宗)의 은혜와 관심으로 이해할 수도 있다.
    청나라 항주 사람 여악(厲鶚)이 지은 『宋詩紀事(송시기사)』에 흥미로운 이야기가 있다.
    오중(吳中)의 한 선비 집에 이때 지은 초고가 전해오는데 그 초고에 이렇게 되어

있다고 한다. 처음에 이 구절을 '春風又到江南岸(춘풍우도강남안)'이라고 하였는데 '到' 자에 동그랗게 삭제 표시를 하고 주를 달아 '좋지 않다[不好]'라고 써 놓고 '過(과)' 자로 고쳤다. 그런데 다시 그 '과' 자도 다시 동그라미를 쳐서 삭제하고 入(입) 자로 고쳤다가 곧바로 '滿(만)' 자로 고쳤다. 이러기를 10번 정도 한 뒤에 비로소 '綠(록)' 자로 정했다고 한다. 독자들도 이 綠 자를 잘 음미해 보기 바란다. 이 내용은 본래 『容齋續筆(용재속필)』에 있던 것인데 이 책에서 인용한 것이다.

  이 시에서 가장 특이한 것은 새로운 출발을 앞 둔 사람이 돌아올 때를 걱정한다는 점이다. 돌아오는 나를 달빛이 비출 날이 언제일까라고 한 것은 아마도 보각과 헤어지면서 이 시를 쓸 때의 상황이 달이 떠오를 무렵이라 이런 시상을 전개한 것이긴 하겠지만 어쩐지 시가 사람의 앞날을 예측해 주는 느낌을 지울 수 없다. 왕안석은 이 때 개봉에 가서 신종의 전폭적 지지로 대지주, 대상인으로부터 농민들을 보호하는 여러 정책을 폈는데 기존 세력의 반발로 왕안석은 다시 은퇴하는 1076년 무렵에는 자신의 정책이 모두 폐기되는 소식을 접하게 된다.

 이 왕안석이 득의하였을 때 그 반대파인 사마광(司馬光, 1019~1086)은 낙양으로 가서 절치부심하며 독락원(獨樂園)을 짓고『자치통감』을 저술한다. 필자가「구영이 그린 독락원도 속의 누정들」(『문헌과해석』 73)에서 살펴 본 적이 있다. 하늘에 떠 있는 달이 만약 마음이 있다면 이 두 사람의 소원을 어떻게 처리할지 고심이 깊었을 것이다. 왕안석이 다시 귀향하던 날 달빛 아래 왕안석이 무슨 생각을 하였는지 남긴 글을 후일 한 번 찾아볼까 한다.

春風 봄바람
춘풍

백거이(白居易) _당(唐)

春風先發苑中梅	봄바람에 궁원 매화 젤 먼저 피고
춘풍선발원중매	
櫻杏桃梨次第開	앵두 살구 복사 배꽃 차례로 피네
앵행도리차제개	
薺花榆莢深村裏	두메산골 냉이 꽃 비술나무 열매도
제화유협심촌리	
亦道春風爲我來	봄바람이 날 위해 왔다고 말하네요
역도춘풍위아래	

76번 시에서 원매(袁枚)의 〈춘풍〉에 이어 두 번째 동일 제목의 시를 본다. 재미 삼아 그동안 소개한 시에서 시어로 등장한 춘풍을 헤아려 보니 제목을 제하고도 모두 11번이나 된다. 그만큼 봄 시에서 봄바람의 비중이 크다는 것을 알 수 있다.

지난번 원매의 〈봄바람〉에서 춘국(春國)의 원대한 규모를 조망하였다면, 백거이의 이 시는 자연에 재현된 대동세상(大同世上)의 섬세함이라 할 만하다. 이 시는 매화에 봄이 먼저 오는 것을 노래한 시가 아니다. 그런데도 그런 점에 착안하여 이용하는 사람들이 많다.

이 시에서 주목해서 보아야 할 글자는 '원(苑)'과 '심촌(深村)'이다. '원'은 궁궐에 딸린 후원으로 당나라 장안의 상림원(上林苑) 같은 국가 최고 수준의 후원을 말한다. 우리나라로 치면 창덕궁 후원 같은 곳이다. 즉 봄바람이 불면 황제와 황후 등 귀족을 위해 조경한 궁궐 후원에 있는 조매(早梅)가 먼저 꽃을 피운다는 것이다. 그리고 저마다 자기 시간대에 자신의 아름다움으로 앵두, 살구, 복숭아, 배는 꽃을 피운다. 각득기소(各得其所)라 할 만하다.

여기서 주목해야 하는 것은 작은 꽃을 촘촘히 달고 있는 냉이나 동전 같은 열매를 무수히 달고 있는 비술나무가 사는 아주 깊은 산골, 백석의 갈매나무가 있는 그런 산골에도 봄은 찾아오고, 그곳에 사는 수많은 꽃과 나무와 풀들도 저마다 억눌리지 않은 밝은 목소리로 "봄이 나를 위해 이렇게 찾아 왔답니다!"라고 남에게 자랑한다는 점이다.

이 시에 나오는 유협(榆莢)은 느릅나무의 열매도 되고 비술나무의 열매도 된다. 그런데 우리 주변에서 흔히 보이는 참느릅나무는 여름에 꽃이 피고 가을에 열매가 달린다. 그에 반해 비술나무는 4월에 꽃이 피고 열매가 달리니 이 시의 내용과 일치한다. 또 느릅나무의 열매는 약간 타원형이지만 비술나무는 한 고조가 만든 유협전(榆莢錢)처럼 완전히 동그랗게 생겼다. 그때 이름을 유협전이라 지은 것은 작고 얇았기 때문이니, 당시에도 유협은 비술나무 열매를 가리킨 것으로 보인다.

내가 이 시를 페이스북에 연재할 때 『한국의 나무』(돌베개) 저자 김태영 선생이 여기서 말하는 유협은 비술나무 열매라고 지적하여 비로소 알게 되었다. 그 전에 나는 여러 고증을 거쳐 행단(杏壇)의 행(杏)이 은행나무가 아니고 살구나무라는 생각을 하고 있었는데 이에 대해서도 논의해 보니, 당시 산동 지방에는 은행나무가 살지 못했다고 하여 더욱 확신을 가지게 되었고, 계(桂) 역시 지금의 계수나무는 일본에서 근대기에 들어온 원예종이고 고문헌에 흔히 보이는 것은 남방에서 주로 서식하는 목서 종류라는 것도 김 선생을 통해서 정확히 알게 되었다.

잘난 사람은 잘난 대로 살고 못난 놈들은 서로 얼굴만 마주 봐도 웃음이 나오는 세상, 세상의 봄빛은 그렇게 저마다에게 쏟아지고 있는 것이다. 향우지탄(向隅之歎)이 없는 대동세상을 이렇게 28자의 절구 한 수로 체현해 내었다는 것이 놀랍기만 하다.

비술나무 열매
위의 원은 비술나무의 꽃이고, 아래의 원은 비술나무의 생김새이다. (사진_ 김태영)

이 시는 831년 백거이 나이 60세 때 낙양에서 하남 윤(河南尹)으로 있으면서 지은 시이다. 지난 73회 〈한가하게 집을 나서며[閑出]〉를 지은 지 3년 후인데 이런 경지에 도달하고 있다. 백거이가 이런 시를 썼다는 것 자체가 그가 만년에 세상을 얼마나 원융하게 보고 있나 하는 것을 여실히 증언한다. 그것도 아주 천근한 언어로 이렇게 깊은 세계를 표현한 것에 대해 박수를 보내며 탄복한다.

出郊
교외에 나가서

양신(楊愼) _명(明)

高田如樓梯	다랑논은 계단 같고
平田如棋局	평지 논은 바둑판 같네
白鷺忽飛來	갑자기 백로가 날아와
點破秧針綠	파란 모에 흰 점을 찍네

양신(1488~1559)은 우리나라에 그다지 잘 알려진 인물은 아니다. 그런데 〈바이두〉에 들어가서 살펴보면 명나라 최고 수준의 박학다재한 학자이자 문인인 것을 알게 된다. 그는 경학, 역사, 시와 사, 문장뿐만이 아니라 음악, 서화, 천문, 지리 등 이런 걸 한 사람이 다 했나 싶을 정도의 저술을 남긴 사람이다.

『연의삼국지』첫 장을 펴면 "출렁출렁 동쪽으로 흘러가는 장강의 물결, 그 성난 물보라 영웅들을 모두 쓸어가 버렸네.[滾滾長江東逝水. 浪花淘盡英雄.]"라고 시작하는 멋진 사(詞)가 나온다. 이 사를 쓴 사람이 바로 양신이다.

이 사람은 과거에 장원으로 급제하였는데 1524년에 명 세종에게 상소를 올렸다가 진노를 사 운남 영창(永昌)이라는 곳으로 유배를 가서 36년 만에 그곳에서 72세로 죽는데, 그동안 많은 저술을 하였다. 이 시를 언제 지었는지는 알 수 없으나 바로 그

영창 유배기에 지은 시이다.

   운남성의 계단식 논은 지금도 장관을 이룬다. 우리나라에도 80년대까지만 해도 시골에 가면 계단식 논이 많이 있었다. 우루과이 라운드로 미국 쌀이 들어오면서 그 계단식 논을 밀어 대부분 밭으로 만들었기 때문에 지금은 경남 남해 가천 같은 데나 가야지 있을 정도이다. 우리 시골만 해도 골짜기마다 계단식 논이 있어 가을이 되면 촘촘히 늘어선 벼 포기와 바람에 일렁이는 황금 이삭 물결이 참으로 볼만 했다. 어떤 논은 너무 작은데 천방이나 논둑을 보면 큰 돌과 작은 돌을 꽉 째이게 쌓아 만든 것이라 옛날에 누군지는 모르지만 간난신고가 깃들인 눈물의 논임을 절로 느끼게 된다.

   운남으로 유배를 와서 보니 이 계단식 논이 장관이다. 위로 까마득히 쳐다보면 마치 누각에 올라가는 계단과 같고 또 평지의 논은 나름대로 정리되어 바둑판처럼 질서 정연하다. 그런데 백로 한 마리가 날아오더니 저만치 논에 앉는다. 바늘처럼 촘촘하고 질서 있게 서 있던 모의 행렬이 순간 깨지며 흰 점이 하나 생긴다.

이 시에서 가장 핵심적인 시어는 역시 '點破(점파)'이다. '점파'는 점처럼 작은 균열을 일으키는 것을 말한다. 온통 파란 모로 가득한 논에 백로라는 하나의 흰 점이 내려와 그 파란 질서를 깨트린다. 드넓은 녹색의 공간에 일어난 흰 점의 균열이다.

이 시를 중국 사이트 〈고시문망(古詩文網)〉에서는 고대의 시인과 화가들이 백로로 고향에 대한 그리움을 표현했기 때문에 이 대목은 진한 향수를 표백한 것이라는 해설을 하고 있다. 이렇게 보면 이 점파는 시인의 내면에 찍히는 향수라고 할 수 있다.

그런데 내가 알기로는 『시경』과 『초사』를 위시한 중국 고대 시에서 백로로 향수를 흥기하거나 비유한 시는 기억나지 않는다. 그리고 명대 이전의 시에서도 그런 것은 보지 못했고 우리나라 시에서도 그런 것은 안 보인다.

백로가 '사향(思鄕)'의 이미지를 얻기 위해서는 둘 중 하나가 있어야 한다. 이 시 이전에 다른 사람의 시문에서 그런 이미지로 사용한 전례가 있거나 아니면 이 시 자체의 문맥으로 그런 의미를 구성해 내야 한다. 이 시는 그 두 가지 요건 중 어느 것도 없다.

『佩文齋詠物詩選(패문재영물시선)』[청, 장옥서(張玉書) 봉명(奉命) 찬(撰)]에 이 시를 '로류(鷺類)'에 수록해 놓고 있다. 왕유(王維)의 〈장마철에 망천장에서 짓다[積雨輞川莊作]〉 시에 "드넓은 논에는 백로가 날고, 그늘진 여름철 나무에는 꾀꼬리가 우네[漠漠水田飛白鷺, 陰陰夏木囀黃鸝]"라는 표현이 있어 논에 서 있는 백로가 일종의 한적한 전원 풍경을 드러내는 기원이 된다.

이 시는 이런 전원의 아름다움이나 영물의 관점에서는 이해할 수 있어도 사향의 관점은 무리해 보인다. 혹시 그렇게 해석할 여지가 있다면 필자에게 누구든지 가르침을 주기 바란다.

이 시는 향토색 짙은 계단식 논과 녹색의 장관을 이룬 봄에 백로 한 마리가 날아와 돌연 연출하는 경이로운 풍경과 함께 담담하고 명랑한 한 유배인의 내면 풍경도 아울러 보여준다.

◐중국 운남성의 다랑논
중국 운남성 홍허하니족(紅河哈尼族)의 다랑논은 2013년 유네스코 세계문화유산에 등재되었다.
이러한 다랑논에 온통 파란 벼 포기로 가득하고 그 가운데 백로 한 마리가 내려 앉은 모습을 상상해 보자.
(사진_ Jialiang Gao, www.peace-on-earth.org)

082 3월 23일

減字木蘭花 _ 鶯初解語
감자목란화 _ 꾀꼬리가 울기 시작할 무렵

소식(蘇軾) _송(宋)

鶯初解語 (앵초해어)	꾀꼬리가 울기 시작할 무렵은
最是一年春好處 (최시일년춘호처)	일 년 중 봄이 가장 좋은 때
微雨如酥 (미우여소)	우유처럼 적시는 보슬비
草色遙看近卻無 (초색요간근각무)	멀리선 보이던 풀빛 가까이선 안 보이네
休辭醉倒 (휴사취도)	취해 쓰러지는 것 사양 마시라
花不看開人易老 (화불간개인이로)	꽃피는 것도 못 보고 인생은 쉬이 지나가느니
莫待春回 (막대춘회)	완연한 봄이 오길 기다리지 마시라
顚倒紅英間綠苔 (전도홍영간록태)	곧 붉은 꽃잎 푸른 이끼에 떨어지느니

이 작품은 소식(1036~1101)이 쓴 사(詞)이다. 사는 노래 가사를 말하는데 지난 45회 〈입춘 (사보(詞譜) : 감자목란화(減字木蘭花))〉에서 설명하였다. 이 시의 내용이 낯설지 않은 분은 이 책을 주의 깊게 본 사람이다. 이 시는 바로 49회에서 소개한 당나라 한유(韓愈)의 시 〈이른 봄에 수부원외랑 장적(張籍)에게 드림[早春呈水部張十八員

州)을 사(詞)로 다시 만든 작품인 것이다.

이 사 자체를 보면 매우 훌륭한 노래이지만 소식의 독창적인 작품이 아니라 한유의 시를 다시 만든 작품이라 그런지 송사의 랭킹을 소개한 『宋詞排行榜(송사배항방)』에는 그 이름이 없다. 다만 이렇게 만들어 종래 한유 시보다 더 널리 사랑받았을 것으로 보인다. 대중 예술의 멋은 그것대로 있는 것이다.

이 시는 보다시피 4, 7자의 2구가 한 단을 이루고 그런 단이 2개 있는 구조이다. 또 매 4, 7구마다 같은 운자를 놓아야 한다. 〈감자목란화〉란 사패가 그런 구조로 되어 있다. 그런 만큼 시보다는 박자와 음악성이 풍부해진다. 지난번 소개한 한유의 시는 동일 제목에 7언 절구 2수로 되어 있었는데 이 사는 바로 그 시의 의미 구조도 그대로 옮겨왔다.

2단의 3구에서 '봄이 오길 기다리지 말라.[莫待春回]'는 말은 완연한 봄이 올 때까지 그냥 기다리지 말라는 의미이다. 한유의 시에도 '풀빛이 보일락 말락 할 때가 장안 버들에서 봄기운을 물씬 느낄 때보다 낫다.'라고 말하였고,(49회) 양거원(楊巨源) 역시 '버들이 반 정도 노란 싹이 틀 무렵'이 가장 좋다고 하지 않았던가.(39회) 봄이 완연히 내 곁에 올 때까지 앉아서 기다리지 말고 미리 봄 경치를 찾아 나서라는 말은 풍류와 관련한 무슨 격언처럼 들리기도 한다.

마지막 구의 '間(간)'은 명사에서 동사로 전성되었다. 푸른 이끼 사이에 분분히 지는 꽃잎들이 떨어져 앉는 것을 표현한 말이다. 한시에서는 이처럼 글자의 위치에 따라 품사의 전성이 일어나고 또 그에 따라 묘한 표현들이 생겨나기도 한다.

사람이 말로 다 감정을 표현하지 못하기에 시가 나왔고 시로도 다 표현하지 못하기에 노래가 나왔다는 것은 고대부터 내려온 시가에 대한 견해이지만 지금도 유효하다. 중국에서 이 사를 노래로 부르는 사람이 혹 있는지 모르겠다. 지금처럼 꽃이 피고 버들 새싹이 돋는 서호가에서 이 노래를 낭랑하게 부르면 참으로 아름다운 봄이 될 것 같다. 나도 오늘은 시골로 봄을 찾아 간다.

黃鶴樓送孟浩然之廣陵
황학루에서 광릉으로 가는 맹호연을 전송하고

이백(李白) _당(唐)

故人西辭黃鶴樓	오랜 벗님 내가 있는 황학루를 작별하고
煙花三月下揚州	봄도 무르익은 삼월에 양주로 내려가네
孤帆遠影碧空盡	멀리 떠가는 배 푸른 허공으로 사라지고
唯見長江天際流	장강 물결만이 저편 하늘가에 흘러갈 뿐

이 시 때문에 예전에 황학루를 보기 위해 무한을 찾았고 황학루에도 올라가 이 시를 읊조리며 주변의 풍광을 감상해 본 적이 있다. 이 시를 깊이 있게는 몰랐지만 무언가 알지 못할 감정이 풍부하게 서려 있는 게 좋았다. 이 시는 728년 이백이 28세 때에 쓴 작품이다.

맹호연(689~740)은 이백(701~762)보다 12살이 많아 당시 40세였다. 요즘 한국인의 개념으로는 '맹호연 선생'을 전송한다고 말해야 하겠지만 당시로서는 서로 벗으로 오래 사귄 모양이다. 친구로 사귄다 해도 나이가 많은 형님에 대한 마음은 이 시에도 그대로 묻어난다. 양산박 호걸들도 나이가 많은 사람을 '꺼거(哥哥)' '따꺼(大哥)'라고 부르며 손아래 사람은 '씨웅띠(兄弟)'라고 부르지 않던가.

양주는 수나라 때 생긴 이름이고 그 전에는 이곳을 광릉이라 불렀다. 지명이란 한

번 생겨나면 잘 없어지지 않기 때문에 그대로 고호(古號)로 남아 생명력을 유지한다. 특히 수사를 중시하는 문헌에는 고호가 당대 지명보다 더 빈번하게 쓰인다. 이 시도 보면 당시 광릉으로 불리는데 운자 때문에 일부러 양주라는 말을 쓴 것으로 보인다.

이 시는 전체가 경치를 묘사하는 것으로 되어 있지만 글자를 뜯어보면 모두 감정이 묻어 있다. 첫구의 '西辭(서사)'라는 말도 맹호연이 단순히 동쪽으로 가기 때문에 이렇게 썼다기보다는 이백이 강가에서 읍을 하며 전송하고 있고 맹호연이 배에서 손을 흔들며 그만 가라고 손짓하는 장면이 상상된다. '煙花三月(연화삼월)'이란 말도 단순히 안개 속에 꽃이 피어있다는 말 보다는 봄이 무르익어 모든 게 좋은 이러한 때에 오래 사귄 마음에 맞는 형제를 이별하는 마음이 담긴 말이다. '遠影碧空(원영벽공)'이 '遠映碧山(원영벽산)'으로 된 판본도 있는데, 이 경우는 '떠가는 배의 그림자가 산에 비친 것'을 말한다. 처음에 이렇게 썼을 가능성이 많다.

이 시의 제목을 '~ 전송하며'로 하지 않고 '~ 전송하고'로 번역한 것은 이 시가 이별할 때 지어서 상대에게 준 것이 아니라 이별을 하고 나서 너무도 가슴에 감정이 많이 남아 시로 쓴 것임을 보인 것이다.

배가 수평선 너머로 사라질 때까지 강변에 서 있는 이백, 배가 사라진 그곳에 장강의 푸른 물결만이 아득히 출렁거리는 것을 바라보는 허전한 마음. 마음으로 사귄 사람을 떠나보내는 순수한 마음이 한없이 느껴지는 시이다. 두 사람 모두 아직 세상의 쓴맛을 보지 않아 순수하게 만나고 정을 나누다 서로 이별하니, 풍경을 말한 글자마다 그 감정이 절로 깃들어 있는 듯하다. 시의 여미(餘味)가 당시 이백의 마음만큼이나 무궁하다.

『당시배항방』에는 40위에 올라 있다.

사산(蛇山) 정상에서 바라본 무한의 상징 황학루와 장강대교(長江大橋) (사진_largoma, PIXABAY)

春夜洛城聞笛
낙양성에서 봄밤에 피리 소리를 들으며

이백(李白) _당(唐)

誰家玉笛暗飛聲	한 밤의 피리소리 뉘 집에서 나는지
散入春風滿洛城	봄바람에 실리어 낙양성에 퍼져가네
此夜曲中聞折柳	이 밤에 악곡 중에 절양류를 들으니
何人不起故園情	누군들 고향 생각이 일어나지 않으리

'절류(折柳)'는 〈절양류(折楊柳)〉라는 악곡 이름으로 객지에서 고향을 그리워하는 주제를 담고 있다. 앞의 40회에서 소개하였다. 이 시는 어제 소개한 시를 지은 지 6년 정도 지나 이백이 734년에 낙양에서 지은 것으로 알려져 있다. 제목에 낙성이라 쓴 것으로 미루어 낙양의 어느 객잔(客棧)이나 반점(飯店)에서 지었을 법한 시이다. 낙양성에서 평상시 거주한다면 낙성이란 말을 제목에 쓰지 않을 것이다.

중국은 흔히 중원이라 불리는 황하 중류 지역을 중심으로 문명이 발달했는데 고래로 장안을 서도, 낙양을 동도로 하여 양도 체제로 많이 운영되었다. 이 당시 수도는 장안이지만 낙양도 그에 못지않게 번창하고 있을 때이다. 이 낙양성이 바로 낙성(洛城)이다. 조선시대 한양성을 한성이라 한 것과 같다. 한양성이 한수의 북쪽에 있었다면 낙양성은 낙수의 북쪽에 있었기 때문이다. 주나라 때는 낙읍(洛邑)이라고도 했다.

지금 경상도 상주(尙州)를 예전에 낙양이라 부른 것도 중국의 낙양처럼 내륙 깊숙이 위치한 것과 낙수의 북쪽에 위치한 특성 때문이다. 낙동강이라는 명칭도 상주의 동쪽으로 흘러 가기 때문에 붙여진 것이다.

예전에는 주변 환경이 지금과는 비교할 수 없을 정도로 단순하였기 때문에 이런 피리 소리 하나에도 영혼이 움직이는 반응이 일어난 것이다. 玉笛(옥적)이라 하여 '玉(옥)' 한 자를 덧붙인 것은 좋은 피리를 의미하고 이는 당시 이백이 들은 선율이 매우 가슴에 파고들었음을 상상하게 한다.

동풍이 불어 낙양성도 따뜻한 봄이 왔다. 숨을 쉬는 생명체는 움직임이 활발해지고 감정이 있는 사람은 마음이 이전과 같지 않다. 이러한 때 객잔에 누워 있는데 어디서 나훈아의 〈고향무정〉 같은 곡조가 애잔한 피리 선율에 실려 전해진다고 생각해 보라.

이백은 고향정(故鄕情)이 '일어난다[起]'라고 표현했지만 두목(杜牧) 같으면 '가슴이 무너질 것 같다.[欲斷魂]'와 유사한 말로 표현했을지도 모를 일이다.

조선시대의 유산기(遊山記)에는 행세하는 양반들이 유산을 할 때 피리를 부는 사람을 대동하고 가는 장면이 많이 나온다. 주로 봄이나 가을에 유산을 많이 하므로 그 경치만도 아름다울 것인데 피리 소리와 함께 어우러지면 어떨까, 그런 내용을 접할 때마다 상상해 보곤 한다. 피리는 휴대도 간단하지만 사위가 조용할 때 그 음색이 특히 사람의 심금을 울리는 듯하다. 이 시에서 피리를 부는 사람도 다른 사람이 들으라고 불기보다는 자신의 사연이나 흥에 따라 부는 것이다. '暗(암)' 자는 밤이기도 하지만 이런 의도하지 않은 상황을 드러낸 뜻도 있어 보인다.

봄밤 자체만으로도 사람의 마음을 움직이는데 이 시는 거기에 객지에서 듣는 피리 소리까지 더해 빚어내는 매우 애상적인 아름다움이 담겨 있다. 이백의 낭만적 삶의 태도와 심미적 취향은 이런 작은 시 한 편에서도 발견된다.

鶯梭
베틀 북 같은 꾀꼬리

유극장(劉克莊) _송(宋)

擲柳遷喬太有情　　베틀 북인가 펄쩍펄쩍 정이 넘치는데
交交時作弄機聲　　화응해 우는 소리 베 짜는 소리 같네
洛陽三月花如錦　　낙양의 삼월은 꽃이 비단같이 고우니
多少工夫織得成　　얼마나 공들여야 그런 베를 짜낼까

'梭(사)'는 베틀의 '북'을 말한다. 오늘날은 화학 섬유가 나와 실을 사용하지 않고 천을 만들기도 하지만 예전에는 모든 천이 그 재료만 다를 뿐 만드는 방식은 동일했다. 즉 세로로 먼저 실을 촘촘히 걸어 놓고 가로로 실을 하나씩 어긋나게 끼워 넣은 뒤에 그것을 밀착시키면 된다. 이런 과정을 정교하게 무한 반복하는 것이 '베 짜기'이다.

베를 짜는 기구를 '베틀'이라고 한다. 이 기계는 상당히 많은 소도구들로 구성되어 있는데 모두 실을 짜는데 필요한 역할을 한다. 그 중에서 북이 아주 흥미롭다. '날실'이라고 부르는 세로로 미리 걸어 놓은 실을 서로 엮이게 틈을 만들어 그 틈 사이로 '씨실'을 집어넣는다. 이때 그 날실 사이의 틈 사이로 한 번은 왼쪽에서, 한 번은 오른쪽에서 씨실을 집어넣는다. 그런데 그 씨실을 매 가닥을 잘라 집어넣는 게 아니라 실꾸리를 넣은 날렵한 배처럼 조각한 나무로 깎은 기구를 좌우로 번갈아 집어넣는다.

꾀꼬리
중국의 시문이나 그림에서 꾀꼬리는 주로 버드나무와 함께 나오지만 우리나라에서는 기후 조건이 중국보다 늦어 꾀꼬리가 버드나무에 앉는 경우는 거의 없고 이처럼 떡갈나무나 신갈나무 등에서 주로 볼 수 있다고 한다.(사진_ 김태영)

그 기구가 바로 '북[梭]'이다.

이 북의 크기나 날아다니는 모양이 꾀꼬리의 크기와 행동을 닮았기 때문에 이 시의 제목을 '꾀꼬리 북[鶯梭]'이라 하였고 1구에 그런 모습을 형용한 것이다. 또 베를 짤 때 나무 도구들이 서로 부비면서 나는 소리는 꾀꼬리의 울음소리를 연상하게 한다. 이 시의 2행에서 비유한 것이다. 결국 1구와 2구는 꾀꼬리의 행동과 울음을 베틀의 북과 베를 짤 때 나는 소리로 비유한 것이다. 비유라

북[梭]
대한민국 국립민속박물관.

는 것이 기본적으로 주변에 흔히 있는 사물을 동원하기 때문에 당시 사람이 누구나 아는 베틀의 북과 베 짤 때 나는 소리로 비유한 것인데 지금 우리는 그런 모습이나 소리를 들을 기회가 귀하니 오히려 이런 비유가 생소하게 다가온다. 그런데 거꾸로 이런 비유를 통해 오히려 예전 사람의 일상 모습과 사고를 이해할 수도 있으니 이 역시 시를 읽는 이유이다.

정월 대보름에 하는 윷놀이를 한자로 쓰면 '척사대회(擲柶大會)'라고 한다. 어떤 사람들은 쉬운 한글 이름을 놔두고 왜 이런 해괴한 짓을 하는가라고 꾸짖기도 한다. 그런데 주의 깊게 살펴보면 보통 척사대회는 시장이라든가 마을이라든가 동호인 등 비교적 규모가 있는 경우에 많다. 이는 그 발음상 '斥邪(척사)'의 뜻을 담고 있기 때문에 정초에 액을 쫓는 의미에서 이렇게 하는 경우가 많은 것이다. 이 시에 쓰인 '擲柳(척류)'는 바로 윷을 던지듯이 버들가지로 훌쩍 몸을 날리는 것을 말한다. '遷喬(천교)'는 '遷橋(천교)'의 의미로 『시경』의 〈伐木(벌목)〉에 나오는 말인데 깊은 골짜기에서 높은 나무 위로 올라가는 것을 말한다. 이런 행동을 옛사람은 꾀꼬리가 친구를 찾는 행동으로 보았다.

交交(교교)는 『시경』의 〈黃鳥(황조)〉에 나오는 것으로 정현(鄭玄)은 꾀꼬리의 작은 모습으로, 주희(朱熹)는 꾀꼬리가 날아다니는 모습으로, 즉 의태어로 보았는데 청나라 때 마서진(馬瑞辰)은 이를 '咬咬(교교)'로 보아 의성어로 보고 있다. 이 시의 문맥으로도 의성어로 사용된 것으로 보이는데 그렇다면 경전의 주석과 달리 사용하고 있는 셈이다. 그런데 당나라 때 소철(蘇轍)이 지은 『詩集傳(시집전)』 등을 보면 이미 '교교하게 서로 화응하여 운다[交交其和鳴]'는 주석을 달아 의성어로 풀고 있다. 이후의 여러 문헌에도 그렇게 풀이하고 있으니 결국 마서진은 종래의 설을 고증하여 확인한 데에 불과하다.

낙양은 한당송을 거치는 동안 많은 왕족과 귀족들이 살아 명원(名園)이 발달하고 모란 등 꽃들이 유명하다. 그래서 3월의 낙양은 아름다운 수를 놓은 비단, 즉 '금(錦)'

과 같다는 말을 한 것이다. 이 부분을 두고 이 시가 북송이 망한지 두 세대 이상 지난 사실을 근거로 고토 회복에 대한 마음이 담겼다고 하는 해석도 있는데 작가가 유민시인으로 평가 받는 점을 고려하면 그렇게 감상할 여지도 있어 보인다. 그러나 시에 미치는 영향은 제한적으로 보인다.

가령 북송 때 장택단이 개봉 풍경을 그린 〈청명상하도〉를 명나라 때 구영 등이 그릴 때는 실제 소주의 풍경으로 바꿔 그리고 있다. 그렇지만 본래의 개봉 이미지가 완전히 사라진 것은 아니다. 즉 태호의 돌, 소주의 원림처럼 명산지나 명성이 난 것을 예로 들어 사물에 대한 인상을 강조한 표현으로 보인다. 다시 말해 이 시의 실제 풍경은 강남의 봄 경치이지만 꽃에 대한 비유만큼은 명산지인 낙양을 인용한 셈이다.

꾀꼬리가 나무 아래로 풀쩍 뛰어내렸다가 다시 풀쩍 위로 오르고 하는 광경은 마치 베틀의 북이 바삐 오가는 것 같다. 또 꾀꼬리가 때때로 울어대는 소리는 베틀에서 베를 짜는 것과 같다. 낙양의 삼월 꽃은 비단같이 고운데 저 꾀꼬리가 그런 비단을 짜내려면 얼마나 많은 노력을 해야 할까.

3월이 되면 낙양의 꽃은 수놓은 비단과 같고 그 비단은 베 짜기가 연상되고 베 짜기는 다시 꾀꼬리를 연상하게 하는 일종의 정교한 순환 구조로 이 시가 짜여 있다.

이 시를 쓴 유극장(1187~1259)은 남송 시대의 시인이다. 복건성 보전(莆田) 사람으로 자가 잠부(潛夫)이고 호가 후촌(後村)인 것을 보면 은거풍의 시인으로 보인다. 강소, 절강, 복건, 광동 일대를 장기간 유람하였고 강서 시파의 영향을 받은 것으로 연구되고 있다.

이 시는 비유나 구조가 매우 정교한 만큼 정교하게 이해하지 않으면 안 된다. 비단처럼 촘촘하게 짠 시는 읽을 때도 촘촘하게 읽어주어야 하는 것이 저자와 독서인의 상호 도리에 맞다.

春社
토지신에게 지내는 봄 제사

매요신(梅堯臣) _송(宋)

年年迎社雨	해마다 봄 제사 때 비가 와서
淡淡洗林花	깨끗하게 숲의 꽃 씻어 주네
樹下賽田鼓	나무 아래는 토지신에 굿하는 북
壇邊伺肉鴉	신단 곁에는 고기 엿보는 까마귀
春醪酒共飮	봄 술을 내어 와 함께 마시니
野老暮相嘩	시골 노인들 저물도록 시끌벅적
燕子何時至	제비는 어느 때에 오는지
長皐點斜翅	긴 언덕 저 멀리 비껴 나는 새

춘사(春社)는 입춘 후 5번 째 무일(戊日)에 토지신에게 농사가 잘 되기를 기원하는 제사를 말한다. 춘사에 대비하여 수확에 대한 감사의 의미를 담은 추사(秋社)도 있는데 이 역시 입추 후 5번 째 드는 무일이다. 그런데 이날을 계산해 보면 결국 춘분과 추분에서 가장 가까운 무일이 된다.

조선시대에 선농단에 제사를 지내고 왕이 친경 의식을 하고 지역 부로들에게 음식

黃鉞, **春臺同樂** 冊 中 **春社迎祥**, 淸, 紙本設色, 14.8×36.5cm, 臺灣 國立故宮博物院.
황월(黃鉞, 1750~1841)은 안휘성 무호(蕪湖) 출신으로 청나라의 대신을 지냈으며 저명한 화가이자 예술 평론가이다.
그림의 제목 춘사영상(春社迎祥)은 '춘사를 지내어 상서로움을 맞이한다.'는 의미이다. 이 그림의 우측에 이런 시가 적혀 있다.

初春瑞雪迓新禧　　이른 봄 서설이 새해의 복 맞이하니
畎畝耕犁已及時　　전답의 밭갈이 때맞추어 다 하였네
擊鼓吹豳祈歲稔　　북 치고 빈시 연주해 풍년 기원하니
紛攜蹲俎賽叢祠　　술동이와 들고 와서 사당에서 굿하네

멀리 숲속의 춘사(春社)가 보이고 그곳으로 희생에 쓸 양을 몰고 가고 술동이를 메고 가는 사람과 길가에서 북을 치는 사람이 보인다. 그 뒤에 노인들이 따라가고 있다.

을 대접하는 것이 이 춘사와 그 의미면에서는 통해 참고가 된다. 그러나 이런 민간의 풍속은 우리나라에서는 정월 대보름에 산신당이나 성황당에 지내는 동제가 그 역할을 하기에 크게 성행하지 않은 것으로 보인다.

다만 문헌을 이리저리 확인해 보면 춘사(春社)를 구체적으로 언급하는 시도 상당수 있어 마음 먹고 연구하면 그 결과를 알 수 없다. 택당 이식이 왜인에게 답한 문목(問目)을 보면 당시도 중국에서 아주 성행한 것으로 추정된다.

社雨(사우)는 춘사일에 오는 비를 말한다. 당나라 위응물(韋應物)의 시에 '춘사일 비는 풍년을 알린다.[社雨報年登]'는 구절이 있다. 첫 2구를 사일의 비로 시작한 것은 시인 역시 풍년을 바라는 마음을 담은 것이다.

賽田(새전)은 토지신에게 굿을 한다는 말이다. 중국의 춘사는 그냥 제관들이 절만 하는 게 아니라 북을 치며 굿거리를 하는 것으로 보인다. 주변에 음식이 있으니 까마귀가 이걸 먹으려고 엿보고 있는 것 역시 재미있다.

'봄 술을 내어 와 함께 마시니[春醪酒共飮]'에서 酒(주)는 명사에서 동사로 전성되어 '술자리를 벌이다'의 의미로 쓰이고 있다. 이런 의미가 나오는 것은 대가 되는 아래 구에 '시골 노인들 저물도록 떠드네[野老暮相嘩]'에서 '暮(모)' 역시 동사로 '저물어가다'라는 의미로 쓰이고 있기 때문이다. 마지막 구에는 '點(점)'이 역시 술어로 쓰이고 있는데 멀리 아주 작게 나는 새가 보이기 때문이다.

마지막 2구에서 제비를 말한 것은 제비는 춘사일에 왔다가 추사일에 떠나고 기러기는 반대로 추사일에 왔다가 춘사일에 간다고 하는 고인들의 상식 때문이다.

이 시는 매우 통속적이고 일반 민중들의 생활에 밀착된 시이다. 그래서 시도 평담하면서도 당시의 풍속을 아주 잘 그려내고 있다는 데 특징이 있다. 당송 시대 율시만을 골라 엮은 『瀛奎律髓(영규율수)』의 저자 원나라 방회(方回, 1227~1306)는 "춘사시에는 5언 율시가 전혀 없고 이 시만이 아름답다. 담박한 가운데 진한 맛이 있다.[淡泊中, 有醲醇味]"라고 평하였다.

한편, 송나라 포적중(蒲積中)은 세시 풍속을 노래한 시를 모아 『歲時雜詠(세시잡영)』을 편찬하였다. 여기에 보면 추사(秋社)에 대한 시는 없고 춘사는 매요신이 주요 작가인 것을 알 수 있다. 한시는 그 소재가 매우 광범위하여 어떤 분야의 연구자에게도 영감을 주거나 주요 단서를 제공하는 것이 많다. 다만 찾지 않을 뿐이고 찾아도 그 맥락을 잘 알지 못할 뿐이다. 이처럼 세시 풍속과 관련한 시는 매우 많기 때문에 일부 한정된 자료를 벗어나서 광범위하게 자료를 살피고 세시 풍속도 연구하는 것이 바람직하다.

매요신(1002~1060)은 북송 시기 구양수(歐陽脩, 1007~1072)와 비슷한 시기에 산 시인이다. 구양수와 함께 시로 이름이 났으며 구양수의 천거를 받기도 하였다.

旅夜書懷
여 야 서 회
배로 여행하는 밤에

두보(杜甫) _당(唐)

細草微風岸 세초미풍안	작은 풀 산들바람 부는 언덕
危檣獨夜舟 위장독야주	높은 돛 밤에 홀로 정박한 배
星垂平野闊 성수평야활	드넓은 벌판 위 별들은 떠 있고
月湧大江流 월용대강류	흐르는 장강 물 달빛은 일렁이네
名豈文章著 명기문장저	이름을 어찌 문장으로 드러낼까
官應老病休 관응로병휴	관직도 늙어 병들면 쉬어야지
飄飄何所似 표표하소사	떠도는 내 신세 무엇과 같은가
天地一沙鷗 천지일사구	천지에 떠도는 한 마리 갈매기

765년 두보 나이 54세, 두보는 자신을 돌보아 주던 절도사 엄무(嚴武)가 죽자 성도의 초당에서 배를 타고 선상 생활을 한다. 이 시는 충주(忠州), 즉 지금의 사천성 충현(忠縣)에서 장강을 따라 운안(雲安), 즉 지금의 운현(雲縣)으로 가는 도중에 밤에 강가에 배를 정박하고 지은 시로 알려져 있다.

앞 절반은 대체로 밤에 배를 정박하고 바라본 경관을 묘사했고 뒤의 절반은 자신

王翬, 雲溪高逸圖 卷, 淸(1672), 紙本墨筆, 22×268㎝, 中國 北京 故宮博物院.
구름이 나는 무변장활(無邊長闊)한 강호를 표일(飄逸)하게 소요(逍遙)하는 기상을 그린 작품이다. 두보 시의 마지막 구절 '천지에 떠도는 한 마리 갈매기[天地一沙鷗]'의 감흥을 이 그림에서 잘 느낄 수 있다.

3월•그 사람 얼굴은 어디로 갔을까 복사꽃은 예전처럼 봄바람에 웃고 있네의 현실적 처지에 대한 회포를 드러내고 있다. 경관 부분에는 자신의 은유와 포부가 어려 있고 회포 부분은 상당히 침울한 자괴감이 묻어 있다.

미풍에 흔들리고 있는 작은 풀이나 작은 배에 높이 솟은 돛대는 두보 자신의 모습을 닮아 있다. 이러한 모습은 광활한 평원 위에 떠 있는 별들과 달빛을 안고 넘실거리며 흐르는 대강의 물과 대비되어 더욱 왜소하다. 두보는 자괴감에 휩싸여 '꼭 문장으로 세상을 떨쳐 울려야만 하는가? 남들 다 자리 잡은 이 나이에 벼슬해서 뭐 하겠나!' 하는 자조어린 말까지 중얼거린다. 급기야 자신을 천지간에 날고 있는 저 강가의 한 마리 갈매기로 지목하며 탄식한다.

'星垂平野闊(성수평야활)'과 '月湧大江流(월용대강류)'를 '별들이 떠 있어 평야가 광활하고, 달빛이 일렁여 장강 물 흐르네'라고 해석하는 것은 밤하늘에 떠 있는 무수한 별들을 보고 이곳이 드넓은 평야인 것을 알고, 달빛이 물에 비치어 함께 흘러가는 모습을 보고 장강이 흘러간다는 것을 안다는 생각에 기반하고 있다. 그러나 그렇게 해석하면 웅혼한 이 시구의 의미가 크게 축소될 뿐만 아니라 '별이 떠 있고 달빛이 일렁인다.'고 강조한 의미가 사라진다. 두보의 시뿐만 아니라 대구를 쓰는 시의 문법에는 이런 구가 많이 나오는데 당연히 뒤의 3글자를 먼저 해석하고 앞 2글자를 해석해야 한다. 그러면 당연히 '闊(활)'과 '流(류)'는 바로 앞의 말을 수식하는 것을 알게 된다.

'名豈文章著(명기문장저)'를 문장 말고도 두보는 정치에 큰 뜻을 품었다고 이해하고, '官應老病休(관응로병휴)' 역시 이제 늙고 병들었으니 관직에 대한 꿈도 접어야 한다는 뜻으로 이해한 주석가들이 있다. 만약 이렇게 해석하면 앞뒤의 뜻이 바로 연결되어 대구의 의미가 줄어들 뿐만 아니라 시로 세상에 이름을 남겨보겠다고 한 두보의 포부와도 맞지 않는다.

이 말은 일종의 반어법으로 읽어야 한다. 필자가 몸담고 있는 기관이 너무도 마음에 안 들어, 어느 날 지기(知己)에게 탄식하면서 '요즘 세상에 공부는 해서 뭐하겠어? 이제 나이도 많고 번역도 그만 해야지!' 이렇게 말하는 것과 같다. 이 말을 '아, 이 사람은 공부에 뜻이 없고 이제 번역도 나이가 들어서 쉬려고 하나 보다.'라고 이해한다면 말을 알아듣는 사람이라 할 수 있겠는가! 혹 앞의 말을 '내가 문장으로 이름난 게 뭐가 있어?' 이런 자조로 이해한다면 이는 잠시 생각할 여지가 있다. 그러나 이 또한 '문장으로 후세에 이름을 남긴다.'는 '입언(立言)'에 비추어 보면 자의적 해석으로 보인다.

두보가 3년 전에 쓴 시 〈客亭(객정)〉에 "성상의 조정엔 버려진 인재 없지만 늙어 병들어 이제 노인이 되었네. 얼마간 남은 인생 떠도는 망초처럼 내맡기네.[聖朝無棄物, 老病已成翁. 多少殘生事, 飄零任轉蓬.]"라고 한 말도 완전한 안분지족(安分知足)이라기보다는 자기 위안이 담겨 있고 심층에는 뜻을 이루지 못한 회한이 서린 말이다.

두보의 이 말은 〈객정〉 시와 연관해서 보면 자신이 문장으로 이름을 남길 가망이 적고 관직에 나가 뜻을 펼 기회도 다시 오지 않을 예감을 하면서 그 책임을 누구에게 돌릴 수도 없어 자신을 돌아보고 자괴감에 젖어 한 말로 보인다.

정말로 두보가 입언의 의지를 포기한 말이라 본다면 무엇 하러 시에 이런 말을 적는가? 이 말은 자신이 아직 문장으로 세상에 이름을 날리고 싶은 의욕이 식지 않았을 뿐 아니라 관직도 기회만 되면 받아서 포부를 실현하고 싶다는 말을, 슬프게 속으로 울면서 한 말이다. 뜻은 있으나 현실이 따라 주지 않기에 회재불우(懷才不遇)의 비탄을 이런 방식으로 토로한 것이라 본다.

필자는 애잔하기까지 한 이 시에서 '늙은 준마가 마구간에 누웠으나, 뜻은 천리를 달리고자 한다.[老驥伏櫪, 志在千里]'는 기상을 읽는다. 50대 중년의 시인 중에 어느 누가 '드넓은 벌판 위에 별들은 떠 있고, 흐르는 장강 물에 달빛은 일렁이네.'와 같은 큰 포부를 가지고 있단 말인가? 어느 누가 문장으로 이름을 후세에 남기지 못할까 걱정되어 비탄에 잠긴단 말인가.

큰 포부가 있기에 오히려 깊은 자괴감이 들어 자신을 한 마리 갈매기라고 한 것이다. 비탄이 깊은 것은 그만큼 포부가 크기 때문이다. 문장에 대한 포부가 없는 사람은 이런 말 자체를 안 한다. 달 밝으니 고기 잡아 술 먹기 좋구나! 이런 바보 같은 말만 하고 사람 좋다는 소리를 들으면 기뻐할 뿐이다.

長安遇馮著
장안에서 풍저(馮著)를 만나

위응물(韋應物) _당(唐)

客從東方來	그대가 동쪽에서 와서 그런지
衣上灞陵雨	옷에 패릉의 빗물이 묻었군요
問客何爲來	무슨 일로 장안에 오셨나요
采山因買斧	산에서 나무하는 도끼를 사려구요
冥冥花正開	말 없는 가운데 꽃은 한창 피고
颺颺燕新乳	오가는 제비는 새끼를 먹일 테죠
昨別今已春	작년에 이별하고 지금 벌써 봄이니
鬢絲生幾縷	흰 머리가 몇 가닥 더 났겠어요

위응물(737~792)은 중당 시기의 시인으로 산수 자연과 은거를 소재로 한 시를 많이 지었다. 이 시에 객으로 나오는 풍저(馮著) 역시 위응물과 다소간의 교분이 있던 사람으로 은자로 보인다. 연구자들은 위응물이 769년에서 778년 사이 장안에 거주하였고 풍저가 장안에 온 것은 769년이나 다시 방문한 777년이므로 이 시가 769년 무렵이나 777년 무렵에 지어진 것으로 추정하고 있다.

'客(객)'은 제목에서 밝힌 풍저를 말한다. 특히 3구에서는 직접 한 말을 쓴 것이 아니라 간접 인용방식을 취하였기 때문에 객이라 한 것인데 번역에서는 직접 인용으로 하였기 때문에 '그대'라 하였다. 소동파의 〈적벽부〉에서 쓰인 객의 용법과 같다. 당시 풍저가 위응물을 방문하였기 때문에 객으로 표현한 것으로 보인다.

이 시는 전체적으로 볼 때 위응물이 이 시를 풍도에게 주었을 가능성이 높다. 시에서 그런 분위기가 나타나 있다. 첫 2구에서 동쪽에서 왔으니 패릉에 내린 비가 옷에 남아 있는 것 같다는 말이나 마지막 2구에 1년 만에 다시 보는데 흰 머리 좀 늘었느냐고 묻는 것은 상대에게 반가운 정을 드러내는 유머로 보이기 때문이다.

覇陵(패릉)은 한 문제의 능이 있는 곳으로 은거하는 사람들이 많이 살았다. 부부 간에 극진히 공경한 거안제미(擧案齊眉)의 주인공 양홍(梁鴻), 약초를 캐 팔았던 한강(韓康)이 살던 곳이다. 한강은 늘 약값을 균일하게 받았으며 한 환제(桓帝)에게 초빙되었으나 도중에 달아나 다시 산으로 간 인물이다. 패릉의 비가 옷에 묻었다는 말은 풍저에게 은자의 풍모가 있다고 인정하는 말이다.

1년 만에 만났으니 당연히 무슨 일로 장안에 오셨는지 묻게 마련이다. 풍저는 산에 나무하러 갈 때 필요한 도끼를 사러 왔다고 한다. 因(인) 자가 采山(채산) 앞에 놓이는 것이 일반적 어순이나 이렇게 쓰는 경우도 많다. 이 부분을 어떤 주석가들은 『주역』〈旅卦(여괘)〉의 말을 무리하게 끌어와 풍저가 철광산을 개발해 돈을 만들려고 하는 것이라는 의견을 길게 달았는데 천착으로 보인다. 정말로 그렇다면 5, 6구에 묘사된 은자가 사는 곳의 아름다운 자연은 허공에 뜬 말이 된다.

5, 6구가 이 시에서 가장 정채로운 부분이다. 冥冥(명명)은 소식의 〈喜雨亭記(희우정기)〉에 '태공은 아무 말이 없다[太空冥冥]'라고 할 때의 '명명'과 같다. 즉 하늘은 아무 말이 없지만 사시가 운행되고 봄이 되면 꽃이 피는데, '명명'은 본래 이러한 천도(天道)를 형용한 말이다. 다만 여기서는 대를 이루는 아래의 '颺颺(양양)'이 제비가 새끼에게 먹이를 주기 위해 부지런히 날아다니는 것을 형용한 것에 비추어, 산에서

아무 보는 사람이 없어도 조용히 피었다 지는 꽃의 태도를 형용하고 있다. 김소월의 〈산유화〉에 나오는 꽃의 태도와 일치한다. 즉 앞뒤를 정(靜)과 동(動)으로 나누어 경물을 묘사한 것이다. 이 두 구는 위응물이 은자 풍저가 살고 있는 곳의 경관을 말한 것이기도 하지만 은자의 생활을 비유한 함축이 있는 말이라 이 시의 가치를 높이고 있는 부분이다.

기존의 번역에서는 '명명'을 '꽃이 무성한 모양'이나 '비가 오는 모양'으로 이해하였는데 어디에 근거하였는지 알 수도 없고 시의 맥락을 잘 살피지 못한 의견으로 보인다.

乳(유)는 본래 명사이지만 여기서는 위에 '開(개)'가 '꽃이 피다.'라는 동사로 쓰이고 있어 이 말 역시 동사로 전성되어 '새끼에게 먹이를 먹이다.'의 의미로 쓰이고 있다.

마지막 구절은 '幾縷(기루)'라는 말이 의문문을 만들고 있지만 정말로 풍저에게 흰 머리가 몇 가닥인지 나에게 알려달라고 묻는 말이 아니라 '흰 머리가 더 났군요?' 정도의 말이다. 이 말이 '흰 머리가 몇 가닥 더 났다.'는 평서문과는 약간 차이가 있으므로 중국에서는 의문문으로 표점한 것으로 보인다.

이 시는 두 사람이 해후하여 나누는 대화에 해학이 녹아 있다. 그리고 평범하고 소박한 표현 속에 은자의 생활을 깊이 이해하는 시인의 생각 역시 담겨 있다. 『당시삼백수』의 해설 수준이 낮은 것이 아닌데 이 시는 핵심을 벗어나 있는 듯하다.

江南曲
강남곡

유운(柳惲) _남북조(南北朝)

汀洲采白蘋	강 모래섬에서 마름 뜯으니
日暖江南春	날이 따뜻해진 강남의 봄
洞庭有歸客	동정호에서 돌아오는 손님
瀟湘逢故人	소상에서 남편을 만났다 하네
故人何不返	남편은 왜 안 돌아오시나요
春花復應晚	봄꽃도 다시 지려 하는데요
不道新知樂	새 여자와 단꿈 꾼다 말 못하고
只言行路遠	그저 길이 멀다고만 말하였네

이 시는 일종의 민요풍의 시로 남녀 두 사람이 번갈아 노래하기 좋은 구조로 되어 있다. 객지에 나가서 돌아오지 않는 남편에 대한 여인의 그리움과 불안함이 교차하는 심리를 드러내고 있다. 시를 읽어보면 매우 노련한 작가의 솜씨임을 느끼게 된다.

유운(465~517)은 남조 양(梁)나라에서 시중 등 고관을 지낸 사람으로 저명 시인이다. 이 사람은 시 외에도 음률에 밝고 금(琴) 연주에 정통했으며, 바둑, 의술에도 조예가 깊었다. 심약(沈約)과 함께 시율을 정하기도 하였고 오흥 태수(吳興太守)를 지내며 시를 많이 지었다고 한다.

이 시의 화자는 객지에 나갔다가 귀향하는 어떤 사람을 동정호에서 만났는데 이 사람이 남편을 소상강에서 목격했다고 한다. 여인이 '우리 남편은 왜 안 오나요? 이제 봄도 다시 저물어 가는데요.'라고 묻는 질문에, 차마 딴 여자를 만나 새로 살림을 차렸다는 말을 못하고 그저 길이 멀어 그렇다고 둘러댄다.

맨 앞 두 구는 합창을 하면 좋게 되어 있는데 강남의 아름다운 배경을 소개하였다. 이 시를 처음 볼 때는 하나의 풍경에 지나지 않지만 여운이 짙게 감도는 사연을 듣고 다시 이 풍경을 보면 이전과 다른 풍경임을 느끼게 된다.

여인의 말에 봄꽃이 다시 지려 한다는 말을 보면 남편이 떠난 지 최소 만 1년 이상 지난 것을 알 수 있다. 여러 해가 지났을 지도 모른다.

어떤 판본에는 暖(난)이 落(낙)으로, 應(응)이 將(장)으로, 只(지)가 且(차)로 되어 있다. 이 글자로 바꾸어 보면 한자의 쓰임도 알게 되고 미묘하게 또 다른 맛이 나는 것을 알게 된다.

이 시에 고인(古人)이라는 말이 나온다. 만약 다른 책에 이 말이 있다면 '옛 사람'이나 혹은 '죽은 사람', '옛 친구' 등의 의미로 쓰일 확률이 높다. 그러나 여기서는 내용상 마음을 뜬 여인의 남편이나 최소한 정인이 되어야 한다. 동정호에서 만난 사람에게 공개적으로 물을 수 있으려면 '남편'이란 의미로 쓰인 것을 알 수 있다. 지난 47회에 소개한 오균(吳均)의 시에 새로 사귄 사람을 '신지(新知)'라 하였는데 이 시에도 새 여자를 '신지'로 그 여자와 살림하는 재미를 '신지락(新知樂)'이란 말로 표현하였다. 아마도 그 당시, 전에 사귀던 사람이나 남편, 혹은 아내를 고인이라 하고 새 사람을 신지라고 했을 가능성이 높다. 당시 일반 민간에 남녀 관계가 상당히 자유스러웠음을 짐작하게 해 준다.

중국에서 유학이 본격적으로 퍼진 것은 한나라 때이지만 민간에 널리 보급된 것은 송나라 정도에 와야 한다. 이런 시를 통해 남북조 시대 강남 사회의 자유분방한 애정 풍속도 상상해 볼 수 있다. 연애의 즐거움을 느끼는 사람은 자유분방하여 좋지만 그 반대로 이 여인처럼 순정파에게는 하나의 슬픔이나 비극을 초래하는 양면성이 있다. 그런 면에서 이 시가 보여주는 사연의 함의가 만만치 않다.

아름다운 동정호를 배경으로 이런 애절한 사연을 담은 노래를 부르며 배를 저어가는 것을 상상해 보면 호수와 초목, 그리고 하늘이 빚어내는 푸른빛이 훨씬 깊게 다가온다. 지금 마침 비가 내리니 시가 더욱 잘 어울린다.

平坡散牧
평파산목
평화로이 걸어가는 소

심주(沈周) _명(明)

春草平坡雨迹深	봄풀 돋은 언덕 비가 흠뻑 내렸는데
춘초평파우적심	
徐行斜日入桃林	천천히 석양 속에 자유로이 걸어가네
서행사일입도림	
童兒放手無拘束	아이가 고삐 풀어 놓아 주었으니
동아방수무구속	
調牧于今已得心	소치는 솜씨 이제 요령이 났나 보네
조목우금이득심	

    이 시는 명나라 때 서화가 심주가 〈臥遊圖帖(와유도첩)〉에 그림을 그리고 그 위에 써 놓은 시이다. 『문헌과해석』 2017년 겨울 81호에 필자가 쓴 「자적(自適)과 소쇄(瀟灑)의 시경(詩境), 심주(沈周)의 제화시」에서 소개한 내용을 그대로 소개한다.

    도림(桃林)은 오늘날의 동관(潼關)으로 무왕이 은나라를 정벌하고 나서 소를 풀어준 곳이다. 그때 무왕은 화산(華山)의 남쪽에는 말을, 도림에는 소를 풀어 주어 천하에 더 이상 무력을 쓰지 않겠다는 뜻을 보인 일이 『서경』 〈武成(무성)〉에 적혀 있다.

    중국에는 이처럼 검은 소가 많은데 고삐가 풀린 상태로 머리를 쳐들고 살찐 풀밭을 흡족하게 바라보며 이제 막 도림으로 들어서는 듯하다.

    필자가 심주에 대해 쓴 글은 2편인데 「대와 물로 두른, 심주(沈周)의 유죽거(有竹居)」(『문헌과해석』, 2015)란 글이 하나 더 있다. 2015년에 쓴 글은 심주의 문학과 예술 공간인 유죽거(有竹居)를 조명한 것이다. 유죽거를 중심으로 한 심주의 생활과 인품, 보스턴미술관에 소장된 〈有竹居詩畫帖(유죽거시화첩)〉, 중국에 있지만 소장자가 불분명한 〈有竹莊中秋賞月(유죽장중추상월)〉, 그리고 아주 유명한 〈夜坐圖(야좌도)〉의 제화 시문을 중심으로 썼다. 그리고 여기 소개한 2017년에 쓴 글은 대만 고궁박물원에 소장된 〈寫意册(사의책)〉과 북경 고궁박물원에 소장된 〈와유도첩〉의 제화시를 그림과 함께 감상하면서 품평한 글이다.

일반적으로 원말의 예찬(倪瓚), 명초의 심주, 문징명(文徵明)은 회화 분야에서는 비중 있게 다루지만 시 부분에서는 그렇게 주목을 받지 못하고 있다. 그런데 내가 이런 사람들의 그림과 그림에 적힌 글을 보면서 상당히 관심이 생겨 그들의 문집인 『倪雲林先生詩集(예운림선생시집)』, 『淸秘閣集(청비각집)』, 『石田先生集(석전선생집)』, 『石田詩選(석전시선)』, 『甫田集(보전집)』 등을 보니 상당한 수준이었다. 그래서 그들의 작품에 배어있는 문기(文氣)의 근원을 짐작하게 되었다. 나는 심주의 시에 대해 좀 깊이 있는 논문을 계획했다가 아직 쓰지 못하고 있는데 작년에 중국 남창 대학에서 내가 2017년에 쓴 글을 번역해서 해외논문선집에 싣고 싶은데 허락해 달라는 연락이 왔다. 나는 우리나라에서는 별 반응이 없는데 중국에서 어떻게 이 글을 알았는지 그리고 이 글의 가치를 주목했는지 신기해 한 기억이 난다.

앞에서 언급한 문인들은 시와 그림, 글씨에 모두 뛰어난 사람들이다. 이런 사람들을 흔히 삼절(三絶)이라고 한다. 이런 문인의 그림을 감상하면서 제화시문을 읽어보는 일은 참으로 즐거운 일이다.

沈周, **臥遊圖** 册 中 **平坡散牧**, 明, 紙本設色, 27.8×37.3cm, 中國 北京 故宮博物院.

4월

봄 물결 비와 함께 저물녘 밀려드는데
인적 없는 나루터에 빈 배만 흔들리네

錢塘湖春行
전당호의 봄 산책

백거이(白居易) _당(唐)

孤山寺北賈亭西	고산사 북에서 가공정 서쪽 지역
水面初平雲脚低	수면은 넘실넘실 구름은 나직하네
幾處早鶯爭暖樹	몇 곳의 이른 꾀꼬리 양지를 다투고
誰家新燕啄春泥	뉘 집 온 제비인지 봄 진흙을 쪼네
亂花漸欲迷人眼	꽃들은 점점 사람의 눈을 유혹하고
淺草纔能沒馬蹄	풀들은 이제 말발굽을 가릴만 하네
最愛湖東行不足	내 사랑 서호의 동쪽 아쉬움 남아
綠楊陰裏白沙堤	초록 버드나무 그늘 드리운 백사제

823년 봄 백거이가 항주 자사로 부임한 52세 때 지은 시이다. 봄날 서호 백제(白堤)를 산책하며 즐기는 아름다운 경치를 묘사하고 있다.

서호에 대해서는 이 책 45, 63, 74회 등의 작품에서 말한 적이 있다. 서호십경 중에서 보통 제1경을 단교잔설로 친다. 서호의 구경도 여기서부터 하는 게 가장 좋고 실제로 서호에 가 보면 가장 많은 사람이 찾는다. 단교 부근은 서호의 동쪽이자 북쪽이기도 하다. 여기서부터 백제를 따라 가면 고산(孤山)이 나오는데 이 고산을 끼고 가는 길을 고산로(孤山路)라고 한다. 이곳에 절강성박물관, 누외루(樓外樓) 등이 있고 마지막에 서령인사(西泠印社)가 나오고 서령교를 지나 섬을 나가면 악비 사당이 있다. 고산 뒤를 돌아가면 임포(林逋)의 방학정이 나온다. 지금 백거이가 말하는 고산사는 영복사(永福寺)로 고산 꼭대기에 있던 사찰을 말하며 가정은 백거이보다 먼저 항주 자사를 지낸 가전(賈全, 785~804)이 세운 정자, 즉 가공정(賈公亭)을 말한다. 가정은 문헌에 전당호(錢塘湖)에 정자를 세웠다고만 되어 있고 50년이 채 안되어 없어졌기 때문에 위치를 정확히 알 수 없다. 다만 세운 곳을 전당호라고 한 점이나 시 내용을 미루어 단교를 건너가기 전에 있었던 것으로 추정된다. 결국 백제와 고산로를 따라 걷는 구간을 백거이가 가장 사랑한다고 말하고 있는 것이다.

　이 시에 나오는 白沙堤(백사제)는 흔히 백제(白堤)로 불리며 많은 사람들이 백거이가 처음 만든 것으로 알고 있지만 실제로는 백거이 이전부터 있던 것으로 보인다. 『白

서호의 백제
백제는 늘 붐비기 때문에 아침 일찍 가는 것이 좋다. (사진_ 김종태)

居易集箋校(백거이집전교)』(상해고적출판사)와 『白居易詩集校註(백거이시집교주)』(중화서국)에는 많은 지면을 할애하여 그 점을 고증하고 있다. 백거이가 전당호를 수축한 것은 이 시를 쓴 이듬해인 824년, 53세 때이다. 백사제를 줄여 백제, 사제(沙堤)로 부르던 것이 공교롭게 백거이의 성과 동일하여 이런 혼동이 발생한 것으로 고증학자들은 추정하고 있다.

이른 아침에 이 고산을 거닐면 확실히 좋다. 강희제의 행궁도 이 고산에 있었고 서호 일대에서 가장 전망이 좋은 음식점 누외루도 바로 이 고산에 있다. 백거이가 이 시에서 말한 아름다운 경치는 바로 지금 항주 서호로 가서 이 고산로를 따라 걸으면 대부분 확인할 수 있고 그날 날씨에 따라 더 멋진 광경도 얼마든지 볼 수 있을 것이다.

필자는 서호십경을 모두 다 가 보았는데 두 가지 아쉬움이 남는다. 하나는 서호에 작은 배를 빌려 호젓하게 호수 위를 떠다니며 풍광을 감상하지 못한 것이고 또 하나는 영은사에 가 보지 못한 것이다. 서호에서 유람선을 타고 삼담인월(三潭印月)을 가

보면 확실히 더 아름다운데 왜 백거이가 배를 타고 서호를 떠다니는 것을 시로 쓰지 않았는지 궁금해진다.

이 시는 처음과 끝이 수미쌍관으로 되어 있다. 첫 구에서 말한 전경이 끝 부분에서 자신이 말한 '가장 사랑하는 서호의 동쪽'이다.

'수면이 처음으로 평평해지고 구름의 다리가 낮아져 있다.[水面初平雲脚低]'는 말은 봄이 되어 수면이 제방과 평평해질 정도로 물이 많아지고 하늘의 구름도 낮게 드리워 물빛에 구름이 비치는 아름다운 경관을 말한다. 하늘빛과 물빛, 버드나무 푸른빛이 서로 어울리고 비추는 풍경이 바로 서호의 기본 경관이다.

'다녀도 부족하다[行不足]'라는 말은 경치가 너무 좋아 싫증이 전혀 나지 않고 산책을 마치면 부족한 듯 아쉬움이 남는다는 말이다.

이 시는 가운데 부분이 참 아름답지만 '꽃들은 점점 사람의 눈을 유혹하고[亂花漸欲迷人眼]'와 '키 작은 풀은 이제 말발굽을 가릴만 하네[淺草纔能沒馬蹄]'는 관주를 칠 만하다. 여기저기 자연스럽게 핀 어지러운 꽃은 사람의 시선을 점점 끌 정도로 한창 아름다움을 다투고 있고, 키가 작은 풀들은 이제 겨우 지나가는 말발굽을 가릴 정도로 자랐다. 사람의 눈을 혼미하게 한다는 '迷人眼(미인안)'과 말발굽을 가린다는 '沒馬蹄(몰마제)'란 표현이 특히 묘미가 있다.

연구자들에 의하면 백거이가 서호를 노래한 시는 30여 수 정도 되며 이 시들은 모두 서호를 널리 알리는 데 크게 기여하였다고 한다. 이 시는 바로 그런 시들 중의 명작이라 할 만하다.

滁州西澗
저주의 서쪽 물가에서

위응물(韋應物) _당(唐)

獨憐幽草澗邊生	물가에 자라는 풀 특별히 사랑하는데
上有黃鸝深樹鳴	그 위 무성한 나무에서 꾀꼬리가 우네
春潮帶雨晚來急	봄 물결 비와 함께 저물녘 밀려드는데
野渡無人舟自橫	인적 없는 나루터에 빈 배만 흔들리네

이 시는 위응물의 대표작이라 할 만하다. 위응물은 783년 저주 자사에 부임한 뒤에 늘 이 서간에 와서 휴식을 취했는데 그가 자사에서 물러난 뒤에도 이곳에 와서 자연을 즐기곤 하였다. 이 작품은 785년에 지어진 것으로 『당인절구선』에선 보고 있다. 이 시에 대해서는 종래 두 가지 관점이 있어 왔다.

먼저 회화성이 특별히 뛰어난 산수시라는 정통적 해석이다. 이런 관점에서 보면 이 시는 왕유·유종원 등의 시와 함께 회화성이 뛰어나고, 전반적 정조는 도연명의 시풍과 같다. 특히 불어난 봄 물결이 갑자기 쏟아지는 봄비와 함께 기세를 띠는 광경과 사람 없는 나루에 빈 배만 몇 척 흔들리고 있는 풍경은 자연이 만든 한 폭의 수묵화이다.

이 시의 무대가 되는 저주는 구양수가 지은 〈취옹정기〉의 산실이기도 하다. 저주의 서쪽에 바로 낭야산과 호수가 있는데 이 시에서 말한 서간은 바로 그 호수의 한 모퉁이 계곡으로 보인다. 제목의 번역을 시내나 계곡으로 하지 않고 물가라고 한 것은 그런 이유 때문이다. 위의 두 구는 비가 오지 않을 때 서간의 아름다운 광경을 그리고, 아래 두 구는 비가 올 때의 광경을 묘사하였는데 모두 청유(淸幽)한 정취를 띠고 있다. 나루에서 흔들리고 있는 배는 더욱 시인의 마음이 이입되어 있다.

또 다른 시각은 이 시가 풍자시라는 관점이다. 왜 하필 '특별히 사랑한다.[獨憐]' 이런 말을 썼겠으며 갑자기 비가 왜 오느냐는 것이다. 군자는 물가에 버려져 있는데 반해 소인은 높은 데서 득세를 하고 있다. 비를 데리고 다급하게 몰아치는 것은 소인배들의 흉포한 탄압이다. 그런 가운데 아무도 없는 나루에 빈 배가 놓여 있는 것은 군자가 산림에 은거하고 있는데 아무도 천거해 주지 않는 것을 암시한 것이라 한다.

이런 해석은 『萬首絶句選(만수절구선)』과 『천가시』 등에 나오는데 2019년 9월에 출간된 『韋應物集校注(위응물집교주)』를 보니, 처음 이 학설을 낸 사람은 송나라 사방득(謝枋得, 1226~1289)과 청나라 심덕잠(沈德潛, 1673~1769)이다. 요즘 새로 주석을 낸 책에는 전반적으로 정통적 해석을 앞세우고 이런 해석은 부수적으로 소개한다. 그런데 특이하게 『칠언당음』을 보면 먼저 풍자시 관점으로 이 시를 소개한 다음, 산수시 관점으로 이 시를 보충 해석하고 굳이 풍자시로 볼 것 없다고 마무리하고 있다.

필자의 생각에는 이 시의 마지막 구절은 너무나 뛰어나 귀신이 와서 도와준 것 같은 느낌이 든다. 고금에 이 구절이 회자되는 것은 그 시취와 화경이 어울려 빚어내는 그윽하고 맑은 정취에 공명하였기 때문일 것이다. 중국과 한국의 후인들 시를 보면 이 구절을 인용하거나 점화(點化)한 것이 많다. 이 시를 풍자시로 보려고 하는 이유도 이 시가 산수를 묘사하긴 하였지만 그 풍경이 무언가 산수 이상의 것을 담고 있는 것 같기 때문에 그런 말을 할 것이다. 우리가 뛰어난 자연의 다큐멘터리를 보면서 자연 자체로만 보지 않는 것과 같다고 할 수 있다. 때로 자연의 이치가 인간의 삶인 것도 같고 인간의 삶이 자연의 이치와 닮은 것처럼 말이다.

이번에 이 시를 다시 보면서 춘조(春潮)라는 말을 널리 찾아보았다. 바다에서 올라오는 물을 가리키는 경우도 더러 있지만 대개는 봄에 불어난 강물을 말하는 것으로 보인다. 여기서는 호수의 물이 불어나 시인이 있는 나루터 부근까지 밀려 든 것으로 이해된다. 독린(獨憐)의 의미는 1구까지만 걸리는 것이 역시 자연스럽다.

이 시는 역대 당시를 뽑은 작품집에는 거의 빠짐없이 들어 있고 현대에도 마찬가지로 사랑받고 있다. 『당시배항방』에 20위에 올라 있다.

賦得古原草送別
부 득 고 원 초 송 별

옛 언덕 위의 풀

백거이(白居易) _당(唐)

離離原上草	우거진 저 언덕 위의 풀
리 리 원 상 초	
一歲一枯榮	해마다 자랐다가 시드네
일 세 일 고 영	
野火燒不盡	들불도 다 태우지 못해
야 화 소 부 진	
春風吹又生	봄바람 불면 또 돋아나네
춘 풍 취 우 생	
遠芳侵古道	먼 곳의 방초는 옛 길을 침범하고
원 방 침 고 도	
晴翠接荒城	반짝이는 풀 무너진 성에도 났네
청 취 접 황 성	
又送王孫去	또 귀한 손님 떠나보내니
우 송 왕 손 거	
萋萋滿別情	이별의 정 풀처럼 가득하네
처 처 만 별 정	

　이 시는 787년 백거이가 16세 때 지은 시이다. 어린 나이에 좋은 글을 쓴 사례는 많다. 율곡(栗谷)은 8세 때 〈화석정〉 시를 쓰고 왕발(王勃)은 14세에 〈등왕각서〉를 쓰고 가의(賈誼)는 20세에 웅장한 상소를 썼다.

　이 시와 관련해 재미있는 일화가 있다. 백거이는 당시 장안에서 갓 진사에 합격해서 이름이 없었다. 어느 날 시를 가지고 저작랑(著作郞) 고황(顧況)을 찾아뵈니, "장안에는 물가가 비싸 살기가 아주 쉽지 않다.[長安百物貴, 居大不易.]"라고 농담을 했다. 백거이의 이름을 재치 있게 활용한 것이다. 그런데 이 시의 3, 4구를 읽더니 감탄하면서, "시구가 이러하니 천하에 산다 해도 무슨 어려움이 있겠나? 내가 아까 한 말은 농담일세.[有句如此, 居天下有甚難? 老夫前言戱之耳!]"라고 했다. 『唐摭言(당척언)』 권7 「知己(지기)」 조에 나온다.

이 시의 제목은 '고원초를 지어 송별하다'라는 뜻이다. 그러나 예전 사람들은 제목을 서문처럼 쓴 경우가 많다. 오늘날 개념으로 보면 결국 '고원초'가 제목에 해당하는 셈이다.

들불이 마른 풀은 태울지 몰라도 뿌리까지 다 태우지를 못해 봄이 되면 풀은 다시 돋아난다. 이 구절은 멀리 가는 친구에게 칠전팔기의 의지를 주문하는 것이자 자신에 대한 격려이기도 한 셈이다. 많은 어려움을 견디고 큰 시인으로 성공하는 백거이의 앞날을 예고하는 주문처럼 들린다.

멀리 보이는 방초는 옛 길을 침범하고 햇빛 속에 싱그럽게 빛나는 풀은 황폐한 성에 접하였다. 여기서 遠芳(원방)이란 저 멀리 보이는 향기로운 풀을 말한다. 또 晴翠(청취)는 맑은 햇빛을 받아 눈부신 초록색으로 빛나는 풀을 말한다. 싱그러운 풀과 햇빛 속에 빛나는 풀이 새로운 생명력이라면 옛 길과 무너진 성은 지나간 유적이다. 이 2구는 봄날의 애상감과 무상감을 극대화한 구절이다. 그냥 밤만 되도 사람은 고독감에 젖는데 황성 옛터에 밤이 되면 어떻겠는가?

예전에 이 시를 볼 때는 이 구절이 제대로 눈에 안 들어왔는데 이제 보니, 이 구절이야말로 소년 백거이의 시에 대한 감수성과 언어에 대한 감각을 알게 해 주는 부분이라는 생각이 든다. 원방과 청취 같은 표현을 16살 소년이 한다는 게 놀랍기만 하다.

왕손이나 봄풀이 가지는 은유에 대해서는 55회 당언겸(唐彦謙)의 〈봄풀[春草]〉에서 언급하였으므로 여기선 생략한다. 즉 귀한 손님을 여기서 떠나보내니 그 슬픔이 저 푸른 봄풀처럼 가슴에 가득하다는 말이다.

'離離(리리)'와 '萋萋(처처)'는 모두 풀이 무성한 모습을 나타내는 의태어이다. 한문의 의태어와 의성어는 한글에 비해 훨씬 풍부한 것으로 보인다. 왜냐하면 분명히 한자로는 다른 표현인데 한글로는 한두 개밖에 선택할 수 없는 경우를 수도 없이 만났기 때문이다. 이 말은 둘 다 『시경』에 나오는데 '리리'는 열매나 풀이 실하여 숙이고 있는 모양을 나타내고 '처처'는 풀, 잎, 구름 등이 농도나 밀도가 높은 것을 주로 나타낸다. 그러니 우리말의 '무성하다'에 가까운 것은 '처처'이고 '우거지다', '숙이다'에 가까운 말은 '리리'이다. 그리고 그 앞에 '침범하다[侵]', '닿았다[接]'는 말은 모두 풀이 그곳에도 났다는 말인데 모두 상황에 잘 맞는다.

　이 시도 가만 보면 5, 6구가 매우 묘하기는 하지만 이는 오히려 인력으로 가능하다. 그러나 3, 4구는 역시 귀신이 와서 도운 듯하다. 이 구절 때문에 '아무리 간신을 처단해도 또 간신이 생겨난다.'는 비유로 이 시를 읽는 사람들이 있는 것을 보면 더욱 그렇다.

　두보(杜甫)가 "만권의 책을 독파하고, 신들린 듯 글을 썼다.[讀書破萬卷, 下筆如有神]"라고 한 말이 바로 이를 두고 하는 말일 것이다. 이 말 역시 두보의 본래 의도는 '책도 많이 읽었고 글도 잘 쓴다.'는 뜻으로 한 말이지만 지금은 '책을 많이 읽어 글을 쓰면 귀신이 돕는 것 같다.'는 맥락으로 많이 쓰니, 두보의 이 구절 역시 분명 신이 와서 도운 듯하다.

　이 시는 『당시배항방』에 54위에 올라 있다.

鷓鴣天 _ 十里樓臺倚翠微
자고천 _ 십리 누대가 푸른 산에 기대 있고

안기도(晏幾道) _송(宋)

十里樓臺倚翠微	십리 누대가 푸른 산에 기대 있고
百花深處杜鵑啼	백화 핀 곳에 두견새가 울어 대네
殷勤自與行人語	간절히 타향객과 말을 하는 듯 하니
不似流鶯取次飛	마음대로 나는 꾀꼬리와는 다르네
驚夢覺	꿈에서 깨니
弄晴時	햇살에 울음
聲聲只道不如歸	소리마다 돌아가느니만 못하다 하네
天涯豈是無歸意	하늘 끝에서 귀향의 마음 왜 없으랴만
爭奈歸期未可期	돌아갈 날 기약하지 못하니 어쩌리

이 작품은 안기도(1038~1110)가 〈자고천(鷓鴣天)〉이라는 사패(詞牌)로 지은 사(詞)이다. 〈자고천〉이라는 사패는 오대 시대에 이미 나타나며 송대에 유행하였는데 고려 시대에 이제현(李齊賢)도 이 곡조로 지은 사가 『益齊亂稿(익제난고)』에 전한다. 이 사

는 7언 율시와 같은 자리인 짝수구와 제1구에 운자가 있는 것 외에도 중간에 3글자로 2구를 만든 '時(시)' 자에도 운자가 있다는 차이가 있다. 중간의 3글자 앞에서 상하 양편(兩片)으로 나누어진다. 제목에 첫 구를 그대로 인용한 것은 다른 〈자고천〉과 구별하기 위해서이다. 실제로 안기도가 지은 『小山詞(소산사)』에는 〈자고천〉이 무려 18수, 『御定歷代詩餘(어정역대시여)』에도 16수가 실려 있다. 이 사를 읽을 때는 운자에 호흡을 맞추어 읽어야 한다.

이 시는 두견새, 즉 소쩍새가 우는 소리를 듣고 고향에 가지 못하는 심정을 소쩍새에 이입하고 있다.

'慇懃(은근)'이라는 말은 오늘날은 '드러내지 않고 가만히'라는 뜻으로 의미가 변하였다. 여기 나오는 말은 '간절히', '정성껏' 이란 의미를 지닌다. '行人(행인)' 역시 '길 가는 사람'이 아니라 고향을 떠나 객지에 있는 사람을 의미한다. '自(자)'는 두견새가 우는 소리를 들으면, 절로 타향에 사는 사람의 마음을 알아 줄 것 같은 생각이 든다는 차원에서 쓴 말이다. '取次(취차)'는 여러 가지 뜻이 있는데 여기서는 '임의대로' '마음대로'라는 의미이다.

'千里鶯啼綠映紅(천리앵제녹영홍)'이라. 51회 〈江南春(강남춘)〉의 풍경이 다시 펼쳐졌다. 십리에 걸친 누대는 푸른 산에 의지해 늘어서 있고 그 사이사이에는 온갖 꽃이 피어 있다. 그리고 소쩍새가 운다. 다시 소쩍새가 운다. 또 다시 소쩍새가 운다. 그 소리는 고향을 떠나 타향에 있는 나에게 무언가 간절히 말을 거는 것만 같다. 풀쩍 뛰어 내렸다가 다시 풀쩍 올라가는 꾀꼬리가 자기 세상을 만난 듯이 마음대로 날아다니는 것과는 무언가 다르다.

그 소리에 잠을 깨보니 눈부시게 맑은 날 참으로 애절히도 운다. 오직 '불여귀… 불여귀……' '돌아가는 게 낫겠네. 돌아가는 게 낫겠네.……' 하는 소리뿐이다. 나는 고향을 떠나 천애 멀리 이곳에 왜 있는가? 그러나 아직 할 일이 있어 돌아갈 기약조차 없으니 어이할 것인가.

마치 영화의 한 장면 묘사처럼 구성되어 있다. 큰 배경 묘사가 나오고 잠에서 깨어난 사람이 클로즈업되고 다시 들려오는 소쩍새 소리…….

안기도는 생몰년에 이견이 많은데 임천(臨川), 즉 오늘날의 남창(南昌) 출신으로 부친 안수(晏殊)와 함께 애정사(愛情詞)로 유명하다. 문장의 풍격을 방담(放膽)과 소심(小心)으로 구분하듯이 사의 풍격을 호방(豪放)과 완약(婉弱)으로 나눌 때, 안기도는 완약한 사풍의 대가로 인정되고 있다.

봄날 소쩍새 울음과 고향 생각은 예전 사람들이 봄을 대한 또 다른 세계를 전해 준다.

清明
청명

두목(杜牧) _당(唐)

清明時節雨紛紛	청명 시절 부슬부슬 비가 내리니
路上行人欲斷魂	길 가는 나그네 마음 무너지는 듯
借問酒家何處有	근처에 주막이 어디인지 물어보니
牧童遙指杏花村	목동이 멀리 살구꽃 마을 가리키네

오늘 4월 5일은 청명이자 식목일이다. 지금은 청명 한식이 이름만 남아 있지만 대략 20년 전만 해도 이 무렵엔 산소를 돌보는 행사를 많이 했다. 지금도 산소에 가토(加土)를 하거나 떼를 입히는 경우는 보통 이날 한다.

세시 풍속은 조금만 생각해 보면 매우 이치에 닿는다. 청명에는 이제 본격적으로 봄이 와 풀을 밟으며 산책하기에 좋고 또 날도 완전히 풀렸기에 무덤을 돌보기에도 좋다. 당송 이래로 청명에 일가가 모여 답청(踏靑), 소묘(掃墓)를 한 것은 오늘날로 치면 일종의 봄나들이를 가는 셈이다.

조선시대에는 효와 예로 나라를 다스렸기에 무덤을 돌보는 일에 비교적 넉넉한 휴가를 주었다. 휴가나 사직을 청하는 것을 정사(呈辭)라고 하는데 『전율통보』나 『대전회통』 등의 법전에는 이런 조항이 잘 갖추어져 있다. 조선 후기의 경우를 보면 관원

舊傳 張符, 柳蔭歸牧圖 軸, 元(14세기), 42.5 x 37.3cm, 미국 보스턴미술관.
강가 언덕 버드나무가 에워싼 풀밭에서 저녁에 목동들이 소를 몰고 집으로 돌아가고 있다. 한 아이는 손에 새를 조심스럽게 받들고 소 앞에서 걸어가고, 다른 한 아이는 소 등에 납작 엎드려 채찍으로 톡톡 치며 가고 있는데 송아지가 어미 소 옆에 바싹 붙어 가고 있다. 한적한 느낌과 웃음을 주는 그림이다.
비가 부슬부슬 오는 날 저런 목동에게 주막을 물으니 아마도 심드렁하게 손가락으로 알려주고 갔을 것이다.

들은 2년에 한 번 무덤을 돌보는 소분(掃墳) 휴가를 갈 수 있었다. 중국에서 흔히 쓰이는 소묘는 결국 성묘라는 의미인데 조선시대에는 소분이라는 말을 주로 썼다. 이때 왕복 기간은 하루 80리를 가는 것으로 계산하여 별도로 제해 주고 체류하는 날만 알짜로 7일을 주었다. 무덤에 흙을 보강하는 가토, 자신이 임명장을 받아 무덤에 풍악을 울리고 고하는 영분(榮墳), 조상의 벼슬을 증직할 때 임명장을 누런 종이에 그대로 베껴 태우는 분황(焚黃) 때도 똑같았다. 멀리 객지에서 죽은 사람을 고향으로 모시는 귀장(歸葬)은 15일로 자신의 혼인이나 부모를 뵈러 가는 근친(勤親)과 같았다.

두목이 조선시대의 이런 풍속을 보았으면 다소 머쓱해하지 않을까? 비에 옷과 신발이 젖은 것을 감안해도 '欲斷魂(욕단혼)'이라는 말은 실제의 감정보다 다소 과해 보이긴 한다. 그러나 정겹게 일가들과 회포를 푸는 고향에 못 가는 아쉬운 심정만큼은 십분 전달된다.

이 시에서 행인은 그냥 길 가는 사람이 아니라 '고향을 떠난 사람'이라는 의미이다. 그런데 이 행인이 두목 자신인가에 대해서는 다소 논란이 있다. 그런데 시상의 전개상 그 행인이 술집을 찾는 사람과 동일 인물이 되어야 한다고 본다면 두목 자신이거나 최소한 그런 상태에 있는 화자를 설정한 것으로 보인다.

이 시는 846년 두목이 지주(池州, 지금의 안휘성 귀지(貴池)) 자사를 할 때인 44세 때의 작품으로 알려져 있으며 북송 시대에 이미 널리 퍼진 것으로 보인다. 청명 무렵 유학을 하거나 벼슬을 구하기 위해 객지에 가 있는 사람의 가슴에 이 시가 큰 공명을 일으킨 것으로 보인다.

특히 이 시의 마지막 구절은 상당히 재미있고 낭만적이며 정취가 있어 고금에 회자되고 화의(畫意)가 충만하여 시의도(詩意圖)의 글귀로도 많이 애용된다. 비가 부슬부슬 온다는 분위기에서 애상적인 마음으로 연결되고, 다시 주막으로 시상이 연결되어, 이 마지막 구절에 시의가 무르익었기 때문에 더욱 그렇다.

이 시를 너무 좋아한 나머지 어떤 호사가는 이 시의 의미와 글자는 하나도 손상하지 않고 이 시를 다음과 같은 장단귀, 즉 사(詞)로 만들었다.

淸明時節雨 청명시절우	청명 시절 내리는 비
紛紛路上行人 분분로상행인	길 가는 행인에게 부슬부슬 내리네
欲斷魂 욕단혼	마음이 무너지는 듯
借問酒家何處 차문주가하처	근처에 주막은 어디에 있는가
有牧童遙指杏花村 유목동요지행화촌	어떤 목동 멀리 살구꽃 마을 가리키네

(臺灣 三民書局 『新譯 千家詩』)

장단귀로 만들어 시가 더욱 굴곡이 있다. 운자도 살렸을 뿐 아니라 중간에 '욕단혼'이 더욱 강조되어 있다. 한 편의 시에서 이런 다른 작품을 만들어 낼 수 있는 시도 흔치 않거니와 이렇게 만드는 사람은 더욱 드물 것이다.

寒食 한식

한굉(韓翃) _당(唐)

春城無處不飛花 봄날 도성 꽃 날리지 않는 곳 없는데
춘성무처불비화
寒食東風御柳斜 한식날 동풍에 궁원의 버들 바람 타네
한식동풍어류사
日暮漢宮傳蠟燭 저물녘 한나라 궁궐에서 촛불을 전하니
일모한궁전랍촉
輕煙散入五侯家 가는 연기 오후가로 나뉘어 들어가네
경연산입오후가

점심을 먹고 산책을 하는데 바람이 자주 뺨을 스치고 지나간다. 이 시는 한식을 대표하는 시이자 이 시를 지은 한굉의 대표작이요, 또한 출세작이다.

한굉은 생몰년이 분명치 않은데 남양(南陽) 사람으로 현종 연간에 과거에 급제하였다. 이 사람은 중서사인(中書舍人)이라는 글을 담당하는 벼슬을 맡았는데 바로 이 시 때문이었다. 그의 만년에 덕종(德宗)이 이 시를 보고 감탄해 그를 발탁한 것이다.

덕종이 이 시를 태평성대를 노래하는 것으로 보고 기뻐서 발탁한 것인지 아니면 은미한 뜻을 보고 깨달은 것이 있어 그를 발탁한 것인지는 알 수 없다. 그런데 많은 주석가들은 이 시가 당나라 현종이나 아니면 그 이후에 권력을 농단하는 환관이나 외척을 총애하는 황실을 풍자한 작품이라 해석하고 있다.

만일 이 시가 한식날의 경치와 풍습만을 노래한 것이라면 후반의 의미가 약한 것

任熊, **十萬圖** 冊 中 **萬橫香雪**, 泥金箋設色, 26.3×20.5, 中國 北京 古宮博物院.
임웅(任雄, 1823~1857)은 근대 상해에서 주로 활동한 해상화파(海上畫派)의 거장으로 평가받는다. 그림 전폭에 강을 사이에 두고 살구꽃인지 배꽃인지는 모르겠으나 여하튼 흰 꽃이 만개하였는데 한굉이 말한 춘성무처불비화(春城無處不飛花)의 시흥을 십분 느낄 수 있다.

4월•봄 물결 비와 함께 저물녘 밀려드는데 인적 없는 나루터에 빈 배만 흔들리네

이 아무래도 이상하다. 한식은 불을 금한다는 뜻이 그 이름에 담겨 있어 달리 금연절(禁烟節)이라고도 하는데, 저녁에 밀납으로 만든 고급 초에 불을 붙여 전해준다는 것은 특별한 은총을 의미한다. 이런 특권을 시에 서술하였다는 것 자체가 비판의 의미를 띤다. 그리고 한나라 5제후가 환관들이고 한나라는 이 환관 때문에 망한 역사적 사실을 상기할 때 이 5후를 언급한 것이 그들을 칭찬하려고 한 의도는 아닐 것이다.

다만 당나라 시기에는 궁중 풍속을 소재로 한 시나 그림이 많기 때문에 보는 사람이 풍자시로 읽어도 한굉이 정말 그런 의도로 시를 지었는지는 알 수 없다. 더 많은 시를 두루 보고 난 뒤에 다시 한 번 감상해 볼 일이다. 이런 것 역시 시를 읽는 재미이다.

예전에 이 시를 볼 때는 첫 구의 절창이 특별히 좋았는데 지금 보니 첫 구는 너무 좋은데 다른 구절은 그만 못한 듯하다. 그런데 이 시의 각 구절이 바람을 묘사하고 있는 것이 특별히 눈에 들어온다. 꽃이 날리는 것도 바람이요, 동풍에 어원(御苑)의 버들이 기울어져 있는 것도 바람이요, 가벼운 연기가 흩어져 들어가는 것도 바람이다. 이런 점을 보면 한굉의 필법이 매우 교묘한 것은 분명한 듯하다. 한식의 유래에 바람이 심해 화재 예방 차원에서 불을 피우지 않고 찬 밥을 먹는 풍습이 생겼다는 학설이 있는 만큼 한식에 바람을 연결한 것은 정말 용의주도한 계산으로 보인다.

때문에 2구의 동풍에 버들가지가 한쪽으로 쏠려 있는 것을 나타내는 '斜(사)'를 '바람 타다'로 표현한 것이다. 마지막 구의 '散(산)'은 궁중에서 촛불을 5후에 각각 전하고 있는 것을 나타낸 표현이기 때문에 역시 그런 점을 반영하였다.

이 시는 『당시배항방』에 35위에 올라 있다.

襄陽寒食寄宇文籍
양양(襄陽)에서 한식날 우문적(宇文籍)에게

두공(竇鞏) _당(唐)

煙水初銷見萬家 물안개 걷혀가니 만 채 가옥 보이는데
東風吹柳萬條斜 불어오는 동풍에 버들가지 기울었네
大堤欲上誰相伴 오르고 싶은 방죽 길을 뉘와 함께 하리
馬踏春泥半是花 말이 밟는 진흙의 반은 봄 꽃잎이건만

    호북성 양양은 우리나라 예천의 회룡포 같은 성(城)이다. 장강의 가장 큰 지류인 한수(漢水)가 양양을 Ω자 형으로 감싸고 휘돌아가기 때문에 삼면이 강물로 둘러싸여 있다.

    지금 이 강의 물안개가 아침 햇살 속에 걷혀가고 있는 중이다. 그럼 어떻게 되겠는가? 그 강 너머에 있는 양양성(襄陽城)의 가옥들이 안개 속에 점차 모습을 드러내지 않겠는가. 그리고 강을 끼고 있는 성인 만큼 우리나라 평양처럼 수많은 버드나무가 늘어서 있다. 그 늘어선 몇 천 그루의 버드나무가 동풍에 쏠려 기울어진 모습으로 수많은 실가지를 드리우고 있는 중이다.

    저 큰 방죽에 말을 타고 올라가 보고 싶다. 누구와 짝을 해야 할까. 말이 밟고 가는 진흙의 반은 꽃잎이 묻어 있을 정도로 지금 한창 아름다운데.

두공(竇鞏)이 우문적(宇文籍)에게 이런 아름다운 봄에 함께 말을 타고 수양버들 늘어지고 꽃이 흐드러진 방죽 길을 함께 산책해 보자는 의사를 전달하고 있다.

이 시는 물가에 있는 봄 성의 아름다움을 잘 표현하고 있는데 우리나라로 치면 예전 평양성, 진주성, 의주성, 함흥성 등이 모두 이런 아름다운 모습을 연출하였을 것이다. 실제로 예전에 그려진 고지도를 보면 그런 모습을 많이 그려 놓고 있으니 찾아보면 우리나라 한시에도 이런 봄 풍경을 노래한 시가 있을 것이다.

두공(762-821)은 생소한 인물이지만 장안 출신으로 박학다식하고 시를 매우 잘 짓는 것으로 당시에는 이름이 났던 것으로 보인다. 이 사람은 원진, 백거이 등과 교유하였는데 평소 말을 우물거리고 잘 못하여 '섭유옹(囁嚅翁)'이란 재미나는 별명이 있다. 섭유옹은 백거이의 별호이기도 한데 다 말을 잘하지 못한 듯하다.

이 시를 받은 우문적(770~828) 역시 박식하고 간의대부 등 여러 고관을 지낸 인물이다.

大林寺桃花
대림사(大林寺) 복사꽃

백거이(白居易) _당(唐)

人間四月芳菲盡	세상에는 4월이라 온갖 꽃 다 졌는데
山寺桃花始盛開	산사에는 복사꽃이 이제야 한창 피네
長恨春歸無覓處	봄이 가서 찾을 곳 없다 늘 한탄 했네
不知轉入此中來	이곳에 돌아와 피어 있는 줄 모르고서

    일요일, 일이 있어 출근했다가 오후 늦게 북한산 입구로 나와 이른 저녁을 먹고 진관사에 들렀다. 산사는 예전에 비해 더 깨끗해지고 더 새로워졌다. 절 입구에 늘어선 키 큰 소나무들이 절간의 탈속미를 더해준다. 드문드문 보이는 연두색 버드나무가 절로 시선을 끌고 산수유도 한 귀퉁이에 피어 있다. 산 여기저기에 핀 진달래는 가장 봄을 실감하게 해 주는 국화(國花)라 할 만하다.

    산사 앞 소나무 숲에 앉아 수첩을 꺼내 이 시를 읽어본다. "人間四月芳菲盡한데 山寺桃花始盛開를. 長恨春歸無覓處하니, 不知轉入此中來를." 다시 2구절 씩 허공을 응시하며 낮은 소리로 낭송한다. 몇 번 그렇게 하다가 어느 순간 전구를 낭송한다. 이런 과정을 계속 반복하면서 시상을 생각해 본다. 어떤 글자에 집중했다가 다시 운자에 집중했다가. 아! 이 시는 우의(寓意)가 있구나!

이 시는 백거이가 46세 때 강주 사마로 좌천되어 있던 817년 4월 9일에 대림사에 가서 하룻밤 자고 지은 시이다. 대림사는 강주(江洲), 즉 지금의 구강(九江)에서 멀지 않은 여산(廬山)에 있던 사찰이다. 지금은 폐사 된 것으로 보인다.

　백거이가 지은 〈遊大林寺序(유대림사서)〉에 보면 백거이는 당시 명사들과 승려들 합쳐 도합 17명이 동림사(東林寺)와 서림사(西林寺)를 방문하고 향로봉(香爐峯)에 올라 대림사에서 잤다. 이 3사찰이 여산의 대표사찰이었다. 대림사는 매우 멀고 인적이

드문데 산이 높고 깊어서 다른 곳보다 계절이 늦어 당시 초여름인데도 이곳은 정월이나 2월 같았다고 한다. 그때 한창 산복숭아꽃이 피어 별세계를 이루어 이 시를 썼다고 한다. 그런데 특이하게도 이 사찰에는 모두 해동인, 즉 한국 사람이 승려로 있었다는 대목도 나와 눈길을 끈다.

나도 예전에 이백의 〈망여산폭포〉에 가 보고 장개석 별장

仇英, **東林圖**, 明, 絹本設色, 29.5×136.4㎝, 臺灣 國立故宮博物院.
구영(仇英, 약 1494~1552)은 명사대가(明四大家)의 한 사람으로 일컬어지는데 특히 인물화는 당대 제일로 평가된다. 이 그림은 구영이 자신의 스승이기도 한 동림선생(東林先生)을 위해 그려준 그림이다. 문인들이 사는 은거나 초당 등을 그려서 주인공의 인격이나 학덕을 드러내는 것이 명대 중기 강남 일대에서 유행하였다. 집 안에선 주인과 손님이 담소를 나누고 있고 동복들은 차를 준비하고 있다. 집을 두른 대나무와 안개 속의 복숭아나무가 집주인이 세속에서 떨어져 은거하는 사람임을 나타내고 있다.

에서 하룻밤 잔 뒤에 다시 백록동 서원을 둘러보고 소식의 「李君山房記(이군산방기)」의 유지를 찾기 위해 하루 종일 비가 부슬부슬 오는 산 속을 헤맨 경험이 있어 여산이 어느 정도 큰 산인 것을 대강 안다.

시의 일차적인 의미는 인간(人間), 일반 평지 마을에는 4월이라 봄꽃이 모두 져서 이제 봄꽃을 어디에서도 찾을 곳이 없다고 늘 아쉬워하였는데 이곳 대림사에 와 보니 복사꽃이 한창이라는 내용이다. 백거이가 명시적으로 말하지는 않았지만 이 시는 그의 처지와 관련하여 자연스럽게 좀 더 깊이 우의적으로 읽힌다.

자신이 이전에 몸담고 있던 세계에서 일이 잘 안 풀려 좌절감에 빠져 있는데 이곳에 와서 그동안 미처 모르던 새로운 자신의 세계를 발견했다는 말로도 들린다.

우리는 자신이 정열을 쏟아 애쓰던 곳에서 성공하지 못하면 좌절한다. 그러나 어느 순간 자신의 새로운 길을 발견하면, 왜 내가 예전에 그렇게 아등바등했는지 한탄스러우며, 왜 이런 좋은 세계를 이제야 알게 되었는지 안타까워한다. 세상에 진정으로 자신에게 맞는 길을 걸어가는 사람은 얼마나 될까?

이 봄, 나는 나의 복사꽃과 함께 피어 있는가? 아니면 자신의 도원(桃園)은 알지 못한 채 어느 엉뚱한 세상에서 인연 없는 사람들과 시비총중(是非叢中)에 빠져 무명(無明)의 아귀다툼을 벌이고 있는 것인가?

하늘은 푸르고 꽃은 피었는데 내가 건너갈 나루는 어드메뇨?

해가 저물어 가는 진관사에서 무슨 떠돌이 화상처럼 이런 생각을 하며 걸어 나왔다.

上巳(상사)
삼짇날

최호(崔護) _당(唐)

巳日帝城春 (사일제성춘)	도성의 봄 삼월 삼일
傾都祓禊晨 (경도불계신)	온 황도 불제하는 날
停車須傍水 (정거수방수)	수레는 물가에 멈추고
奏樂要驚塵 (주악요경진)	풍악은 먼지도 놀라네
弱柳障行騎 (약류장행기)	약한 버들은 기마행렬 병풍
浮橋擁看人 (부교옹간인)	강의 부교엔 둘러싼 구경꾼
猶言日尙早 (유언일상조)	아직도 날이 이른가 봐
更向九龍津 (갱향구룡진)	다시 구룡진으로 향하네

때는 8세기 당나라 현종 시절, 3월 3일 삼짇날 국경일을 맞아 온 황도가 동쪽 물가로 목욕하러 가기 위해 들썩이는 가운데 황제 형렬은 거리로 나선다. 풍악 소리는 천지를 진동하고 황제의 수레는 물가에 멈춘다. 행렬 좌우에는 가녀린 버드나무가 병풍처럼 늘어섰고 강에 놓은 부교 주변에도 구경꾼들이 둘러싸고 있다. 이곳을 구경하던 시인은 구룡진에서 불제하는 풍경은 어떨까 하고 또 그리고 가 보려 한다.

삼짇날은 본래 3월 첫 사일(巳日)이 드는 날로 했으나 위진 시대 이후로는 3월 3일로 고정했고 우리나라도 이날은 명절로 인식하여 야외로 나가 화전을 해 먹고 사당에 천신하기도 했다. 우리 시골에서도 운치 있는 화전은 몰라도 쑥을 뜯어 떡을 해먹은 기억은 난다.

그런데 조선시대에 선비 사회에서는 특히 이날을 수계일(修禊日)이라 하여 반드시 주석을 열어 시를 짓는 풍습이 있었다. 이는 동진 시대 왕희지가 〈난정기〉라는 것을 썼기 때문이다. 이 〈난정기〉는 중국 서법사에서 최고의 작품으로 인정을 받고 있고 글도 명문이라 동아시아 지식인 사회에 끼친 영향이 소동파의 〈적벽부〉와 함께 만고에 빛나고 있는 글이다.

2019년 겨울에 소흥(紹興)의 난정에 가 보았는데 유상곡수(流觴曲水)를 하던 옛 샘물과 아지(鵝池)가 볼만하였다. 작은 시내를 건너 난정서법박물관(蘭亭書法博物館)에 가 보니 서예사의 변천 과정과 함께 난정 관련 글씨와 자료를 모아 전시하고 있었다. 중국과 일본의 인사들은 지금도 수계 행사를 이곳에서 재현하고 글씨도 쓰고 시도 짓고 하는데 한국만 빠진 것이 다소 아쉬웠다. 꼭 글씨에 관심 있는 분이 아니라 하더라도 중국 문명에 관심 있는 분들은 소흥에 반드시 한 번 가 볼만하다. 시내에 왕희지 고리(王羲之故里, 왕희지가 살던 옛 마을)도 있고 노신 고거(魯迅故居, 노신이 살던 옛집)도 있으며 주은래(朱恩來)와 서위(徐渭)의 고거도 있다.

국립민속박물관에는 유숙(劉淑)의 〈수계도〉가 전해 온다. 1853년(철종 4) 서울 장안의 행세하는 여항 문인 30명이 모조리 남산 묵계(墨溪)에 집결하여 성대한 수계 모임을 열고 그 장면을 그림으로 그리고 시문을 모아 놓은 두루마리이다. 두루마리 곳곳에 글을 쓴 사람의 인장을 찍어 놓아 더욱 빛이 난다. 여기 적힌 글을 필자가 모두 번역하여 『미술자료』에 소개하였는데 그 내용이 모두 수계에 관한 것이다. 그리고 이날 조정의 내로라하는 대신들은 또 묵계산장(墨溪山莊)에 따로 모여 주연을 연 것이 이유원의 『임하필기』에 기록되어 있다.

난정(위)과 복원한 유상곡수의 현장(아래) (사진_ 김종태)

4월•봄 물결 비와 함께 저물녘 밀려드는데 인적 없는 나루터에 빈 배만 흔들리네

오늘 SNS에 삼짇날 풍습을 따라 특별한 음식을 먹거나 글을 쓴 사람이 없는 걸 보면 우리나라의 삼짇날 풍속은 이제 역사 속으로 거의 묻힌 것으로 보인다. 그러나 한편 달리 생각해 보면 답청은 몰라도 목욕을 하기엔 아직 약간 이른 감이 있다. 이는 중국과 한국의 기온 차이에 연유하는 것 같다. 중국 사람이 3월 3일에 하던 목욕을 우리는 5월 5일 단오 때 하니 오히려 융통성

文徵明, **蘭亭修禊圖** 卷, 明(1542), 金箋地設色, 24.2×60.1cm, 中國 北京 故宮博物院.
왕희지의 난정서를 그림으로 그린 작품이 적지 않지만 문징명의 이 그림이 요녕성박물관 소장의 〈난정서도(蘭亭序圖)〉와 함께 가장 시문의 내용과 정취를 잘 반영하고 있다.

이 있다 할 수 있다.

　　최호(704~754)는 개봉 사람으로 〈黃鶴樓(황학루)〉를 쓴 시인이다. 어릴 때는 여성들을 소재로 한 고운 시를 즐겨 썼는데 나중에 국경 지방을 가 보고는 시풍이 늠름하게 변했다고 한다. 그런데 오늘 『御定全唐詩錄(어정전당시록)』에 보니 최호에 대한 악평을 해 놓았다. 개원 11년(723)에 진사에 급제하였는데 재주는 있었지만 행실이 엉망이었다. 노름과 술을 좋아해 장안에 와서 놀았는데 예쁜 여자를 아내로 선택한 다음

4월●봄 물결 비와 함께 저물녘 밀려드는데 인적 없는 나루터에 빈 배만 흔들리네

에 조금만 마음에 안 들면 내쫓았다. 이런 식으로 한 것이 네 번이었다 한다. 국가 차원에서 편찬한 책에 작가 행적을 함부로 적지는 않았을 것이다. 오히려 이런 일화를 보니 최호라는 인물이 구체적으로 다가온다.

『논어』에는 공자의 제자 증점(曾點)이 늦봄에 기수(沂水)에서 목욕을 하고 무우(舞雩)에서 바람을 쐬고 오겠다고 한 말이 있다. 이것이 바로 삼월 삼짇날 하는 목욕 풍습을 말한 것이다. 겨우내 찌든 때를 물가에서 씻어버리고 액운도 떨쳐 버리는 풍속이다. 이 풍속은 이미 주나라 때부터 있어 사람들이 물가에서 목욕하면 여자 무당이 액운을 떨치는 굿을 하곤 하였다. 이런 풍속이 당나라 시기에 오면 일종의 국경일처럼 된다.

馮承素, **摹蘭亭序全卷**(神龍本), 唐, 紙本墨書, 24.5×69.9cm, 中國 北京 故宮博物院.
왕희지의 난정서는 천하제일의 행서로 일컬어지는데 당 태종의 무덤에 묻힌 것으로 전해 온다. 이 글씨는 당대의 서예가 풍승소(馮承素)가 임모한 것으로 모사가 정묘하여 최고의 임본으로 평가받는다. 특히 글씨가 시작되는 우측 상단 귀퉁이에 당 중종의 연호인 '신룡(神龍)'의 반인(半印)이 찍혀 있어 신룡본(神龍本)이라고도 하는데 서법가들이 반드시 임서해야 할 정품(精品)으로 두루 인정받고 있다.

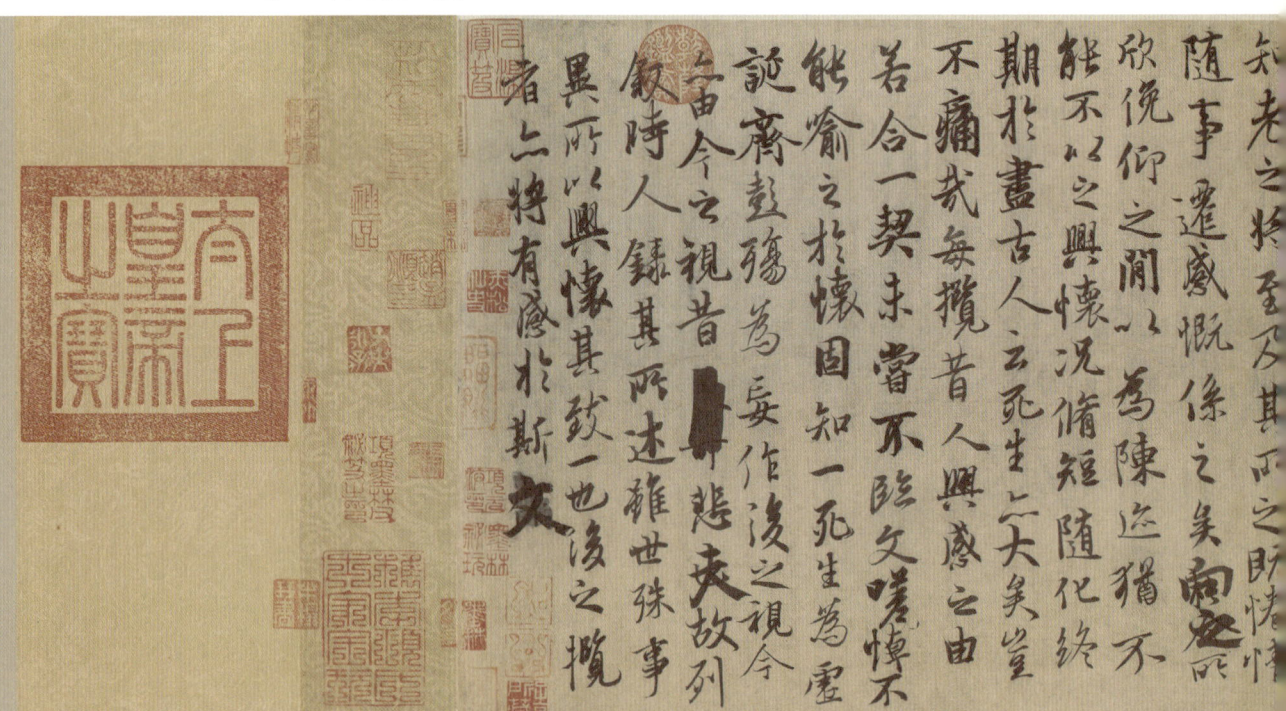

지금 이 시에서 황제도 불제(祓除), 즉 수계(修禊)를 몸소 하느라 행렬이 장관을 이루고 있는데 실제 당시 써 놓은 문인들의 상사(上巳) 관련 시를 보면 황명을 받아 쓴 시들이 많다. 즉 국가적인 행사인 것이다. 이날 황제가 불제 행사를 한 곳은 패상(灞上)이라고 하는 장안 동쪽 근교로 추정된다. 왜냐하면 이 시인이 〈上巳祓禊應制(상사불제응제)〉에서 언급해 놓았기 때문이다. 구룡진(九龍津)은 구룡지(九龍池)라는 곳으로 보이는데, 지금 화청지에 있는 구룡호(九龍湖)가 아닌지 의심 된다. 어쨌든 불제는 동쪽으로 흐르는 물에서 하니 장안 동쪽 방향에 있는 물일 것이다. 晨(신)은 辰(신)으로 '날'이란 의미이다.

최호가 이 시를 쓸 때만 해도 지금에 와서 삼짇날을 아는 사람이 거의 사라질 줄 어떻게 알았겠는가? 고금의 풍속 변화가 이와 같다. 지금 우리의 풍속도 후대에 누가 알겠는가? 다만 문헌이 있으면 관심 있는 자는 알 것이다.

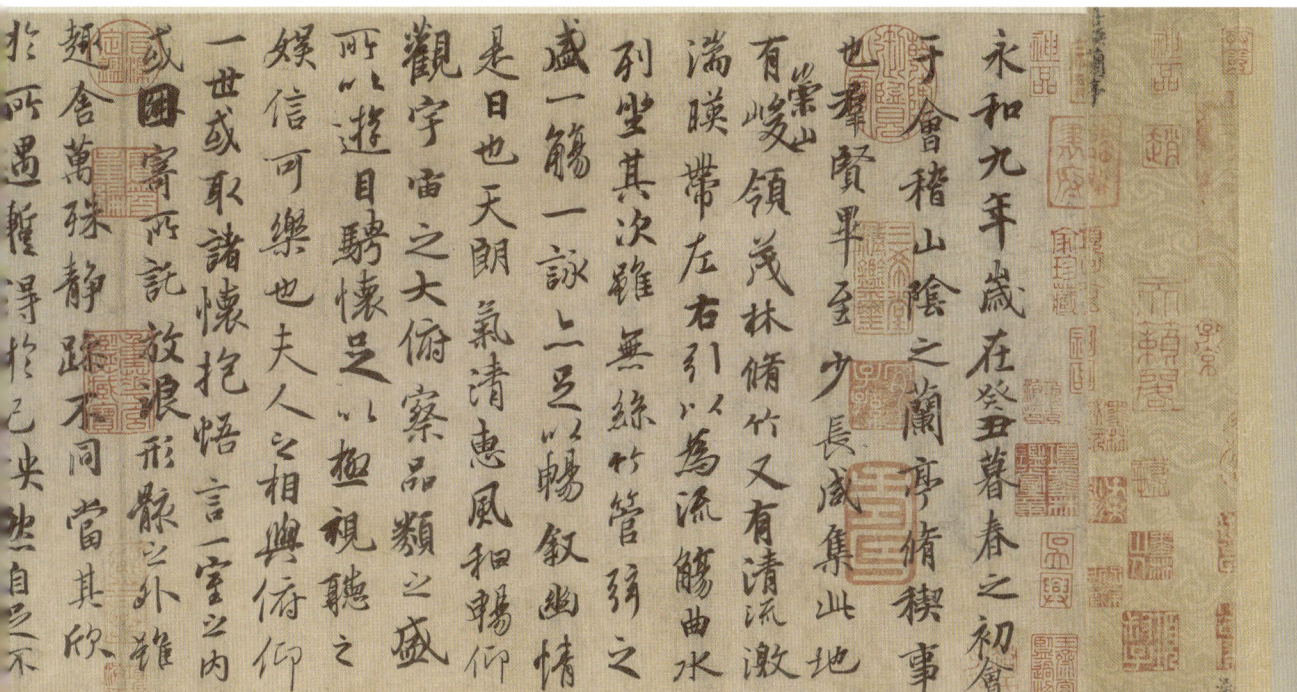

4월•봄 물결 비와 함께 저물녘 밀려드는데 인적 없는 나루터에 빈 배만 흔들리네

春風曲
봄바람의 노래

제기(齊己) _당(唐)

春風有何情	봄바람은 무슨 감정이라도 있는지
旦暮來林園	아침저녁으로 동산 숲에 불어오네
不問桃李主	복사와 자두 주인에게 묻지도 않고
吹落紅無言	말 없는 꽃을 불어서 떨어뜨리네

제기(대략 862-937)는 당나라 말과 오대 시대의 저명한 시승(詩僧)으로 본명은 호득생(胡得生)이다. 담주(潭州) 익양(益陽), 지금의 호남성 영향(寧鄕) 사람이다. 영향은 동정호 남쪽 장사(長沙) 서쪽에 위치한다.

제기는 7세에 마을 아이들과 함께 대위산(大潙山) 동경사(同慶寺)에서 운영하는 소를 방목하는 일을 했는데, 항상 대나무 가지로 소의 배에다 시를 썼다. 그랬더니 그 절의 승려가 특이하게 여겨 제기를 출가시켰다. 출가 후에 더욱 시 공부에 매진하고 성년이 된 뒤에는 동정호, 장안, 종남산, 화산 등지를 유람하면서 '형악사미(衡岳沙彌)'로 자호한다. 유람을 마치고 장사로 돌아오니 천하에 이름이 났다. 이후의 행적은 생략한다. 제기의 시집 『白蓮集(백련집)』이 전한다. 『전당시』에 제기의 시 800여 수가 수록되어 있는데, 이 수치는 백거이, 두보, 이백, 원진에 이어 5위에 해당한다.

沈周, **落花圖幷詩** 卷, 明1503), 30.7x138.6cm, 臺灣 國立故宮博物院.
나무 아래 앉아 꽃잎이 지고 봄이 가는 것을 상심하고 있는 주인공의 좌우에 무수한 붉고 흰 꽃잎이 떨어져 있다. 심주(沈周, 1427~1509)는 명사대가(明四大家)의 한 사람이자 소주 일대에 근거를 둔 오문화파의 종사(宗師)이다. 이 그림은 1503년에 심주가 병이 들어 꽃을 제대로 감상하지 못한 아쉬움을 달래기 위해 낙화시 10수와 함께 그림 그린 그림인데 당시 문인들이 화답하여 낙화시를 음영하는 풍조를 만들었다.

　　소를 방목하면서 공부도 하고 소 배에다 대나무 가지로 시를 썼는데 그 시가 자연스러워 동경사 승려가 절의 명성을 높이가 위해 제기를 출가시켰다는 대목을 보면 어렸을 때부터 상당히 취미와 재능이 있었던 것으로 보인다. 제기의 행적은 『五代史補(오대사보)』에 자세하며 대나무로 글씨 쓴 이야기는 재미가 있어 따로 『類說(유설)』 등에 편집되어 있기도 하다.

　　보통 봄바람과 초목의 관계는 긍정적인 것으로 표현되는데 이 시인은 봄바람의 시새움을 시로 노래하고 있다. 말없이 피어 있는 아름다운 복숭아, 자두 꽃을, 아침저녁으로 와서 그 주인인 나에게 한 마디 상의도 없이 떨어뜨린다는 내용이다. 꽃을 피운 것도 봄바람이지만 그 꽃을 거두어 가는 것도 봄바람인 셈이다.

　　뜬구름도 사라졌다가 다시 생겨나고 방초도 잠들었다가 다시 돋아난다. 천고 만고의 사람들이 청산의 무덤으로 간 뒤에 무엇이 되었는지 알 수 없다. 세상에 기승을 부리던 추악한 물건도 결국 다 없어지지만 아름다운 것 또한 모두 소멸하고 만다.

 이 시인은 봄날 자기가 묵고 있는 근처 숲에 바람이 불어와 꽃을 떨어뜨리는 것을 보고 인생의 무상감을 말하고 있다. 화려한 꽃이 말없이 떨어지는 것보다 더 무상한 것도 없다. 시승다운 시경(詩境)은 꽃잎이 하롱하롱 떨어지는 봄날, 우리를 오온개공(五蘊皆空)의 사색의 세계로 인도한다.

101
4월 11일

蘇溪亭
소계정

대숙륜(戴叔倫) _당(唐)

蘇溪亭上草漫漫	소계정 주변에 풀들은 끝없는데
誰倚東風十二闌	동풍에 열두 난간 누가 서 있나
燕子不歸春事晚	제비는 안 오고 봄날은 가는데
一汀煙雨杏花寒	모래톱 안개비에 살구꽃 차갑네

 대숙륜(732-789)은 당 말의 시인으로 지금의 강소성 상주(常州) 사람이다. 자사 등 관직 생활도 하였는데 만년에는 관직을 그만두고 도사(道士)가 되었다. 은일과 한적을 읊거나 농촌 풍경을 노래한 시를 많이 지었다.

 소계정은 지금 세계적인 일용품 도매시장으로 명성을 떨치는 절강성 의오(義烏)의 소계진(蘇溪鎭)에 있던 정자이다. 의오는 항주 남쪽에 위치한다. '十二蘭(십이란)'은 굴곡이 많은 난간을 말한다. '蘭(난)'은 '欄(난)'의 의미이다. '春事(춘사)'는 '춘경(春景)'을 말한다.

 이 시는 겉으로는 늦봄의 경관을 노래하고 있지만 그 안에 이별의 서정을 녹여 넣고 있다. 즉 경 속에 정을 담아 정과 경이 시어 속에 함께 숨 쉬는 듯하다.

 우리나라 현대 시인들의 많은 작품을 보면 자연의 사물을 노래하지만 그 안에 많은 감정이 스며있어 하나의 독특하고 다양한 은유적 시세계를 이루듯이 이 시 역시 그렇다. 시 중에서는 격정적인 감정을 노출하는 선이 굵고 강렬한 시가 있는가 하면, 안개비처럼 적시는 시도 있고, 이 시처럼 있는 듯 없는 듯, 아지랑이처럼 피어오르고 산의 남기처럼 아른거리는 시도 있다.

정자 주변에 풀이 드넓고 무성하게 깔려 있다는 것을 말하여 외롭고 고독한 분위기를 마련한 다음, 봄바람 부는 정자 난간에 홀로 선 여인을 등장시킨다. 이어 제비가 안 왔다는 말로 기다림을 환기시키고 봄날이 간다는 말로 아쉬움을 슬며시 드러낸다. 정자 주변에 흐르는 강 모래톱에 안개비가 내리는데 귀엽고 고운 살구꽃이 비를 맞아 차갑다는 말에서 이 여인의 애처로운 내면 풍경을 대신 드러내 준다. 안개비를 맞아 차가워진 살구꽃이야말로 이 시의 애수(哀愁) 어린 정경(情景)을 가장 잘 보여준다.

자세히 보려고 하면 없지만 멀리서 보면 무언가 어른거리는 기운, 아지랑이 같고 청람(晴嵐) 같은, 이런 시 세계를 대숙륜은 우리 앞에 선보이고 있다.

중문학자 서성 선생으로부터 『戴叔倫集(대숙륜집)』의 편찬 경위에 문제가 있으며 장인(蔣寅)의 『戴叔倫詩集校註(대숙륜시집교주)』 등에서 이 시를 명나라 왕광양(汪廣洋, ?-1379)의 시로 고증하였다는 지적을 받았다.

지금 살펴보니, 『御定全唐詩(어정전당시)』, 『御定全唐詩錄(어정전당시록)』, 『佩文齋詠物詩選(패문재영물시선)』 등에는 대숙륜의 작품으로 되어 있고, 왕광양의 시집인 『鳳池吟稿(봉지음고)』와 『御定宋金元明四朝詩(어정송금원명사조시)』, 『明詩綜(명시종)』 등에는 왕광양으로 되어 있다.

현재 바이두에는 〈蘇溪亭(소계정)〉 시에서는 대숙륜의 작품으로 소개하고 있고 대숙륜 인명을 검색하면 작품변위(作品辨僞) 항목을 두어 왕광양의 작품으로 확인되었다고 서술하고 있다.

보통 후인의 작품이 더 앞선 시대의 출판물에 수록되어 있으면 앞선 작가의 작품으로 확정하기가 용이하지만 이처럼 전 시대의 작품이 후인의 시집이나 관련 출판물에 들어 있을 경우 곧바로 후인의 작품으로 단정하기 어렵다.

지금 서성 교수가 보내 준 장인 교수의 글을 살펴보니, 대숙륜 시집이 처음 나온 것은 명나라 홍치~정덕 연간인데 이후에 『전당시』 등 여러 책에서 대숙륜의 시를 더 모아 책의 분량이 늘어갔다고 한다. 그런데 『전당시』는 속성으로 편찬되어 문제가 많으며, 이 시가 『汪忠勤公鳳池吟稿(왕충근공봉지음고)』, 유헌(俞憲)의 『盛明百家詩(성명백가시)』, 주이존(朱彝尊)의 『명시종』 등에 수록되어 있는 것을 볼 때, 왕광양의 시가 분명하다고 하는데 상당히 일리가 있는 주장으로 보인다.

왕광양은 명나라 건국 초기인 홍무 연간에 중서성의 승상을 지낸 인물이다. 명조 전체를 통틀어 승상으로 이선장(李善長)과 왕광양을 친다는 평가가 있다. 그는 어려서 서궐(余闕)에게 배웠으며 전서, 예서를 잘 쓰고 시를 잘 지었다고 한다.

春望
봄날 풍경 바라보며

두보(杜甫) _당(唐)

國破山河在	국도가 함락되니 산하만 남아 있고
城春草木深	장안성 봄이 와도 초목만 무성하네
感時花濺淚	시국 슬퍼 꽃을 보아도 눈물 나고
恨別鳥驚心	이별 아파 새 소리에도 맘 놀라네
烽火連三月	봉화가 세 달이나 계속 이어졌으니
家書抵萬金	집에서 오는 편지 만금에 상당하네
白頭搔更短	흰 머리 긁적여 더욱 짧아지니
渾欲不勝簪	정말 비녀 하나 꽂기도 어렵네

757년 두보가 46세 때 안록산이 함락한 장안에 억류되어 있으면서 지은 시이다. 안록산은 755년 11월에 범양(范陽), 지금의 북경에서 기병하였는데 이듬해 6월 장안으로 들어오는 전략적 요충지인 동관(潼關)을 격파하였다. 동관은 진한 시기 함곡관(函谷關) 같은 요충지로 나팔관처럼 되어 있어 방어에 아주 유리한 곳이었다. 이에 많은 사람들이 피란을 갔는데 두보도 가족들을 데리고 부주(鄜州), 즉 지금의 연안

으로 피란하였다.

8월에 현종의 아들 숙종이 영무(靈武)에서 분조를 세워 즉위했다는 소식을 듣고 혼자 달려갔다가 도중에서 안록산 군의 포로가 되어 장안으로 압송되었다. 이때 지은 시가 바로 〈달밤[月夜]〉인데 이 시에 보면 처자식이 부주에서 지금 이 달을 볼 것이라는 대목이 나온다. 두보는 그 이듬해, 즉 757년 억류된 지 8개월 정도 되는 4월에 장안을 탈출하여 봉상(鳳翔)에 있는 숙종을 알현한다. 이 시는 억류된 지 6개월 정도 지나고 탈출하기 2달 정도 전에 지은 시이다.

사마광이 이 시를 두고 "산하가 남아 있다는 것은 이것 말고는 남은 게 없다는 뜻이고, 초목이 깊다는 것은 사람이 없다는 말이다."라고 하였는데 참으로 옳은 지적으로 보인다. 국(國)을 나라와 도성으로 의견이 분분한데 당시 당이 망한 것도 아니고 장안이 함락된 것이므로 국도라는 의미로 이해된다. 꽃이 눈물을 흘리고 새가 놀라지는 않을 것이니, '花(화)'는 '꽃을 보다'로 '鳥(조)'는 '새 소리를 듣다'는 동사로 이해된다.

渾(혼)은 '정말로'란 의미이다. 봉화가 3개월간 이어졌다는 것은 전황이 매우 다급한 것을 말하는데, 이러한 가운데 멀리 떨어진 가족 걱정과 자신이 달려갔던 분조를 비롯하여 나라의 앞날을 생각하니 절로 신경이 쓰여 머리가 빠진다. 여기에 머리를 정돈하는 비녀를 꽂으려 하니 남은 머리가 없어 비녀를 지탱하기 어렵다는 말이다.

家書(가서)를 '집에서 온 편지'로 번역한 책들이 보인다. 이는 매우 잘못이다. 이렇게 번역하면 마치 두보가 집에서 보낸 편지를 받아보고 너무 기뻐 '이 편지가 만금의 가치가 있다.'고 말한 것으로 이해되지 않겠는가? 이는 적중에 억류된 상태라 집안 소식을 전혀 몰라 너무 애가 타는 나머지 '만금을 주고라도 편지 한 장 받아 봤으면 원이 없겠다.'는 뜻으로 한 말로 보인다.

이 시는 유명하여 여러 번 깊이 따져 본 적이 있는데, 이번에 보니 1, 2구도 언외지의(言外之意)가 깊지만 1, 2구를 받고 5, 6구로 연결되는 3, 4구가 특별히 뛰어나다는 생각이 든다. 이 말은 당해보지 않고 진실된 걱정이 없는 사람이면 쓸 수 없는 표현으로 보이기 때문이다. 풍부한 경험은 시의 좋은 소재가 되지만 시인의 마음이 없이는 좋은 시를 쓸 수 없고, 시인의 마음이 있어도 적절한 소재를 만나지 못하면 역시 좋은 시를 쓸 수 없다는 것을 증명하는 대목이라 하겠다.

이 시는 『당시배항방』 56위에 올라 있다.

陽春曲 (양춘곡)
봄날의 노래

이백(李白) _당(唐)

芣苢生前徑 (부이생전경)	질경이는 앞 오솔길에 자라고
含桃落小園 (함도락소원)	앵도는 작은 정원에 떨어지네
春心自搖蕩 (춘심자요탕)	춘심이 절로 요동치고 있는데
百舌更多言 (백설갱다언)	때까치까지 수다스레 지저귀네

   이 시는 이백이 아닌 다른 작가나 무명씨로 되어 있는 판본이 많다. 심약이 지은 강남롱(江南弄)의 한 수라고도 한다. 삼민서국의 『이백시전집』에서도 이백 시가 아니라고 고증해 놓고 있어 일단 무명씨로 알아 두는 것이 좋겠다. 다만 예전 책들에는 이백 시로 편집되어 있어 그 점 역시 알아야 한다.

   이 시는 확실히 고대 민요의 전통을 잇고 있고, 『시경』의 「국풍」과 그 정조가 매우 유사한 면이 있다. 2구의 小園(소원)과 3구의 自(자) 자가 상당히 정채가 있다. '작은 정원'은 이곳이 규중임을 드러내고 있고, '自(자)'는 제목의 양춘(陽春)과 잘 연결된다.

   芣苢(부이)는 차전초(車前草)라고 하는 질경이를 말한다. 질경이는 말이나 소가 많이 다니는 길가에 잘 자라는데 그 씨는 난산(難産)을 치료하는 약재로 쓴다. 부이는 『시경』 「국풍」의 〈주남(周南)〉편에 시의 제목으로도 나온다. 여인들이 질경이 나물을 뜯고 또 그 씨를 훑어 모으며 즐거운 한 때를 보내는 내용인데, 세상이 화평하여 부인들이 자식을 두는 것을 즐거워하는 내용으로 해석하기도 한다.

함도(含桃)는 앵두를 말한다. 『설문해자』를 쓴 허신(許愼)은 '앵무새가 입에 물고 먹기 때문에 이런 이름이 붙었으며, 이 때문에 앵도(鶯桃)라고 했다.'고도 한다. 앵두가 정원에 떨어지는 것은 무슨 말일까? 여자들의 혼인과 관계가 있다고 본다. 앵두는 꽃이 매화보다 늦게 피지만 매화보다 열매가 먼저 익는다. 아니 나무에 달리는 과일 중에서는 가장 먼저 익는다고 볼 수 있다. 그래서 이 열매를 사당에 천신하기도 하고 관련 시나 글이 많이 전해 온다.

『시경』「국풍」의 〈소남(召南)〉편에 〈표유매(摽有梅)〉란 시가 실려 있다. 첫 시에서는 매실이 나무에 7개 달려 있다고 하고, 다음 시에서는 3개밖에 남지 않았다고 하며, 마지막 시에서는 매실을 이제 광주리에 모두 담는다고 노래하였는데, 각 시마다 후렴구처럼 총각들이 제때에 자신에게 구혼해줄 것을 바라는 내용이 붙어 있다. 떨어진 매실이 많아지고 나무에 남은 매실이 적어진다는 것은 혼기가 자꾸 지나간다는 것을 의미한다. 앵두가 작은 정원에 떨어진다는 이 시의 표현 역시 그러한 맥락으로 보인다.

백설(百舌)은 때까치를 말한다. 이 새는 매우 다양한 울음소리를 가지고 있어 이런 이름이 붙은 것으로 보인다. 어릴 때 고향에서 본 때까치는 상당히 컸는데 인터넷에 검색을 해 보면 상당히 작은 새로 육식을 하는 것으로 나온다.

이런 연유로 내가 이 시를 볼 때는, 질경이와 앵두는 처녀들의 혼사를 떠올리게 하는 사물이며 춘심은 그런 숨은 마음을 해방시켜 주는 폭로이고, 때까치의 울음소리는 더욱 그런 마음을 부채질하는 사물로 이해된다. 다만 마지막 구절이, 때까치에 대한 실제적인 경험이 없는 나로서는 감각적으로 와 닿지는 않는다. 잘 아는 분의 가르침을 기다린다.

이 시의 3연은 매우 노골적으로 되어 있어 역시 악부체 민요로 생각된다. 우리 대중가요에 〈앵두나무 처녀〉가 있는데 이 시와 내용면에서나 폭로적 해방감을 주는 면에서나 비교되는 면이 있다. 본래 공자 당시에도 서민들의 노래는 매우 노골적인 것이 많았을 것이다. 그 중에서 보다 아정한 작품을 고르고 또 작품을 손보아 실은 것이 지금의 『시경』「국풍」의 시라 생각한다.

앞에서 주로 걸출한 문인들의 시를 통해 봄에 대한 시인의 섬세한 감각과 고도의 예술적 기교와 깊은 의미가 담긴 시를 주로 감상했다면, 이 시를 읽으면 봄에 대해 몸으로 반응하는 시도 있다는 것을 알게 되고 세상사가 별 것 없다는 세속적 삶을 확인하게도 된다. 아울러 역설적으로 위대한 시인들의 시가 얼마나 각고의 노력 속에서 나와 우리의 정신과 정서를 풍부하게 해 주는지도 새삼 깨닫게 된다.

春夜別友人
봄밤에 벗을 작별하며

진자앙(陳子昻) _당(唐)

銀燭吐靑煙	밝은 촛불은 맑은 연기 토하고
金樽對綺筵	술 단지는 화려한 주연 대하네
離堂思琴瑟	연회에선 금슬 연주에 잠겨들고
別路繞山川	떠나가면 산천을 굽이돌아 가리
明月隱高樹	밝은 달은 키 큰 나무에 가렸고
長河沒曉天	긴 은하수는 새벽이라 흐릿하네
悠悠洛陽道	멀고도 먼 낙양으로 가는 길
此會在何年	이런 만남 어느 해에 다시 할까

이 시는 진자앙(661~702)이 낙양으로 떠나기에 앞서 봄밤에 친구들과 이별하면서 술자리를 마치기 전에 지은 시이다. 진자앙은 당나라 초기의 시인으로 육조 시기의 나약한 시풍을 반대하고 한위 시대의 풍골로 돌아갈 것을 내세우며, 현실을 시문에 반영해야 한다는 주장을 한 것으로 알려져 있다.

684년 어느 봄날 24세의 진자앙은 과거를 보기 위해 고향 사천의 사홍(射洪)을 떠

曹佶, 文會圖, 北宋, 絹本設彩, 184.4×123.9cm, 臺灣 國立故宮博物院.⤴
이 그림을 그린 조길(曹佶, 1082~1135)은 북송의 휘종(徽宗)으로 서화에 매우 높은 수준을 지녔다. 연못가의 큰 버드나무와 느티나무 아래서 네모진 큰 식탁에 문사들이 시자(侍者)들의 시중을 받으며 연회를 즐기고 있는 장면을 그린 작품이다. 진자앙이 사천에서 벗들과 작별하던 때의 연회가 이와 꼭 같지는 않겠지만 이 그림을 참조하여 상상해 볼 수 있다.

4월●봄 물결 비와 함께 저물녘 밀려드는데 인적 없는 나루터에 빈 배만 흔들리네

나 낙양으로 간다. 진자앙은 679년에 장안 국자감에 입학해서 공부하여 과거에 응시하였지만 떨어져 고향으로 돌아가 다시 경사백가(經史百家)를 두루 공부하여 682년에 다시 응시했지만 또 떨어졌다. 이번 3번째 응시를 위해 떠나기 전날 밤 친구들이 모여 연회를 베풀어 준 것이다. 그런데 전에는 장안으로 갔는데 이번에는 낙양으로 더 멀리 가야한다. 그 이유는 무측천이 실권을 잡아 낙양으로 수도를 옮겼기 때문이다. 이 시는 바로 이런 상황 속에서 새벽에 떠나기에 앞서 지은 시이다.

시에서 밝은 촛불을 뜻하는 銀燭(은촉), 좋은 술 단지를 의미하는 金樽(금준), 그리고 화려한 주연 석상을 말하는 綺筵(기연), 송별연을 좋은 집에서 마련한 것을 알 수 있는 離堂(이당), 연회 석상에 풍악을 베푼 것을 보여주는 琴瑟(금슬), 이런 말을 구사한 것은 모두 자신의 장도를 축하해주는 벗들에 대한 고마운 마음을 담은 표현으로 보인다.

앞 6구는 모두 대구로 이루어져 있어 진자앙의 시문 능력을 유감없이 드러내고 있다. 3구는 끝에 '~하니' 토를 붙여야 할 것 같지만 이런 작가의 의도를 고려하면 '~요' 토를 붙여야 한다. '離堂思琴瑟이요, 別路繞山川이라.'는 '離堂思琴瑟하니, 別路繞山川이라.'로 토를 붙여 '이별 연회를 마련한 전당에서 금슬 연주를 들으니, 절로 이별하고 가는 앞길에서 산천을 굽이돌아가는 것 같다.'는 말로 해석하고 싶어진다. 그러나 전후 구의 구성을 고려하면 지금처럼 토를 붙여 '지금은 이별의 전당에서 금슬 연주를 들으며 사념에 빠져들고, 내일은 산천을 굽이돌아 낙양으로 가겠지.'로 해야 작자의 의도에 부합할 듯하다.

琴瑟(금슬)은 『시경』〈녹명(鹿鳴)〉에서 유래한 것으로 귀한 손님이나 벗을 맞이하여 연주하는 음악을 말한다. 그러므로 '思琴瑟(사금슬)'은 '벗과의 우정을 추억한다.'는 말보다는 '금슬 연주를 들으며 말없이 여러 생각에 잠겨든다.'는 의미로 보인다. 또 離堂(이당)을 '집을 떠나면'으로 해석하는 것은 전후 대구를 고려하지 않은 해석이다. 마땅히 '전별하는 당'으로 해석해야 한다. 3, 4구가 아주 정채가 있는데 특히 思(사)

자와 繞(요) 자가 묘하다.

　이런 작품을 지은 진자앙은 그 후 어떻게 되었을까? 다행히 과거에 급제하여 우습유 등 관직 생활을 하게 된다. 때문에 마지막 연에서 말한 '이런 모임'을 다시 할 필요가 없게 되었다. 그의 친구들이 오히려 장안에 와서 술을 대접받았는지 모른다. '悠悠(유유)'는 그의 운명을 예감한 말로 느껴지기도 한다.

　이용악의 〈전라도 가시내〉에 "가시내야 / 너의 가슴 그늘진 숲속을 기어간 오솔길을 나는 헤매이자. / 술을 부어 남실남실 술을 따르어 / 가난한 이야기에 고이 잠궈다오."라는 대목이 나오는데, 이용악의 시가 주막에서 만난 여인과 지나간 과거를 추억하는 것이라면, 진자앙의 이 시는 벗과의 이별을 앞두고 음악을 들으며 여러 생각에 잠겨들고, 또 혼자 가는 먼 길에 대한 사념을 담고 있다.

　술자리가 깊어 어느덧 새벽까지 이어졌다. 달도 기울어 큰 나무에 가리어졌고 밤하늘에 뜬 은하수의 수많은 별들도 이제 밝아오는 여명 속에 흐려져 간다. 멀고도 먼 낙양으로 가는 천리 만리 길, 이제 가면 이 정다운 친구들과 언제나 다시 만날까.

　친구들과의 우정이 가슴을 파고드는 청년기의 감수성을 지닌 작품이다. 지금은 대중가요가 모두 '사랑' 일색이고 음료 역시 '커피' 하나로 '평천하'되었지만, 고인들의 작품을 보면 친구와의 우정이 지금의 사랑 못지않게 절절하다. 사람들의 감정이 고금에 차이가 없다면 남녀의 사랑에만 몰입하지 않은 옛날이 오히려 정신적으로 더 건강하지 않나 하는 생각도 든다.

春晚
저무는 봄날

최도융(崔道融) _당(唐)

三月寒食時 　삼월 한식 이 무렵엔
日色濃於酒 　햇살이 술보다 진하네
落盡牆頭花 　담장 위 꽃은 다 지고
鶯聲隔原柳 　꾀꼬리도 저편 버들에서

중국 시인들의 시를 보면 우리나라보다 대략 20일 정도는 빠른 계절감을 보인다. 시가 많이 지어진 중원이나 강남이 우리나라보다 그만큼 남쪽에 위치해 있기 때문이다. 이 시 역시 초여름의 계절감이 드러나 있다.

'술보다 진하다'는 말은 햇살이 강해졌다는 의미이다. 牆頭(장두)는 담장의 위를 말한다.

한식 무렵이 되니 햇살이 강해진다. 담장 위에 탐스럽게 피어 있던 꽃들은 이제 다 졌고 꾀꼬리도 어느새 녹음이 진 저편 언덕의 버드나무에서 운다. 이제 봄날이 가는가 보다.

시인들의 시를 보다보면 나의 눈도 덩달아 예리해진다. 지난 33회에 소개한 육유(陸游)의 시 〈입춘 전 3일에[立春前三日作]〉에 "스르르 잠들었다 일어나니, 해가 벌써 쪼끔 길어졌네[悠然睡還起, 已覺日微長]"라는 표현이 있어 입춘 무렵에 해가 길어짐을 알았는데, 이 시를 보면 한식 무렵에 햇살이 강해짐을 새삼스레 깨닫고, 한식 앞에 곧 청명이 있거나 날이 겹침을 기억하게 된다.

봄은 따스한 햇살과 함께 왔다가 점점 강해지는 햇살과 함께 지나가는가 보다. 시인의 서정은 배제하고 계절의 변화 자체를 소재로 다룬 시여서 계절감이 더 부각된다.

최도융(대략 880~907)은 당 말의 시인으로 형주 강릉(江陵) 사람이다. 그는 젊어서 섬서, 화북, 하남, 강서, 복건 등지를 여행하였고 징사(徵士)로 뽑혀 우보궐(右補闕) 등의 관직을 지냈으나 전란을 피해 민(閩)으로 들어가 동구산인(東歐散人)이라고 자호하였다. 사공도(司空圖) 등과 교유하였다.

106 4월 16일

謝中上人寄茶
사중상인기차
차를 보내 준 중상인(中上人)에게 감사하며

제기(齊己) _당(唐)

春山穀雨前 (춘산곡우전)	봄날의 산 곡우 지나기 전에
並手摘芳煙 (병수적방연)	일손 합쳐 안개 속 찻잎을 따네
綠嫩難盈籠 (록눈난영롱)	어린잎이라 바구니 채우기 어렵고
淸和易晩天 (청화이만천)	화창한 4월은 금방 또 지나가리라
且招鄰院客 (차초린원객)	그리곤 인근 사원 손님을 초청하여
試煮落花泉 (시자락화천)	꽃 떨어진 샘물로 차를 끓여보겠지
地遠勞相寄 (지원로상기)	먼 이곳까지 보내느라 수고하였는데
無來又隔年 (무래우격년)	오지 않은지 또 한 해가 지나갔네

제기는 당나라 말과 오대 시대의 저명한 시승(詩僧)인데 지난 100회에 소개하였다. 그때 7살에 인근 사찰의 소를 뜯기면서 소의 배에다 시를 쓴 일화를 소개하기도 하였다. 과연 이 시를 보면 당나라 최고 시승다운 면모가 눈앞에 펼쳐진다.

中上人(중상인)은 虛中上人(허중상인)을 말한다. 상인은 승려에 대한 존칭이다. 이 사람은 의춘(宜春) 사람인데 역시 시승으로 제기와 시를 주고받았다. 『전당시』에는 상서(湘西) 율성사(栗城寺)에 머물렀고 제기(齊已), 상안(尙顔), 서섬(棲蟾) 등과 시우(詩友)였다고 소개하였다. 제기는 중경에 있는 용흥사(龍興寺)와 형악(衡嶽)의 도림사(道林寺), 여산(廬山)의 동림(東林) 등에 있었는데 서로 만나기는 쉽지 않았던 모양이다. 제기가 쓴 시 〈새로 지은 시를 보내 준 허중에게 감사하며[謝虛中寄新詩]〉를 보면 "옛 벗이 1천리 밖에서 시 50편을 보냈네.[舊友一千里, 新詩五十篇.]"라고 한 대목이 나온다.

좋은 차를 얻기 위해서는 당시에도 곡우 전에 차를 딴 모양이다. 차는 보통 안개가 많은 곳에 잘 자란다. 차를 따기 위해 많은 사람들이 달라붙는다. 그러나 아주 어린잎을 따기 때문에 바구니를 채우기가 어려운데 온화하고 맑은 이런 4월은 금방 지나간다. 차를 따면 잘 제조하여 이웃 사원의 손님을 초대하여 품다(品茶)를 한다. 차를 끓일 물을 긷기 위해 샘에 가보면 꽃잎이 많이 떨어져 있다. 허중이 나에게 차를 보내자면 길도 멀어 참으로 어려운데 매년 이렇게 보내주어 고맙다. 그런데 이곳으로 방문하지 못한지 벌써 한 해가 지났군.

안개가 피어오르는 차 밭에 피어난 잎을 '芳煙(방연)'이라 표현하였다. 그 다음 구의 '綠嫩(록눈)'은 흔히 '嫩綠(눈록)'이라 하는 것으로 '아주 연해서 노란빛이 도는 갓 피어난 잎'을 말한다. 芳煙(방연)의 芳(방)을 이어받은 말이다. 2, 3구가 특히 차밭의 묘경을 잘 표현하였다.

당나라 때 차를 마시는 방법은 요즘과는 많이 다르다. 차를 쪄서 말린 다음, 이걸 가루를 내어 탕처럼 끓이는 것이다. 박물관 같은데 가면 그 과정이 소개되어 있는데 요즘 일본에서 마시는 말차와 오히려 흡사하다. 차를 끓이는 것에 '煮(자)' 자를 쓴 것은 그런 풍습을 반영한 말이다.

전에 대만에 갔을 때 문징명의 〈품다도(品茶圖)〉를 사서 시골집에 걸어 놓았다. 여기서 말하는 품다는 차를 품평한다는 말이지만 '차를 맛본다.'는 의미로 주로 쓴다. 지금 이웃 사원의 손님들을 초청해서 차를 끓여[煮] 품다를 하고 있는 중이다.

이러한 앞의 6구는 모두 시우(詩友) 허중에게 차 선물을 받은 제기가 허중의 상황을 상상해서 한 말이다. 마지막에 매년 이 먼 곳에 차를 보내주어 고마운데 우리가 못 본지도 벌써 해가 지났다고 하면서 한번 방문해 달라고 한다. 이런 시 내용으로 보면 제기가 허중보다 나이가 좀 많지 않나 하는 생각을 하게 된다. 나이 많은 사람보고 보고 싶으니 이곳에 와 달라고 하면 좀 이상하지 않은가?

이 시는 차를 보내준 것에 대해 감사를 표하는 답례 형식의 시이다. 시 전편에 자연스럽게 탈속적 기운이 있고 그윽한 차향이 감돌고 있다. 정말로 담백하고 청정한 시가 이런 경지인가 하는 생각이 든다. 혼자 감상하기 참으로 아까운 시이지만 숨겨 놓고 혼자서만 음미하고 싶은 시이기도 하다.

文徵明, **品茶圖** 軸, 明(1531), 紙本設色, 88.3×25.2cm, 臺灣 國立故宮博物院.
문징명은 오문화과 중에서 시, 글씨, 그림으로 가장 빛나는 성과를 거둔 사람이라 평할 수 있다. 상단의 제발에는 문징명의 제자 육자전(陸子傳)이 방문하여 차를 끓여 마셨다는 내용과 함께 다음과 같은 시가 적혀 있다.

碧山深處絶纖埃	푸른 산 깊은 곳이라 먼지 하나 없고
面面軒窓對水開	마주 한 트인 창 시내 향해 열려 있네
穀雨乍過茶事好	곡우 갓 지나 차 마시기 참 좋은데
鼎湯初沸有朋來	차 솥에 물 끓자 정다운 벗 찾아오네

雨晴
비 개인 봄날

왕가(王駕) _당(唐)

雨前初見花間蕊	비 오기 전 꽃잎 속 꽃술 첨 봤는데
우 전 초 견 화 간 예	
雨後兼無葉裏花	비 온 뒤엔 잎 사이 꽃도 하나 없네
우 후 겸 무 엽 리 화	
蛺蝶飛來過牆去	나비들 꽃 찾아 왔다 담장 넘어 가니
협 접 비 래 과 장 거	
卻疑春色在鄰家	봄빛이 이웃집에 남아 있는 게 아닐까
각 의 춘 색 재 린 가	

비가 오기 전엔 우리 집 화원에 꽃들이 만발했다. 어느 날 보니 꽃잎 속 꽃술까지 보여 내일 또 감상하려고 했다. 그런데 며칠 비가 왔다. 오늘 드디어 날이 개어 나가 보니 꽃들이 하나도 보이지 않는다. 꽃잎 속 꽃술은 고사하고 잎만 무성하고 꽃은 하나도 보이지 않는다. 며칠 전에 왔던 나비들이 꽃을 보러 왔다가 우리 집에 꽃이 없으니 담장을 넘어 이웃집으로 날아간다. 봄빛이 이웃집으로 죄다 옮겨 간 것일까?

'初見(초견)'은 처음으로 보았다는 말인데 비가 오고 난 뒤엔 다시 못 본 아쉬움이 있다. '兼無(겸무)'는 꽃잎 속 꽃술은 고사하고 꽃 자체도 보기 어렵다는 말이다. 비가 아무래도 며칠 내린 모양이다. '꽃술을 처음 보았다'는 말과 '꽃조차도 하나 안 보인다.'는 말이 한옥의 사개 물림처럼 묘하게 물려 있다. 꽃술을 한 번 더 못 본 아쉬움과 핀 꽃이 비바람에 모두 땅에 떨어진 안타까움이 함께 물려 있다.

나비가 비 오기 전의 기억을 더듬어 우리 집의 꽃을 찾아 왔다가 꽃이 없자 담장을 훨훨 넘어 이웃집으로 간다. 이웃집에 봄빛이 남아 있지 않을까 생각하는 것은 나이기도 하지만 나비이기도 한다. 나비의 생각이라면 3, 4구가 도치된 구이고 시인의 생각이라면 인과로 된 구이다. 나비와 시인의 생각 어느 쪽으로도 독시가 가능해 묘한 정취가 어리고 여운이 길게 남는다. 짧은 봄을 아쉬워하는 시인의 마음까지 보태져 여운은 더욱 길어진다.

이런 작품은 그림과 함께 감상하면 더욱 묘미가 있을 것이므로 시의도(詩意圖)를 제작하면 좋을 듯하다.

시의 제목 雨晴(우청)이 다른 판본에는 春晴(춘청)이라고도 되어 있는데 시 내용으로 볼 때는 춘청이 더 어울려 이것으로 제목을 삼았다. 이 외에도 晴景(청경), 春色在鄰(춘색재린) 등을 제목으로 한 곳도 있다.

왕가는 자가 대용(大用)으로 생몰년을 알 수 없는데, 당나라 하중부(河中府), 즉 지금의 산서성 영제현(永濟縣) 사람으로, 890년에 진사에 급제하여 예부원외랑을 지냈다. 구판본 『천가시』에는 그때 장원을 했다고 되어 있다. 나중에 관직을 그만두고 수소선생(守素先生)이라 자호하였으며, 사공도(司空圖), 정곡(鄭谷)등과 시우(詩友)로 지냈다.

春晚
저물어가는 봄날

좌위(左緯) _송(宋)

池上柳依依   못가에는 버들이 하늘거리는데
柳邊人掩扉   버들 옆 인가는 문이 닫혀있네
蝶隨花片落   나비는 꽃잎을 따라 떨어지고
燕拂水紋飛   제비는 물결을 차고 날아가네
試數交遊看   벗과의 교유를 한 번 살펴보니
方驚笑語稀   함께 담소한 게 드물어 놀랍네
一年春又盡   일 년의 봄이 또 이렇게 가니
倚杖對斜暉   지팡이 짚고 기우는 해 바라보네

날씨는 화창하고 도시와 산 어느 곳이나 봄빛이 완연하다. 점심 때 근처 산언덕에 올라보니 어느새 신갈나무, 국수나무 등에 잎이 많이 났다. 둘레길을 따라 걸으니 바람을 맞고 있는 버드나무는 제법 풍정이 있고 벚꽃은 꽃잎을 비처럼 뿌려 꽃잎을 밟지 않고서는 지나갈 수 없다. 서울이 봄 한가운데 있는 것 같다.

연못 옆에 선 버드나무는 봄바람에 한들한들 정취를 자아내는데 그 옆에 선 집은 대문이 닫혀 있다. 아마 이 시인이 사는 집일 것이다. 꽃을 따라 내려오는 나비, 물을 스치고 나는 제비, 이런 아름다운 풍경도 곧 사라질 것이다. 봄이 저물어가는 풍경을 바라보는 시인은 자신의 인생도 저 봄처럼 저물어가는 것을 느낀다. 그리고 친구들과의 교유를 떠올려 하나씩 되짚어 보니 생각보다 너무 적다. 스스로도 놀란다. 이제 봄날이 다 간다는 생각을 하며 지팡이를 짚고 기울어가는 해를 바라보고 서 있다.

이 시의 제목은 봄이 저물어가는 것을 의미하는 '춘만(春晚)'이지만 시 안에는 3가지 저물어 가는 것이 나타나 있다. 봄이 저물어가고 노인의 인생도 저물어간다. 그리고 마지막 행에 나오듯이 오늘 하루도 저물어간다.

꽃이 떨어지고 해도 떨어지고 봄도 저물고 시인의 인생도 속절없이 저물어간다. 그동안 사람들과의 아름다운 교유도 헤아려 보면 얼마 되지 않는다. 봄날이 가고 하루가 저물고 인생의 황혼에 접어든 것은 모두 애상(哀傷)에 젖게 한다. 이런 애상감은 기우는 해를 바라보고 있다는 마지막 구와 함께 긴 여운으로 변한다.

현대시는 외로움과 그리움에서 출발하는 경우가 많다. 이 시는 1,800년 전 송나라 시인의 시인데도 지금 우리나라 여느 시인도, 어떤 사람도 공감할 수 있는 정서를 담고 있다. 인간의 내면적 충일감을 바탕으로 하는 문학의 기본 속성이 고금에 걸쳐 다르지 않음을 확인한다. 천고의 세월을 지나서도 이 시인과 정신적 교유를 하며 큰 위안과 아름다움을 느끼는 것을 보면 시의 본질은 변하지 않는다는 것을 다시금 깨닫는다.

좌위(?~대략 1142)는 송나라 황암현(黃巖縣), 즉 지금의 절강성 태주시(台州市) 사람으로 자는 경신(經臣), 호는 위우거사(委羽居士)이다. 호를 보면 고향의 위우산(委羽山)에 있는 위우동천(委羽洞天)에서 조용히 은거해 산 것을 알 수 있다. 위우동천은 도가서(道家書)에서 말하는 36동천 중 하나이다. 어려서 과거 공부를 하다가 이게 할 만한 공부가 아니라고 생각해서 평생 벼슬을 하지 않고 살았다. 두보의 시를 배웠는데 시의 뜻[意]과 이치[理], 정취[趣] 3가지를 중요하게 생각하였다. 당시 시문으로 이름이 났으며 『委羽居士集(위우거사집)』이 있다.

峽口送友人
협곡 입구에서 벗을 보내며

사공서(司空曙) _당(唐)

峽口花飛欲盡春 꽃잎 날리는 협곡 입구 봄도 다해 가는데
天涯去住淚沾巾 천애에 서로 헤어지니 눈물 수건을 적시네
來時萬里同爲客 올 때는 만 리 길 함께 한 길동무였는데
今日翻成送故人 오늘은 주인으로 정든 친구를 전송하다니

'去住(거주)'는 '거류(去留)'라는 뜻으로, 친구는 가는 사람, 나는 이곳에 남아 있는 사람이 된다.

사공서(대략 720-790)는 자가 문명(文明)으로 광평(廣平), 즉 지금의 하북성 한단(邯鄲) 동북방에 있는 계택(鷄澤) 사람이다. 진사에 급제한 뒤 위고(韋皐)에게 발탁된 것이 인연이 되어 좌습유 등을 지냈다.

그는 성격이 매우 개결하고 권세가에게 아첨하지 않아 항상 가난하였는데, 병이 들어 어쩔 수 없이 사랑하는 애첩을 보내고 자신은 장사(長沙) 등지를 떠돌아다닌 적도 있다. 그리고 강서(江西)로 귀양을 가서는 승려들과 교유하면서 가는 세월을 상심했다.

사공서는 당나라 대종(代宗) 연간에 뛰어난 시인 10명을 가리키는 '대력십재자(大

曆十才子)'의 한 사람이기도 하다.

　이 시는 『칠언당음』에 나온다. 10년 전 처음 볼 때도 매우 뛰어난 시로 보였고 지금 보아도 그렇다. 다만 약간의 아쉬움이 남아 있었는데 『古詩鏡(고시경)』에 "뜻은 좋지만 격조가 약간 낮다.[意好, 骪格稍卑.]"라고 되어 있다. 그런 것 같다.

　이 시가 언제 어떤 상황에서 지어진 것인지 알려져 있지 않다. 다만 여러 선집에 이 시의 전후에 병들어 생활비를 감당 못해 애첩을 내 보낼 때 지은 〈병들어 기생을 보내며[病中遣妓])가 있는 것으로 보아 장사 일대를 떠돌 때 지은 것으로 추정해 볼 수 있다. 시 전반에 깔려 있는 감상적 분위기는 아마도 그런 사연 때문이 아닐까 한다.

　하루 한 편씩 시를 감상하다 보니 봄이 처음 올 때의 시가 참 좋다는 생각을 하곤 했는데 이제 보니 봄이 갈 때의 시 역시 그에 못지않은 걸 느낀다. 이 시는 봄이 가는데 정든 친구도 가는 것은 물론 시인의 아픔도 그와 함께 가는 것을 느끼게 해 준다.

春遠
봄날은 깊어 가는데

두보(杜甫) _당(唐)

肅肅花絮晚	사륵사륵 꽃잎 버들개지 떨어지고
菲菲紅素輕	하늘하늘 붉고 흰 것 떠다니네
日長惟鳥雀	날은 길어도 새들만 와 지저귀고
春遠獨柴荊	봄은 깊어도 사립문 홀로 서 있네
數有關中亂	관중에 자주 전란이 발생하니
何曾劍外清	어찌 검각 이남 다시 안정될까
故鄉歸不得	고향으로 돌아가지를 못하니
地入亞夫營	곽자의 군영이 주둔하고 있네

이 시는 765년 두보가 54세 때 성도의 초당에서 지내면서 지은 시이다. 이해 4월에는 두보를 후원해 주던 절도사 엄무(嚴武)가 병사하고 5월에는 두보가 배를 타고 가족들을 데리고 길을 나선다. 그러므로 이 시는 완화계(浣花溪)에서 지내던 마지막 늦봄에 지은 것이라 할 수 있다.

마지막 행에 亞夫(아부)라고 한 것은 한나라 문제 때의 주발(周勃)의 둘째 아들을 말한다. 당시 흉노(凶奴)가 침입하자 장안 서쪽에 세류영(細柳營)을 구축하여 막은 일이 있다. 당시 당나라는 안사의 난은 어느 정도 퇴치하여 급한 불은 껐는데, 이 틈을 노리고 위구르가 쳐들어 와서 곽자의(郭子儀)가 그들을 방어하는 상황이다. 지금 시에서 말하는 아부의 군영은 바로 곽자의의 군영을 말하고 그 군영에 고향 땅도 편입되었기 때문에 돌아갈 수가 없다는 말을 하는 것이다.

한문에서 남자에 대한 미칭으로 쓰는 글자 중에 甫(보)가 있다. 古公亶父(고공단보), 巢父(소보) 등의 경우에 父 자를 '부'로 읽지 않고 '보'로 읽는 것은 父를 甫의 의미로 썼기 때문이다. 주발의 둘째 아들 周亞夫(주아부)의 경우 周亞父(주아보)라고도 쓰는데 이때 父를 '보'로 읽는 것은 그 때문이다. 그런데 父를 원래의 발음대로 '부'로 읽는 경우가 있는데 이는 '아버지'라는 의미로 쓰였기 때문이다. 유비(劉備)가 아들 유선(劉禪)에게 제갈공명을 尙父(상부)라고 부르게 한 것이나, 관중(管仲)을 仲父(중부), 범증(范增)을 亞父(아부), 태공망(太公望)을 師尙父(사상부)라고 한 경우가 다 그렇다.

그런데 두보의 고향은 52회 연재에서 말하였듯이 본래 하남 공현(鞏縣)이다. 이곳에서 태어나 그는 어린 시절과 청년기를 주로 낙양(洛陽)에서 보냈으므로 사실상 우리의 개념으로 본다면 고향은 공현이고 실제로 자란 곳도 낙양인 셈이다. 그럼 마지막 말은 무슨 뜻일까?

두보는 35세 때부터 주로 장안(長安)에서 지냈다. 두보가 말하는 고향은 이 시에서 말한 관중, 즉 장안을 말하는 것으로 보인다. 『補註杜詩(보주두시)』 등에서는 고향을 장안으로 잡고 있다. 이렇게 본다면 여기서 말한 고향은 '이전에 살던 곳' 즉 '구거(舊居)'의 의미에 오히려 가깝다. 검외(劍外)는 검각(劍閣) 이남, 즉 촉도를 나오면 마주하는 사천 일대를 말한다. 지금 두보가 있는 곳이다.

앞 4구는 늦봄의 서경을 말하였고 뒷 4구는 자신의 심경을 서술하였는데 특히 3, 4구에서 외진 곳에 있는 자신의 집을 아무도 찾지 않는 상황을 묘사한 구절은 정말 특별하다. 『杜詩詳註(두시상주)』에서 황생(黃生)이 말한 '경치가 있는 경치를 묘사하는 것은 시인들이 대체로 능숙하지만 경치가 아닌 경치를 묘사하는 데는 오직 두보만이 독보적이다.[寫有景之景, 詩人類能之, 寫無景之景, 惟杜甫擅場.]'라는 지적은 참으로 의미심장하다.

1, 2구의 서술어는 晩(만)과 輕(경)이다. 만은 꽃과 버들개지가 사르르 떨어지는 소리를 통해 봄이 저물어간다는 것을 말하고, 경은 붉은 꽃과 흰 버들개지가 가볍게 하늘에 떠서 날리는 것을 말한다. 꽃잎은 바람을 타고 하늘하늘 내려 앉거나 바람에 날려가고 버들개지는 눈처럼 내린다.

첫 4구는 모두 대구가 절묘한데 뒤의 감회 부분과 어울려 처량한 고독감과 상실감을 준다. 두보의 시는 마치 마른 떡과 같아 꼭꼭 씹어서 음미하면 정말 뛰어나다는 것을 절로 알게 된다. 다른 여타 시인들과 확실히 차원이 다른 수준에 도달한 느낌을 받는다.

曾(증)은 '일찍이'가 아니고 '어찌'라는 말이다. 앞에 何(하)와 함께 그렇게 될 턱이 없다고 비탄에 잠긴 말이다.

晚春 늦봄

한유(韓愈) _당(唐)

草樹知春不久歸 　초목들은 봄이 머지않아 끝날 것을 알고서
百般紅紫鬪芳菲 　온갖 종류의 색깔로 아름다운 모습 다투네
楊花楡莢無才思 　버들개지 비슬나무 열매는 딴 재주는 없고
惟解漫天作雪飛 　하늘 가득 눈을 만들어 뿌릴 줄은 아는군

봄은 머지않아 갈 것이다. 나무와 풀은 누구보다 이것을 분명히 안다. 때문에 온갖 종류의 화초와 수목은 봄이 가기 전에 저마다 가지고 있는 최대한의 아름다운 모습을 경쟁적으로 드러낸다. 그런데 보아하니, 버드나무 꽃과 비슬나무 열매는 기화요초는 말할 것도 없고 일반적인 초목에게도 내세울만한 별다른 재주나 생각이 없고, 오직 하늘 가득히 버들개지와 비슬나무 열매에 달린 꽃을 이용해서 눈을 만들어 뿌리는 것만 안다는 듯이 지금 그 일에 열중하고 있다. 그것들 참. …… 허허허.

이 시는 80회에서 소개한 백거이의 〈봄바람[春風]〉과 짝이 되는 시이다. 백거이의 시가 모든 사물은 각자 제 나름대로의 봄바람을 가진다는 메시지를 준다면 이 시는 모든 사물은 저마다의 아름다움을 지니고 있다는 철리를 제시하며 사람들에게 시간이 있을 때 용기를 내어 자신의 아름다움을 발현하라는 가르침을 준다.

'才思(재사)'는 아름다움을 드러낼 만한 재주나 좋은 생각을 말한다. 버들개지와 비술나무 열매는 이런 능력이 다른 일반적인 초목에 비해 떨어진다. 이 나무들이 가진 유일한 능력은 하얀 버들개지와 비술나무 열매를 이용해 하늘 높이 날려 봄에 눈처럼 내리게 하는 것이다.

얼핏 이 두 사물을 비꼬거나 흉보는 것으로 착각할 수도 있다. 그렇다면 이 시인이 그런 걸 무엇 하러 시에 쓰겠는가? 오히려 기특하게 생각하는 유머가 담긴 표현으로 보인다. 한유(768~824)는 이전의 형식적 아름다움을 추구하는 4·6 변려문을 반대하고 진한 이전의, 뜻을 표현하는 데 중점을 둔 산문 정신으로 돌아가자는 주장을 하였다. 즉 다양한 의미를 형식에 구애받지 말고 자유롭게 표현하자는 말이다. 대신 문장 속에 성현의 도를 담아야 한다는 것을 강조하였다.

백거이 역시 일상 속에서 시의 제재를 즐겨 찾고 통속적인데 많은 관심을 보인 상당히 대중 취향이 있었던 시인이다. 기존의 획일적인 문풍에 반대한다는 점에서는 한유나 백거이는 서로 통한다. 이런 정신이 결국 모든 사물이 가진 저마다의 아름다움을 긍정하는 사상을 시로 구현해 낸 것이라 본다.

지난번에 소개한 송나라 시인 좌위(左緯)는 시의 뜻[意]과 이치[理], 정취[趣] 3가지를 중요하게 생각하였는데, 그의 관점에서 보면 이 시는 전달하는 뜻이 좋고 자연 사물을 통해 인간 삶의 이치를 담았고 늦봄의 정취를 구비한 시라 할 수 있다.

한유와 같은 심원한 안목을 가진 시인의 눈으로 이 늦봄에 본래 있었지만 우리가 미처 유념하지 못한 새로운 의미를 발견하는 기쁨을 준다.

春思
봄날의 그리움

이백(李白) _당(唐)

燕草如碧絲	연나라 풀이 푸른 실과 같을 때
秦桑低綠枝	진나라 뽕나무는 가지가 푸르죠
當君懷歸日	당신이 집을 그리워할 무렵이면
是妾斷腸時	저는 한창 애태우고 있을 때에요
春風不相識	봄바람은 나를 알지도 못하면서
何事入羅幃	무슨 일로 휘장 안으로 불어오나

이백이 악부 형식으로 지은 고시이다. 6행으로 되어 있는 것은 이 시가 고시의 형식이기 때문이다.

연나라 지역은 위도가 우리나라 의주와 같고 진나라 지역은 부산과 같다. 크게 잡아 2천리 정도의 거리가 나므로 기후도 대략 20일 정도 차이가 난다. 중국에서는 춘추전국시대에 각 지역에 제후들이 종주국인 주나라와 거의 독립적인 상태에서 나라를 경영하였다. 그 시대가 500년 정도로 길어 후대에 많은 영향을 미쳤는데, 발흥한 지역이나 연고에 따라 나라의 이름이 되기도 하고 어느 지역을 가리키는 지역 명칭으로도 쓰이고 있다. 현재도 중국의 택시 번호판에는 노(魯), 제(齊) 하는 식으로 춘추

시대 국호를 쓰는 지역이 많다.

연나라 지역은 남편이 병역 의무를 이행하기 위해 지금 가 있는 지역으로 풀이 실과 같다는 것은 추정해서 하는 말이고, 진나라 지역은 이 시의 화자인 부녀가 살고 있는 곳으로 뽕나무 푸른 가지가 땅에 드리워 있다는 것은 자신의 눈앞에 보이는 실경을 묘사한 것이다.

두 번째 구에서 低(저)는 '가지가 아래로 드리워지다.'는 의미이다. 뽕나무 가지에 뽕잎이 무성해 아래로 드리워진 것을 말한다. 3연의 當(당)은 '~을 당하여'나 '~ 때에는'의 의미이다. 당(當)에는 '~ 해야 한다.'의 당위 외에도 '~ 할 것이다.'의 추측이나 의지의 의미로도 쓰이나, 이 문맥에서는 뒤의 '君懷歸日(군회귀일)' 전체를 받는 술어이다. 이렇게 보는 이유는 當(당)과 是(시)가 대구가 되어 각각 뒤의 구 전체를 받고 있기 때문이다.

『이백시전집』(삼민서국)의 저자 욱현호(郁賢皓) 선생은 絲는 思(사)와, 枝는 知(지)와 발음이 같아, 각각 뒤의 '懷歸(회귀)', '斷腸(단장)'과 연관되어 시의 함축미와 음악성을 증가시키고 있다고 해석하였다. 중국 음에 밝지 못한 나는 잘 못 느끼는 점인데 중국인이 이 시를 읽으면 그런 감각이 오는가 한다. 실제로 시를 쓸 때는 의미도 의미지만 입으로 발음할 때의 감각이 중요한데 상당히 의미 있는 지적으로 보인다.

지금 봄이 한창 무르익고 있으니 봄날의 그리움이 가장 강하게 일어날 때이다. 이때 봄바람은 솔솔 불어 집안 침실에까지 불어온다. 중국 시에서 '비단 휘장'은 주로 침실과 연관이 있다. 우리는 그냥 방에서 자지만 중국은 집 안에 침실을 만들어 놓고 거기에 휘장을 드리우고 자기 때문이다. 침실로 들어오는 봄바람은 남편의 빈 공간을 재확인하고 그리움을 증폭시킨다.

3, 4구의 남편과 감정이 틀어지는 것 같은 부분이나 마지막 구의 다소 원망이나 신경질적인 반응은 이 화자의 춘사(春思), 즉 남편에 대한 그리움이 그만큼 진실하고 그래서 슬프기까지 한 것을 말하는 것 같은데 여러분들은 어떻게 보시는가? 여자의 마음에 대해 잘 모르는 내가 어떻게 설명을 할 수 있겠는가? 가르침을 기다릴 뿐이다.

春別曲
봄날의 이별 노래

장적(張籍) _당(唐)

長江春水綠堪染   장강의 봄물은 물들일 정도로 푸르고
蓮葉出水大如錢   연잎은 물에서 나와 동전만큼 자랐네
江頭橘樹君自種   강가의 귤나무 그대가 손수 심었는데
那不長繫木蘭船   어이 그대 배를 길이 메어두지 않으리

   장강의 봄물은 너무도 푸르러 옷을 담그면 금방 염색이 될 정도이다. 그리고 이제 갓 싹이 튼 연잎이 수면 위로 고개를 내밀었는데 동그란 모양이 동전 같아 참으로 예쁘다. 이런 아름다운 강남의 봄 풍경을 두고 그대는 그예 길을 떠나려 한다. 저 강가에 선 귤나무는 그대가 손수 심은 것이다. 그 나무에 그대가 타고 갈 배를 매어 놓아 못 가도록 억지로라도 떼를 쓰고 싶다.

   木蘭船(목란선)은 목란 나무로 만든 배를 말한다. 목란이 지금의 목련과 같은 것인지는 모르겠는데, 옛 문헌에는 이 나무가 향목(香木)이나 우수한 건축 자재로 등장한다. 원래 심양강(潯陽江)에 목란주(木蘭洲)가 있는데 여기에 목란이 많이 자란다. 오왕(吳王) 합려(闔閭)가 이 나무로 궁전을 지었다고 한다. 그런데 당시 노나라에는 전설적인 건축가이자 기계 발명가인 공수반(公輸般)이라는 사람이 있었는데, 이 사

람이 여기의 목란을 가지고 배를 만들었다고 하는 기록이 『述異記(술이기)』라는 책에 기록되어 있다. 이 때문에 후대에 배를 아름다운 말로 목란주(木蘭舟), 목란선이라고 하는 것이다. 우리 속담의 '공자 앞에서 문자 쓰지 마라.'를 중국식으로 표현하면 '반문롱부(班門弄斧, 공수반의 문 앞에서 도끼를 놀리지 마라.)'라고 하니, 공수반은 공학 방면의 공자라 할 수 있다. 이름은 般(반)으로도 쓰고 班(반)으로도 쓴다.

　이 시는 떠나가는 누군가를 간곡하게 만류하는 마음을 담고 있다. 저자가 우리의 민요와 같은 악부체로 지은 시이다. 『시경』「小雅(소아)」에 〈흰 망아지[白駒]〉라는 시가 있다. 그 시에 보면, 은거할 뜻을 품은 현자가 흰 망아지를 타고 왔는데, 그 손님이 못 가도록 설사 망아지가 밭의 곡식을 다 뜯어 먹는다 하더라도 매어 두고 싶다고 말한다. 또 그 주석에 보면, 손님을 만류하기 위해 수레의 굴대 빗장을 우물 속에 집어 던지는 송나라 풍속을 소개하고 있다.

　누군가 떠나가는 일은 아픈 일이지만 그 사람을 만류하는 정은 참으로 아름답다. 전에 필자의 스승 한 분이 술을 한잔 마시면서, "보고 싶은 사람은 항상 멀리 있고 보기 싫은 자들은 잘도 만난다."라고 하여 한바탕 웃은 일이 있는데, 인생이 그런 모양이다.

　예전에 필자가 어릴 때는 손님이 가면 마당에서 더 놀다 가라, 하룻밤만 더 자고 가라며 거의 싸움을 하는 지경에까지 만류하는 것을 많이 보았다. 그러나 이제는 식당에서 같이 밥을 먹다가도 밥을 다 먹으면 금방 일어서 가는 시대이다. 이렇게 바삐 열심히 살아서 무엇을 하려는지 모를 일이다. 그런 것을 생각할 겨를도 없이 살고 있다. 나까지 포함해, 일종의 집단적 최면이나 기습(氣習)의 맹독에 정신을 잃은 듯하다.

　장적(대략 768~830)은 화주(和州) 오강(烏江), 즉 지금의 남경 동남에 위치한 화현(和縣) 사람이다. 장적은 한유(韓愈)와 동갑으로 서로 친하게 지냈는데 지난 49회 때 한유가 장적에게 보낸 시를 읽은 적이 있다. 장적은 이 시처럼 악부시를 많이 썼고 악부시 발전에 공헌한 사람으로 알려져 있다. 〈춘향전〉에도 나오는 "행인임발우개봉(行人臨發又開封)" 구절이 있는 〈秋思(추사)〉가 바로 장적의 작품이다.

114 4월 24일

三月晦日偶題
삼월회일우제

삼월 그믐날에

진관(秦觀) _송(宋)

節物相催各自新	계절의 풍광은 저마다 새롭게 변해가건만
절물상최각자신	
癡心兒女挽留春	푹 빠진 아녀자는 가는 봄을 잡으려 하네
치심아녀만류춘	
芳菲歇去何須恨	화초들 사라진다 해도 한탄할 것 무엇인가
방비헐거하수한	
夏木陰陰正可人	여름 나무 무성한 그늘 마음에 쏙 들 텐데
하목음음정가인	

   자연 풍광은 시간이 감에 따라 모든 사물들이 각각 새로운 모습으로 쉬지 않고 변해간다. 그런데 봄 풍경에 빠져 있는 치기어린 아녀자들은 봄이 간다며 너무들 상심해 하고 있다. 아서라! 저 싱그러운 화초가 다 사라진다 해도 한탄할 것이 무엇이란 말인가. 곧 봄날의 아름다운 꽃과 풀, 나무의 새싹을 대신해 우리 앞에 나타나는, 녹음이 드리운 여름의 나무들 풍광이 마음에 아주 들 텐데 말이다.

   '節物(절물)'은 계절에 따라 변해가는 제철의 자연 풍광이나 과일 등을 말한다. 여기서는 늦봄에서 초여름으로 변해가는 풍경을 말한다. '歇去(흘거)'는 '사라진다', '다 해가다'는 말인데, 여기서 去(거)는 보조동사이다. '可人(가인)'은 '사람 마음에 든다.'는 말이다. 여기서 '可(가)'는 '可合(가합)'의 의미이다.

   봄이 가는 것을 마냥 슬퍼하지 않고 자연의 변화에 순응하며 다가오는 여름의 경치에 또 기대를 걸고 있다. 이 시는 봄이 가는 것을 슬퍼하며 붙잡으려는 시각과 봄은 이제 가는 것이고 또 여름을 맞을 준비를 하자는 두 가지 시각이 병존하고 있다. 물론 시인은 봄이 가는 것을 굳이 슬퍼할 것 없고 다가오는 여름을 긍정적 시선으로 맞이하자는 낙관적 태도를 보이고 있다.

봄이 간다는 것은 인생에 있어 어떤 상실이나 아픔에 비유할 수 있다. 이 화자의 처세관으로 본다면 그 아픔에 계속 빠져 있지 말고 새로운 변화에 적응하면서 내일을 준비하자는 생각을 갖게 한다. 이처럼 표면적인 의미를 넘어서서 인생의 교훈과 의미를 담아내는 시를 철리시(哲理詩)라고 한다. 철학적인 이치를 담아 시를 썼다는 말이다. 이는 시의 여러 요소 중에서 이치[理]를 중요하게 생각하는 관점인데 이런 관점에 기초한 시들이 송나라 시대에 특히 많이 지어졌다. 이 시는 바로 그런 시이다.

진관(1049~1100)은 강소성 고우(高郵) 사람이다. 이 사람은 어려서부터 조용히 혼자 독서하기를 좋아하고 우여곡절 끝에 진사에 급제하여 태학박사 등의 벼슬도 지냈지만 일생이 대체로 불우하였다. 때문에 성격이 침중하여 의론을 펼치는데 장점이 있었고 시문에 자신의 인생을 녹여 내어 깊이가 있었다. 이 시 역시 그런 면모를 보여주고 있다.

그런데 이런 면과는 달리 그는 또 완약(婉弱)한 풍격의 사(詞)를 잘 지어 이쪽 방면으로도 높은 평가를 받고 있다. 진관은 특히 소식과 교유를 많이 하였는데 그 때문인지 진관의 부인이 소식의 누이동생이라는 전설이 있었는데 나중에 허구로 밝혀졌다. 『宋詞排行榜(송사배항방)』에 진관의 사 4편이 100위 안에 들어 있는데 반해 『천가시』 등 유명한 시선집에 1수도 없다는 것은 진관이 주로 사로 알려진 것을 말해 준다.

『고문진보』에는 진사도(陳師道)가 진관에게 보낸 편지가 수록되어 있는데, 그 편지는 진사도가 진관의 초청에 대해 사적으로 고관을 만날 수 없다며 거절하는 내용이다. 진관의 입장에서는 회재불우(懷才不遇)하였는지 몰라도 당시 처사 진사도가 볼 때는 혐의를 피해야 할 고관이었던 것이다. 사람이 처지와 생각에 따라 세상을 보는 것이 이처럼 다르다.

對客
손님과 마주 앉아

황경(黃慶) _송(宋)

窓下篝燈坐	창문 아래 등을 밝히고 앉아
相看白髮新	서로 마주보니 백발이 새롭네
共談爲客事	객으로 떠돈 일 함께 나누니
同是異鄕人	우리 두 사람 다 타향 사람
詩寫梅花月	달빛에 핀 매화를 시로 쓰고
茶煎穀雨春	봄 곡우 전에 딴 차를 달이네
明朝愁遠別	내일 아침 먼 이별을 걱정하니
離思欲沾巾	이별 슬퍼 눈물이 자꾸 나오네

떠도는 사람이 또 다른 떠도는 사람을 만나 얼마간 정이 들었다가 헤어지기 전날 밤에 그 감회를 쓴 사이다.

5, 6구가 단연 정채를 띤다. 달밤에 매화가 핀 광경과 곡우 전에 딴 차를 함께 마시려면 이들이 머물고 있는 곳이 깊은 산골이어야 가능하지 않을까 한다. 시 내용으로 보면 둘이서 곡우 전에 딴 햇차를 마시면서 매화가 핀 아름다운 달밤을 시로 묘사한

다는 것 같은데 바로 납득이 되지는 않는 구절이다. 후일을 기다려 보아야겠다.

篝燈(구등)은 등의 외피를 씌운 등불을 말한다. 欲沾巾(욕점건)은 눈물이 수건을 적실 것 같다는 말이니, 곧 참으려 해도 눈물이 자꾸만 난다는 말이다.

황경은 송나라 말에서 원나라 초기를 산 시인이다. 그는 자를 성보(星甫)라 하고 호를 천태산인(天台山人)이라 하였는데 절강성 천태가 고향이기 때문이다. 어려서 과거 공부를 하였는데 원나라가 들어서 과거가 없어지는 바람에 호해(湖海)를 방랑하면서 호방한 기운을 시로 녹여 냈다. 나이 80여 세에 작고하였는데 만년에 자신의 글을 『月屋漫稿(월옥만고)』로 묶어 지금 남아 있다.

三月晦日送春
삼월 그믐에 봄을 보내며

가도(賈島) _당(唐)

三月正當三十日	삼월도 오늘로 딱 삼십일 되었으니
風光別我苦吟身	풍광이 애써 시 짓는 나를 떠나가네
共君今夜不須睡	그대와 오늘밤은 잠들고 싶지 않아라
未到曉鍾猶是春	새벽종이 울리기 전엔 아직 봄이니까

'苦吟身(고음신)'은 각고의 노력을 기울여 시를 짓는 자기 자신을 말한다. 가도 본인 스스로 자신을 고음(苦吟)의 시인이라 생각하고 있다는 점을 눈여겨 볼만하다. 또 보통 밤 12시, 즉 자시(子時)를 기준으로 날이 변경되지만 이 시를 보면 새벽 인정(寅正), 즉 4시를 변경 기점으로 보고 있다. 과학과 달리 일반인의 생활 습관을 알 수 있는데, 이는 지금도 마찬가지이니 퍽 재미나는 현상이다. 필자도 일기를 쓸 때 자기 전 새벽은 그 전날 일기에 쓰고 자고 일어난 뒤는 그날의 날짜에 기록한다.

많은 현대인들은 주로 눈에 보이는 것과 실용성에 관심을 가진다. 그런 면에서 볼 때 이 시는 충격적이다. 그러나 고인들의 관점에서 보면 현대인들이 충격적인 삶을 매일 반복하고 있다. 소동파는 '봄밤은 천금의 값어치가 있다.'고도 했고 이백은 낮에 노는 것으로는 부족하니 밤에 촛불을 잡고 놀아야 함을 강조하였다. 소동파와 이백은 모두 당대의 풍류객이다. 가도는 이제 좋은 시를 쓰기 위해 봄이 가는 것을 아까워하며 마지막까지 매달리고 있다. 114회에서 본 진관(秦觀)과는 정반대의 처세관을 가지고 있다. 시로만 보면 진관이 이지적인 순응파라면 가도는 감성적인 저항파인 셈이다.

우리가 이미 여러 편의 시에서 보았듯이 봄을 보내는 고인들의 태도를 통해 삶의 풍요로움은 전혀 별세계에 있는 것이 아니라 자연과 함께 하는 것도 중요한 하나의 방법임을 깨닫게 된다.

가도(779~843)는 하북성 범양(范陽), 즉 탁현(涿縣) 사람으로 삼국지에 나오는 유비와 동향이다. 그는 어려서 너무 가난해 먹고 살려고 승려가 되었다가 한유가 권하여 환속하여 50이 다 되어 과거에 급제하였다. 그러나 낮은 지방 관료를 전전하였다. 그는 맹교(孟郊)와 더불어 중당 시대의 대표적인 고음(苦吟) 시인으로 불린다. 가난하게 살며 시를 썼고 각고의 노력을 기울여 시구를 다듬었기 때문이다.

憶茗芽
차의 어린잎을 추억하며

이덕유(李德裕) _당(唐)

谷中春日暖	골짜기 안 봄 햇살 따뜻하리니
漸憶掇茶英	자꾸 찻잎 따던 일 생각 나네
欲及淸明火	청명 때 불로 차 달이려 했지
能銷醉客醒	취객의 숙취를 가시게 하니까
松花飄鼎泛	송화는 차 솥 안에 날아와 앉고
蘭氣入甌輕	난향은 차 사발 속에 스며드네
飮罷閑無事	마시고 난 뒤 일 없이 한가하여
捫蘿溪上行	덩굴 잡으며 계곡 가를 거닐었지

전에 어떤 분이 나에게 시를 번역해 소개하면 되지 설명을 그렇게 길게 할 필요가 있느냐고 말한 적이 있다. 최근에도 가끔 내용이 좋은데 글이 너무 길다고 말하는 사람들이 있다. 나는 한시나 산수화, 글씨, 누정 등은 그 배경 지식이 없이는 제대로 감상하기 어렵다고 생각하는 사람이다.

요즘에도 의미 있는 시문이나 건축물, 그림 등은 가급적 관련 지식이 있거나 전문

가의 조언을 받아야 깊은 이해가 가능하지만 전통 시대의 이러한 것들은 관련 지식이 없이는 이해가 거의 어렵다고 본다. 하기야 옳고 그른 것이나 어느 것이 더 깊이 있는 것인지 분간하지도 못하고 떠드는 것이 많은 오늘날에는 이런 말이 무색하기만 하다.

내가 이 책에서 설명을 붙이는 것은 어디 있는 것을 슬쩍 가져다 옮긴 것들이 아니다. 기존의 학설은 최대한 참조하려고 하며 중요한 논거는 그 사람이나 책을 소개하고 있다. 의미 있는 설명은 대개 여러 고전을 찾아서 알아낸 것들이며 구절 풀이 등은 오랜 기간 한문을 다룬 공력을 바탕으로 한 것이다.

나는 이 한시를 많은 사람들이 대강 이해하면서 자신의 치장용으로 소비되는 것을 원하지 않는다. 가급적 정확하고 깊이 이해하고 사람들의 정신적 삶을 풍요롭게 하는 데 도움이 되기를 바란다. 간혹 설명이 긴 것은 내가 그만큼 연구를 많이 한 것이며 짧은 것은 아는 것이 적거나 내가 바빴기 때문이다. 나중에 기회를 봐서 더 심도 있는 내용으로 수정하려고 한다. 이 시 역시 배경 설명이 필요해서 서두가 길었다.

이덕유(787~850)는 당나라 무종(武宗) 때의 재상으로 하북성 찬황(贊皇) 사람이다. 그는 정치 분야에서 업적이 두드러지는데 동시대의 우승유(牛僧孺)와 각각 다른 당파를 이끌며 극심한 정쟁을 이어갔다. 양계초는 이덕유를 관중(管仲), 상앙(商鞅), 제갈량(諸葛亮), 왕안석(王安石), 장거정(張居正)과 함께 봉건 시대 6대 정치가로 꼽았다. 아마 이들의 개혁적 노력을 평가한 것으로 보인다. 『전당시』에는 이덕유의 전(傳)이 상당히 길게 실려 있는데 높은 벼슬을 하는 와중에도 항상 책을 손에서 놓지 않고 시문에 대한 가치도 깊이 인식하고 있었던 것으로 보인다.

이덕유는 평천별서(平泉別墅)를 경영했다. 평천별서는 낙양성 남쪽 30리에 있는데 지금의 용문 서쪽 산기슭에 해당한다. 면적은 둘레가 30리 정도 되는데 그 안에 폭천정(瀑泉亭), 유배정(流杯亭), 동계(東溪), 서원(西園) 등 100여 채의 누정이 있었다. 이 평천정은 '아침에 평천별서를 산책하기[平泉朝游]'가 낙양8경의 하나이며 지금은

唐寅, 琴士圖 卷, 明(1528), 紙本設色, 29.2×197.5cm, 臺灣 國立故宮博物院.
당인(唐寅, 1470~1523)은 문징명의 친구인데 당시 강남 제일의 풍류재자(風流才子)로 알려졌다. 이 그림은 금사(琴士) 양계정(楊季靜, 약1477~1530)을 위해 그려준 그림인데, 양계정은 당시 당인, 문징명과 친하였다. 소나무와 폭포가 있는 계곡의 너럭바위에서 금사가 금을 연주하고 시동 3명이 시중을 드는 광경을 그린 그림이다. 주위에 벌여 놓은 물품들을 보면, 다구와 향로, 문방구 등이 놓여 있어 금을 연주하면서 분향, 서화, 품다 등을 함께 즐겼음을 짐작하게 한다.

모두 폐허로 돌아갔고 평천사라는 절이 있다고 한다.

이덕유가 쓴 〈초여름에 산 속에 살고 싶어[初夏有懷山居]〉의 시에 딸린 자주(自註)에 이덕유는 "시종신을 지내고 변경 지역을 맡거나 재상과 장군의 직임을 맡느라 30년 동안 이곳에 가서 살지 못하고 이곳의 풍경에 시를 붙여 모두 돌에 새겼다."라고 되어 있다. 그리고 그 뒤에 '추억하다[憶]'는 말로 시작하는 6수의 시가 나오는데 이 시는 바로 그 마지막 시이다.

따라서 이 시는 30년 동안 못 가본 자신의 별서에 대해 쓴 연작시의 하나로 그곳에서 차를 따서 달여 마시던 추억을 회상하여 쓴 시이다. 이런 배경을 모르고 이 시가 번역되고 이 시를 이해할 수 있다고 생각하는가?

이런 배경을 알고 보면 비로소 1구에 나오는 '골짜기'가 지금 자신이 사는 곳이 아

니라 바로 평천별서에 있는 골짜기임을 알게 되는 것이다. 따라서 "골짜기 안 봄 햇살 따뜻하니"가 아니고 "골짜기 안 봄 햇살 따뜻하리니"가 되는 것이다. 한문의 문리는 문장을 보고 단순히 읽어내는 능력이 아니라, 그 구절과 글자가 어떤 성격과 특징을 지니고 있는지를 종합적으로 판단하는 능력인 것이다.

   3구에도 若(약) 자를 쓰지 않고 欲(욕) 자를 써서 3, 4구가 도치구임을 드러내고 있다. 따라서 토도 '하면'이 아니고 '하니'가 되어야 한다. 숙취를 가시게 할 정도로 높은 효능을 얻기 위해 곡우 전에 차를 따서 청명 무렵에 차를 제조한 것을 알 수 있다. 고대에는 중춘(仲春)에 불을 피우는 것을 금하다가 청명에 버드나무, 느릅나무 등으로 새로 불씨를 만들어 보급한 국가적인 풍습이 있었다. 淸明火(청명화)는 바로 그것을 말한다.

4월●봄 물결 비와 함께 저물녘 밀려드는데 인적 없는 나루터에 빈 배만 흔들리네

그리고 아래 5, 6구에서는 차를 제조하여 달여 마실 때의 운치어린 경관을 묘사하여 2구의 漸憶(점억)이란 말과 연결하고 있다. 차를 달이는 솥에 주변의 소나무에서 송화가 날아와 자욱이 앉고 달인 차를 사발에 담으면 주변의 난초에서 향기가 스며든다고 말한다. 이 어찌 그립지 않겠는가! 목석이 아닌 바에야 이런 것을 어찌 시로 쓰지 않을 수 있겠는가? 지금은 너무도 바쁘지만 30년 전 당시는 한가해서 차를 마셔 원기를 돋운 다음, 계곡 옆으로 난 산길을 덩굴 등을 헤쳐 가며 거닐던 추억을 지금 더듬고 있는 중이다.

이 시가 현장에서 쓴 시가 아니라 30년 전의 일을 회상해서 쓴 시라 더욱 아련한 추억이 묻어난다. 시만 읽어도 그 분위기의 그윽함이 전달되지 않는가? 차를 다룬 시 중에 매우 뛰어난 시로 인정되어야 할 것이다.

山行 산행

시윤장(施潤章) _ 청(淸)

野寺分晴樹 야사분청수	들판의 절은 맑은 숲이 나뉘어 있고
山亭過晩霞 산정과만하	산 위 정자는 저녁노을이 지나가네
春深無客到 춘심무객도	봄은 깊은데 찾아오는 손님은 없고
一路落松花 일로락송화	지나는 길에 온통 송화가 떨어지네

오늘은 어제까지 오던 비가 개어 날씨가 매우 청명하다. 산의 피어나는 나뭇잎도, 이제 드문드문 보이는 꽃도, 깊어가는 봄을 느끼게 해 준다. 이 시는 오늘처럼 비가 개여 좋은 날 마지막 봄 풍경을 배경으로 하고 있다.

한적하고 정밀한 풍경 속으로 우리를 이끈다. 들판 끝 산기슭에 위치한 절은 양 옆에 무성한 숲을 끼고 있다. 어제 내리던 비가 그치고 햇살이 나서 '비가 갠 맑은 숲[晴樹]'이라 표현하였다. 또 산 위에는 정자가 있는데 그 정자에 저녁노을이 지나가고 있다.

이렇게 봄이 깊어 가는데, 그리고 오늘은 날도 좋고 저녁놀까지 번지고 있는데, 산사에는 찾아오는 사람이 없다. 나 홀로 산길을 걸어가노라면 늙은 소나무에서 송화가 날린다. 박목월의 〈윤사월〉에도 송화 가루 날리는 풍경이 나온다. 그 시에서는 외딴집에 홀로 남은 산지기의 딸, 눈먼 처녀를 통해 산골의 적막감을 드러내고 있다. 이 시에서도 송화는 깊어가는 늦봄을 표현하는 훌륭한 시어로 등장한다.

다만 이 시의 화자는 감정 표현이 매우 절제되어 있다. 담담하게 늦봄의 자연 속에서 자신을 양생하는 느낌을 준다. 감정의 굴곡 없이 마음의 안식 속에서 담백하게 자연과 함께 하는 평온하고 충일한 시간을 우리에게 선보이고 있는 것이다. 감정을 드러내지 않는 것 역시 하나의 좋은 감정이라 할까.

시윤장(1618~1683)은 안휘성 선성(宣城) 사람으로 청나라 초기의 저명 시인이다. 한림원 시강, 시강학사 등 고관을 역임하였다. 그는 당시를 모범으로 삼았는데, 당시에 송완(宋琬)이란 사람이 북쪽에서 명성이 높았기 때문에 남쪽에선 시윤장, 북쪽에는 송완이란 의미의 '남시북송(南施北宋)'으로 병칭되었다. 그의 시는 고박(古樸)하고 혼후(渾厚)하다는 평가를 받고 있으며 『施愚山集(시우산집)』이 있다.

査士標, **晴巒暖翠**, 淸(1675), 絹本設色, 74.2×50.7cm, 中國 安徽省博物館.
푸른 산에 드문드문 서 있는 나무들과 그 속 두물머리에서 흘러오는 강물을 바라보고 있는 모습에서 고독감이 느껴진다.

119
4월 29일

山泉煎茶有懷
산천전다유회

산 샘물로 차를 달이다가

백거이(白居易) _당(唐)

坐酌泠泠水　　앉아서 시원한 물 떠 담아
좌작령령수
看煎瑟瑟塵　　파란 가루 달이는 것 보네
간전슬슬진
無由持一碗　　차를 좋아하는 사람에게
무유지일완
寄與愛茶人　　한 사발 부칠 방법이 없네
기여애다인

   이 시는 주금성(朱金城)의 『白居易集箋校(백거이집전교)』(상해고적출판사)에 의하면, 822년 백거이가 51세 때 장안에서 항주 자사로 부임하는 과정에 쓴 시로 보고 있다. 그리고 섬서사범대학(陝西師範大學)에서 2016년 석사 논문「白居易茶時研究(백거이 다시연구)」를 제출한 원경(袁慶)의 논문 부록에 붙인 〈白居易 茶時輯錄(백거이 다시집록)〉을 살펴보면 모두 64편에 달한다. 다시(茶時)에 관심이 있는 분에게 좋은 참고가 될 듯하다.

   이 시는 우리나라 인터넷에도 떠도는데, 대체로 3구의 '無由(무유)'를 3구 안에서 해결하고 있다. 이는 바이두에 올라 있는 해석에 근거한 것으로 보이는데 이 시의 원의가 아니다. 한문에 종사하는 사람은 어떤 글자가 어디에서 떨어지나 하는 것을 잘 알아야 한다.

이 시에서 無由(무유)는 '~할 방법이 없다.'는 뜻으로 이 시의 마지막 구까지 아우르고 있다.

이 시의 1, 2구는 대구와 호문(互文)을 동시에 쓰고 있다. 호문이란 같은 구조를 지닌 성어나 구절의 앞뒤에 상호 밀접하게 연관되는 글자를 놓아 중복을 피하면서 서로 설명하고 보완해주어 의미를 완전하고 깊게 하는 문장 수사법을 말한다. 첫 구의 坐(좌)와 둘째 구의 看(간)은 대구이면서 호문이기도 하다. 즉 다정(茶鼎)에 물을 담고 차 분말을 넣어 달이는 행위를 앉아서 하고 또 보고 있는 것을 말한다. 보고 있다는 것은 '자신이 차를 달이고 있노라니'의 의미이다.

'冷冷(령령)'이 물의 찬 상태를 말한 것이라면 瑟瑟(슬슬)은 벽색(碧色)의 차 가루를 말한다. 백거이가 시 〈暮江吟(모강음)〉에서 강물의 파란 색을 '슬슬'로 묘사한 바가 있고, 임포(林逋)도 시 〈茶(다)〉에서 "맷돌에서 파란 분말이 폴폴 난다.[石輾輕飛瑟瑟塵]"라고 하였다. 瑟瑟塵(슬슬진)은 하나의 차 이름으로 불리지만 이 시에서의 '슬슬'은 차 가루의 파란 색을 묘사한 말이다.

이 시는 남조 때의 은자인 도홍경(陶弘景, 456~536)의 시와 관련이 있다. 그는 자신과 이전에 교유가 있던 양나라 무제(武帝)가 초청하기 위해 보낸 조서에 대해 "산중에 무엇이 있는가. 고개 위에는 흰 구름이 많네. 다만 나 혼자 즐길 뿐, 임금님께 가져다 드릴 수가 없네.[山中何所有, 嶺上多白雲. 只可自怡悅, 不堪持贈君.]"라고 하는 시를 지어 보내며 벼슬을 사양한 적이 있다.

백거이가 도홍경의 고사를 원용한 것인지는 잘 모르겠지만, 도홍경이 담은 의미와 거의 유사한 맥락인 것만은 분명하다. 이 차 한잔을 정말로 차를 애호하는 분에게 드리고 싶지만 그럴 방법이 없다는 것이다. 가만히 음미하면 여러 뒷맛이 우러나는 것을 절로 느낄 것이다.

백거이는 7월에 항주 자사로 임명되었지만 당시 난리로 운하가 막혀 강주(江洲)를 거쳐 여산초당(廬山草堂)에 들렀다가 10월에서야 항주 자사로 부임한다. 그렇다면 이 시는 아마도 가을 무렵 여산에서 쓴 시가 아닐까.

　아름다운 풍경이나 희귀한 물건, 맛있는 음식을 보면 사랑하는 사람에게 주고 싶은 생각이 간절히 나는 경우가 있다. 주고 싶은데 주지 못하는 것도 하나의 아름다운 고통이다. 백거이는 그 아름다운 고통을 통하여 산 샘물을 길어 우연히 달인 차가 너무도 황홀하였음을 표현하고 있는 것이다.

　남을 고통스럽게 하면서 자신의 쾌락을 추구하는 것이 풍류가 아니라 남에게 주지 못하는 안타까움을 이렇게 예술로 표현하는 것이 진정한 풍류가 아닐까.

送春
송춘
봄을 보내며

왕령(王令) _송(宋)

三月殘花落更開	삼월의 남은 꽃 지더니 다시 피고
삼월잔화락갱개	
小簷日日燕飛來	낮은 처마엔 매일 제비 날아오네
소첨일일연비래	
子規夜半猶啼血	소쩍새 한밤에 아직도 피를 토하니
자규야반유제혈	
不信東風喚不回	봄바람 잡을 수 없음을 못 믿는 듯
불신동풍환불회	

시인이 과학자와 다른 점은 실제의 사실이나 원리를 탐구하는 것이 아니라 감정의 진실과 인생의 이치를 표현하고 통찰하는 점일 것이다. 이 시는 가는 봄을 못내 아쉬워하는 시인의 마음이 담겨 있다. 경치를 보는 눈이나 일으키는 생각이 매우 애상적이다.

봄바람은 때가 되면 지나간다. 사람이나 동식물이 만류한다고 머무르지 않는다. 이제 피어날 꽃들은 대개 피었다 졌고 마지막 봄을 장식하는 꽃들이 피고 있다. 제비도 온 지 한참 지나 둥지를 매일같이 오고 간다. 그런데 한밤중 저리도 애절하게 우는 소쩍새 소리를 듣노라면 봄이 가는 걸 전혀 믿고 있지 않는 것만 같다. 아니, 믿고 싶지 않을 것 같다.

그러나 이 시인도 알고 있다. 소쩍새가 아무리 울어도 봄이 간다는 것을. 소쩍새,

접동새, 자규, 귀촉조 등으로 불리는 이 새는 그 이름에 해당하는 저마다의 전설과 문학 작품을 가지고 있다. 이는 아마도 한 밤에 구성지게 우는 소쩍새 울음 특유의 애잔함 때문일 것이다. 이 시인이 자규를 등장시킨 것도 아마도 그 때문일 것이다.

〈님의 침묵〉에 '아아, 님은 갔지마는 나는 님을 보내지 않았습니다.'라는 구절이 있다. 뒤에 '제 곡조를 못 이기는 사랑의 노래는 님의 침묵을 휩싸고 돕니다.'라고 되어 있는 걸 보면, 시인은 아직도 사랑이 남아 있지만 마음이 돌아선 애인은 꿈쩍도 하지 않고 있음을 알 수 있다. 그러기에 제목이 〈님의 침묵〉일 것이다.

이 시인 역시 봄바람이 한 번 가면 아무리 불러도 돌아오지 않는 현실을 소쩍새가 못 믿고 있다고 말하지만, 그 말을 뒤집으면 소쩍새가 아무리 애절하게 울면서 봄을 만류해도 봄이 돌아오지 않는다는 것이다. 그러기에 제목이 송춘(送春)이다. 이 시인의 시집 『廣陵集(광릉집)』에 〈春怨(춘원)〉, 즉 '가는 봄에 대한 원망'으로 제목이 된 것은 바로 그런 생각의 반영일 것이다.

3, 4구는 도치구로 불신(不信)의 주체는 앞에 나온 자규(子規)이다. 아니, 자규가 봄바람을 잡을 수 없음을 믿지 않는다고 시인이 생각하는 것이다. 4구와 같은 굴곡진 감정의 표현에서 이 시인의 역량을 느끼게 한다.

모든 아름다운 것은 여운(餘韻)을 남긴다. 여향(餘香), 여미(餘味) 등도 그러한 것을 표현한 말이다. 아름다웠던 봄이 지는데 여운이 없을 리가 없다. 이 시인이 표현하고자 한 것은 아마도 봄이 남긴 여운의 깊이가 아닐까.

왕령(1032~1059)은 자가 봉원(逢原)인데 『천가시』에는 자를 이름으로 소개하고 있다. 왕령은 하북성 대명현(大名縣)이 고향이지만 나중에 광릉, 즉 남경에 와서 살았다. 이 사람은 기개도 있고 공부도 열심히 하였는데 불행히 28세로 요절하였다. 그러나 자신의 문집 『광릉집』을 남기고 있는 걸 보면 상당한 활동을 한 것으로 보인다.

5월

맑은 날 온화한 바람에 보리 내음새
녹음과 그윽한 풀꽃 시절보다 낫네

江畔獨步尋花
강반독보심화
강 언덕을 혼자 걸으며 꽃을 구경하다가

두보(杜甫) _당(唐)

黃四娘家花滿蹊 황사낭가화만혜	황씨네 넷째 딸 집 앞길에 꽃이 가득
千朵萬朶壓枝低 천타만타압지저	천 송이 만 송이 가지가 늘어졌네
留連戲蝶時時舞 유련희접시시무	못 떠나는 나비는 때때로 춤을 추고
自在嬌鶯恰恰啼 자재교앵흡흡제	자유로운 꾀꼬리는 교태스럽게 우네

761년 봄, 두보 나이 51세 때 성도의 초당에서 7언 절구 7수를 연작으로 쓴 시이다. 58회에서 〈물가 정자에서[水檻遣心]〉를 소개하였는데 이 시가 지어지기 1년 전의 시이다. 두보가 765년 54세로 배를 타고 정처 없이 선상 생활에 돌입하기 전까지 안정적인 생활을 보내고 있던 시기인 만큼 이처럼 생활의 여유와 정취가 묻어나는 한적한 시가 나온 것이다.

완화계 강둑을 따라 걸으며 꽃구경을 하다 보니 어느새 황사랑(黃四娘) 집 앞에 왔다. 황사랑은 중국 특유의 표현으로 황씨 성을 쓰는 집의 4번째 딸을 말한다. 그 딸이 출가해 사는 집에는 주인이 꽃을 좋아하는지 집 앞 진입로 소로에 꽃이 만발하였다. 영산홍, 죽단화, 철쭉은 천 송이로 세고 이팝나무, 조팝나무, 싸리 꽃은 만 송이로 셀만한데 다 가지가 늘어졌다. 나비는 이 꽃들이 너무 좋아 다른 데 갈 생각을 않고 이곳에서 가끔 빙빙 춤을 추며 놀고 있고, 꾀꼬리는 누구의 간섭도 받지 않고 꽃나무 어느 가지에서 자유롭게 울어 본다.

이 시에서 말하는 강은 바로 초당 옆으로 흐르는 완화계(浣花溪)이다. 恰恰(흡흡, 중국어 발음은 '치아치아')은 꾀꼬리의 울음을 표현한 의성어인데 중국음을 보면 우리말 짹짹에 가깝다. 중국 한시에는 의성어, 의태어가 매우 많이 나오는데, 우리말로 번역할 때 늘 어려움을 느낀다. 우리나라 언어에 발달한 형용사의 어미나 접두사 등을 외국인들 역시 어려워하지 않을까 생각한다.

맨 앞에는 꽃을 구경하는 장소를 제시하고 '황사랑'이란 말을 써서 친근한 시골 정서를 환기한다. 이어 집 앞 소로와 꽃을 차례로 클로즈업한다. 이어 그 꽃에서 놀고 있는 나비를 포착하고 다시 그 나비를 보는 시인의 시선을 그린다. 그리고 보이지 않는 꾀꼬리 울음소리로 여운을 남긴다. 그러므로 마지막의 '嬌(교)'는 꾀꼬리의 모습을 말한 것이 아니라 매끄러우면서도 가볍게 미끄러지듯 우는 꾀꼬리 특유의 소리를 말한 것이다. 그 소리를 '恰恰'으로 표현한 것인데, '꾀꼴꾀꼴'이란 말로는 도저히 그런 뜻이 담기지 않고, 이 '嬌(교)' 자도 살리고 싶고 해서, 억지로 '교태스럽게'라고 번역해 보았다. 독자들이 좋은 표현을 찾아주길 기대한다.

사람이 생활이 어려우면 생각도 복잡하고 시도 침울하게 나오며, 삶에 여유가 있으면 생각이 절로 밝아지고 윤기가 난다. 두보의 침울한 다른 시들과 달리 이 시 연작은 51세의 두보가 즐거운 늦봄의 한 때를 만끽하는 찬란한 여유를 보여주고 있다.

池上早夏
못 가의 초여름

백거이(白居易) _당(唐)

水積春塘晚	늦봄의 연못에는 물이 그득하고
陰交夏木繁	무성한 여름의 나무 그늘지었네
舟船如野渡	배는 시골 나루에 있는 것 같고
籬落似江村	울타린 강 마을에 어울릴듯하네
靜拂琴牀席	금 연주하는 자리 조용히 닦아보고
香開酒庫門	술 저장고를 여니 향기도 끼쳐오네
慵閑無一事	빈둥빈둥 아무 하는 일은 없고
時弄小嬌孫	가끔 귀여운 어린 손자와 놀 뿐

내가 산책을 하다 보면 노인들을 많이 만나 노인들이 많아진 것을 실감한다. 그런데 그 노인들이 옆에 라디오를 차고 있는 경우가 많다. 나는 조용히 자연 자체를 즐기고 머리를 식히는 정양(靜養)의 시간을 보내고자 하는데 그들은 그 조용한 것을 견디지 못하는 것처럼 보인다.

사람이 바빠 살거나 위급한 상황에 처하면 이런 한가한 일상이 인생 최대의 즐거움처럼 다가오는데 정작 그 시간이 주어진 사람들은 이렇게들 못 견뎌하고 있는 것이다.

지금 백거이는 낙양으로 와서 딱히 하는 공무가 없으니 나가서 친구들과 사귀지 않을 때는 집에서 이런 식으로 보낸 것을 상상해 볼 수 있다. 바로 늦봄과 초여름이 교차하는 시기이다. 날은 길어지고 아름다운 녹음이 참으로 사랑스러운 계절이다. 그러나 이상의 〈권태〉에서 보듯 또 어떤 사람은 따분함을 느끼는 계절이기도 하다. 백거이는 집 안에 앉아 자신의 못과 울타리를 바라보며 시골이나 강마을의 풍경을 떠올린다. 그리고 한가하여 거문고가 놓인 탑상의 먼지를 툭툭 털어도 보고 술을 담아 놓은 저장고의 문을 열어 보기도 한다. 5, 6구는 무료함의 운치를 잘 표현한 듯하다. 그래도 무료함을 달랠 길 없어 어린 손자와 놀아본다.

아무런 걱정 없이 이런 무료함을 자기 집에서 즐긴다는 것이 이 시의 주제이다. 대부분 금전의 궁핍이나 욕심으로 촉발된 마음의 여러 작용으로 이렇게 지내기가 쉬운 일은 아니다. 패배하여 포기한 것인지 자발적으로 초월한 것인지는 모르겠으나 마음의 짐을 내려놓고 욕심의 뿌리를 캐내야만 가능하다.

백거이는 829년 58세 때 권력자에게 배척을 당해 뜻을 펴지 못하자 태자빈객의 신분으로 낙양으로 왔다. 낙양 이도리(履道里)에 집을 마련하였는데, 집 안에 못을 만들어 놓고 배를 띄우고 술을 마시며 자적하였다. 그리고 인근 향산(香山)에 있는 향산사(香山寺)에 친구를 주지로 앉히고 이곳을 무대로 낙양의 명사 8명과 함께 향산구로회(香山九老會)라는 모임을 만들어 친교 활동을 하였다. 나중에 송나라 때 사마광(司馬光)이 왕안석에게 밀려 낙양으로 와서 독락원(獨樂園)을 짓고 낙양기영회(洛陽耆英會)에 참여한 것은 이를 본받은 것이다. 백거이는 이때 〈池上篇(지상편)〉 등 '못 가에서[池上]'라는 말이 들어가는 여러 편의 시를 짓게 된다. 주금성(朱金城)은 『白居易集箋校(백거이집전교)』에서 이 시가 840년, 백거이 69세 때 지은 것으로 보고 있다.

백거이의 당시 3대 즐거움이 시와 술, 그리고 친구와의 대화였기에 호가 취음선생

(醉吟先生)이었다. 또 승려들과 교유하면서 불교에도 심취하였기에 향산거사(香山居士)로도 불렸다. 이 시는 당시 백거이의 이런 처세와 생각이 반영된 한적한 일상이 잘 드러나 있다. 그는 830년 12월 28일에 하남 윤(河南尹)을 제수 받았는데, 832년 62세 때 다시 사직하고 한직을 맡는다.

백거이 시가 평담하고 통속적인 경향이 있지만 그 평담과 통속이란 것도 지금의 관점에서 보면 상당히 절제되어 있고 운치가 있다.

낙양에 가면 사람들이 용문 석굴을 보러 많이 간다. 용문 석굴 앞을 흐르는 강이 바로 이수(伊水)이고 이수 건너편에 보이는 산이 바로 향산(香山)이다. 이 이천의 상류로 가면 이천현(利川縣)이 나오는데 이곳이 바로 정명도(程明道), 정이천(程伊川)이 살던 곳이다. 가까운 곳에 〈악양루기〉의 작가 범중엄(范仲淹)의 묘도 있고 철학자 소옹의 묘도 있는데 모두 고구마 밭과 옥수수 밭 사이에 있어 세상이 바뀐 것을 실감하게 되며, 장자(莊子)의 묘도 있고 장자가 살던 동굴 호접동(蝴蝶洞)과 호접산(蝴蝶山)도 있다. 장자의 묘와 살던 동네를 찾기 위해 16년 전 헤매던 광경이 어제 일처럼 눈앞에 선하다. 그리고 멀지 않은 곳에 중국에서 최초로 술을 만들어 주성(酒聖)이라 불리는 두강(杜康)이 살던 곳이 있다. 내가 묵었던 여관 주인이 이천의 두강주 만드는 술 공장에 일하러 다녔는데 나에게 그런 걸 말해주던 기억이 난다. 이천 시내 야시장에 가서 보면 시내 다리 이름에 모두 이 현인들의 이름을 붙여 놓았다. 다음에 가면 독락원과 이도리를 한번 찾아 볼 작정이다.

初夏游張園
초여름 장원(張園)에서 놀면서

대복고(戴複古) _송(宋)

乳鴨池塘水淺深	새끼 오리 노니는 연못은 깊고 얕으며
熟梅天氣半陰晴	매실 익는 계절 날씨 맑은 듯 흐린 듯
東園載酒西園醉	동원으로 술 싣고 가 서원에서 취하여
摘盡枇杷一樹金	비파나무 황금 열매 모조리 따 먹었네

  4월이나 5월을 매월(梅月)이라고 한다. 즉 매실이 익어가는 초여름이다. 이때는 날씨의 변덕이 많다. 또 수온이 상승해 어린 새끼 오리들이 놀기에도 좋다.

  내가 중국 소주(蘇州)에 가보니 비파가 매우 대단위로 재배되고 있었다. 특히 동산(東山)이란 곳에 가니 한겨울인데도 비파의 꽃을 귤과 함께 길가에서 팔고 있었다. 지금쯤에는 살구처럼 익은 열매를 판다. 이 시는 통쾌하게 술을 마시고 한바탕 호기 있는 풍류를 즐긴 일을 다루고 있는데 묘사가 아주 탁월하여 생동감이 있다.

  張園(장원)은 장씨 성을 가진 사람의 장원(莊園) 같은데 정확히 알지 못한다. 다만 시 내용으로 보면 이 장원이 동서로 나누어 있었던 것 같다. 처음에 동원으로 술을 싣고 가서 한바탕 마셨는데 흥취가 도도해져 서원으로 자리를 옮겨 2차를 하고, 또 술안주가 다 떨어지자 나무에 달린 누렇게 익은 비파를 따 먹었다고 한다. 아마도 술이 깬 뒤에 비파나무에 비파가 하나도 안 달린 걸 서로 쳐다보며 한바탕 웃었을 것도 같다.

    1, 2구의 오리와 매실, 그리고 날씨를 묘사한 것도 좋거니와 3, 4구의 속도감과 술자리의 도도한 주흥, 쾌활한 여운은 마치 매실처럼 상큼하고 강렬한 인상을 남긴다.

    대복고(대략 1167~1248)는 남송 시대 시인으로 지금 절강성 대주(臺州) 황암(黃巖) 사람이다. 지난 108회에 소개한 〈저물어가는 봄날[春晚]〉의 작가 좌위(左緯)와 동향이다. 육유에게 시를 배웠고 사방으로 떠돌아다니다 돌아온 뒤로 시가 크게 진보하였는데 진덕수(眞德秀)가 맹호연에 뒤지지 않는다고 평가한 뒤에 천하에 이름이 났다.

124 5월 4일

閑居初夏午睡起
한가하게 지내며 초여름 날 낮잠을 자고 일어나서

양만리(楊萬里) _송(宋)

梅子留酸軟齒牙	매실은 신맛 남아 치아가 시리고
芭蕉分綠與窓紗	파초는 녹색 빛을 창문에 비추네
日長睡起無情思	긴 날 낮잠에서 깨어 멍한 상태로
閑看兒童捉柳花	버들개지 잡는 애들 한가히 보네

낮잠만큼 한가함을 느끼게 하는 행위가 또 있을까. 그러기에 제갈공명도 인재에 목마른 유비의 앞에 낮잠을 자고 일어나 기지개를 켜며 시를 읊는 모습을 보였고 신선들도 걸핏하면 그림 속에서 꾸벅꾸벅 졸고 있는 것일 게다.

시인은 점심 후에 매실을 먹은 듯하다. 그 시린 맛이 오래 남는다. 이제 파초는 많이 자라 오후의 햇살을 받아 녹색의 빛을 창문으로 보내온다. 언제 잠들었는지는 모르겠지만 한숨 자고 일어나니 아무 생각이나 감정의 동요도 없는데, 아이들만 하늘에 눈처럼 내리는 흰 버들개지를 잡느라 야단이다. 시인은 그 광경을 물끄러미 바라본다.

이 시의 앞 2구가 『性齋集(성재집)』 등에는 '梅子流酸濺齒牙, 芭蕉分綠上牕紗'로 되어 있다. 1구의 '軟(연)'이 '신맛이 남아 이가 시리다'는 의미로, 2구의 '與(여)'가 창문

仇英, **人物故事圖** 中 捉柳花, 絹本設色, 41.2×33.7cm, 臺灣 國立故宮博物院.◐
집 옆의 기울어진 버드나무 아래 아이들 셋이서 버들개지를 잡으려고 다투고 있고 백거이로 보이는 한 문인과 금(琴)을 휴대한 시동이 이 그 광경을 물끄러미 쳐다보고 있다. 나무와 바닥에 떨어진 흰 점은 버들개지이다.

에 '비치다'는 의미로 해석되어야 함을 알 수 있다. 그런데 우리나라 박윤묵(朴允默, 1771~1849) 같은 문인은 〈상추[萵苣]〉라는 시에서 "입안이 상쾌하고 잘 씹히니 평소 내가 좋아하였지[爽口而軟齒, 生平吾所嗜.]"라고 한 대목을 보면 '연하게 씹힌다'는 의미로 사용한 것을 알 수 있다. 상추에 신맛이 있어 이가 시리다고 하는 경우는 없지 않은가?

이 시는 기본적으로 제목에서 보듯이 한적하게 소요하는 일상을 소재로 하고 있다. 그런데 '아무런 감정이나 생각이 없다[無情思]'는 말을 보면 거꾸로 세상일이 안 풀려 자신의 시름을 이런 식으로 녹여내는 것 같은 느낌도 든다. 은거나 한가함, 이런 것을 정치적 맥락에서 보면 또 다른 의미가 보이기도 하기 때문이다.

첫 구에 매실의 신맛이 이 사이로 스며들어 이가 시리다는 말이나 마지막 구에 아이들이 버들개지를 붙잡는다는 표현이 매우 사실적이다. 시인들이 '양만리는 기이한 표현을 좋아하여 바른 기운을 상하게 한다.'고 하며, 이 시를 예로 들고는 '생각을 극도로 들였다.[極有思致]'라고 말하니, 양만리는 '捉[붙잡다]' 한 글자에 자신의 공부가 들어 있다는 말을 하기도 했다. 송나라 주밀(周密, 1232~1298)의 『浩然齋雅談(호연재아담)』에 나오는 얘기다.

이런 말을 듣고 보면, 시경(詩境)은 한가할지 몰라도 시작(詩作)은 매우 치밀한 것을 알 수 있으며, 확실히 '捉(착)' 자에 묘미가 있어 보인다. 이 시가 낮잠 자고 일어나 붓 가는 대로 끄적거린 시가 아니라는 말이다. 어떻게 한가한 것인지, 그 게으르고 한가한 모습을 공들여 하나의 시적 아름다움으로 포착하고 의미를 부여하고 있음을 알 수 있다.

그러나 사실 '捉柳花'라는 말은 이미 백거이의 시에 보이는 표현이므로 이 '착' 자를 사용한 공로는 백거이가 받아야 옳다. 백거이가 언젠가 〈別柳枝(별류지)〉 시를 지었는데 유우석이 화답하자 다시 백거이는 장난삼아 다음과 같이 화답하였다.

柳老春深日又斜	늙은 버들 봄은 깊고 해도 기우는데
任他飛向別人家	버들개지 이웃집으로 날아들어 가네
誰能更學孩童戲	누가 애들 장난 다시 배울 수 있으리
尋逐春風捉柳花	봄바람 따라가며 버들개지 잡고 있네

지나간 시절을 되돌리기 어려움과 아련한 추억을 환기하는 시이다. 명나라 화가 구영(仇英, 대략 1494~1552)은 이 시가 마음에 들었는지 버들가지를 잡는 아이들 놀이를 중심으로 그림으로 재현하였다.

宿新市徐公店
신시(新市) 서씨(徐氏)네 주점에서 숙박하며

양만리(楊萬里) _송(宋)

籬落疏疏一徑深   울타리는 듬성듬성 오솔길은 깊은데
樹頭花落未成陰   나무 위 꽃은 지고 녹음은 아니 졌네
兒童急走追黃蝶   아이가 급히 달려 노랑나비 쫓으나
飛入菜花無處尋   유채 꽃으로 날아들어 찾을 수 없네

이 시는 양만리가 1192년 여행 도중 신시(新市)라는 곳을 지나가다 하룻밤 묵으면서 지은 시이다. 신시는 지금 호남성 장사(長沙) 아래 유현(攸縣)이란 곳이다.

여행 중에 피곤할 텐데도 이처럼 늦봄에서 초여름으로 변해가는 계절과 전원에서 노는 아이들 풍경을 세밀히 포착하고 있다.

菜花(채화)는 채소의 꽃이다. 유채꽃이 아니라면 반드시 노란 꽃일 것이다. 아이가 잡는 노랑나비가 노란 유채 꽃밭으로 날아가는 바람에, 아이가 나비인지 꽃인지 헷갈려 나비를 더 이상 찾지 못하고 어리둥절해 한다.

이런 시들은 당나라 때는 거의 없고 송나라 때 지어졌다. 시를 보는 눈과 미감이 변했기 때문이다. 이 시는 시골의 풍경을 의미 있게 화폭에 담으려는 생각과 함께 구체적인 경물을 철저하게 탐색하려는 정신에 기초한다. 시로 그려낸 자연의 전신사조

(傳神寫照)라고나 할까. 아이가 노랑나비를 잡으려 하지만 그 나비가 노란 유채꽃밭으로 들어가 당황하고 있는 그 순간을 포착하고 있는 시이다. 김홍도의 〈씨름도〉나 김득신의 〈파적도〉처럼 어떤 특정한 순간을 생생하게 화면에 옮기는데 열정을 쏟은 시인 것이다. 124회에서 이미 한 번 감상했지만 양만리는 이런 시에 능한 시인이다.

어린이날은 아이들이 야외에서 놀기에 좋은 날씨이다. 이 시는 초여름 유채꽃밭 속에서 나비를 잡고 노는 아이를 묘사한 한 폭의 초여름 전원 풍속도이다. 초여름 특유의 생기가 시에 넘쳐난다.

初夏 초여름

주숙진(朱淑眞) _송(宋)

竹搖淸影罩幽窓 흔들리는 대 그림자 그윽한 창을 덮고
兩兩時禽噪夕陽 쌍쌍이 우는 제철 새 석양에 시끄럽네
謝卻海棠飛盡絮 꽃사과도 지고 버들개지도 다 날아갔고
困人天氣日初長 무료한 날씨에 날도 길어지기 시작하네

오늘이 입하(立夏)이다. 일주일 사이에 나뭇잎이 활짝 펴졌고 기온도 상승하여 이제 늦봄 보다는 여름이 시작된 것을 몸이 느낀다.

이 시를 읽으면 어떤 생각이 드는가? 참 한가롭게 지낸다는 생각도 들 것이고 규중에서 외롭게 지내는 것이 안타깝다는 느낌도 들 것이다. 이 시의 제목이 〈맑은 한낮[淸晝]〉, 〈즉경(卽景)〉으로 된 것도 있다. 〈청주〉는 맑고 고요한 한낮의 무료함에 초점을 맞춘 것이고, 〈즉경〉은 당시 창문 너머로 보이는 풍경에 초점을 맞춘 제목이며, 〈초하(初夏)〉는 계절에 초점을 맞춘 것이다. '청주'는 뜻이 깊고 '초하'는 쉽게 이해되는 장점이 각각 있으며, '즉경'은 너무 평범한 듯하다.

아마 지금쯤 게으르게 거실에 앉아 있거나 어디 한적한 곳에서 멍하게 있는 분들은 이 시가 더욱 공감이 될 것도 같다. 이 시의 눈알은 幽(유) 자에 있다. 그에 반대되는 글자가 兩兩(양양)이다. 그리고 이런 시상은 마지막 구 困(곤)으로 연결된다.

　이제 초여름이 되어 한창 자란 대 그림자가 창문을 덮고 있다. 나는 이렇게 적막하게 지내고 있는데 바깥에서 쌍쌍이 노니는 새들은 지는 석양을 감상하면서 떠들고 있다. 새들은 정담을 나누는 것인데 이 여인에게는 시끄러운 소리로 들리고 있어 신경질적인 반응을 알 수 있다. 이제 해당화도 다 지고 버들개지도 다 날아갔다. 앞으로 날이 자꾸 길어질 텐데 그런 긴 나날을 혼자 지내려니 참 무료할 것 같다.

　이 시에 보이는 海棠(해당)은 여름에 바닷가 모래사장에서 흔히 피는 해당화가 아니라 현재 식물명으로는 중국꽃사과나무에 해당한다고 한다. 해당을 검색하여 바이두의 이미지들을 보면 알 수 있다. 지금의 해당화와는 무관하고 『시경』에 보이는 팥배나무나 아그배나무와 가까운 셈이다.

曺佶(徽宗), 竹禽圖 卷, 北宋, 絹本設色, 33.7×55.4㎝, 미국 메트로폴리탄박물관.
새 두 마리가 대나무에 앉아 정담을 나누는 듯하다. 송나라 휘종(徽宗, 1082~1135) 조길(曺佶)은 극히 뛰어난 화조화를 그린 황제 화가이다.

이 시를 보면 울울하고 외로운 서정을 느끼게 되는데, 주숙진의 시를 많이 본 평자들은 이 시인의 다른 시에 비해 소탈하게 느껴진 듯하다. 『西湖遊覽志(서호유람지)』를 보면, 이 시를 평하여 "주숙진의 시는 간드러지는 것이 많은데[多柔媚] 이 시는 상당히 소탈하여 좋다.[頗疎俊, 可喜.]"라는 평을 하고 있다.

주숙진(대략 1135~1180)은 주숙정(朱淑貞)이라고도 하는데 호가 유서거사(幽棲居士)이다. 남송 시대의 저명한 여성 시사(詩詞)인이다. 고향이 절강성 항주라고도 하고 해녕(海寧)이라고도 하는데 두 지역이 서로 이웃해 있다. 주숙진은 본래 벼슬하는 집안에서 태어나 총명하고 독서를 좋아하였는데, 말단 관리라고도 하고 시정 상인이라고도 하는 사람에게 시집을 가서 남편과 서로 뜻이 맞지 않았다. 우리나라 허난설헌과 비슷하다. 그래서 내면의 우울과 원망 같은 것을 시로 즐겨 써서 시의 풍격이 침울하고 애상적이라는 평가를 받고 있다. 그녀는 많은 시를 썼는데 그녀가 죽자 본가의 부모가 그 원고를 거두어 대부분 태워버렸다고 한다.

顧洛, 小靑小影圖, 淸, 絹本設色, 99×39cm, 中國 無錫市博物館.
고낙(顧洛, 1763~대략 1837)은 항주 출신의 청대 화가로 사녀도(仕女圖)를 특히 잘 그렸다. 풍소청(馮小靑)은 명나라 만명 연간에 광릉(廣陵), 즉 양주 출신으로 시도 잘 쓰고 자색이 당대에 자자하였는데 부친이 죽고 가세가 기울자 항주의 부호인 풍씨(馮氏)에게 의탁하였다. 그런데 정실부인의 질투로 서호의 고산(孤山)에 유폐되어 우울하게 지내다 죽었다. 시고(詩稿) 역시 그 부인이 다 불태워『분여고(焚餘稿)』가 세상에 전한다. 이 그림은 풍소청이 고독과 우울에 젖어 시를 쓰는 모습으로 주숙진의 이 시를 떠올리게 한다.

初夏戲題
초여름에 재미 삼아

서인(徐寅) _당(唐)

長養薰風拂曉吹	만물 기르는 남풍이 새벽에 불어오니
漸開荷芰落薔薇	연꽃 마름꽃 피어나고 장미 떨어지네
青蟲也學莊周夢	파란 애벌레 장자의 호접몽을 배웠나
化作南園蛺蝶飛	남쪽 밭의 나비로 변하여 날아다니네

어느덧 늦봄과 초여름이 교차하는 시기를 맞았다. 薰風(훈풍)은 바로 이때에 동남에서 부는 바람을 말한다. 김동환 시인이 '산 너머 남촌에는 누가 살길래 해마다 봄바람이 남으로 오네'라고 시작하여 '남에서 남풍불제 나는 좋데나.'라고 반복할 때의 남풍이 바로 이것이다. 그 시에 진달래·밀·보리 등이 이 바람으로 피고 익어 향기도 나고 내음새도 난다고 했는데, 이처럼 만물을 생장시키고 양육하는 것이 바로 '長養(장양)'이다.

초여름에 다른 봄꽃들은 이미 다 지고 마지막을 화려하게 장식한 장미꽃이 질 무렵 연꽃, 마름꽃은 제철을 만난다. 이때 나비들이 본격적으로 부화하여 날아다닌다고 이 시인은 말하고 있다.

장자가 살던 곳은 지난 122회에 살짝 언급한 지금 하남성 이천(伊川)인데 그곳에 장자동이 있다. 장자묘도 있고 장자가 살던 동굴도 있다. 그 동굴이 3개로 되어 있는데 나비의 형상이며 그 뒷산이 바로 호접산(蝴蝶山)이다. 이런 배경에서 장자가 어느 날 나비 꿈을 꾸고 깨어나 멍한 상태에서, 내가 금방 나비가 된 꿈을 꾼 것인지 나비가 지금 장자 꿈을 꾸고 있는 것인지 모르겠다고 말하였는데 이를 흔히 장주몽(莊周夢), 호접몽(蝴蝶夢)이라 한다. 『장자』 「齊物論(제물론)」 마지막에 나오는 우화이다.

그럼 이 시에서 호접몽을 인용한 이유는 무엇일까?

호접몽 우화의 마지막에 장자 스스로 '이것을 물화(物化)'라 한다고 하였기 때문이다. 이 시인은 물화의 대표적인 사례로 애벌레가 나비로 변하는 것을 거론하여, 1, 2구에서 말한 계절의 변화와 연결한 것이다. 시인은 굳이 호접몽에서 말한 철학적 의미를 진지하게 말하려고 하는 것은 아니며 남쪽 채마밭에 지금 날아다니고 있는 나비에 이런 제격의 우화를 연결하여 나비의 비행에 생기와 재미를 붙인 것이라 할 수 있다. 이렇게 재미있고 가볍게 접근하는 것이 오히려 또 장자가 말한 물화의 본질에 다가설 수도 있으니 시인의 의장(意匠)이 예사롭지 않은 것을 알게 된다.

이 시의 제목이 '戲題(희제)'로 되어 있는 것에 주의해야 한다. '戲(희)'는 진지하지 않고 장난삼아 하는 것을 말한다. 이 말은 말 그대로 장남삼아 하는 것일 수도 있지만 겸손이나 가볍게 접근하고 싶을 때나 혹은 무엇인가를 숨기고자 할 때도 이런 말을 쓴다. 그런데 이보다 더 눈여겨보아야 할 것은 바로 '題(제)' 자이다. 그냥 장난삼아 쓴 것이면 '희작(戲作)'이라 했을 것이다. 題 자를 쓴 것은 어떤 대상을 염두에 두고 있기 때문이다. 즉 사람이나 사물, 그림, 특정 날짜 등 여하간 대상이 있어야 한다.

『山堂肆考(산당사고)』에는 이 시의 제목이 애벌레에서 나비로 변한다는 의미의 〈蟲化(충화)〉로 되어 있다. 이 시의 제목을 이렇게 붙인 것은 이 시가 시령(時令, 계절)편에 속해 있으며 바로 충화의 시기에 해당되기 때문이다. 다시 말해 작가가 은연중 지시한 제목을 허물 밖으로 끄집어 낸 것이라 볼 수 있다.

서인(徐寅)은 지금의 복건성 보전(莆田) 사람으로 당 말에서 오대시기에 활동한 저명한 문학가이다. 특히 부(賦)를 잘 지었다. 오대 때에 복건성에 민(閩) 왕국이 있었는데 서인이 매우 박학하여 비서성(秘書省) 정자(正字)를 지냈기에 서정자(徐正字)로 불리며, 문집으로 『徐正字詩賦(서정자시부)』가 있다.

小池
작은 연못

양만리(楊萬里) _송(宋)

泉眼無聲惜細流	샘물은 작은 물도 아까워 소리를 죽이고
천안무성석세류	
樹陰照水愛晴柔	나무는 풍경 아껴 물에 그늘을 드리웠네
수음조수애청유	
小荷纔露尖尖角	작은 연들 뾰족뾰족 잎과 꽃 내놓자마자
소하재로첨첨각	
早有蜻蜓立上頭	잠자리가 재빨리 그 꼭대기에 앉아 있네
조유청정립상두	

   제목에 어울리는 귀엽고 앙증맞은 시이다. 시상이 천진하고 아름다워 동시와 같다. 惜(석)과 愛(애)는 동사로 무엇을 아까워하는 의미이다. 특히 愛는 '사랑한다.'는 의미보다는 '아낀다.'는 의미로 쓰이고 있다. '하자마자'의 의미인 纔(재)와 '어느 틈엔가'의 뜻(조)의 연결도 아주 좋다. 晴柔(청유)는 맑은 공기와 부드러운 바람을 말한다.

   실제로는 작은 연못에 이제 갓 연잎과 연꽃이 수면 위로 머리를 삐죽이 내밀고 있고 마침 잠자리가 날아와 앉은 풍경을 시인은 보고 있다. 그러나 시에서 창조해낸 세계는 생기와 정감이 있고 또 재미도 있다.

   연못에 물을 대어주는 샘구멍에서는 물이 조금씩 소리 없이 흘러나오는데 그 이유는 샘이 그 물을 아껴 조금씩 내보내기 때문이다. 또 연못 주변의 나무들이 연못에 그늘을 드리워 물에 그림자를 비추고 있는데 그 이유는 연못 주변의 맑은 공기와 수면에 부는 부드러운 바람을 아까워하여 외부로부터 보호하기 위해서이다.

결국 연못의 물이 매우 맑고 공기도 깨끗하며 바람도 부드럽다는 말이지만, 이 시인은 그것을 설명하거나 묘사하지 않고 그 사물을 의인화하여 그렇게 된 까닭을 문학적으로 해명하고 있다. 독자는 이런 해명이 자신의 체험에 비추어 공감이 되기 때문에 그 광경을 더욱 미소를 띠면서 아름답게 상상할 수 있다.

이런 아름다운 작은 연못에 정겨운 한 장면을 보탠다. 작은 연들의 잎과 꽃 봉우리가 이제 막 수면 위로 그 뾰족뾰족 올라와 있다. 그런데 언제 왔는지 어느새 잠자리가 그 위에 기다렸다는 듯이 올라앉아 있다.

잠자리가 연꽃 봉우리나 돌돌 말린 뾰족한 연잎에 평균대 운동선수처럼 사뿐히 올라앉아 있으면 조용하던 작은 연못이 단연 활기를 띠고 정겨움이 넘쳐나게 된다. 초여름을 만나 생기를 띠는 작은 연못의 운치를 의인화하여 표현하고 거기에 묘미 있는 장면을 얹어 아기자기한 재미까지 덤으로 준다.

初夏卽事
초 하 즉 사

초여름 어느 날에

왕안석(王安石) _송(宋)

石梁茅屋有彎碕　　굽이진 물가 언덕에 돌다리 옆 띳집
석 량 모 옥 유 만 기
流水濺濺度兩陂　　쫠쫠 흐르는 물 두 못으로 들어가네
유 수 천 천 도 량 피
晴日暖風生麥氣　　맑은 날 온화한 바람에 보리 내음새
청 일 난 풍 생 맥 기
綠陰幽草勝花時　　녹음과 그윽한 풀 꽃 시절보다 낫네
녹 음 유 초 승 화 시

우묵한 강변에 오막살이 한 채가 있다. 오막살이 옆에는 산간에서 흘러나오는 계곡이 있고 그 계곡 위에는 돌다리가 놓여 있다. 그 계곡물은 바위에 부딪치며 쏟아져 나와 호수처럼 너른 강으로 흘러든다. 그 물은 오막살이의 동과 서로 부챗살처럼 나뉜다.

이런 모습의 산수화를 많이 보았을 것이다. 이 시는 바로 초여름에 접어든 아름다운 강변 풍경을 그리고 있다. 이 시에서 가장 빛나는 시어는 역시 '麥氣(맥기)'이다. 김동환이 말한 '밀 익는 오월이면 보리 내음새'라고 한 바로 그 '보리 익어가는 냄새'이다. 보리가 통통하게 알이 배어서 바람에 일렁이는 것도 참 싱그럽지만 익어갈 때의 구수한 냄새는 초여름의 독특한 정취를 더한다. 보리가 바람에 물결치는 것은 맥랑(麥浪), 보리가 익어가는 것은 맥기(麥氣)·맥향(麥香)이라 하고, 보리를 수확하는 계절 4월을 맥추(麥秋), 보리로 빚은 술을 맥주(麥酒)라 부른다.

봄에는 봄이 가장 아름다울 것 같지만 이 시인처럼 초여름의 정취에 빠져들면 절로 녹음과 그윽한 풀들이 봄에 꽃이 필 때보다 낫다는 찬탄을 하게 되는 모양이다. 사람이 다른 사람에 대해서는 물론이고 자연의 진면목을 아는 것 역시 많은 관심이 필요한 것을 알게 해주는 시이다.

이 시는 『매월당시집』에도 들어 있다. 이 작품은 김시습이 지은 작품이 아니므로 김시습의 문집에 편입된 것은 분명 잘못된 것이다. 다만 이로써 김시습이 이 시를 좋아해 베껴 둔 것을 추측할 수 있다. 권호문도 이 시를 인용해 〈閑居錄(한거록)〉을 쓰고 있어 은자에게 사랑받은 것을 알 수 있다. 또 세종의 손자 부림군(富林君) 이식(李湜)은 끝 구절에서 幽(유) 자를 芳(방) 자로 고쳤다고 이수광이 『지봉유설』에서 그 내력을 말해 놓았다. 그러나 사실은 벌써 100년 전에 목은 이색이 먼저 그렇게 쓴 건데 지봉이 몰랐을 뿐이다.

이 구절 '綠陰芳草勝花時(녹음방초승화시)'는 다시 〈춘향전〉에서 이도령이 광한루 구경가는 장면에도 나오니 이 시의 마지막 구절이 특히 많은 사람의 공감을 얻은 것을 짐작해 볼 수 있다.

130
5월 10일

客中初夏
객중초하

객지에서 초여름에

사마광(司馬光) _송(宋)

四月淸和雨乍晴 사 월 청 화 우 사 청	화창한 사월 날씨 비가 오다 금방 개니
南山當戶轉分明 남 산 당 호 전 분 명	문 앞에 보이는 남산 풍경 훨씬 선명하네
更無柳絮因風起 갱 무 류 서 인 풍 기	바람에 날리는 버들개지는 더 이상 없고
惟有葵花向日傾 유 유 규 화 향 일 경	오직 접시꽃만이 해를 향해 기울어 있네

어제 왕안석의 시를 소개하였는데 오늘 그의 정적 사마광의 시를 소개하니 절로 비교가 된다. 왕안석의 시에서는 구수한 보리 내음새에 취하고 녹음과 그윽한 풀이 좋아 절로 4월이 꽃 피는 봄보다 낫다고 하였는데, 이 시에서는 은근히 임금을 향한 충성을 드러내고 있다. 3, 4구는 계절의 모습을 충실하게 그린 것으로 볼 수도 있지만 표현 자체가 절로 은유적인 느낌을 지울 수 없다. 즉 마음을 심란하게 하는 버들개지는 더 이상 내 마음에 없고 오직 임금을 향한 마음뿐이라는 말로 들린다. 이런 식으로 시를 보면 1, 2구 역시 원래 태평성대인데 잠시 어지러워졌지만 다시 흐린 날씨가 개면 더욱 성대를 누릴 것이라는 말로 읽힌다. 이런 까닭에 이 시를 사마광이 낙양에 있을 때 지은 시라 하는데 타당해 보인다.

이런 식으로 시가 읽히는 것은 규화(葵花)라는 식물과 그 식물의 향일(向日)적 성

沈周, **溪山草閣圖**, 明, 絹本設色, 28×43.5㎝, 臺灣 國立故宮博物院.
울타리 가에 지금 한창 피어 있는 꽃이 촉규화(蜀葵花), 즉 접시꽃이다. 이 접시꽃은 그림 좌측 상단 화제를 보면 주인공의 충성심을 표현한 것이다. 접시꽃은 실제의 태양의 은혜를, 장군은 임금을 상징하는 태양의 은혜를 받았다고 노래하였다. 당시 소주 지역에서 유행하던 원림도의 양식으로 그린 그림이다.

大將心忠赤	대장군의 마음은 붉은 충정
裁花亦向陽	심은 꽃 역시 태양을 향하네
捫心對花坐	자신 성찰하며 꽃 마주하니
彼此共恩光	서로 다 햇빛의 은혜 받았네

5월•맑은 날 온화한 바람에 보리 내음새 녹음과 그윽한 풀 꽃 시절보다 낫네

향 때문이다. 예전에 해는 황제나 왕 등 한 나라의 최고 통치자를 의미하였기에 '해를 향한다.'는 말은 '충성'이라는 의미가 된다.

그런데 여기 나오는 규화는 '해바라기'라고 불리기는 했지만 지금의 해바라기는 아니다. 규화는 예전 문헌과 그림을 살펴보면 매우 종류가 다양한데 크게 2가지로 구분할 수 있다. 우리나라에서 흔히 접시꽃이라 불리는 것과 '닥풀'이라 불리는 것이 그것이다. 보통 촉규(蜀葵)·규화(葵花)로 나오면 대개 접시꽃이고, 황촉규(黃蜀葵)·추규(秋葵) 등으로 나오면 닥풀을 의미한다. 이들의 별칭이 바로 '히바르기', '히바리기'였는데 개화기 때 서양의 해바라기가 들어와 본래 접시꽃과 닥풀이 가지고 있던 언어의 별장을 차지한 것이다.

자료를 오랫동안 모으고 생각만 해왔을 뿐 정작 써 놓은 글이 없는 상태에서 해당 사항을 목도하면 참으로 난감한데 이 시의 규화를 보는 순간 그런 생각에 휩싸인다. 보통 도자기에 시문된 문양이나 시문에 묘사된 규화를 보면, 황촉규, 즉 닥풀이 대부분이다. 닥풀은 지금도 한지를 만드는 주요 점액질 재료로 쓰인다. 그런데 이 황촉규는 가을에 꽃을 피우기에 여기서 말하는 규화는 접시꽃으로 보인다.

『명사대가특별전 : 沈周』(2014) 도록 41번에 실린 〈溪山草閣圖(계산초각도)〉 그림과 그 그림에 적힌 시를 보면 분명 규화 종류를 말하고 있는데 그림을 보면 접시꽃이다.

정민은 「접시꽃과 해바라기의 착종과 오해」(『문헌과해석』 29)에서는 주로 접시꽃으로 논리를 풀어갔고, 김종덕의 「해바라기(向日葵, 向日花)의 어원에 대하여」(한국의사학회지, 2001)에서는 닥풀을 주로 염두에 두고 글을 썼는데, 앞으로 접시꽃과 닥풀을 아우르면서도 도자기와 많은 시문에 언급된 다양한 종류를 구분하는 글이 필요하다.

絶句 其二
절구 2

두보(杜甫) _당(唐)

江碧鳥逾白	강이 파라니 새 더욱 희고
山青花欲然	산이 푸르니 꽃 불이 일듯
今春看又過	올 봄도 보면서 또 보내니
何日是歸年	언제나 고향에 돌아갈는지

지난 3월 18일, 77회 때 〈絶句(절구) 1〉을 소개하면서 함께 소개하였다. 이번엔 가볍게 조금만 보탠다.

764년 늦봄, 두보가 53세 때에 성도에서 지은 시이다. 然(연)은 燃(연)의 의미이다. 花欲燃(화욕연)은 꽃에 금방 불이라도 붙을 것처럼 붉다는 말이다.

요즘은 시골에 가도 그렇게 파란 원색의 강을 만나기가 힘든데 가끔 몽고나 중앙아시아에 다녀온 사람들이 올린 사진을 보면 그런 강이 있다. 강이 너무도 파래서 새의 흰색이 더욱 선명히 드러나고, 늦봄이나 초여름 푸르게 새로 우거진 산에 철쭉 같은 붉은 꽃이 피어 마치 불이라도 날 것 같다는 말을 하고 있다.

이런 말을 하는 것은 그만큼 경치가 아름답다는 말인데, 이런 경치를 보면 절로 고향의 봄이 떠오르고 고향에 대한 생각이 더욱 간절해진다. 봄 경치의 아름다움을 보고 느끼는 감정을 그대로 망향의 정에 옮겨 실은 것이 이 시의 중요한 구성 원리이다.

청나라 왕부지(王夫之)는 "즐거운 경치로 슬픔을 표현하고 슬픈 경치로 즐거움을 표현하면 그 기쁨과 슬픔이 배가된다.[以樂景寫哀, 以哀景寫樂, 一倍增其哀樂]"라고 하였는데 바로 이런 경우를 두고 한 말이다. 남녀 간에 감정이 틀어지면 쉽게 회복되기 어려운 것 역시 좋아하던 감정의 무게가 싫어진 감정에 그대로 실리기 때문인데 이 시를 보면 그런 인간의 감정을 옛 시인들은 잘 알고 있었던 것 같다는 생각이 든다.

서법의 이론에 보면 모서리에 각을 만들 때 진행해 오던 붓을 완전히 꺾는 게 있다. 이 시의 3구가 바로 그렇다. 이런 것을 돈좌(頓挫)라 하는데 시, 서화, 무용 등에 두루 응용된다. 두보의 시는 그 돈좌에 아주 슬픈 정조를 띠는 침울을 보태어 '침울돈좌(沈鬱頓挫)'라는 말로 그의 시풍을 요약하기도 하는데, 이 시는 바로 그런 전형을 보여준다.

春晚雜興 六
저물어가는 봄날 이런 저런 생각들 6

육유(陸游) _송(宋)

青梅薦煮酒	매실은 자주로 만들어 올리고
綠樹變鳴禽	초록 숲엔 새 소리 변하였네
處世已如客	지나는 객처럼 세상 살아가니
傷春無復心	봄날 상심 더는 마음에 없네
焚香惟默坐	향 피우고 묵묵히 앉아있거나
曳杖亦幽尋	지팡이 짚고 조용한 곳 찾을 뿐
一日悠然過	하루를 그저 한가롭게 보내니
深慚惜寸陰	촌음 아낀 성인께 참 부끄럽네

전중련(錢仲聯)의 『劍南詩稿校註(검남시고교주)』에 의하면 이 시는 1195년 육유(1125~1210)가 71세 때 산음(山陰)에서 지은 것이라 한다. 같은 제목으로 함께 지은 시가 모두 6수인데 이 시는 그 여섯 번째 시이다.

6수 모두 농사일, 차, 병 등을 소재로 한가롭게 전원에서 보내는 일상을 읊고 있는데 요즘 노인들에게 시 내용을 설명해 주면 어떤 반응이 나올까 궁금하다. 이런 시를 보면 노년의 정서가 문학 작품에 충분히 다루어지지 않는다는 생각이 문득 든다. 노인이 쓴 시라도 그 내용은 더 젊은 것이 많으며 노인의 생활 자체를 노래한 것은 그리 많지 않기 때문이다. 아무리 천재라 하더라도 살아 보지 않고서 어떻게 이런 정서를 이해하겠는가?

우리나라에서는 매실을 술에 담가 매실주를 만들어 먹는데, 중국에서는 매실을 넣어 자주(煮酒), 즉 중탕을 만들어 먹는 풍습이 있었던 것으로 보인다. 소동파 시 〈贈嶺上梅(증영상매)〉에도 이 자주가 나온다. 진나라 도연명의 증조가 되는 도간(陶侃)이 우임금 같은 성인도 촌음을 아꼈는데 일반 사람들은 분음(分陰)을 아껴야 한다고 말한 적이 있다.

촌음에 대해서 보통 짧은 시간이라고만 얘기하니 실감이 잘 안 온다. 예전에 하루를 12간지(十二干支)에 배당하여 12시간으로 나누고 1시간은 8각으로 나누며 8각은 다시 10촌으로 나누었다. 그렇다면 촌음(寸陰), 즉 촌각(寸刻)은 1시간을 8각(刻)으로 나눈 것의 10분의 1에 해당하므로 오늘날 시간으로 계산하면 1분 30초이고 분각은 다시 그 10분의 1이므로 9초에 해당한다. 이런 시간이 실감 나는 것은 치열한 정치 토론이나 학술회의에서 논쟁이 붙었을 때인데 1분 30초의 촌각은 매우 의미 있는 시간이고 9초의 분각 역시 아쉬울 때가 있다.

매실로 술을 달여 먹으려면 초여름이 되어야 하지만 이 시인이 '춘만(春晚)'이라고 제목에 쓴 것은 봄이 지나가는 것에 대한 감회를 다루고 있기 때문이다. 이 세상을 잠깐 왔다가 다시 떠나는 나그네처럼 처신하고 있기 때문에 봄이 와도 젊은 사람과 달리 별다른 감정이 일어나지는 않는다. 그저 평소처럼 향을 피우고 정좌해 있다가 마음이 동하면 지팡이를 짚고 조용한 곳에 산책을 나갔다 올 뿐이다. 다만 하루를 특별한 일 없이 그저 보낸다고 생각하니 시간을 아낀 옛 성현들께 매우 부끄러운 생각이 든다는 것이다.

요즘처럼 말 많은 세상에 함부로 말하다간 노인비하라는 비난을 초래하겠지만, 이 시처럼 묵묵히 자신을 관조하거나 들떠 있는 젊은 사람과 달리 점잖게 중심을 잡고 있는 노인들이 드문 것 같다. 노년에 충일한 삶을 보내려면 노후자금도 마련해야 하겠지만 그 정신적 양식도 미리 준비해야 한다.

玉臺體 十二首 其三
옥대체 12수 제3

권덕여(權德輿) _당(唐)

隱映羅衫薄 (은영라삼박)	은은히 비치는 얇은 비단 적삼
輕盈玉腕圓 (경영옥완원)	섬세하고 고운 아름다운 손목
相逢不肯語 (상봉불긍어)	서로 만나도 선뜻 말하지 않고
微笑畫屏前 (미소화병전)	그림 병풍 앞에서 미소만 짓네

이 시가 어떤 상황인지는 잘 알 수 없다. 다만 나머지 11수가 모두 청루(靑樓), 즉 기루의 여인과 만나 이별하고 그 이후에 그 여인이 요동의 전장으로 간 남자를 기다리는 내용으로 된 것으로 보아 이 시는 청루의 여인과 만나 첫 밤을 맞이하는 장면으로 추정된다. 앞 2구는 이 기녀의 아름다움을, 뒤 2구는 첫 만남의 수줍은 상황을 묘사하고 있다.

기루에선 여인들이 남자를 가지고 놀 것도 같은데 어쨌든 이 시는 독자를 남성으로 상정해서 그런지는 몰라도 16세의 수줍은 여인이 시적 화자로 등장한다. 먼저 밭둑에서 한 번 만난 이들이 이제 청루에서 정식으로 만난 상황이다. 2구의 경영(輕盈)은 미인의 자태나 행동을 표현하는 말인데 여기선 손 모양을 말하는 듯하다. 원(圓)은 그 손목의 곡선미를 말한다.

아마 5월에 맞는 얇은 비단 옷 차림의 미인이 화조도 등이 그려진 병풍 앞에서 두 손을 가지런히 모은 채 남자를 맞고 있는 상황에서 이 남자의 첫 시선이 옷 밖으로 드러난 손목에 가 있는 상황으로 보인다. 신체의 노출이 적었던 당시에 외부로 노출된 손목이 특별히 시선을 끈 것을 알 수 있다. 이 시를 5월에 뽑은 것은 음력 4월 무렵에 날씨가 좋아 여인들의 옷차림이 밝고 얇아 그런 것에서 계절감을 느끼기 때문이다. 꽃이나 나무보다 여인의 옷차림에서 계절이 먼저 나타나고 또 실감할 수도 있는 것이다.

옥대체는 47회에서 소개하였는데 사랑노래라는 의미이다. 양나라 때『玉臺新詠(옥대신영)』이란 책이 나왔는데 그 책에 실린 시가 모두 사랑을 노래한 시여서 이런 시의 문체를 옥대체라 한다.

권덕여(759~818)는 감숙성 태안(泰安) 사람이다. 4세에 시를 짓고, 7세에 효자로 소문나고 15세에 문장 수백 편을 지어『童蒙集(동몽집)』이란 책을 내어 명성이 크게 났다. 덕종(德宗)이 불러 태상박사(太常博士)로 삼은 이래 여러 관직을 거쳐 재상을 지낸 사람이다. 시는 다른 시인과는 달리 육조 시대에 근원을 두고 주로 사람의 친애하는 정리를 주제로 한 것이 많다.

梅雨 매우

유종원(柳宗元) _당(唐)

梅實迎時雨	익어가는 매실 단비를 맞으니
蒼茫值晚春	늦은 봄에 뿌옇게 흐리기만 하네
愁深楚猿夜	형초 원숭이 우는 밤 시름은 깊고
夢斷越雞晨	남월 닭 우는 새벽 단꿈에서 깨네
海霧連南極	바다 안개 남쪽 끝까지 이어졌고
江雲暗北津	강의 구름 북쪽 나루도 컴컴하네
素衣今盡化	흰 옷이 이제 다 검어진 것은
非爲帝京塵	장안의 먼지 때문이 아니라네

이 시는 유종원이 805년 영주 사마(永州司馬)로 좌천되었을 때 지은 시로 알려져 있다. 이 시기는 그가 정치적으로 실의에 빠져 있던 상황이라 우울한 기분으로 지낼 때이다. 이 영주란 곳은 고대에 형초(荊楚)라 불린 지역으로 초나라의 근거지이며, 그 남쪽 해안을 끼고 있는 광동 지역은 진나라 말기에 남월(南越)이 국가를 세운 곳이다. 여기 나오는 월계(越鷄)는 바로 남월 지역의 닭을 말한다. 서시가 살던 월나라가

아니다.

유종원이 이곳에 와서 〈永州八記(영주팔기)〉, 〈答韋中立書(답위중립서)〉 등을 썼는데 〈답위중립서〉에 보면 남월 지역의 풍토와 관련한 문학적 비유를 서술한 대목들이 나온다.

이 시는 그가 유배를 간 영주 지방에 매실이 익어갈 무렵에 내리는 비를 소재로 하고 있다. 본문에서 梅(매)라고 한 것은 우선 매실로 이해되지만 중국 강남 지방에서 많이 생산되는 양매(楊梅)일지도 모른다.

후덥지근한 날씨에 구름과 안개로 사방이 어둑하면 유배 온 객의 심사는 더욱 우울해진다. 근심으로 잠 못 드는 밤에는 원숭이가 울어 더 시름을 깊게 하고, 해도 잘 안 보이는 새벽에는 닭이 울어 그나마 달콤하던 잠에서 깨고 만다. 이런 안개는 남쪽 바다 너머 저 끝 모를 곳까지 끼어있을 듯하고 북쪽 강의 나루도 온통 구름으로 자욱하여 아무것도 보이지 않는다.

당나라 낙양 역시 비바람이 쳐 옷이 검어지는 일들이 많다고 서진의 육기(陸機)가 시로 쓴 적이 있다. 유종원은 이 시구를 점화(點化)하여 장안의 날씨를 대신 지목하였지만, 이 시 마지막 2구에서 말한 것은 아무래도 유배를 온 것에 대한 불만을 드러낸 것으로 보인다. 그렇지 않다면 앞에서 수심(愁深)이나 몽단(夢斷) 등 유배객의 우울한 심정을 드러내는 말을 쓰지 않았을 것이다. 구태여 그렇지 않다는 해명은 강한 확신을 주는 일종의 수사법이라 할 수 있는데, 실제 낙양에도 이런 안개가 끼기 때문에 의미를 더 한층 깊이 숨길 수 있는 것이다. 〈영주팔기〉에 이런 점이 많은데 유종원의 한 솜씨라 할 수 있다.

이 시를 보면 봄의 하한선을 매우 길게 잡고 있다. 마치 한 왕조가 멸망해도 그 잔존 세력들은 상당히 긴 시간이 걸려 소멸되듯이 화려한 봄의 마지막은 이미 초여름이 한창인 가운데서도 익어가는 매실과 함께 그 여운이 길게 남아 있음을 이 시는 보여준다.

135
5월 15일

藥園
약원

약초 정원

사공서(司空曙) _당(唐)

春園芳已遍	봄 정원에 약초 자라 가득하니
춘원방이편	
綠蔓雜紅英	녹색 덩굴 붉은 꽃과 어울렸네
록만잡홍영	
獨有深山客	오직 깊은 산에 사는 손님만이
독유심산객	
時來辨藥名	가끔 와서 약초 이름 판별하네
시래변약명	

약초를 키우며 사는 사람의 한가하고 특이한 봄 정취를 소재로 한 시이다. 지난 109회에 사공서의 시를 소개한 적이 있다. 그는 많은 세월을 떠돌아 다녔는데 이 시를 보면 한때 약초를 키우며 은거한 것을 알 수 있다. 그는 당나라 대종(代宗) 연간에 뛰어난 시인 10명을 가리키는 '대력십재자(大曆十才子)'의 한 사람이기도 하다.

이 사람이 약초밭을 가꾸고 있는 것을 아는 사람은 거의 없다. 그리고 약초 줄기와 넝쿨, 잎과 꽃의 아름다움을 아는 사람도 별로 없다. 다만 깊은 산에 살고 있는 어떤 은자만이 그 진가를 알아보고 가끔 놀러와 이건 작약, 이건 인삼, 저건 당귀, 요건 천궁…… 이런 식으로 구분해 보며 함께 즐긴다는 것이다.

사마광의 〈독락원기〉에 보면 채약포(採藥圃)라는 것이 있다. 연못 동쪽에 아주 작은 밭떼기 120개를 만들고 거기에 한두 포기 씩 다양한 약초를 심고 물명을 구분하여 이름표를 달아 놓았다. 명나라 화가 구영(仇英)이 그린 〈독락원도〉에는 여러 종류의 약을 일정한 구획을 나누어 재배한 것이 매우 인상적으로 그려져 있다. 거기에 보면 대나무 위를 묶어 마치 닭의 둥우리처럼 만들어 놓고 호피를 깐 자리에서 약초밭과 울타리에 자라는 약초 넝쿨을 바라보고 약초의 향기를 맡으며 심심의 피로를 풀고 있는 모습이 그려져 있다. 학도 옆에 서 있고 영지도 뒤에 자라고 있어 운치를 더한다. 이런 내용은 내가 「구영이 그린 독락원도 속의 누정들」(『문헌과해석』 73)에서 자세히 소개하였다.

이 시는 그냥 보면 이게 왜 시가 될까? 이런 생각을 하며 고개를 갸우뚱할 수도 있다. 중국에 가서 차를 파는 가게에 가 보면 같은 보이차나 철관음인데도 가격차가 10배, 100배에 달하는 것이 있다. 마셔 보아도 바로 그 맛을 판별하기가 쉽지 않다. 그러나 적당량을 적당한 다구에서 잘 우려 차분히 마셔보면 그 미세한 차이가 결국 천지 차이의 맛이라는 것을 알게 된다.

이 시 역시 그와 같아서 언어의 세계로는 범용하게 묘사한 듯하지만 시에 담겨 있는 실상은 그와 달리 독특한 풍정이 있다. 자신이 가꾸는 약초에 대해 일반 사람들은 관심이 없지만 깊은 산의 은자가 와서 약초 이름을 판별하며 같이 즐기는 것을 통해 약초를 가꾸고 음미하는 고상한 즐거움을 담백하게 전달하고 있다. 즉 약초의 넝쿨과 꽃, 등에서 아름다움을 느끼고 그것을 시의 소재로 채택한 것이 우선 의미가 있거니와 자신의 의사를 전달하려고 크게 신경을 쓰지 않는 듯한 무심한 태도야말로 이 시인이 도달한 한 즐거움의 경지이기도 한다.

仇英, **獨樂園圖**, 明, 絹本設色, 28×518.5㎝, 미국 클리블랜드미술관.
구영(仇英, 대략 1494~1552)의 〈독락원도(獨樂園圖)〉는 사마광(司馬光)이 쓴 「독락원기(獨樂園記)」의 내용을 그림으로 형상화한 일종의 고사인물도(故事人物圖)이다. 이 그림은 그 중 가장 두드러진 운치를 자아내는 채약포(採藥圃) 부분이다. 「독락원기」의 해당 내용은 이렇다.

연못 동쪽에 땅을 일구어 120뙈기를 만들어 약초를 다양하게 심어 놓고 그 품명을 구분하여 이름표를 달았다. 이 밭뙈기의 북쪽에는 대나무를 심었는데 사방 한 길이며 그 모양이 바둑판과 같다. 대나무의 가지 끝을 구부려 서로 교차하여 위를 덮어 지붕을 만들었다. 그 앞에도 대나무를 심었는데 협도가 마치 보랑(步廊) 같고 모두 덩굴 약초를 심어 덮었다. 이 밭의 사방 둘레에는 약나무를 심어 울타리로 삼았다. 채약포라 하였다.

5월•맑은 날 온화한 바람에 보리 내음새 녹음과 그윽한 풀 꽃 시절보다 낫네

萱草篇
원추리에 대하여

가현옹(家鉉翁) _송(宋)

詩人美萱草	시인이 원추리를 찬미하니
蓋謂憂可忘	근심을 잊을 수 있다 하네
人子惜此花	자식은 이 꽃을 중히 여겨
植之盈北堂	어머니 처소에 가득 심었네
庶以悅親意	부모님 기쁘게 하려는 뜻이지
豈特憐芬芳	단지 꽃이 좋아서만은 아니네
使君有慈母	당신에게 어머니가 계시니
星髮壽且康	백발로 오래 살고 강녕하시네
晨昏謹色養	마음에서 우러나 문안을 하고
彩服戲其傍	색동옷 입고 재롱도 부리네
燕喜酌春酒	잔치 열어 봄 술 따라 올리니
歡然釂金觴	기쁘게 금 술잔 받아 드시네
物理似有助	사물의 이치도 돕는 듯 해
叢萱忽非常	원추리 무더기가 홀연 돋보이네

競吐栗玉豔	단단한 고운 옥 다투어 토하고
欲奪金芝光	금빛 지초의 빛 그대로 옮긴 듯
秀本自稠疊	수려한 뿌리는 절로 다닥다닥
騈枝亦熒煌	붙은 줄기 역시 찬란히 빛나네
乃知風人意	마침내 시인의 뜻을 알겠으니
比興宜成章	비유와 연상이 시에 어울리네
東野情思苦	동야 맹교는 괴롭게 마음 써서
少憂多悲傷	적은 근심으로 슬퍼하곤 하였지
謂此兒女花	그는 이 꽃은 여자들 꽃이라
莫能解剛腸	남자 근심은 해소하지 못한다고
斯言雖有激	이 말이 격정적이긴 하지만
疑其未通方	도리에 통하지 않는 듯하네
憂心無時已	그러면 근심이 그칠 날 없어
徒枉憔悴鄕	헛되이 괴로운 세계에 살리라
寓物儻適意	사물에 붙인 뜻 마음에 맞으면
何須動悲涼	어찌 굳이 슬퍼할 필요 있으리
況復循吏政	더욱이 선량한 관리의 정사로
和聲入封疆	화평한 노래 변경에 퍼지는데

撫俗時用乂	풍속 교화하여 시절 안정되고
事親日尤長	부모님 섬길 날 더욱 늘어나네
萱草歲歲盛	원추리 해마다 번성하리니
此樂安可量	이 즐거움 어찌 다 헤아리리

　원추리는 봄에 나물로도 먹고 여름엔 아름다운 꽃이 피어 주변을 밝게 하는 꽃이다. 원추리는 망우초(忘憂草), 북당(北堂), 훤당(萱堂) 등의 말과 함께 시문과 회화의 소재로 널리 표현되어 왔다. 원추리를 그린 그림이나 시에 단편적으로 언급된 것은 많이 보았지만 이렇게 긴 장시로 원추리를 노래한 것은 처음 보는 듯하다.

　『시경』「衛風(위풍)」의 〈伯兮(백혜)〉에는 원추리를 어머니의 처소인 북당(北堂)에 심어 근심을 잊고 싶다는 내용이 있다. 원추리는 본래 달여서 먹으면 근심을 잊게 하는 약성이 있는 것으로 알려져 있어 이런 시가 나온 것인데, 이 때문에 원추리를 흔히 망우초(忘憂草)라고 한다. 또 북당은 어머니의 처소가 되어 효도의 의미도 담겨 있다. 이 시에 나오는 시인, 풍인(風人)은 모두 시경의 〈백혜〉 시를 지은 사람을 가리킨다.

　원추리 꽃을 '금빛 지초'라고 한 것으로 미루어 이 시인이 본 원추리 꽃은 노란 빛이었던 모양이다. 또 원추리 싹이 나오는 것을 '騈枝(병지)'라고 묘사하였다. 이는 騈拇(병무)와 枝指(지지)를 말하는 것으로, 각각 엄지와 검지 발가락이 붙은 것과 엄지 손가락 옆에 작은 손가락 하나가 더 붙은 일종의 기형을 말한다. 원추리 잎이 포개어 지듯이 나오는 것을 그렇게 재미있게 묘사한 것이다.

　위에서 말한 병지(騈枝)와 병무(騈拇)의 騈(병)은 '변'으로도 발음된다. 뒤의 173회,

357회의 작가로 나오는 고병(高駢)의 경우 역시 '고변'으로 읽어도 무방하다. 여러 사서(史書)에 高駢(고병)의 음에 대해 특별한 언급이 없는 것은 기본음대로 읽으면 된다는 말이다.

고병과 이름이 같은 사람으로 제나라 직하 학사 중의 한 사람인 전병(田駢)이 있다. 『史記正義(사기정의)』에는 반절음(反切音)을 '白眠反'이라 하여 '변'으로 음을 표기하였는데 『史記索隱(사기색은)』에는 '步堅, 步經反, 二音'이라 하여 '변, 병' 두 음을 확인하고 있다. 이 두 책은 모두 당나라의 비슷한 시기의 저작인데 발음을 다르게 한 것은 이미 당시에도 두 가지 음이 통행되고 있고 다소간의 혼란이 있었다는 것을 짐작하게 한다. 이는 음의 차이에 따라 의미도 차이가 나는 사례와는 달리 사람들의

惲壽平, 萱草, 淸(1672), 紙本設色, 28.5×43cm, 臺灣 國立故宮博物院.
원추리는 여름에 피는 꽃인데 외곽선이 없이 몰골법(沒骨法)을 사용하여 능숙한 필치로 그려낸 이 그림을 보면 잎과 꽃의 자태와 색감에 여름 분위기가 난다.

5월•맑은 날 온화한 바람에 보리 내음새 녹음과 그윽한 풀 꽃 시절보다 낫네

발음 편의성과 관련이 있는 것으로 보인다.

우리나라에도 이와 유사한 사례로 연서(延曙)와 영서(迎曙), 연일(延日)과 영일(迎日) 같은 사례가 있고 '車輦館'을 '거련관'이라고도 하고 '차련관'이라고도 하는데 어느 한 쪽으로 통일하거나 어느 것이 틀리다고 주장하기 어려운 점이 있다. 둘 중에 어느 것으로 쓰도 괜찮다는 말이다.

대만 삼민서국에서 나온 『천가시』〈詩韻簡易錄(시운간이록)〉이나 상해의 상해고적출판사에서 나온 『中華韻典(중화운전)』에는 이 글자를 先(선) 자 운목(韻目)에만 넣고 靑(청) 자 운에는 넣지 않아 중국에서는 현재 주로 先 자 운으로 보는 인식을 확인할 수 있다. 그런데 조선시대 운자의 규범이 된 『奎章全韻(규장전운)』에는 先 자 운목에 넣고 다시 靑 자 운으로 쓸 수 있는 것으로 표기를 해 두고 있다. 『논어』 권14 「憲問(헌문)」에 '奪伯氏駢邑三百'이라는 대목이 있는데 조선시대 언해에는 '병'으로 되어 있다. 조선시대의 한자 발음은 주로 언해의 음을 기준으로 삼았기 때문에 우리나라에서는 실제로 '병'으로 발음했을 가능성이 더 높다. 이 때문에 현재 통행 사전에서도 병, 변을 나란히 배치하되 병을 앞에 놓은 것이 아닌가 한다.

그러므로 병지와 변지, 병무와 변무, 고병과 고변, 전병과 전변은 어느 것으로 써도 아무 상관이 없다. 한 사람의 글이나 한 책 안에서는 편의상 통일을 기하는 것일 뿐, 이것이 정오의 문제로 접근할 필요는 없는 것이다.

앞서 56회에 맹교(孟郊)의 유자음(遊子吟)을 소개하였다. 맹교는 〈百憂(백우)〉라는 고시에서 "원추리는 여자들의 꽃이라 장사의 금심을 풀 수 없네.[萱草女兒花, 不解壯士憂.]"라고 노래한 적이 있다. 물론 이 시의 의도는 그 뒤의 내용을 보면 칼과 같은 장사들의 마음은 나라를 위해 간신을 제거하고 외적을 막느라 한 시도 마음을 놓을 수 없다는 내용이다.

가현옹은 근심을 풀어준다는 원추리의 본래 의미로 돌아와 다시 맹교의 말을 비판하면서 원추리에게 붙인 『시경』의 의미를 계승하여 시의를 전개하고 있다. 어머니의 장수와 강녕을 원추리에 담아 훈훈한 어조로 노래한 것이 이 시의 특징이다. 맹교와 가현옹은 똑같은 사물 원추리를 대하고 있지만 바라보는 시선이나 담고 싶은 내용이 서로 정반대가 된다.

가현옹(대략 1213~1297)은 호가 측당(則堂)으로 소동파의 고향인 사천성 미주(眉州) 사람이다. 남송 말에 대신을 지내고 원나라 때는 은거하였다. 문집으로 『則堂集(측당집)』이 있다.

예전에는 사람들이 슬픔이나 고통을 잘 잊지 못해 이 원추리를 심고 먹었는지 몰라도 요즈음은 사람들이 중요한 문제를 너무 잘 잊어서 문제이다. 이 시를 읽으며 예전 사람들이 근심을 잘 잊지 못해 고통스러워 한 것이나 이 풀을 심고 보면서 부모님에게 효도한 것을 거울로 삼아 볼 만하다. 시 자체가 길어 해설은 이 정도로 줄인다.

詠鵝
거위

낙빈왕(駱賓王) _당(唐)

鵝鵝鵝	거위야 거위야 거위야
曲項向天歌	굽은 목으로 하늘 향해 노래하네
白毛浮綠水	흰 깃털은 초록 물 위에 떠 있고
紅掌撥淸波	붉은 손바닥은 맑은 물결 튕기네

『唐才子傳(당재자전)』이나 『唐詩紀事(당시기사)』 등에 따르면 이 시는 낙빈왕이 7세 때 지은 시라 한다. 동시 같은 분위기에서 그 말을 어느 정도 믿게 된다.

첫 구가 묘미가 있다. 거위를 부르는 말로 우선 번역하였으나 거위가 노래하는 소리를 묘사한 것으로도 이해된다. 더욱 묘미가 있는 것은 이 시의 운자가 정지상의 〈送人(송인)〉과 같은 歌(가) 운목(韻目)에 속하는데, 鵝(아) 자도 이 운자를 맞췄다는 것이다.

거위의 특징이 구부러진 긴 목인데 2구에서 바로 그 특징을 포착했다는 것이 어린 낙빈왕의 사물 포착력을 보여준다. 어린 정지상(鄭知常) 역시 새 을(乙) 자로 오리를 묘사한 적이 있다.

물갈퀴로 찰랑찰랑 물을 저어 가는 모습을 금슬을 연주한다는 의미의 '撥(발)' 자를 썼다는 것이 특히 천진하면서도 경탄스럽다.

이 시는 중국에서는 아동들에게 널리 학습시키는 시로 보인다. 우리나라는 동화는 많이 읽히지만 동시는 상대적으로 저조한 듯한데 좋은 한시를 번역해서라도 널리 읽혀서 사물에 대한 감수성을 높여 줄 필요가 있다.

낙빈왕(대략 619~687)은 절강성 의오(義烏) 사람이다. 왕발(王勃), 양형(楊炯), 노조린(盧照鄰)과 함께 초당4걸로 불리는 시인이다. 그는 측천무후 때 상소를 올렸으나 받아들여지지는 않고 폄적만 당해 불만을 품고 조정을 떠났는데, 나중에 서경업(徐敬業)의 반란군에 참여하여 측천무후를 단죄하는 글을 썼다. 측천무후가 그 글을 보고는 '이런 사람을 등용하지 않은 것은 재상의 잘못이다.'라고 말했다고 한다. 나중에 항주 영은사(靈隱寺)에서 지낸 적이 있다.

失名, 宋人浴鵝圖 軸, 宋, 181.4x98.2cm, 臺灣 國立故宮博物院.
가느다란 버들가지가 늘어지고 매화가 핀 물가에서 거위 한 마리가 고개를 들어 매화 가지에 앉은 새와 대화를 나누고 있다. 거위의 목이 S자형으로 굽어 있고 깃털의 묘사가 실물과 방불하다. 거위는 오리보다 크고 부리에 혹이 있으며 뾰족하다.

書湖陰先生壁 其一
호음 선생(湖陰先生)의 집 벽에 쓰다

왕안석(王安石) _송(宋)

茅簷長掃淨無苔	띳집은 매일 쓸어 이끼 없이 정갈하고
花木成畦手自栽	손수 심은 꽃과 나무 밭 모양이 되었네
一水護田將綠遶	한 강물은 초록 밭을 빙 둘러 보호하고
兩山排闥送青來	두 산은 문 밀치고 푸른 기운 보내주네

 전 4구가 대구로 되어 있다. 앞 2구는 그런대로 대구가 되지만 뒤의 2구는 극히 정묘하다. 시 전체가 호음 선생 집에 가서 보이는 풍경을 묘사한 것이지만 그 이면에는 모두 뜻이 담겨 있어서 선경후정(先景後情)이라는 말을 이 시에 적용하면 외경내정(外景內情)이라 지적할 만하다.
 이 시의 3, 4구는 호음 선생이 살고 있는 거처의 전답과 집이 매우 좋다는 것을 말하고 있으며, 1, 2구는 호음 선생의 집이 정갈한 것을 통해서 호음 선생의 성품을 드러내기도 하고 꽃과 나무를 많이 가꾸는 것을 통해 고상한 취미 생활과 기호를 드러내고 있다. 결국 이 시는 외면적으로는 경관을 묘사하였지만 실질상으로는 호음 선생의 인품을 드러낸 것이다.
 명나라 산수화에 보면 산수 속에 나오는 가옥과 전답, 물과 산, 나무와 꽃, 바위와 구름 등을 통해 어떤 사람의 인품을 구현한 것이 많은데 이 시는 선과 색으로 구현한 산수화 대신에 언어로 구현한 호음 선생의 인품화라 할 수 있다.

호음 선생은 왕안석(1021~1086)이 만년에 금릉 종산(鍾山)에 살 때 이웃에 거주한 사람으로 양덕봉(楊德逢)이라는 사람이다. 이 사람의 행적은 딱히 알려져 있지 않지만 왕안석이 이 사람을 대상으로 쓴 시가 10편 정도 있다. 이 시는 본래 양덕봉의 집 벽에 쓴 2편의 시 중 한 수이다.

3구 將綠(장록)의 '綠(록)'은 밭의 초록이지 물의 초록이 아니다. 4구의 青(청)이 산을 가리켜 말한 것을 생각하면 알 수 있다.

護田(호전)과 排闥(배달)은 고사가 있다. 둘 다 『漢書(한서)』에 나온다. 한나라 때 서역에 군사를 파견하고 장기적으로 지키면서 둔전(屯田)을 경영하였는데 그때 군사를 파견하여 그 둔전을 지킨 일이 있다. 지금 물이 마치 병사들처럼 밭을 잘 보호하고 있다는 말이다. 또 유방은 자신이 아플 때 아무도 금중에 들어오지 못하게 하고 내시의 무릎을 베고 누워 있었는데 번쾌가 문을 밀치고 들어와 간언을 한 일이 있다. 지금 집 앞에 보이는 산이 상당히 기세가 있다는 것을 말해 준다.

산과 물에 사람의 성정을 담아 거처하는 사람과 교감을 하게 한 점도 뛰어나지만 역사서에서 전고가 있는 어휘를 선택하여 그 물과 산의 성격까지 드러낸 점은 참으로 뛰어나다. 과연 세상에 널리 전송되는 이유가 있다. 그런데 송나라 오증(吳曾)의 『能改齋詩話(능개재시화)』와 오병(吳竝)의 『優古堂詩話(우고당시화)』에 보면, 이 마지막 2구는 오대 때 심빈(沈彬)의 시 "땅은 한 물을 외지게 하여 성을 돌아 흐르게 하고, 하늘은 여러 산을 묶어 성곽에 붙여 오게 하네.[地隈一水巡城轉, 天約羣山附郭來.]"라는 구절과, 또 당나라 허혼(許渾)의 "산의 형세는 대궐에 조회를 가는 듯하고, 물의 기세는 관문을 안고 흘러오네.[山形朝闕去, 河勢抱關來.]"에 기초한다는 것이다.

어떻게 왕안석 시의 기초를 이렇게 알아냈는지 놀랄 따름이다. 내가 볼 때도 확실히 기본 아이디어는 여기서 차용한 것 같다. 산과 물의 성정을 대비적으로 표현한 점이 구체적인 표현은 달라도 기본 구도는 같은 것이다. 그러나 두보도 '한 글자도 근원이 없는 곳이 없다[無一字無來處]'고 하였듯이 고인의 시구를 점화(點化)하는 것은 하나의 시 이론이기도 하다. 왕안석은 지방에 묻혀 있는 토속 음식을 국제적인 수준의 음식으로 환골탈태를 한 것이라 평할 수 있다.

遊開元精舍
개원정사(開元精舍)에 놀러가서

위응물(韋應物) _당(唐)

夏衣始輕體	여름 옷 입어 몸 가벼운데
遊步愛僧居	사찰이 좋아 거닐어 좋네
果園新雨後	과수원에는 금방 비 그쳤고
香臺照日初	향탁에는 아침 해가 비치네
綠陰生晝靜	녹음 져서 한낮 고요 감돌고
孤花表春餘	드문 꽃은 봄의 끝을 알리네
符竹方爲累	현재 자사로 재직하고 있어
形跡一來疏	여기 한 번 찾아오지 못했네

 이 시는 위응물(737~792)이 소주 자사로 재임하던 790년에 지은 시로 추정되고 있다. 이 시에 보이는 개원정사는 바로 개원사(開元寺)인데, 종래 섬서의 봉상(鳳翔)에 있던 개원사로 알려졌으나 2000년 중화서국에서 간행한 『韋應物詩集繫年校箋(위응물시집계년교전)』에서 당시 소주에 있던 개원사로 고증하였다.
 도민(陶敏)·왕우승(王友勝)의 『韋應物集校注(위응물집교주)』에 의하면 당나라 개

원 26년(738)에 각 주마다 성곽의 형승이 뛰어난 곳에 자리한 도관이나 사찰에 개원(開元)이라는 이름을 달 것을 명하였다고 한다. 그러니 당시에 수백 개의 개원사가 있었던 셈이다.

이 시에 보이는 부죽(符竹)이란 지방 장관들이 군대를 동원할 때 신표로 차던 병부(兵符)를 말한다. 이 병부는 지방 장관의 상징인 도끼와 함께 흔히 부절(符節)로 불린다. 병부는 금속, 옥, 나무 등을 재료로 만드는데 반쪽을 쪼개 휴대하는 것이 특징이다. 그 절반은 군사를 동원하는 최고 책임자인 황제나 임금이 가지고 있다가 유사시에 지방에 내려 보내면 지방 장관이 가지고 있던 것과 합쳐 보고 그 진위를 확인한 뒤에 군대를 동원하기 때문이다.

이 시에서 '符竹方爲累(부죽방위루)', 즉 '부죽이 현재 누가 된다'는 말은 바로 '자사의 신분에 제약을 받아'라는 말로, '자사로서의 공무가 바빠'라는 의미가 된다. 그리고 '形跡一來疏(형적일래소)', 즉 '형적이 한 번 오기 성기었다.'는 말은 '이곳으로 한 번 발걸음을 하지 못했다.'는 의미가 된다. 여기서 형적(形跡)이라 표현한 것은 심적(心跡), 즉 마음은 여러 번 왔음을 상상하게 한다. 결국 이 두 구절은 '소주 자사로서 공무에 바빠 이곳 개원사에 한 번 오지 못했다.'는 의미를 지닌다. 이 말을 쉽게 뒤집으면 '이렇게 아름다운 개원사에 이제 드디어 와 보니 참 좋다.'는 뜻이 된다. 이 구절만 보아도 봉상에 있던 개원사가 아닌 것이 명백한데 그런 설을 주장한 것은 이 시를 이해하지 못한 것을 드러낸 것이다. 즉 위응물이 자사로 근무하던 치소(治所)에서 멀지 않은 곳이어야 하는 것이다.

이 시에서 가장 정채를 띠는 곳은 '綠陰生晝靜(록음생주정)'과 '孤花表春餘(고화표춘여)'가 될 것이다. 녹음을 드리운 곳은 초여름 한가한 낮의 적막감이 감돌고 한두 송이 겨우 남은 꽃은 이제 완전히 저물어 가는 봄의 여운을 드러낸다. 대구도 좋고 봄과 초여름의 교차를 드러낸 것도 절묘하다. 농암 김창협(金昌協)은 이 구절 10자를 각각 운자로 삼아 시 10수를 지었는데 이 중 둘 째 시만 제외하고 모두『聾巖

集(농암집)』에 전한다.

　기온이 올라가 여름옷을 입고 마음 가는 대로 걸어보기에 좋은 절집으로 간다. 과실수들이 심어져 있는 밭에는 금방 비가 그쳐 싱그럽기 그지없고 불상을 모신 사원의 향불을 피우는 탁자에는 아침 햇살이 비쳐들고 있다. 가벼운 옷차림으로 사찰 여기저기를 돌며 돌아보는 시인의 즐거운 마음이 엿보이는데 이런 연장선에서 위의 멋진 대구가 이어진 것이다. 이렇게 좋은 곳을 그동안 자사 직임에 얽매여 한 번 와 보지 못했구나.

　이 시에 표현된 글자들은 매우 운치가 있어 번역으로 옮기기 참으로 어렵다. 위응물이 매우 운치 있는 시를 쓰는 것을 절로 알게 된다.

　이 연재를 시작하던 때가 북풍한설 몰아치던 한겨울인데 그간 수없이 많은 꽃과 봄의 새싹을 노래하는 시를 지나 다시 또 쉼 없이 시간은 흘러 이제 초여름의 녹음을 예찬하는 시로 접어들고 있다. 1년이 3개월씩 딱딱 나누어지는 것이 아니라 4~5개월의 각 계절이 1달 남짓 교차하면서 마치 태극의 음양처럼 계절이 교차하여 변해가는 것을 확실히 깨닫게 되었다. 이 시에서 말한 것처럼 초여름은 고적을 찾아 거닐어 보기에 참으로 좋은 계절인 듯하다.

竹枝詞 其一
죽지사 1

유우석(劉禹錫) _당(唐)

楊柳青青江水平   버들은 푸릇푸릇 강물은 잔잔한데
聞郎江上唱歌聲   강가에서 부르는 그대 노래 들리네
東邊日出西邊雨   동쪽에는 해 나고 서쪽에는 비 내리니
道是無晴還有晴   흐리다고 해야 할지 맑다고 해야 할지

竹枝(죽지)라는 것은 본래 동정호나 무협 등 사천성 동쪽 일대에 민간에 떠도는 민요였다. 이 시는 유우석(772~842)이 기주 자사(夔州刺史)로 갔을 때 지금의 봉절(奉節) 지역에서 불리는 민요풍의 노래를 모방하여 7언 절구로 지은 시이다. 그러므로 그 형식, 즉 옷은 7언 절구이지만 그 내용, 즉 몸은 민요라 하겠다. 가령 판소리 〈춘향전〉을 듣고 감동한 어떤 양반이 자신이 평소 익숙한 한시로 그 판소리를 옮겼다고 하면 그 시의 형식은 고시이지만 그 실제 내용은 판소리인 것과 같다.

죽지사는 민요이다 보니 기본적으로 남녀의 사랑을 주제로 한 것이 많고 또 풍토나 명승 이런 것을 주로 주제로 삼는데 이 시는 초여름 풍경을 배경으로 봉절 지역의 기후와 여인의 애정 심리를 복합적으로 표현하고 있다.

3, 4구는 이 지역의 기후와 여인의 심리가 교묘하게 결합되어 있다. 동정호나 무협

일대에는 안개가 자주 끼어 해가 났다가 금방 비가 오고 또 금방 구름이 걷히는 등 날씨가 변화무쌍하다. 남자에 대한 젊은 여인의 내면 심리 역시 복잡 미묘하여 흐리고 맑은 것을 종잡을 수 없다. 노래를 듣는 여인의 심리를 날씨와 결합하여 시의 맛이 아주 풍부하다. 그러므로 이런 시는 그 지방에서 직접 듣거나 불러 보면 정말 각별하지 않을까 한다.

특히 맑다는 의미의 '晴(청)'과 애정을 뜻하는 '情(정)'이 중국어로 동음 qíng인 것을 이용하고 있는 것은, 그 앞에 굳이 '無(무)' 자를 쓴 것을 통해 작자의 의도가 드러난다. 情(정)으로 읽게 되면 "마음이 없다고 해야 할지 있다고 해야 할지"라는 뜻이 되는데, 이것 역시 노래 부르는 남자가 나에게 마음이 있는 건지 없는 건지'의 의미도 되고, 그 남자에 대해 여인이 '마음이 없다고 해야 할지 있다고 해야 할지'의 의미도 되어, 아주 풍부하고 미묘한 의미가 생겨난다. 이 시의 해석을 보면 대개 '道是(도시)'를 '無晴(무청)'까지만 거는 경우가 많은데 앞에서 설명한 원의를 고려하면 마지막까지 걸어야 한다. '日出(일출)' 역시 아침에 해가 뜨는 것이 아니라 구름 밖으로 해가 나오는 것을 말한다. 생각이 여기에 미치면, 첫 구의 靑(청)과 平(평) 역시 단순히 경관 묘사에서 그치지 않고 남자의 노래를 듣기 전 평온했던 여인의 내면을 함께 묘사한 것을 알게 된다.

이런 면에서 이 시는 모국어로 된 시를 외국어로 옮기기도 어렵고 외국 시를 이해하는데 한계를 보여주는 작품이기도 하다. 단어의 일차적 의미보다는 발음을 이용하여 복합적인 의미와 미묘한 맛을 전달하는 것이 이 시의 생명이기 때문이다.

본래 널리 지속적으로 불리는 민요는 여러 사람의 공감을 받은 것이기 때문에 전달하는 내용이 확실하고 그 소재가 마음에 와 닿아야 하며 가락도 구성진 것이 많다. 유우석이 지은 이 시는 지방의 시가를 아주 세련되게 하면서도 그 시가가 지니고 있는 고유한 특질은 그대로 옮겨왔다고 평할 만하다.

早發白帝城
아침 일찍 백제성을 떠나

이백(李白) _당(唐)

朝辭白帝彩雲間	동 트는 아침 구름 백제성을 출발해
千里江陵一日還	천리 길 강릉을 하루 만에 돌아왔네
兩岸猿聲啼不住	양 안의 원숭이들 쉬지 않고 우는데
輕舟已過萬重山	가벼운 배 어느새 첩첩 산을 지났네

백제성은 무협(巫峽)에서도 구당협(瞿塘峽) 입구에 있는 요새이다. 옛날 삼국 시대에 유비가 관우와 장비, 두 아우의 복수를 위해 동오를 급히 공격하다가 이릉(夷陵)에서 도독 육손(陸遜)에게 화공에 대패하여 이곳으로 피하였다가 화병으로 죽은 곳이기도 하다. 이곳에 가면 유비가 제갈공명에게 유언을 하는 장면을 소상으로 만들어 놓았는데 이 시도 비림을 조성하여 새겨 놓았다.

『삼국지』의 3대 대전이 관도대전, 적벽대전, 이릉대전인데 모두 군세가 약한 쪽이 교묘한 전략으로 상대에게 궤멸적 타격을 안겼다는 공통점이 있다. 육손의 추격군이 이 백제성 부근까지 쳐들어왔지만 제갈공명이 팔진도(八陣圖)를 펼쳐 물리친 일도 있다. 때문에 이 백제성은 영사시(詠史詩)의 좋은 소재가 되어 시성(詩城)이라 불리기도 한다. 이곳에 가면 『中國史稿地圖集(중국사고지도집)』을 저술한 곽말약(郭沫

若) 선생이 쓴 현판도 있고 소동파의 글씨도 있다. 대략 17년 전에 황하 유역의 고적을 답사하며 거슬러 올라가 사천에서 노닐다가 중경에서 배를 타고 장강을 따라 의창으로 온 적이 있다. 그때 백제성에 들렀는데 여러 가지 인상 깊은 것들이 많아 지금도 여러 장면들이 떠오른다. 이 백제성에서 구당협을 지나다 보면 왕소군과 굴원의 고리가 나오고 더 가면 유비가 패한 이릉, 즉 오늘날의 의창 부근이 나온다.

이곳 백제성 주변은 경치가 아주 좋다. 배를 타고 무협을 지나가도 좋고 좀 더 가다가 무산(巫山)에 정박할 때 작은 배를 전세 내어 소삼협(小三峽)이란 곳에 가 보면 양안의 폭이 넓지 않고 대신 천인절벽 위에 작은 원숭이들이 벼랑으로 옮겨 다니는 모습을 구경할 수 있다. 이 시 3구는 이 소삼협에서는 느낄 수 있지만 무협은 폭이 넓어 실감이 덜하다. 아마도 배가 굽이치는 물길을 따라 가며 좌우로 치우칠 때 들리는 원숭이 소리를 포괄하여 표현한 듯하다. 이곳에서 우연히 산 '영하신다(寧河神茶)'는 아직도 나에게 그 맛이 기억에 남는데 언제 다시 그 차를 마실 기회가 올지 모르겠다.

이 시는 759년 야랑(夜郎)으로 유배를 가던 이백이 도중에 사면령을 받고 풀려나 강릉으로 돌아오면서 그 쾌활한 기분을 빠른 배의 속도감으로 표현한 시이다. 당시 이백은 59세였는데 시를 보면 감정 연령은 두보와 정반대로 훨씬 젊어 보인다.

다른 구절은 해석상의 어려움이 거의 없다. 오직 첫 구의 채운(彩雲)만이 생각이 좀 필요하다. 채운은 여러 색깔의 구름을 말한다. 이는 백제성에 낀 구름에 아침 해가 떠오를 때 햇빛이 비치어 일어나는 현상을 말한 것이다. 이백이 쓴 〈望廬山瀑布(망여산폭포)〉의 첫 구절에 나오는 자연(紫煙)과 같다. 제목에 '朝(조)'를 쓰지 않고 '부(조)' 자를 쓴 것은 바로 그 때문이다.

이 시는 『당시배항방』 30위에 올라 있다.

江村
강촌
강 마을

두보(杜甫) _당(唐)

清江一曲抱村流	맑은 강 한 구비 마을 안고 흐르니
청강일곡포촌류	
長夏江村事事幽	긴 여름 강 마을 일마다 한가롭네
장하강촌사사유	
自去自來梁上燕	자유로이 오고가는 들보 위의 제비
자거자래량상연	
相親相近水中鷗	정겹게 짝지어 노는 강물의 갈매기
상친상근수중구	
老妻畫紙爲棋局	늙은 아내는 종이에 바둑판 그리고
노처화지위기국	
稚子敲針作釣鉤	어린 아들은 바늘로 낚시를 만드네
치자고침작조구	
但有故人供祿米	친구가 자신의 봉미를 나누어 주니
단유고인공록미	
微軀此外更何求	미천한 이 몸 달리 무얼 더 바라리
미구차외갱하구	

이 시는 760년 여름, 두보가 49세 때 성도 초당에서 지낼 때 지었다. 여기서 강촌(江村)이라 한 곳은 바로 우리가 흔히 아는 완화계(浣花溪)를 말한다. 첫 구는 시 제목을 풀고 2구는 주제 유한(幽閑)을 제시하였다. 3, 4구가 유한을 느끼는 경치라면 5, 6구는 유한한 생활이며 마지막 2구는 그 바탕이 되는 인생철학으로 과욕(寡欲)을 드러냈다. 전체적인 구조가 아주 정연하다. 특히 시의 처음 청강(淸江)이 마지막 갱하

구(更何求)와 조응이 되는데, '청강(淸江)'으로 제목을 단 판본은 아마도 그런 뜻을 담고 싶어서일 것이다.

　7구는 우리나라에는 흔히 "많은 병에 필요한 것은 오직 약물 뿐[多病所須惟藥物]"이라고 알려져 있으나 여기서는 『두시상주』의 내용을 따라 번역해 보았다. 이렇게 하니 시가 좀 더 젊어지는 느낌이 있다. 아내가 만든 바둑판을 앞에 두고 두보는 아내와 같이 바둑을 둘 것인가? 어린 아이가 만든 낚시로 고기를 잡아 오늘 저녁 매운탕을 끓여 먹을 것인가?

　이 시에서 자신의 녹미, 즉 봉급을 두보에게 쪼개 주는 사람은 당시 검남절도사로 있는 배면(裴冕)으로 추정된다. 두보는 이 시를 짓기 1년 전 겨울에 동곡(同谷)에서 성도로 왔고 한동안 더부살이를 하다가 다음 해에 완화계에 집을 짓는데 그 내용은 시 〈卜居(복거)〉에 나온다.

　그러니까 이 시의 상황은 전란과 가난에 시달리다가 처음으로 집을 짓고 편안히 지내는 첫 해 여름에 해당한다. 신산스런 나날이 이어지다가 모처럼 한가한 날을 보내고 있기에 시인은 지금 이 상태에서 친구가 쌀만 보내준다면 더 바랄 게 없다고 하는 것이다. 두보에게 이 한가함이 어떤 의미로 다가왔겠는가?

◐王時敏, 仿古山水冊 中 仿趙令穰江鄕淸夏圖, 淸, 紙本設色, 44.6×29.6㎝, 中國 北京 故宮博物院.
왕시민(王時敏, 1592~1680)은 강소성 태창(太倉) 사람으로 명나라 상국(相國) 왕석작(王錫爵)의 손자이다. 음직으로 태상시 경(太常寺卿)을 지냈으나 청나라가 들어서자 벼슬하지 않았다. 시문을 좋아하고 서화를 풍부하게 수장하였으며 산수를 잘 그렸다. 동기창의 영향으로 고화를 많이 방작하였는데 황공망(黃公望)과 예찬(倪瓚)을 본받고 동원(董源)과 거연(巨然)으로 거슬러 올라갔다. 누동파(婁東波)의 영수로서 왕감(王鑒), 왕원기(王原祁), 왕휘(王翬)와 함께 사왕으로 불린다.
이 그림은 『방고산수도책(倣古山水圖冊)』에 묶인 12폭 중 하나로 송나라 조영양(趙令穰)의 〈시골 강마을의 맑은 여름(江鄕淸夏)〉을 방작한 작품이다. 버드나무가 세 그루 선 오솔길을 따라 화면 중앙의 침엽수와 활엽수 사이에 강마을이 있고 마을 뒷산은 자욱한 안개가 걷히고 있다. 다리 양쪽으로는 호수가 펼쳐졌고 연과 수초가 자라고 있다. 여름 아침나절 강변 마을의 청신하고 한적한 정취는 두보의 이 시에도 잘 어울린다.

飮湖上初晴後雨
음호상초청후우
맑았다가 흐려지는 서호 가에서 한잔 마시며

소식(蘇軾) _송(宋)

水光瀲灧晴方好 수 광 렴 염 청 방 호	물빛 반짝이는 맑은 날이 좋거니와
山色空濛雨亦奇 산 색 공 몽 우 역 기	산색 몽롱한 비올 때도 특별하네
欲把西湖比西子 욕 파 서 호 비 서 자	서호의 경치를 서시에 비교한다면
淡妝濃抹總相宜 담 장 농 말 총 상 의	엷은 화장 짙은 화장 다 어울리네

소식은 1071부터 1074까지 항주 통판(杭州通判)을 지내고, 1089년부터 1091년까지 항주 지주(杭州知州)를 지냈는데 그간에 서호에 대해 지은 시가 적지 않다. 이 시는 항주 통판으로 재직하던 1073년에 지어진 시이다. 동일한 제목으로 쓴 시 2수 중에서 뒤의 시이다.

서호의 풍경은 날이 맑은 날 가볍게 일렁이는 물결에 햇빛이 반짝일 때 본래 아름답지만 날이 흐려 비가 올 때 산에 구름이 끼고 걷히는 풍경 역시 기이하다. 서시와 같은 미인은 본래 화장을 어떻게 하든지 아름답듯이 서호 역시 그렇다. 맑은 날의 담채화풍 엷은 화장도 좋고 흐린 날의 짙은 수묵화풍의 화장도 좋다.

명나라 때 항주에 은거한 시인 막번(莫璠)은 〈西湖十景(서호십경)〉이란 사를 썼는데 그 첫 수 〈蘇堤春曉(소제춘효)〉에서 소동파가 쓴 이 시의 첫 2구에 대해 "비와도 좋고 맑아도 좋다[宜雨宜晴]"라고 압축해 표현하였다. 소동파의 시의(詩意)를 정확히 압축한 것이다.

　우리 인생도 맑은 날 흐린 날이 있다. 맑은 것이야 본래 좋은 줄 알지만 비가 와도 좋은 것을 알기까지는 정신적 성숙이 필요하다. 이 시는 서호를 서시에 비유하여 인격화하는 것을 넘어서서 우리 인생에 대한 태도와 자신에 대한 사랑에 대해서 말을 걸

王原祁, **西湖十景圖** 부분, 淸, 絹本設色, 62.2×656.5㎝, 中國 遼寧省博物館.
이 그림을 실제로 보면 정교하게 그려진 대작이다. 중앙에 보이는 섬이 송대 시인 임포(林逋)가 은거한 고산이며 그 우측에 있는 제방이 백제이고 초입에 놓인 다리가 단교이다. 너머로 보이는 산은 보석산이고 그 옆에 송대의 탑 보숙탑(保叔塔) 등이 보인다. 이 곳의 경치를 각각 단교잔설(斷橋殘雪), 소제춘효(蘇堤春曉), 쌍봉삽운(雙峰揷雲), 남병만종(南屛晚鐘) 이라 하는데 모두 서호 십경 중 하나이다.

어온다. 소식이 비오는 날 서호 가에서 한잔 기울이며 사색한 것은 그런 것이 아닐까?

　서호에 가면 부채를 파는 할머니들이 더러 있는데 이 시는 그 부채의 단골 시제이다. 그 부채도 하나 팔아주고 버드나무 아래 앉아 이 시를 읽으며 서호를 감상하면 서호 유람이 더욱 풍성해질 것이다.

晚晴
저녁에 날이 개어

이상은(李商隱) _당(唐)

深居俯夾城	옹성을 내려다보는 호젓한 곳
春去夏猶淸	봄이 가고 여름 와도 화창하네
天意憐幽草	하늘의 뜻 그윽한 풀 사랑하고
人間重晚晴	세상에선 날 갠 저녁 좋아하네
並添高閣迥	게다가 높은 누각 전망 트이고
微注小窓明	작은 창문에 저녁 햇살 비치네
越鳥巢幹後	남녘 새 젖은 둥우리 마른 뒤라
歸飛體更輕	돌아오며 젖는 날개 더욱 가볍네

이 시는 이상은(812~858)이 36세 때인 847년 계관 관찰사(桂管觀察使) 정아(鄭亞)의 막료로 부임하여 계림(桂林)에 온지 얼마 안 되어 지은 시이다.

보일 듯 말 듯, 알 듯 모를 듯, 자신의 의사를 시로 표현한 점이 돋보인다. 시인이 거처하는 곳은 다소 외딴 곳 깊숙이 있다. 그곳은 협성(夾城), 즉 옹성이 내려다보이는 언덕이다. 이 언덕은 봄이 가고 여름이 와도 아직 덥지 않고 청화(淸和)하다. 그곳에서 자라는 풀을 幽草(유초)라 표현하였는데 하늘은 이 풀들을 사랑하여 비를 내려주었다. 저녁에 비가 그쳐 더욱 전망이 좋은 이곳의 높은 누각에서는 아주 멀리까지 보인다. 저녁 햇살이 작은 창문으로 들어온다. 深居(심거), 幽草(유초), 高閣(고각)은 모두 이 시인이 사는 곳을 나타낸 말들이다.

자신이 지금 살고 있는 계림(雞林)을 越(월)이라 표현하였다. 계림이 고대에 백월(百越)이라 부르는 지역에 해당하기 때문이다. 둥우리가 마른 것은 낮에 오던 비가 그쳤기 때문이다. 그래서 날개에 붙은 묵은 빗물도 털어버리고 돌아오는 새는 몸이 더욱 가볍다. 이 새에는 시인의 마음이 의탁되어 있다. 이는 당시 이덕유(李德裕), 우승유(牛僧孺)로 대표되는 두 당파의 싸움과 관련이 있는 것으로 보인다. 위에서 언급한 계관 관찰사 정아는 바로 이덕유의 당이다. 그런데 이상은이 종래 따르던 당은 우승유의 당이었다. 이상은의 입장에선 이제 묵은 빗물을 털고 가볍게 새처럼 날고 싶었을 것이다. 앞에서 심거(深居), 유초(幽草), 이런 말을 쓰고 저녁에 날이 맑아지고 높은 누각에서 멀리 내다보면서 저녁 햇살을 맞이하는 시상을 전개한 것은 다 이 때문이다.

이러한 시상은 이 시인의 평소 시 짓는 습관과 관련이 있어 보인다. 이상은은 시를 지을 때 책을 옆에 잔뜩 가져다 놓고 많은 고사를 사용하기를 즐겨하였다. 이 시는 고사를 노출하여 바로 사용하지는 않았지만 역시 많은 말들이 출처가 있다. 『이상은시가집해(李商隱詩歌集解)』(중화서국, 2004)에 밝혀 놓았다. 그리고 이 시는 거기에 더해 자신의 마음을 의탁하고 있는 점이 특징이다.

그런데 아슬아슬하게 당파 사이를 오가며 줄타기 하던 이상은의 인생은 대체로 순탄치 않았다. 이 시에 담은 희망과 달리 채 1년이 안 돼 정아가 다른 곳으로 다시 좌천되고 이상은은 실직하여 장안으로 돌아가기 때문이다. 치열한 당쟁 속에서 순수한 문인들이 설 자리는 별로 많지 않은 것이다.

이상은의 불우한 삶과는 별도로 이 시는 이상은이 얼마나 섬세하게 언어를 다루고 있는지, 자연 경물과 자신의 감정을 어떻게 결합하여 시를 쓰는지, 그 한 수준을 보여주고 있다는 점에서 눈여겨볼만하다. 이용악, 백석 이런 시인들도 그 신산스런 삶과 달리 얼마나 아름다운 시를 보여주었던가?

齊安郡後池絶句
제안군(齊安郡)의 후지(後池)에 대한 절구

두목(杜牧) _당(唐)

菱透浮萍綠錦池	부평 사이 마름 잎 돋는 녹색 비단 못
夏鶯千囀弄薔薇	여름 꾀꼬리 장미 넝쿨에서 울고 있네
盡日無人看微雨	하루 종일 연못의 보슬비 보는 이 없고
鴛鴦相對浴紅衣	원앙 두 마리 마주보고 붉은 깃털 씻네

제안군(齊安郡)은 황주(黃州)를 말한다. 지금 호북성 황강시(黃岡市)에 해당한다. 두목은 842년 4월부터 844년 9월까지 황주 자사를 지냈는데 이 시는 이 무렵에 지어진 시로 보인다. 후지(後池)는 그 황주 치소의 뒤쪽에 있던 연못으로 추정된다.

두목이 보기에 이 연못에 가는 빗방울이 떨어지는 광경은 참으로 아름다운데 하루 종일 아무도 와서 감상하는 사람이 없다고 한다. 이곳 연못은 잔잔하고 녹색이라 비단 같은데 지금 부평초가 많이 자라고 있으며 그 사이 빈 공간으로 마름 잎이 돋아나 잎을 내밀고 있다. 또 연못 둘레에 있는 장미 넝쿨에는 꾀꼬리가 가지를 옮겨 다니며 계속해서 울어대고 있다.

요즘 야산을 산책해 보면 국수나무, 원추리, 개망초 등의 꽃이 피고 솔 순이 돋아나며 송화가 날려 봄과는 다른 정취가 한창이다. 또 개울이나 연못에는 물갈이 자라고 연꽃이 피어난다. 오리가 다니고 물고기가 헤엄친다. 이런 자연의 아름다운 풍경 중에 사람이 모르는 사이 나타났다 스러지는 경우가 얼마나 많겠는가? 어디 자연뿐이랴? 아름다운 사람들이 세상에 알려지지 않은 채 살다 가는 경우가 또 얼마나 많겠는가? 우리가 굳이 몰라도 될 추악한 인간들이 연일 뉴스를 장식하며 사람들을 피로하게 하고 별 능력도 없고 최소한의 인품도 갖추지 못한 사람들이 자리를 차지하고 행세하는 경우가 또 얼마나 많은가?

두목이 묘사한 시는 보슬비 오는 날 초여름 연못의 숨겨진 아름다움이지만 이 시를 읽는 나는 지금의 사람이라 절로 세상에 드러난 추악함을 미워하게 된다. 아름다운 시를 가르치는 것이 도덕과 정의를 가르치는 것보다 더 사람에게 감화를 줄지도 모르는 일이다. 적어도 아름다움을 아는 사람은 추악한 모습을 싫어할 테니 말이다.

題何氏宅園亭
하씨(何氏) 댁 정원의 정자에 쓰다

왕안석(王安石) _송(宋)

荷葉參差卷	연잎은 이냥저냥 말려 있고
榴花次第開	석류꽃 차례차례 피어나네
但令心有賞	마음에 즐기는 게 있을 뿐
歲月任渠催	세월은 가는 대로 맡기거니

왕안석(1021~1086)이 만년에 지은 작품으로 추정된다. 노년기에 세상에서 물러나 화초에 마음을 붙이며 세월을 보내는 모습을 시에 담았다. 지금까지 왕안석 시 몇 편을 소개하였는데 시 수준이 매우 뛰어나다는 느낌을 받고 있다. 반면 참고할 서적은 거의 없는 실정이다. 종래 왕안석에 대한 부정적 인식이 연구에까지 영향을 미친 것일까? 왕안석 시는 작품 수준이 높아 연구할 가치가 높은 데도 중국의 저명한 고적 출판사에서 출간하지 않는 것은 매우 안타까운 일이다.

첫 구의 '參差(참치)'는 연잎이 어떤 것은 많이 말리고 어떤 것은 덜 말리고, 또 높기도 하고 낮기도 해서 '가지런하지 않은 모양'을 나타내는 의태어이다. 3구의 '令(령)'은 '~ 하게 하다'는 사역의 의미이다. '任渠催(임거최)'의 渠(거)는 앞에 나온 '세월'을 말한다. 세월이 재촉하든 말든 상관하지 않는다는 말이다. 賞(상)은 '상완(賞玩)', '상심(賞

心)'이란 말에서 알 수 있듯이 어떤 대상을 애호하여 거기에 마음을 붙이고 즐기는 것을 말한다. 3, 4구의 의미는 자신이 좋아하는 일에 마음이 몰입되어 세월을 잊고 산다는 것이다.

이 시를 하씨 댁의 정원 정자에 썼기 때문에 1차적으로는 하씨 댁 정자의 주인이 연잎과 석류꽃을 감상하며 세월 가는 줄 모르고 신선처럼 산다는 칭찬으로 우선 이해된다. 그러나 이 시를 왕안석이 지었다는 점에서 정계에서 은퇴한 파란만장한 노인 왕안석의 생각을 읽을 수도 있다.

자신이 마음으로 좋아하는 것이 화초가 될 수도 있고 서화가 될 수도 있다. 어떤 사람에겐 여행이나 독서가 될 수도 있고 봉사 활동이 될 수도 있다. 나이가 많은 사람은 더 늦기 전에 마음으로 좋아하는 것을 마련해야 할 것이고, 나이가 젊은 사람은 보다 가치 있는 것에 마음을 붙이며 노년을 보낼 준비를 한다면 더욱 인생이 값지게 될 것이다. 루쉰 공원이나 탑골 공원 등에서 노인들이 할 일 없이 서성이는 것은 살풍경이다.

이 시는 기본적으로는 취미 생활에 빠져 여생을 보내는 처세를 다루고 있지만 인생 전체를 염두에 두고 시의(詩意)를 확장해 볼 수 있다. 자신이 좋아하지 않는 일을 억지로 하며 인생을 보낸 사람이 '자신이 진정 마음으로 좋아하는 것을 찾아 세월 가는 줄 모르고 몰입해서 자신의 생명과 노력을 쏟아 부어라.'라고 하는 충고로 연역할 수 있기 때문이다. 격언 같은 마지막 2구는 왕안석의 깨달음이 담긴 듯도 하여 의미심장한 여운이 감돈다. 다른 사람들은 이 시를 읽고 어떤 생각이나 느낌이 드는지 궁금하다.

題破山寺後禪院
파산사(破山寺) 뒤의 선원(禪院)에 쓰다

상건(常建) _당(唐)

清晨入古寺	첫새벽에 옛 절에 들어가니
初日照高林	동트는 해 높은 숲을 비추네
曲徑通幽處	오솔길 그윽한 곳으로 통하고
禪房花木深	선방에는 꽃과 나무 우거졌네
山光悅鳥性	새의 성질은 산 빛을 좋아하고
潭影空人心	사람 마음은 연못처럼 비우네
萬籟此俱寂	이곳은 모든 소리 다 사라지고
惟餘鍾磬音	종과 경쇠 소리만 들려 올 뿐

    새벽에 산사의 선방에 가서 마음을 비우고 적막한 산사의 선미(禪味)를 느낀다는 시이다. 경물을 통해 선취(禪趣)를 전달하고 있는 것이 특징이다. 3, 4구와 5, 6구는 특히 그 의미가 깊고 묘미가 있다.

    마지막 2구를 제외하고는 모두 대구라 할 수 있는데 그 대구의 성격이 각각 달라 재미있다. 5, 6구는 그야말로 앞뒤의 구를 바꾸어도 병렬이 되는 전형적 대구이지만,

1, 2구는 시인의 행동에 따른 경물의 변화가 전개되고 있는 유수대(流水對)이고, 3, 4구는 일부 형식적으로는 부실한 대구이지만 내용상으로 대구가 되고 있다. 유수대는 대등하게 병렬을 이루지 않고 인과, 가설 등 두 구가 긴밀하게 연결된 것을 말한다.

 여기 나오는 파산사(破山寺)는 강소성 상숙(常熟)의 우산(虞山)에 있는 흥복사(興福寺)를 말한다. 高林(고림)은 말 그대로 높은 숲이기도 하지만 바로 이 절을 높여 부른 말이기도 하다. 曲徑(곡경)이 竹徑(죽경)으로 된 곳도 있으니 이 절 뒤에 대나무가 많고 그 사이로 난 굽은 길을 따라 가면 선방에 도착하며 선방 주변에는 꽃과 나무가 우거져 있는 것을 알 수 있다.

 이런 숲에서 새가 우니 새가 산을 좋아하는 것을 알 수 있다. 또 이 사찰에는 못이 있는데 물이 아주 맑았던 모양이다. 그 맑은 물빛처럼 사람의 마음도 텅 비워지는 것만 같다고 시인은 말한다. 이 사찰의 적막감을 간헐적으로 들리는 종소리로 표현했다. 소리를 묘사하여 소리가 없는 것을 드러낸 것이다.

 원나라 예찬(倪瓚)의 기념관이 이 우산에 있어 전에 답사를 갔다가 너무 늦은 밤이라 한밤중에 그 위치만 확인하고 돌아온 적이 있다. 우산(虞山)이 황공망(黃公望), 왕휘(王翬) 등 우산화파(虞山畵派)의 근거지이고 이제 이런 좋은 시도 알았으니 기회가 되면 우산에 다시 가보고 싶어진다.

 상건(708-765)은 성당 시대 산림이나 사찰, 도관 등을 제재로 많은 시를 쓴 시인이다.

聽蜀僧濬彈琴
청 촉 승 준 탄 금
촉(蜀)의 화상(和尙) 충준(沖濬)의 금(琴) 연주를 듣고

이백(李白) _당(唐)

蜀僧抱綠綺	서촉의 화상 녹기금 안고
촉 승 포 록 기	
西下峨眉峰	서쪽에서 아미산 내려왔네
서 하 아 미 봉	
爲我一揮手	날 위해 한 곡조 연주하니
위 아 일 휘 수	
如聽萬壑松	만학의 송풍을 듣는 듯하네
여 청 만 학 송	
客心洗流水	객의 마음 유수에 씻어 내고
객 심 세 류 수	
餘響入霜鍾	여향은 종소리에 섞여 드네
여 향 입 상 종	
不覺碧山暮	어느덧 푸른 산 저물어가고
불 각 벽 산 모	
秋雲暗幾重	가을 구름 몇 겹으로 어둡네
추 운 암 기 중	

이 시는 지은 연대를 잘 알 수 없는데 753년 선성(宣城)에서 지었다는 설이 있다. 아마도 이백이 쓴 〈선주 영원사의 충준 공에게 주다[贈宣州靈源寺沖濬公]〉란 시를 참고한 듯하다. 녹기금(綠綺琴)은 한나라 때 촉(蜀) 지방 출신인 사마상여(司馬相如)가 〈玉如意賦(옥여의부)〉를 지어 양왕(梁王)에게 바치자 하사품으로 받은 명금으로 전해온다. 여기선 그런 종류의 좋은 명금을 말한다. 녹기금은 사마상여, 촉, 아미산

朱德潤, **松澗橫琴圖** 頁, 元, 絹本水墨, 24.7×26.9cm, 臺灣 國立故宮博物院.
주덕윤(朱德潤, 1294~1365)은 수양(睢陽) 사람으로 오군(吳郡)에 피난 와 살다가 조맹부의 추천으로 한림원에서 편수관 등을 지낸 인물이다. 송풍이 불어오는 계곡에서 금(琴)을 연주하며 담소를 나누고 있다.

(峨嵋山)과 더불어 이백이 고향을 떠올리게 하는 말들이다.

금사(琴師)가 고향 사람 이백을 위해 한 곡조 연주하는데 수많은 골짜기에서 파도 같은 솔바람이 일어나는 듯 웅장하고 청아하다. 그 금 소리는 떠도느라 쌓인 마음의 우수와 찌꺼기를 씻어낸다. 솔바람과 유수를 등장시킨 것은 금 가곡 중에 〈風入松(풍입송)〉과 〈高山流水曲(고산유수곡)〉이 있기 때문이다. 종자기(鍾子期)는 백아(伯牙)의 음악을 잘 알아들었는데 백아가 금으로 고산을 묘사하면 '아, 태산처럼 험준하구나!'라고 말하고, 강과 바다를 연주하면 '아, 강과 바다처럼 넘실대는구나!'라고 말했다고 한다. 예전에 혜강(嵇康)이 지은 〈琴賦(금부)〉에 '백아가 손을 놀리다.[伯牙揮手]'라는 말이 있기에 이백이 그런 내용을 이 시에 담으려 한 것을 알 수 있다. 霜鍾(상종)은 『山海經(산해경)』에 나오는 말로 서리가 내리면 울리는 종을 말한다. 여기선 가을 종소리를 말한다.

어느덧 금 연주는 끝이 났다. 그러나 허공으로 퍼져간 여향은 가을 저녁 종소리와 어울려 사위를 떠돌며 맴돌고 있다. 바라보니 청산에는 저녁 어스름이 깔리고 하늘에는 가을 구름이 잔뜩 끼어 있다. 금 연주와 감상에 몰입하느라 시간 가는 줄 몰랐던 것을 자연 경물의 변화로 표현한 것이다.

이 시는 5, 6구가 특히 좋다. 금을 연주하는 촉 승은 이백을 위해 최고의 연주를 하고 이백은 그 선율에 흠뻑 빠져 있는 모습에서 두 사람의 정신적 교감을 느끼게 한다. 객의 마음을 씻어주는 유수는 자연의 유수이기도 하지만 지금 금사가 연주하는 악곡이기도 하다. 그러므로 흐르는 시냇물에 마음을 씻어낸다는 의미도 있고 유수곡을 들으며 마음의 승화를 느낀다는 의미도 있으며 이백이 금사의 곡조를 이해한다는 의미도 담겨 있다. 금 선율이 저녁 종소리와 어우러진다는 데서 대단원의 장중하면서도 길게 이어지는 여운을 느끼게 한다. 그렇다면 본 연주가 어땠겠는가?

이 시는 霜鍾(상종), 秋雲(추운)이란 시어로 보면 가을에도 어울리겠지만 송풍(松風)을 듣고 유수(流水)에 마음을 씻는 것은 역시 여름에 어울린다. 비가 와서 약간 눅눅하고 더운데 금 연주의 묘사로 더위를 잊어 본다.

送友人尉蜀中
위(尉)에 임명되어 촉(蜀)으로 가는 친구를 전송하며

서정(徐晶) _당(唐)

故友漢中尉	친구가 한중에 위로 부임하니
請爲西蜀吟	서촉에 대해 시를 지어보려네
人家多種橘	민가에선 귤나무를 많이 심고
風土愛彈琴	지방 풍속 금 연주를 좋아하지
水向昆明闊	물은 곤명으로 가면 넓어지고
山連大夏深	산은 대하와 이어져 깊어지네
理閑無別事	정사 한가해 별다른 일 없거든
時寄一登臨	가끔 한번 탐방해보면 어떨지

尉(위)는 관직명으로 지방 행정 수령에 속한 치안 책임자를 말한다. 한중 위(漢中尉)는 오늘날로 치면 한중시 공안 국장, 즉 경찰 서장인 셈이다. 이 시는 한중 경찰 서장으로 길을 떠나게 된 친구에게 좋은 말로 먼 객지로 가는 마음을 위로하는 한편 자신의 권유를 담고 있다.

3, 4구는 한중 지역의 인문 경관을, 5, 6구는 자연 경관을 말하고 마지막 2구에서

는 이번 경찰 서장 부임을 계기로 그러한 풍광을 둘러볼 것을 권유하고 있다.

이 시에 보이는 '한중(漢中), 곤명(昆明), 대하(大夏)는 크게 보아 모두 서촉(西蜀)의 지명이다. 한중은 성도(成都) 북쪽 분지에 위치하는데 유방이 이곳에서 나와 항우를 이기고 천하를 차지하였고 촉한 때 이곳에서 강유(姜維)가 위나라의 종회(鍾會)에게 패하여 나라가 망하였기에, '한나라는 한중에서 시작하여 한중에서 끝났다'는 말이 있다.

한중의 인문 경관으로 귤과 금(琴) 연주를 든 것이 흥미롭다. 한중은 지도를 살펴보면 우리나라 제주도보다 약간 위도가 아래다. 중국 서안에서 근무하다 돌아온 동생 말을 들으니 광활한 귤 농장과 유채밭이 많다고 한다. 또 사마상여가 금을 잘 연주한 것이 이 지역의 음악 애호 풍속과 관련이 있는 것이 아닌가 생각된다. 한중의 남쪽에 곤명(昆明)이 있는데 그곳에 큰 호수가 있다. 또 북쪽에는 예전 대하국이 있는데 음산(陰山)과 이어진다. 곤명과 대하를 이야기한 것은 한중 공안 국장이 갈 수 있는 최대치를 말한 셈이다. 이 시인이 말한 것이 그냥 한 말이 아닌 것을 알 수 있다.

정사가 한가하고 별다른 일이 없다는 말은 정철의 〈관동별곡〉에도 나오듯이 고을을 잘 다스린다는 말이다. 이 말은 친구의 역량을 믿는다는 의미가 담겨 있다. 여기서 '治(치)' 자를 써야 할 자리에 '里(리)'를 쓴 것은 당 고종의 이름을 휘한 것으로 보인다. 마지막 구에 '寄(기)' 자를 쓴 것은 고을이 한가하고 일이 없어 남는 열정과 감정을 명승지 탐방에 '붙여 풀라'는 의미를 담고 있다.

한 편의 시에 인문과 자연 환경을 망라하고 친구에게 직무를 잘 수행하고 남는 여가에 명승지 탐방을 권유하는 등 이 시는 알찬 구성이 돋보인다.

서정은 생졸년이 불분명한데 당 현종 때 활동했던 시인이다. 노군 녹사(魯郡錄事)를 지냈으며 『전당시』에 시가 5편 수록되어 있다.

王孫遊
멀리 객지에 있는 당신

사조(謝朓) _남제(南齊)

綠草蔓如絲	풀은 실처럼 뻗어 나가고
雜樹紅英發	나무엔 붉은 꽃이 피었네
無論君不歸	못 돌아온단 말은 마세요
君歸芳已歇	지금 와도 꽃이 졌을 걸요

이 시는 악부체의 민가를 바탕으로 지어진 시인데 『초사』〈招隱士(초은사)〉에 기반을 두고 있다. 〈초은사〉는 55회에서 말한 적이 있는데, 그 시에 "왕손은 떠돌아다니며 돌아오지 않는데, 봄풀은 돋아나 무성하구나.[王孫遊兮不歸, 春草生兮萋萋.]"라는 구절이 있다. 왕손(王孫)은 초나라 왕족의 후예인 굴원(屈原)을 말한다.

다만 이 시는 화자가 멀리 간 남편을 기다리는 아내로 설정되어 있는 것이 다르다. 넝쿨이 실처럼 뻗어나가고 여러 나무에 꽃이 핀 것을 통해 봄이 무르익었음을 알 수 있다. 길이 멀어서 못 온다느니 아직 할 일이 안 끝났다느니 그런 핑계는 필요 없다. 무조건 곧장 돌아오기를 바랄 뿐이다. '論(논)' 자를 쓴 것은 아마도 그 어떤 변명도 필요치 않다는 의미에서인 듯하다. 지금 당장 돌아온다 해도 이미 봄꽃이 다 질 것이라 말한다. 그런데 남자가 사랑하는 여자에게 고백할 때는 밤이든 낮이든 달려가고 대서양도 태평양도 건너가며 저 하늘의 별이라도 따 줄 것 같지만 집을 나가 먼 객지에서 떠돌고 있는 남자에겐 적절한 구속력이 없이 그저 마음뿐이다. 그렇기 때문에 이 시가 다소 애처로운 하소연을 띠고 있는 민요풍의 성격을 띤다.

시에서 표면적으로는 늦게 돌아오면 이 아름다운 푸른 덩굴과 꽃들을 보지 못한다고 말한다. 아름다운 봄을 함께 하고 싶다는 간절한 바람이다. 그러나 이 시를 읽는 사람이면 그 넝쿨보다 생기 있고 꽃보다 아름다운 사람이 시의 화자인 것을 상상할 것이다. 당신이 늦게 들어오면 나는 이미 늙어버릴 지도 모른다는 의미가 내면에 담겨 있다. 짧은 민요풍의 시이지만 자연의 경치와 사람의 정이 어울려 있다. 상당히 정련된 시이다.

사조(464~499)는 남조(南朝) 제(齊)나라 시대의 시인으로 시와 사를 잘 썼다. 이 사람은 동진 때의 거족 사안(謝安)의 후손인데 약간 시대가 앞 선 동성의 사령운(謝靈運)을 대사(大謝), 사조를 소사(小謝)라 병칭하기도 한다. 동시대의 최고 문인 심약(沈約)이 200년래 이런 시는 없었다고 사조의 시를 높이 평가하였다.

전에 선성(宣城)에 가니 사조루(謝朓樓)가 있어 구경하였던 기억이 난다. 사조가 당시 그곳 태수일 때 건립한 것이다. 이런 시를 미리 알고 갔더라면 더 좋았을 것이다.

偶作
우연히 짓다

백거이(白居易) _당(唐)

紅杏初生葉	살구는 갓 잎이 나고
青梅已綴枝	매실은 가지에 달렸네
闌珊花落後	꽃이 져서 시무룩하고
寂寞酒醒時	술이 깨서는 적막하네
坐悶低眉久	고민에 빠져 눈을 깔고
行慵舉足遲	행동이 굼떠 더디 가네
少年君莫怪	소년아 괴히 보지 마오
頭白自應知	늙으면 절로 알 것이니

이 시는 주금성의 『백거이집전교』(상해고적출판사)에 의하면, 826년 백거이가 55세 때 소주 자사(蘇州刺史)를 지낼 때 쓴 시로 보고 있다. 백거이 시를 볼 때 마다 이 책을 참고하게 되고 이 책을 볼 때마다 주금성이라는 학자에 대해 탄복하게 된다. 주금성은 이백과 백거이를 장기간 연구하여 '백거이와 이백이라는 누각에 붙어 있는 집의 주인'이라는 뜻의 '쌍백이주(雙白簃主)'로 자호했다고 한다. 백거이와 이백의 시를 주

梁楷, **潑墨仙人圖**, 南宋, 紙本墨筆, 48.7×27.7㎝, 臺灣 國立故宮博物院. 양해(梁楷)는 남송 시대 화가로 주로 항주에서 활동하였는데 필묵의 농담과 간략한 선으로 생동하는 인물의 정신세계를 그려내는 것이 특징이다. 이 그림은 〈이백행음도(李白行吟圖)〉와 함께 그의 대표작 중에 한 하나인데 백거이 시에서 묘사한 술 취한 사람 특유의 초탈하면서도 몽롱하고 천진한 자세와 표정이 잘 드러나 있는 가운데 강한 선취(禪趣)를 느끼게 한다.

석내며 먹고 산다는 뜻이리라.

　술 한잔 먹고 깨어났는데 아직 정신이 덜 들어 잠시 잠인지 생각인지 모를 상태에 있다가 또 몇 발자국 흐느적거리며 걸어간다. 지나가던 아이들이 힐끗 보면서 찡그리기도 하고 어떤 아이들은 손가락으로 머리 옆에 원을 그리며 옆의 친구를 돌아보고 히죽 웃기도 한다. 다소 자조적으로 자신을 묘사하였는데 상당히 태평한 기상이 있고 유머가 있다.

　'蘭珊(난산)'은 흥미가 다해 시들해지거나 의기소침한 것을 말한다. '蘭(난)'에 쇠퇴한다는 의미가 있고 '珊(산)'은 패옥 소리라는 의미가 있는데, 패옥 소리가 점점 줄어드는 것에서 '흥미나 의기가 줄어든다.'라거나 영락하다는 뜻이 나오기 때문이다. 벗들과 어울려 술을 마실 때는 흥취가 도도하였지만 술이 깰 때는 아무도 없고 쓸쓸하다. 이것을 적막하다고 표현한 것이다.

　5, 6구에서 술을 많이 마셔본 관록을 느끼게 한다. 술이 깨긴 했지만 아직 정신이 덜 돌아와 눈썹을 내리고 앉아서 고민하는 모양으로 있거나 걸어 갈 때는 앞 발걸음을 뒷발이 미처 호응하지 못하는 등 동작이 굼뜨고 불안하다. 술을 많이 마시는 노인 특유의 행동을 묘사하고 있다. 흥미롭게도 백거이는 이해 가을에 눈병이 나서 이듬해에 낙양으로 돌아오게 된다.

　경쾌한 스케치를 통하여 시인의 자족적인 한 때를 잘 묘사하고 있다. 남송의 화가 양해(梁楷, 12세기 후반~13세기 초반)의 〈潑墨仙人圖(발묵선인도)〉가 절로 떠오르는 시이다. 이 그림이 그려진 부채를 내가 가지고 있는데 그 제화시에 "술로 축축한 옷소매, 아직도 정신은 비몽사몽[淋漓襟袖尙糢糊]"이라는 구절이 있다.

6월

한낮에 나무 그늘 후원을 덮고
잠에서 깨내 이따금 꾀꼬리 소리

憫農
농부의 고생을 생각하며

이신(李紳) _당(唐)

1

春種一粒粟 봄에 좁쌀 할 알 심어
秋收萬顆子 가을에 만 알을 거두네
四海無閑田 세상에 노는 땅 없건만
農夫猶餓死 농부가 굶어서 죽다니

2

鋤禾日當午 한낮에도 김을 매니
汗滴禾下土 포기마다 땀방울 뚝뚝
誰知盤中飧 누가 알리 밥상의 밥이
粒粒皆辛苦 한 톨 한 톨 피땀인 것을

이신(772~846)은 당나라 때 재상을 지낸 시인이다. 원진(元鎭), 백거이(白居易)와 교유하였다. 이 시는 이신의 대표작으로 알려져 있다.

이런 시를 사회시나 애민시라고 한다. 민생고라든가, 학정을 주제로 하여 위정자들을 비판하기도 하고 일반 백성들에 대한 사랑을 드러내기도 한다. 흔히 한시의 주제로 즐겨 다루어지는 풍류나 사교, 한적 등에 비해 이런 종류의 시는 적은 편이지만 그 전통은 아주 오래되었다. 『시경』과 『초사』에 벌써 시의 사회성이 강하게 드러나고 있다. 우리가 아는 요임금 때의 〈격양가〉와 수많은 악부시 중에는 사회시가 생각보다 많다.

그런데 전통 시대의 사회시들은 비참한 현실을 살아가는 당사자들이 쓴 시는 거의 없고 주로 정치에 종사하거나 아니면 비판적인 지식인들이 주로 창작하였다.

우리나라에도 김시습이나 정약용 같은 분이 이런 사회시를 많이 썼지만 어디까지나 신분이 달랐으며, 어무적 같은 경우는 노비의 신분으로 사회시를 썼으나 엄격히 말하면 어머니만 노비이지 아버지는 양반이었다. 조선시대에 중인이나 노비들이 사회시를 썼을 것으로 기대할 수 있지만 홍세태나 유희경의 시를 보면 주로 자신도 사대부들의 풍류를 이해하고 같은 수준의 시를 쓸 수 있다는 것을 보이려고 노력하였지 다른 중인이나 노비들의 불합리한 대우와 사회적 억압을 시로 다루지는 않았다.

오늘날 민주주의의 위대한 점은 누군가의 시혜가 아니라 당사자가 자신들의 색깔과 목소리를 드러낸다는 것이다. 자신의 이익과 권리를 자신의 시각에서 직접 주장한다는 점에서 전통 시대의 민본주의와 본질적인 차이가 있다. 그러나 이마저도 순수하게 민주주의 원리가 지켜지지는 않고 자본과 권력에 의해 굴절되는 경우가 많다.

그렇다면 노동자 본인의 시각으로 직접 목소리를 내지 않은 이런 시들은 의미가 상대적으로 적은 것인가? 그렇지는 않다고 본다. 문학도 회화나 음악과 마찬가지로 하나의 예술적인 면이 있고 또 시를 쓰려면 글을 다루는 능력이 필요하다. 문학과 예술은 주제가 곧 작품이 되지는 않고 형식과 예술성이라는 과정을 거쳐 작품이 완성된다. 심지어 다큐멘터리나 뉴스도 엄밀히 말해 그것이 바로 사실 자체는 아니다. 그렇기 때문에 오히려 좋은 사회시는 문학에 조예가 깊은 시인들이 잘 쓰게 마련이다.

따라서 사회시라고 해도 전달하고자 하는 주제 외에 그 구성이나 의사 전달 방법 등을 눈여겨보아야 하는 것이다.

첫 시는 세상에 빈 땅이 없이 농부가 경작을 하는데 정작 농부가 굶어 죽는 현실을 고발하고 있다. 그 이유를 말하지 않았지만 강렬한 문제 제기만으로 사람들은 그 질문에 공감하고 생각에 잠겨든다. 한 알을 심어 가장 많은 알을 수확하는 조를 심고 천하에 놀리는 빈 땅이 없을 정도로 열심히 일하는데 농부들이 왜 굶어서 죽어야 하는 것인가? 현재의 질문을 던져 보자. 세상에 아파트가 넘치는데 50이 넘도록 열심히 공부하고 일했는데 아직 아파트 한 채도 소유하지 못한 것은 왜 그런가?

두 번째 시는 한 톨의 밥알에 담긴 농민의 고생을 말하고 있다. 내 입에 들어오는 한 숟가락의 밥에는 수많은 밥알이 붙어있다. 첫 시에 쌀을 말하지 않고 조를 말해

모내기(사진 : youngkt son, PIXABAY)

서 더욱 시에 생기가 돈다. 조밥 한 숟가락을 내 입에 넣자면 온 여름 내내 풀과 전쟁을 치러야 하고 가을에 수확을 해야 하고 조 알갱이를 절구에 넣고 찧어 껍질을 벗겨야 한다. 그 밥알 한 톨 한 톨에 농민의 고생이 어려 있다는 말이다.

시는 아주 짧고 간단하지만 던지는 메시지는 강렬하다. 당시에 사람들은 이 시를 보고 상당히 충격을 받았을 것이다. 교화의 측면에서 이 시를 보면 더욱 의미가 살아난다.

四時田園雜興 夏日
여름철 전원의 어떤 흥취

범성대(范成大) _송(宋)

梅子金黃杏子肥　　매실은 노란 금빛 살구는 통통
麥花雪白菜花稀　　보리 꽃은 백설 유채꽃은 드무네
日長籬落無人過　　긴 한낮 찾는 사람 없는 울타리
惟有蜻蜓蛺蝶飛　　잠자리와 나비만이 날아다닐 뿐

범성대(1126~1193)는 소주 출신의 문인으로 양만리(楊萬裏), 육유(陸遊), 우무(尤袤)와 더불어 남송중흥사대시인(南宋中興四大詩人)으로 평가 받고 있다. 1186년, 61세 때 지병이 약간 나아 예전에 은거하던 석호(石湖)로 가서 그날 경치를 보고 느낀 일을 시로 썼는데 한 해가 마칠 무렵 총 60수가 되어, 봄·늦봄·여름·가을·겨울로 각각 12편씩 배정하고 〈사계절 전원의 여러 흥취[四時田園雜興]〉란 이름으로 묶었다. 이 시의 서문에 적힌 내용이다.

이 시는 여름의 처음에 수록되어 있어 60수 중에서 25번째에 해당하는데 계절을 42% 지나간 시점이다. 그런데 지금 이 연재가 153회라 계산하니 우연히 일치한다. 이제 일 년이 중반으로 접어들고 여름임을 숫자로도 실감한다.

籬落(이락)은 籬笆(이파)라고도 하는데 두 글자가 하나의 단어를 이룬 낱말로 외부와의 경계를 구분해 주는 울타리를 말한다. 요즘은 잘 보이지 않지만 예전에는 시골에 가면 물거리나 싸리나무, 대나무 등으로 촘촘하게 엮은 울타리가 많이 있었다. 여기에 수세미나 박덩굴도 올라가고 잠자리도 날아와 앉고 해서 상당히 풍정이 있었다. 이 말은 뜻이 확대되어 마을이라는 의미로도 쓰이고 추상적으로 어떤 지역이나 국경선을 말할 때도 사용하는데 이럴 때는 '藩落(번락)' 등으로 표현하기도 한다.

내가 예전에 매화나무 한 그루를 회사 옥상 정원에 심었는데 사람들이 살구나무라고 한 적이 있다. 그런데 나무도 잘 구분 못하지만 열매는 도무지 분간하기 쉽지 않다. 위에서 매실을 노란 금빛이라 하고 살구를 통통하다고 했는데 그 표현을 뒤집어 사용해도 전혀 이상하지 않을 듯하다.

이 시를 보고서 보리에 흰 눈 같은 꽃이 달리는 것을 알게 되었다. 어려서 보리밭을 많이 보았지만 그때는 보리꽃 같은 게 눈에 들어오지 않았다. 버들개지가 내 눈에 들어 온 것도 객지로 고등학교를 갔다가 시골에 왔을 때였다. 사물이 주변에 있다고 해서 그것을 꼭 인식하는 것은 아니다.

이 시는 아픈 사람이 요양하며 여름의 전원 풍경을 보고 쓴 시라 그런지 힘이 실려 있지 않다. 힘을 빼고 한가로우면서도 무연하게 바라본 풍경이 이렇게 시에 담긴 것이다. 그런데 시의 전원 풍경을 바라보면 절로 사람이 보이고 두런두런 이야기가 들려오는 듯하다.

五月一日作
5월 1일에 짓다

육유(陸游) _송(宋)

處處稻分秧	곳곳마다 벼는 모내기를 하고
家家麥上場	집집마다 보리는 타작을 하네
敢悲身老大	이 몸이 늙었다고 슬퍼하리오
獨幸歲豐穰	풍년들어 다행하기만 한 것을
酪美朱櫻熟	우유는 맛있고 앵두는 빨가며
菰青角黍香	줄풀 푸르고 쫑즈는 향기롭네
翛然一竹几	속세를 떠나듯 죽부인을 안고
飽受北窓涼	북창의 시원한 바람 만끽하네

오늘 광화문에서 덕수궁까지 걸어가 보니 눈부신 햇살이 단오가 머지않았음을 실감하게 해 준다. 이 시는 초여름의 싱그러움이 절정을 향해 치닫는 5월 초하루의 시골 풍경을 노래하고 있다. 가끔 산수화나 풍속화를 보면 노인이 지팡이를 짚고 들판을 바라보거나 시원한 집에서 낮잠을 자는 모습을 만나게 되는데 이 시는 그런 평화스러움과 풍요로움을 담고 있다.

예전에 농사철에는 채마밭으로 쓰고 수확기에는 타작마당으로 쓴 것을 흔히 '장포(場圃)'라 한다. 麥上場(맥상장)은 '수확한 보리를 마당으로 실어 나른다.'는 말이니 결국 보리타작을 한다는 뜻이다. '처처˘도˘분앙이요, 가가˘맥˘상장이라'로 끊어 읽어야 한다.

　몸이 늙어 모내기에도 참여하지 못하고 보리타작도 도와주지 못한다. 그래도 이런 풍년이 고맙기만 하다. 지금 시골에 가면 70, 80 먹은 사람이 일을 하니 2, 3구의 의미를 알기 쉽게 설명해 주면 어떤 반응을 보이실지 궁금하다.

　'酪(낙)'은 소, 말, 양 등에서 짜 낸 젖[乳]을 말한다. 이를 통칭하는 말을 알지 못해 우유로 번역했다. 朱櫻熟(주앵숙)은 붉은 앵두가 익었다는 말이니, 결국 앵두가 발갛게 익었다는 말이다. 角黍(각서)는 쫑즈(粽子)를 말한다. 찹쌀에 잣 등 고명을 넣고 고엽(菰葉), 즉 줄풀 잎사귀에 싸서 찐 음식을 말한다. 이 쫑즈의 재료가 아마도 처

쫑즈(粽子)(사진_Jason Goh, PIXABAY)

음엔 기장이고 삼각형 형태로 만들기에 이런 이름이 붙은 것으로 보인다. 전에 소삼협을 여행할 때 배가 잠시 정박하면 인근 마을 소녀들이 이 쫑즈를 바구니에 넣어 와서 팔았는데 그때 더 많이 사 주지 못한 것이 아쉽다.

'翛然(소연)'은 아무런 구속도 받지 않고 자유롭게 날아다니는 것을 말한다. 그러니 '빠르다'라거나 '세속을 떠난다'는 뜻이 나온다. 여기서는 뒷방 문을 열어 시원한 바람을 쐬니 신선이 된 것 같은 느낌을 이런 의태어로 표현한 것이다. 죽궤(竹几)는 죽부인을 말한다.

이 시는 마지막 2구만 산구이고 앞의 6구는 모두 대구를 쓰고 있다. 초여름의 정취를 이만큼 담아낸 시도 드물다. 계절도 요즘에 딱 맞아서 이런 풍경을 주변에서 보는 분들은 더욱 읽을 맛이 나지 않을까 한다. 여름은 북창의 서늘한 바람이 고맙기만 한 계절이다.

采蓮曲
연밥 따는 노래

왕창령(王昌齡) _당(唐)

荷葉羅裙一色裁	연잎과 치마 한 비단으로 만든 듯한데
하엽라군일색재	
芙蓉向臉兩邊開	양쪽에서 얼굴 향해 연꽃이 피어 있네
부용향검량변개	
亂入池中看不見	연못 안으로 깊이 들어가 안 보이더니
난입지중간불견	
聞歌始覺有人來	노랫소리 들리니 그 처녀 오는가 보네
문가시각유인래	

중국의 강남은 물이 많고 기후가 따뜻해 연이 자라기 좋은 환경이다. 그래서 자연스럽게 연못에 연을 키우고 그 열매를 따서 식용하는 문화가 발달하였는데 여름에 연밥을 채취하기 위해 참외 씨 같은 배를 타고 연밥을 딴다. 강남 지역을 여행하다 보면 물뿌리개 꼭지처럼 생긴 연밥을 따서 파는 것을 사 먹을 수 있는데 매우 고소하고 담백하다.

필자는 이 채련 풍속을 잘 알지는 못하는데 지금 이 시에서도 보듯이 채련에 반드시 노동의 의미만 있는 것은 아닌 것으로 보인다. 일종의 젊은 여인들이 바람도 쐬고 남자를 만나는 기회가 아닐까 한다.

지금 이 소녀도 비단 치마 차림이다. 노동을 위해서라면 왜 비단 치마를 입겠는가? 그 치마가 파래서 연잎과 같으니 시인이 같은 푸른 비단으로 만든 것 같다고 말한다. 또 연꽃이 이 소녀의 얼굴 양 옆에서 피어 있다고 말한다. 그렇다면 연잎과 비단 치마는 같이 푸른색이고 소녀의 얼굴과 연꽃이 같이 붉은 색이니, 이 소녀가 작은 배를

唐寅, **採蓮圖** 卷, 明(1520), 35x 150.2㎝, 臺灣 國立故宮博物院.
이 그림은 아직 밤안개가 다 걷히지 않은 첫새벽에 한 사람이 노를 저으며 채련을 하는 광경을 그린 작품이다. 언뜻 보면 신경을 덜 쓴 서투른 작품처럼 보이지만 박물관 도록에서는 당인(唐寅) 만년의 걸작이라 소개하고 있다. 이 그림 뒤에는 문징명의 맏이이자 전각으로 명성을 떨친 문팽(文彭, 1498~1573)이 광초(狂草)로 쓴 〈채련곡〉이 길게 붙어 있는데 그림의 방종한 기미와 잘 어울린다.

採蓮曲

타고 연 못 속으로 들어가면 어떻게 구분하겠는가?

시간이 좀 흐르고 난 뒤, 허전한 마음에 발길을 돌리려는 때에 노랫소리가 들려온다. 아! 그 소녀가 저기 오는가보군! 색깔로는 알 수 없고 소리로만 짐작할 뿐이다. 소녀의 아리따움과 시인의 마음의 변화를 함께 그려내고 있다. 이 노래를 부르며 소녀들이 연밥을 따면 듣는 남자의 마음이 어떠할까? 깔깔거리며 연잎을 헤치고 연밥을 따는 소녀들, 한 폭의 초여름 연당의 풍정이 감돈다.

왕창령(698-757)은 장안 출신으로 당 현종 때 주로 활약한 시인이다. 이백, 왕유, 맹호연 등 많은 시인들과 교유가 있었고 변새시(邊塞詩)와 규원시(閨怨詩)로 특히 이름이 났다.

156 6월 5일

首夏山中行吟
수 하 산 중 행 음
초여름 산길을 가다가

축윤명(祝允明) _명(明)

梅子青	매실은 푸르고
매 자 청	
梅子黃	매실은 누렇네
매 자 황	
菜肥麥熟養蠶忙	채소는 통통 보리는 익고 누에치기에 바쁘네
채 비 맥 숙 양 잠 망	
山僧過嶺看茶老	산승은 고개를 넘어 차를 시킨 지 오래
산 승 과 령 간 다 로	
村女當壚煮酒香	시골 아낙 주막에서 매실주 달이는 향기
촌 녀 당 로 자 주 향	

 제목의 吟(음)은 '시를 읊는다.'는 의미이지 고시의 한 문체인 음(吟)은 아닌 듯하다. 2, 3, 5구에 운자를 단 사(詞)이다. 산승이 고개를 넘어 다리도 쉴 겸 찾아든 주막에서 승려 신분이라 술은 시키지 못하고 차를 주문했는데 뭘 그렇게 꾸물거리는지 한참을 기다려도 나오지 않는다. 한참 목이 마른데 매실을 넣어 달이는 술 향기가 스님의 코에 닿는다.

 파란 매실이 어느덧 누렇게 익었다. 그걸 따서 술을 만들어 먹는 것만 해도 이미 초여름의 정취를 미각으로 만끽할 만한데 고개를 넘어 온 목마른 스님까지 나와 매우 인상적인 자극을 남긴다. 마치 무슨 화두를 받은 것인가? 졸다가 죽비로 어깻죽지를 얻어맞은 것인가? 정신이 얼떨떨하다. 소주 교외에서 흔히 볼만한 토속적 한 장면을 일순간에 선미(禪味) 어린 시로 승화시키고 있다.

'看茶(간다)'는 '차를 가져오라'는 뜻의 일상적인 말이며, '老(노)'는 그런 주문을 한 지 시간이 많이 흐른 것을 말한다. '當壚(당로)'는 목로주점에서 개방된 부뚜막을 말한다. 사마상여의 고사에 나온다. '煮酒(자주)'는 132회에서 소개하였는데 매실을 넣어 중탕으로 술을 달이는 것을 말한다. 앞에 파란 매실이 노랗다고 한 것은 이 부분의 술 향기를 드러내기 위한 복선이다.

2014년 겨울, 소주 도화오 발전 유한공사(蘇州桃花塢發展有限公司) 직원의 안내를 받아 당인 고거(故居)를 관람하였는데 사당을 복원하고 있었다. 그곳에 축윤명(1460~1526), 문징명(文徵明, 1470~1559), 당인(唐寅, 1470~1523)을 제향하며 다음 해에 일반에 공개한다는 설명을 들었다. 이 세 사람은 그림과 글씨로 교유하며 오문(吳門)의 서화를 이끈 인물들이다. 당인도 글씨를 잘 썼지만 일세를 풍미한 것은 아무래도 문징명과 축윤명이며 두 사람은 모두 시인으로도 이름이 났다. 이 한 수의 시로 축윤명의 시에 대한 강한 인상을 남기고 관심을 일으킨다.

대만 상무인서관에서 나온 『明代書法(명대서법)』(2001)과 『豪端萬象(호단만상)』(2013, 고궁박물원 축윤명 서법특전 도록) 등을 통해 축윤명의 글씨를 두루 감상할 수 있는데, 〈시첩(詩帖)〉과 〈칠언율시권(七言律詩卷)〉을 보면 그의 초서 수준을 알 수 있다. 장위(張謂)가 회소(懷素)의 글씨를 두고 쓴 시에 "달아나는 뱀이 자리로 기어드는 형세이고, 비바람이 몰아치는 소리가 집에 가득하다.[奔蛇走虺勢入坐, 驟雨旋風聲滿堂]"는 평이 축윤명에게도 부합함을 확인하게 된다.

이 시는 축윤명의 문집 『懷星堂集(회성당집)』 권5에 실려 있다.

端午卽事
단오즉사
단옷날에

문천상(文天祥) _송(宋)

五月五日午	오월 오일 단옷날에
오 월 오 일 오	
贈我一枝艾	누가 쑥 한 가지를 주네
증 아 일 지 애	
故人不可見	고인은 만날 수가 없고
고 인 불 가 현	
新知萬里外	새 벗은 만 리 밖에 있네
신 지 만 리 외	
丹心照夙昔	지난 날 충성을 다 했고
단 심 조 숙 석	
鬢髮日已改	이제 머리가 날로 세네
빈 발 일 이 개	
我欲從靈均	나 굴원을 따르려 하나
아 욕 종 령 균	
三湘隔遼海	소상강 요동에서 멀구나
삼 상 격 료 해	

문천상(1236~1283)은 남송 말기 원나라에 대항해 의병을 일으켰다가 원나라에 잡혀가 〈正氣歌(정기가)〉를 짓고 순국한 충신이다. 이 시는 1276년에 원나라 군에 잡혀 있다가 연해 지역으로 탈출한 상황에서 송나라 사람에게 무고를 당하여 자신의 마음을 밝히기 위해 쓴 시로 보인다.

단오는 양의 기운이 왕성한 날이다. 이런 양덕(陽德)은 광명정대한 것을 지향하므로 이 시의 주제인 단심(丹心)을 밝히기에 좋은 날이다. 누군가 단오 풍속으로 쑥 한 가지를 가져다 준 것이 시상을 촉발하였다. 자신이 모범으로 삼는 제갈량이나 악비(岳飛) 같은 충신은 고인이라 만나 볼 수가 없고 뜻을 함께 한 동지들도 뿔뿔이 흩어져 있다.

송나라에서 자신이 조국을 배반했다고 말하지만 나의 지난 행적을 돌아보면 일편단충(一片丹忠)으로 일관했다. 머리가 희어지기 시작하는 지금까지 말이다. 나는 초나라 충신 굴원을 따라 가고 싶다. 그러나 굴원이 5월 5일에 투신한 멱라수가 흘러드는 소상강은 이곳 요동의 바다와는 너무도 멀다.

첫 구에서 午(오) 한 자로 단오를 나타냈다. '단심조숙석(丹心照夙昔)', '단심이 지난 날을 비춘다.'는 말은 자신의 지나온 길이 충절을 다 바친 삶이라 말한 것이다. 영균(靈均)은 굴원의 자이고, 遼海(요해)는 요하 지역의 바닷가를 말한다. 三湘(삼상)은 소상강 일대의 湘(상) 자가 들어가는 세 지역을 합친 말이다.

午(오), 艾(애), 丹心(단심), 靈均(영균), 三湘(삼상) 등 단오와 관련이 있는 시어를 구사하며 자신의 생각을 자연스럽게 드러내고 있다.

이 시도 보면 我(아)가 2, 7구에 중복되어 있다. 이는 한시에서 크게 꺼리는 것이다. 전에 요즘 한시를 쓰는 사람을 보면 평측과 한시의 여러 규칙을 까다롭게 따지는 것을 더러 보았다. 그런데 내가 이 책에서 소개한 한시 중 이런 규칙을 어긴 작품이 수두룩하다. 예전의 대가들이나 저명인사들이 이런 규칙을 몰랐겠는가? 표현하고자 하는 뜻과 자연스러움이 형식적 틀과 규칙보다 우선하기 때문이다. 한시가 가슴 속의 뜻을 표현하는 것이지 단순히 형식에 맞추어 말놀이를 하는 것은 아니지 않는가?

지금은 악비와 문천상이 다 충신인 줄 알지만 당대에는 오히려 의심을 받았다. 이순신도 그렇지 않은가? 지금 세상에 보면 국민을 속이고 나라를 해치는 무리들이 말끝마다 안보를 외치며 정작 특전사 출신 대통령을 빨갱이라 하고 좌파며 종북이라 한다. 일제 때 만주와 국경 일대에서 일본 군대와 위만 군대를 상대로 항일 유격전을 벌이던 투사들을 토비나 공비로 몰아붙이던 일제 관헌들의 습성을 그대로 이어받고 있다. 이런 시국에 천불이 나고 복장이 터지는 사람은 이 문천상의 시를 가슴으로 이해할 것으로 생각한다. 현충일과 단오를 맞이하여 이보다 더 좋은 시가 어디 있겠는가?

乙卯重五詩
을묘년 단옷날에

육유(陸游) _송(宋)

重五山村好	단옷날 산촌 풍경 좋거니
榴花忽已繁	석류꽃 어느덧 만개하였네
粽包分兩髻	쫑즈는 양쪽에 뿔을 만들고
艾束著危冠	쑥 다발 높은 관에 꽂았네
舊俗方儲藥	오늘부터 약초 저장이 풍속
羸軀亦點丹	약한 몸이라 단약을 먹네
日斜吾事畢	해 저물어 할 일 다 마치고
一笑向杯盤	술상 앞에 두고 웃어 보네

    이 시는 육유(1125~1210)가 71세 때인 1195년에 소흥에 있을 때 지은 시이다. 남송 시대 단오 풍속을 소재로 하고 있다. 지금부터 824년 전이다.

    단오 무렵에는 산촌에 날씨나 풍경이 다 좋은데 석류꽃이 발갛게 피어 풍치를 더한다. 아침에 일어나 총각 모양의 쫑즈(粽子)를 먹고 쑥도 뜯어 관에 달았다. 오래된 풍속이다. 이날부터 약초를 뜯어 저장하고 단약을 만들어 먹어 건강과 장수를 기원하는데 그런 일을 나도 조상들처럼 해 본다. 어느새 하루가 저물고 한잔 술을 웃음으로 맞이한다.

端午(단오)의 端은 初(초)의 의미이며, 午는 음력 5월을 의미한다. 하나라가 寅月(인월), 즉 정월을 한 해의 첫머리로 삼았기 때문에 그 달부터 인묘진사오… 이렇게 세면 午月(오월)이 5월이 된다. 그리고 5월만 특별히 초하루를 단일이라고 하고 이런 식으로 세어 5일이 端五가 된다. 이런 연유로 端午와 端五는 섞여 사용된다. 어원을 따지고 들면 간단치 않지만 5월 5일이 단오인 것은 분명하다. 이 시에서 중오(重五)라 한 것은 5가 겹쳤다는 말이니 결국 5월 5일이다.

分兩髻(분양계)란 말은 쫑즈의 양쪽에 상투 모양의 뿔을 하나씩 만들었다는 말이다. 보통의 쫑즈는 삼각형으로 만들지만, 어떤 지역의 경우 사각으로 만든 뒤에 쫑즈를 싸는 잎으로 다시 허리를 조여 매면 양쪽에 소뿔이나 총각 모양이 나오는데 이걸 말하는 듯하다. '쫑즈의 양쪽을 총각 모양으로 만들었다.'는 말은 그렇게 쫑즈를 만들어 먹었다는 말로 이해된다. 쫑즈의 다른 말인 각서(角黍)란 말이 아마도 이런 소뿔 모양에서 비롯된 것으로 보인다. 지금은 총각이라고 하면 보통 소년기는 지났지만 아직 결혼을 하지 않은 남자를 처녀와 상대하여 부르는 말이다. 그런데 총각(總角)은 이미 『시경』에 나올 정도로 오래되었는데 주로 소년들의 머리 형태를 말한다. 머리 양쪽을 틀어 묶어 마치 2개의 뿔처럼 만들기 때문에 그런 이름이 붙은 것이다. 중국의 산수화에 보면 차를 달이고 금(琴)을 들고 뒤따르거나 시종을 하는 동자들이 많이 나오는데 그들의 머리 모양이 총각인 경우가 많다.

點丹(점단)의 點은 '먹었다'는 말이다. 점심(點心)이 이런 용법이다. 즉 단약을 만들어 먹었다는 뜻이다. 아침에 쫑즈를 먹은 뒤에 하루 종일 약도 마련하고 단약도 조제하고 하느라 해질 무렵이 되어서야 드디어 내가 오늘 할 일을 마치고 쉴 여유가 찾아온다. 술상을 보아 한잔하면서 무사히 단오 때 해야 할 일을 다 했다는 안도감에서 밝은 웃음이 나온다. 전통의 계승에 대한 책임 의식을 노인들이 어떻게 느끼는지 알 수 있는 장면이다. 얼핏 생각하기에는 그냥 계승되어가는 듯하지만 누군가의 심려와 노고가 있기에 평범한 것이 지금도 평범할 수 있는 것이다.

夏意
여름의 맛

소순흠(蘇舜欽) _송(宋)

別院深深夏簟清	깊은 후원에 대자리도 서늘한데
별원심심하점청	
石榴開遍透簾明	활짝 핀 석류꽃 발 너머 훤하네
석류개편투렴명	
樹陰滿地日當午	한낮에 나무 그늘 후원을 덮고
수음만지일당오	
夢覺流鶯時一聲	잠에서 깨니 이따금 꾀꼬리 소리
몽각류앵시일성	

    소순흠(1008~1048)은 북송의 문인으로 시와 서법에 모두 당대 최고 수준이었다. 지금 소주(蘇州)에 가면 남문을 채 못가 작은 개울 옆에 창랑정(滄浪亭)이 있다. 이 정원은 졸정원(拙政園)이나 유원(留院)보다는 규모가 작지만 나름대로의 특색이 있다. 대나무와 석가산이 인상적이었다. 벼슬에서 밀려나 이 창랑정을 지은 사람이 바로 소순흠이다.

    이 시를 언제 지었는지 알 길이 없으나 이 창랑정에서 생활할 때 지은 시로 보인다. 중국의 정원에는 회랑을 많이 만들고 석가산을 조성하여 그 사이로 길을 꼬불꼬불 내며 사이사이로 물을 흐르게 하고 여러 종류의 화목(花木)을 심는데, 나무 그늘이 드리운 당의 탑상(榻床) 위에 대자리를 깔고 앉아 있으면 여름을 시원하게 보낼 수 있을 것이다. 시 제목에 '意(의)'를 쓴 것은 여름에 대한 자신의 마음이나 기분을 표현한 말이다.

시원한 후원에서 대자리 위에서 독서를 하다가 깜박 한숨 자고 개운한 머리로 일어나니 꾀꼬리 울음이 이따금 들려오는 여름철 특유의 한가하고 낭만적인 정취를 표현하였다. 진나라 처사 도연명이 북창 아래에 누워 불어오는 시원한 바람을 즐기고 있으면 자신이 복희 시대 사람인가 생각이 들 정도라고 시에서 말한 일이 있다. 이 시 역시 여름철 낮잠의 개운하면서도 한가한 맛을 주변 경물과 함께 정취 있게 그려내었다.

우리나라의 송암(松巖) 권호문(權好文, 1532~1587)은 『閑居錄(한거록)』에서 이 시를 인용하고는 만물이 무성한 여름철에 나무 그늘에서 낮잠을 자면서 감상할 만한 시로 이 시를 꼽았고, 시인 상촌 신흠(申欽, 1566~1628)은 『晴窓軟談(청창연담)』에 이 시를 소개하며 위응물의 혼백이 돌아온 것 같다고 하면서 이런 재주를 지닌 시인이 쓰이지 못하고 41세에 죽은 것을 탄식하였다.

三衢道中
삼구산(三衢山) 가는 길에

증기(曾幾) _송(宋)

梅子黃時日日晴	매실 누렇게 익을 때 날마다 쾌청하여
小溪泛盡卻山行	계곡에 배로 가다가 다시 산길로 가네
綠陰不減來時路	뱃길로 올 때보다 녹음이 못하지 않고
添得黃鸝四五聲	게다가 너덧 번 들려오는 꾀꼬리 울음

증기(1084~1166)는 북송과 남송 시대에 걸쳐 산 인물인데 예부 시랑을 지내고 아주 박식한 인물로 알려져 있다. 두보, 황정견의 시를 계승하여 육유에게 전달해주는 시사(詩史)의 위치에 있는 인물이다.

제목의 삼구(三衢)는 절강성 구현(衢縣)에 있는 산 이름이다. 이 시는 초여름 황매가 익어갈 때 날이 쾌청하여 삼구산을 유람하고 그 도중의 정경을 기록한 시이다. 지난 134회에서 소개하였듯이 매실이 익어갈 무렵엔 보통 비가 많이 내리는데 이 시에 매일 날이 좋았다 하니 맑은 초여름 풍경을 특별히 만끽하게 된 것이다. 첫 구에 날 日(일)이 4자나 들어 있는 것도 우연이 아니다. 처음엔 배를 타고 가다가 물길이 다한 곳에서 다시 걸어 산행을 한다. 배로 오는 것도 좋았지만 초여름 산길을 걸으니 뱃길보다 못하지 않은 데다 꾀꼬리 울음소리까지 간간이 들려 더욱 운치가 있었다고 한다.

이 시에 대해 『천가시』 왕상(王相)의 주석에서는 "늦봄에 유람을 나섰다가 초여름에 돌아와 지은 시"라고 풀이하고 있다. 얼핏 보면 매우 탁견인 것처럼 보이나 조금 생각해 보면 이 시의 제목과 어긋남을 알 수 있다. 제목에 '도중(道中)'이란 말을 쓴 것은 삼구산을 유람하는 도중을 말하는 것이지 돌아오는 것을 말하는 것이 아니다. 특히 3구의 '來時(래시)' 부분과 관련해 '녹음이 우거진 것'을 여행을 마치고 돌아가는 상황으로 많은 역자들이 풀이하고 있는데 이는 시를 잘 살펴보지 않아서이다.

사람들이 한시를 이해하는 걸 보면 자꾸 자신이 알고 있는 세계에 한시를 맞추려는 경향이 있다. 그래서는 안 된다. 시인이 말하는 목소리 자체에 귀를 기울여야 한다. 돌아올 때가 갈 때보다 좋다는 평범한 이야기를 뭣 하러 시에 쓰겠는가?

이 사람이 삼구산을 여행한 교통편을 주의해 보아야 한다. 처음엔 뱃길로 이동해 더 이상 물길로 갈 수 없어 산길로 걸어갔다고 2구에서 진술하였다. 당시 사람들 생각에 배로 가면 편하고 산길로 가면 힘들다는 생각이 있기 때문에, 산길을 걸어가는 정취가 이 삼구산에 처음 뱃길로 '올 때'의 강변 풍경에 비해 녹음도 부족하지 않고 게다가 꾀꼬리 울음까지 곁들여져 더 좋다고 말하는 것이다.

이 사람이 이런 말은 하는 것은 예전 진나라 때 왕자유(王子猷)가 눈 내리는 겨울 달밤에 흥이 나서 대규(戴逵)를 찾아 갔다가 흥이 다하여 돌아 온 적이 있는데 그때 배를 이용한 것을 염두에 두었기 때문일 것이다. 다들 뱃길로 여행하는 것이 좋다고 하지만 자신이 이번에 삼구산에 가보니, 초여름 녹음 우거진 산길을 직접 걸어가는 정취가 아주 좋다고 이 시인은 말하고 있는 것이다. 장마 기간에 날씨가 화창해 좋고 직접 걸어서 산길을 걷는 것도 좋았다는 즐거운 체험이 시행에 녹아 있다.

佚名, **天下名山圖** 冊 中 **三衢山**, 淸, 덴마크 왕립도서관.

〈천하명산도〉는 제작 시기와 작가가 분명하지 않은 판화이다.
총 61폭의 명산이 그려져 있는데 판각 수준이 매우 정교하다.

6월●한낮에 나무 그늘 후원을 덮고 잠에서 깨니 이따금 꾀꼬리 소리

五月十九日大雨
5월 19일 큰 비가 내리다

유기(劉基) _명(明)

風驅急雨灑高城	바람이 몰아온 소나기 성벽에 퍼붓고
풍구급우쇄고성	
雲壓輕雷殷地聲	구름에 덮인 우레 우르릉 땅을 흔드네
운압경뢰은지성	
雨過不知龍去處	소나기 지나가자 운룡은 간 데 없고
우과부지룡거처	
一池草色萬蛙鳴	못엔 온통 풀빛 와글와글 개구리 합창
일지초색만와명	

예전에 한시에는 원래 제목이 없는 작품이 많다. 이런 경우는 시선집을 편찬하거나 기록하는 사람이 정한 경우가 많다. 가령 유명한 정지상의 〈送人(송인)〉도 본래 제목이 없어 어떤 사람은 〈대동강〉으로, 또 어떤 사람은 〈南浦(남포)〉라고 하였다. 모두 그 시에 나오는 시어로 제목을 삼은 경우이다. 그림도 이와 같아 후대 감정가나 연구자들이 지은 경우가 많다.

이 시의 경우는 제목이라기보다는 서문에 가깝다. 한시에는 이처럼 서문을 제목으로 삼은 경우가 많아 어떤 제목은 시 본문보다 길다. 이는 엄밀히 말하면 제목이 아니고 서문이므로 누군가 제목을 정해주어야 한다. 이 시의 경우 〈여름 소나기〉 정도로 지을 수 있다.

여름철, 순식간에 먹장구름이 몰려와 하늘이 컴컴해진다. 우레가 지축을 뒤흔들고 소나기가 성벽에 쏟아질 때에는 두려움마저 일기도 한다. 이윽고 구름은 간 데 없고 해가 난다. 비에 씻긴 연못의 풀들은 더욱 싱그럽고 개구리들은 일제히 울어댄다. 이런 광경을 지켜보던 시인은 이것이 마치 인생의 한 비유인 것 같은 생각을 한다.

유기(1311~1375)는 22회에서 잠깐 소개하였듯이 주원장을 도와 명나라를 건국한 정치인이자 저명한 문인이다.

3구에서 용(龍)을 말한 것은 『주역』에 '구름은 용을 따르고 바람은 범을 좇는다.[雲從龍, 風從虎.]'라는 말이 있기 때문이다. 운룡(雲龍)이란 말도 여기서 나온 것이다. 구름이 용을 따라 몰려와 천둥 치고 비바람 몰아치더니 그런 조화를 일으키던 용은 어디를 간 것인지 알 수 없다. 날씨의 변화가 놀랍기만 하다.

우리 인생도 천둥이 치고 비바람 몰아칠 때는 앞이 캄캄하다. 내가 여기서 살아날 수 있을까? 나에게 내일이 있을까? 그러나 다시 때가 되면 해가 나듯이 새로운 날들이 거짓말처럼 찾아온다. 시인은 소나기와 우레 뒤에 찾아오는 싱그러운 풀빛과 개구리 소리의 희망을 전하고 있다.

夏詞
여름의 노래

지생(智生) _청(淸)

炎威天氣日偏長   더운 날씨에 유난히 해도 길어
汗濕輕羅倚畫窓   창가에 있어도 옷에 땀이 나네
蜂蝶不知春已去   벌 나비는 봄이 간 줄 모르고
又銜花瓣到蘭房   또 꽃잎 물고 난방을 찾아오네

    지생(1635~1653)이란 시인을 처음 알았는데 이토록 교묘한 시를 쓰다니 놀랍기 그지없다. 작품에서 다루고 있는 소재는 아주 사소한 것이지만 그 독특한 함축은 묘한 난초 향기를 풍긴다.
    연전에 국립중앙박물관에서 특별전 〈근대서화〉를 열었는데 평양 기생의 묵란도(墨蘭圖) 몇 점이 나왔다. 난초를 친 필선이며 화면에 쓴 글씨가 매우 단정하고 귀여운 태가 있었다. 현대 여성들과 달리 전통 시대의 여류 시인이나 화가들은 독특한 정취가 있다. 이 시에 바로 그런 향기가 물씬 배어나온다. 더욱이 이 시인은 여승이다.
    지생은 항주 사람으로 속명은 황애(黃埃)이다. 결혼하기로 약속한 상태에서 과부가 되어 출가하였다. 나이 19세에 병이 걸려 부모를 위로하고 웃으며 죽었는데 『금강경주해』와 약간의 시문을 남겼다. 큰아버지한테 시를 배워 시도 잘 쓰고 금(琴)도 타고 독서도 좋아하였으며 인물도 좋고 총명한 여성인 것으로 전해온다.

蘭房(난방)은 이 시인의 거처를 말하는 것으로 보인다. 여름에 찾아오는 벌과 나비. 이미 출가한 아름다운 여성이자 여승. 물고 온 꽃잎은 사랑을 호소하는 편지일까? 가혹한 세상의 시련은 여름 더위보다 더 맹렬할 것인데, 자신은 더 이상 이성의 사랑을 받을 수 없는 몸인데 그래도 찾아오는 벌과 나비들! 그토록 매정하게 대했건만 또!!

163 6월 12일

約客
온다는 손님은 안 오고

조사수(趙師秀) _송(宋)

黃梅時節家家雨	매실이 익을 무렵 집집마다 비 내리고
青草池塘處處蛙	푸른 풀 연못에는 곳곳에 개구리 울음
有約不來過夜半	한밤 지나도록 온다는 손님 오지 않아
閑敲棋子落燈花	무료하게 바둑 두니 불똥이 떨어지네

매실이 누렇게 익을 무렵에 강남에는 비가 자주 온다. 마을의 지붕에는 비가 내리고 처마 아래에서 낙숫물 떨어지는 소리가 들린다. 연못에는 풀이 무성한데 개구리 울음 소리가 쉴 사이 없이 들려온다. 누군가 내방하기로 약속을 했다. 술과 차도 준비했다. 그런데 손님은 한밤이 지나도록 오지 않는다. 무료함을 달랠 겸 바둑을 둔다. 바둑 알 놓는 진동에 등잔 심지에 맺혔던 불똥이 떨어진다.

초여름 밤 낙숫물 소리를 들으며 손님을 기다리다가 바둑을 둔다는 이야기가 물씬 여름의 정취와 함께 알지 못할 향수에 젖게 만든다. 두터운 바둑판에 땅땅 바둑알을 올려 놓다보면 신선이 따로 없다. 둘이 두면 더 좋지만 혼자서도 이리저리 수를 생각하면서 두어보는 중이리라.

『詩人玉屑(시인옥설)』에 수록된 『柳溪詩話(유계시화)』에서는 이 시를 두고 "내용

閒敲棋子落鐙花
辛巳秋八月曉樓費丹旭寫

費丹旭, 閒敲棋子圖 軸, 淸, 紙本設色,
102.8×41.9cm, 소장처 미상.
비단욱(費丹旭, 1802~1850)은 절강성 호주(湖州) 출신으로 가전(家傳)을 이어 산수를 잘 그렸거니와 사녀도에 특히 뛰어난 화가이다.
이 그림 상단에 이 시의 마지막 구절 '무료하게 바둑 두니 불똥이 떨어지네[閒敲棋子落燈花]'가 적혀 있는 데서도 알 수 있듯이 시의 의경을 그려낸 시의도(詩意圖)이다. 그림을 보는 즉시 한아(閒雅)한 여성의 고풍스런 옷차림과 머리 모양에 눈길이 가는데 가느다란 손가락과 함께 귀부인의 특징을 잘 드러내었다. 본래 시의 화자는 남성이지만 흰 장막 안에 등불을 켜 놓고 손을 턱에 괴고 바둑의 수를 생각하고 있는 여인의 모습에서도 시에서 말한 한가함이 잘 느껴진다.

은 진부하지만 말은 참신하다.[意雖腐而語新]"라고 평했다. 평자는 이런 시를 많이 접한 모양이다. 지금 우리에게 이런 내용은 잘 다가오지 않지만, 왜 이런 말을 한 것인지 한번 음미해 보기 바란다.

燈花(등화)는 등잔의 심지 끝에 타고 남은 찌꺼기가 꽃 모양으로 매달린 것을 말한다. 우리말의 불똥과 다르지 않다. 중국인들은 불이 꺼질 무렵 이 불똥이 떨어지는 것을 길조로 여기기도 하는 모양이다.

예전 서울역 근처 다방에서 밤을 새우며 바둑을 두고 종로에서 방내기를 하고 돈이 털려 정릉까지 걸어오기도 했는데 그 많던 기원들이 지금은 다 사라진 것으로 보인다. 예전 정릉에 살 때 저녁 해거름에 쌀가게 앞으로 나오면 바둑 두는 사람들이 몰려 있었는데 지금은 어디에 이런 풍경이 있을지 모르겠다. 시의 내용과는 무관하게 바둑이 옛 추억을 불러일으킨다.

조사수(1170-1219)는 송 태조 조광윤의 8세손으로 절강성 온주(溫州) 사람이다. 호가 영지(靈芝), 낙천(樂天)이고 5언시를 특히 잘 썼는데 이 시인의 대부분 시가 5언시이다.

天淨沙 _ 夏
천정사 _ 여름

백박(白樸) _ 원(元)

雲收雨過波添	구름 걷히고 비 그치고 물 불어나고
樓高水冷瓜甜	누각 높고 물 차갑고 참외 달콤한데
綠樹陰垂畵簷	푸른 나무 드리운 그늘 아름다운 집
紗廚藤簟	비단 휘장 등나무 자리
玉人羅扇輕縑	미인은 비단 부채 들고 얇은 옷차림

비가 지나가고 맑게 갠 날씨에 참외 향기도 달콤한데 녹음이 드리운 아름다운 집, 비단 휘장에 등나무 자리를 깔고 얇고 가벼운 비단 옷을 입고 누워 부채를 가볍게 부치고 있는 미인의 모습을 그리고 있다. 희곡의 어떤 대목에서 이 노래를 부르는지는 알 수 없으나 여름철 미인의 아름다움을 고혹적으로 묘사하고 있다. 참외의 달콤한 향기와 여러 비단을 등장시킨 것도 여름의 오수에 잠긴 미인을 위한 소품으로 보인다.

〈天淨沙(천정사)〉는 곡패(曲牌) 이름이다. 곡(曲)이란 바로 원나라 때 유행한 희극에서 부르는 노래, 산곡(散曲)을 말하고 패란 그 명패(名牌), 즉 명칭을 말한다. 그럼 천정사는 무슨 뜻인가? 이것 자체를 설명한 문헌은 알지 못한다. 다만 이 곡패를 〈塞

上秋(새상추))라고 하며 그 기원은 금나라 때 무명씨가 지은 사(詞)에 "변새의 맑은 가을 이른 추위[塞上淸秋早寒]"라고 한 구절로 알려져 있다. 원래 제목이 없는 노래를 그 가사 일부를 인용해 제목으로 삼은 것을 알 수 있다. 이 구절 앞에 "평평한 모래 가는 풀 선명하고, 감도는 시내 흐르는 물 잔잔하네[平沙細草班班, 曲溪流水潺潺.]"라고 되어 있는 문맥을 볼 때 '천정사'는 '맑은 가을 하늘 아래의 모래사막'인 것을 알 수 있다. 이 노래가 본래 북방 사막에서 유전되었다고 하는 것과도 일치한다. '천정사'는 처음의 이런 유래는 나중에는 의미가 없고 곡조의 이름만이 실질적 의미로 남은 것이다.

〈천정사〉는 5구 28자로 되어 있는데, 1, 2, 3, 5구는 각 6자이고 4구만 4자이다. 1, 2, 5구는 운자와 평측이 완전히 동일하다. 또 전구에 압운을 하되 3구는 평성자 압운을, 4구는 측성자 압운을 하고, 3구의 다섯 번째, 4구의 네 번째 글자는 거성(去聲) 자를 놓아야 한다. 이를 격률에는 '厶'로 표기한다. 그러므로 3, 4구에서 의미와 음률에 변화가 일어났다가 5구에서 정리되는 것을 알 수 있다. 절구가 3구에서 파란이 일었다가 결구에서 정리되는 것과 같은 구조이다. 연구자들에 의하면 〈천정사〉를 곡패로 한 노래가 총 107수이며 이는 원곡 158개 곡패 중 13위에 해당하고 원곡에서는 상용하는 곡패하고 한다.

이 시는 한국어 발음으로 읽어도 매구가 떨어지는 자리에는 동일한 모음 받침, 즉 종성이 같아 각운이 형성되어 있는데다 첫 3구는 '쳠'으로 음까지 같아 읽어보면 흥겨운 박자감을 느낀다. 언어의 조합이 2글자이며 그 구조가 1, 2구는 모두 주술이고, 3~5구는 '陰垂(음수)'만 주술이고 나머지는 모두 수식 구조로 되어 있다. 따라서 해석 순서가 오르락내리락하는 일반 한시에 비해 문자에 대해 밝지 못한 일반 대중들도 쉽게 무슨 말인지 알아듣고 즐겼을 것으로 보인다. 마치 〈춘향전〉에 많은 한문 고사를 쓰고 문자를 쓰지만 어떤 전제된 상황에서 나열하는 방식을 사용하고 있어 의미의 추정이 가능한 것과 비슷하다.

실제 연극의 상황에서 이 노래를 창으로 들으면 더 묘미가 있을 것으로 보이는데 관람할 기회가 팔자에 있을지 모르겠다. 하여튼 시대의 유행에 따라 시가 참으로 다채롭게 변화하는 것을 알 수 있다.

백박(1226~대략 1306)은 개봉부 사람으로 원나라 시대의 저명한 희곡 작가이다. 본명은 백항(白恒)인데 개명하였으며 평생 벼슬을 하지 않았다. 만년에는 금릉, 지금의 남경에 살았다. 관한경(關漢卿), 마치원(馬致遠), 정광조(鄭光祖)와 함께 원곡4대가라 불린다.

賦得櫻桃
앵두에 대한 노래

이세민(李世民) _당(唐)

華林滿芳景	아름다운 숲은 봄 경치가 가득
洛陽遍陽春	낙양에는 온통 따뜻한 봄 세상
朱顏含遠日	붉은 열매는 먼 태양을 머금고
翠色影長津	비취 잎은 긴 강에 그림자 지네
喬柯囀嬌鳥	높은 가지에는 새들이 지저귀고
低枝映美人	낮은 가지는 미인을 비춰 주네
昔作園中實	예전 동산에 달려 있던 열매가
今來席上珍	지금 좌석의 귀한 보배로 왔네

이세민(598~649)은 수나라를 이어 고구려를 침략하다가 안시성에서 양만춘에 의해 눈에 화살을 맞고 돌아간 인물이지만 중국에서는 정관지치(貞觀之治)라 하여 정치를 잘한 영걸로 높이 평가하고 있다.

이 시는 앵두를 소재로 하고 있다. 대구가 가장 잘 된 3, 4구를 보면 앵두와 앵두 잎을 묘사하고 있다. 그런데 앵두가 멀리 떨어진 해를 머금어 발갛게 익었다는 말은

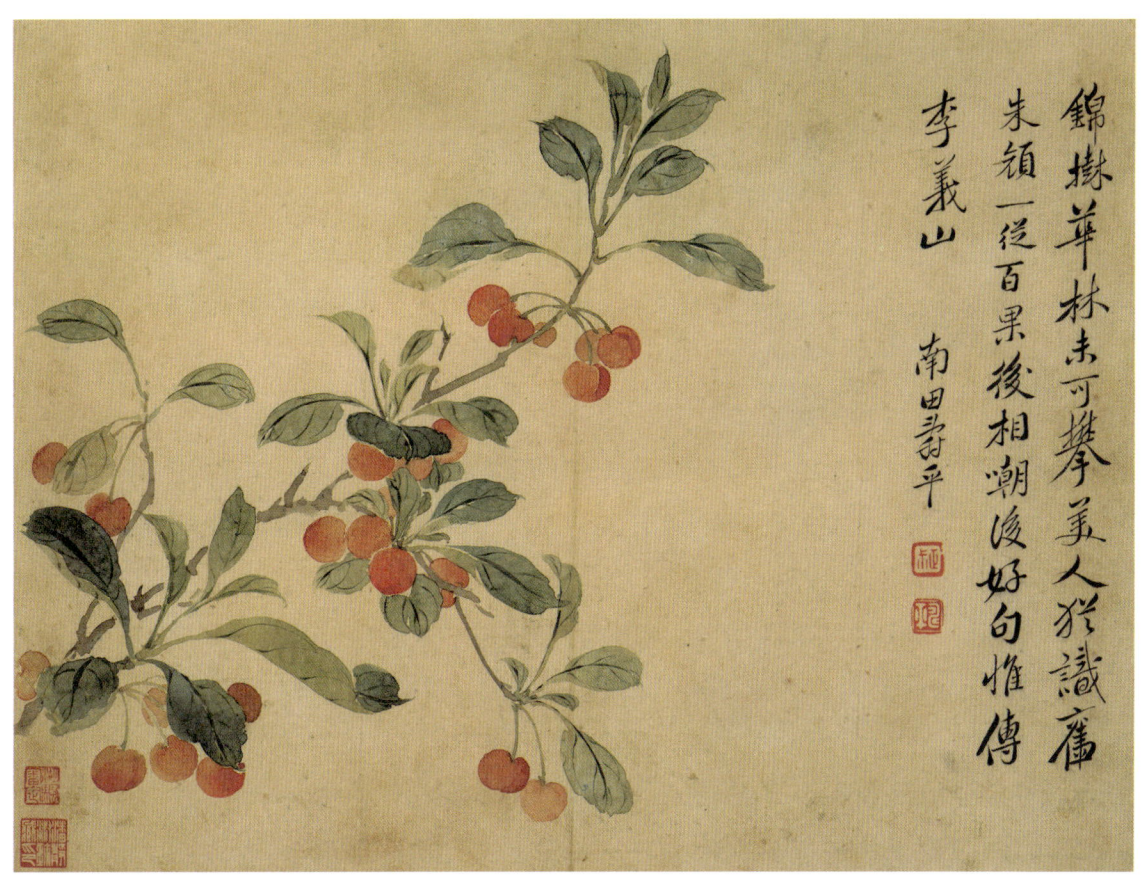

惲壽平, **花鳥草虫圖** 中 **櫻桃圖**, 淸, 紙本設色, 35.7×26.6cm, 中國國家博物館.
여기서 한자로 '櫻桃(앵도)'라 한 것은 지금의 체리를 말한다. 앵두는 체리보다 작은 열매가 가지에 다닥다닥 붙어서 열리고 체리는 이 그림에서 보듯이 꼭지에 긴 열매 자루가 달려 두어개씩 가지에 붙어 있다. 운수평은 체리의 생태뿐만 아니라 체리를 보고 구미가 당기는 사람의 마음까지 싱그럽게 표현해 놓았다.

잘 이해되지만 앵두 잎이 비취빛이라 하는 말은 바로 납득이 되지 않는다. 앵두 잎은 다소 푸석이는 느낌이 나고 노란 빛이 섞여 있기 때문이다.

혹시나 해서 찾아보고 물어보니 여기서 말하는 앵두는 지금의 체리이다. 중국 산동이나 서안에는 앵두가 많이 재배되는데 그 실물을 확인해 보면 모두 체리를 말하지 우리나라에서 흔히 보이는 앵두를 말하는 것이 아니다. 한자 櫻桃(앵도)는 우리의 앵두는 물론 체리와 벚나무의 열매인 버찌까지 포괄하는 넓은 개념을 갖고 있는 것이다. 운수평(惲壽平, 1633~1690)의 〈앵도도(櫻桃圖)〉 등 역대 중국의 화가들이 그린 앵두 그림이 많이 남아 있는데 하나 같이 모두 지금의 체리를 그려 놓았다.

김려(金鑢, 1766~1822)가 함경도 부령(富寧)으로 유배를 가서 그곳 기생 연희(蓮姬)와의 추억을 기록한 연작시 〈그대 무엇을 그리워하나[問汝何所思]〉에 보면 서로 앵두를 따 먹고 논 일이 있다. "연희가 손으로 따서 대바구니에 담으면, 수정같이 동글동글한 열매가 영롱하게 빛나네[蓮姬手摘盛筥籠. 水晶均圓光玲瓏.]"라고 노래한 시의 끝에 김려는 주석을 달아 '영고탑(寧古塔)에서 종자를 가져와 심은 것인데 우안앵(牛眼櫻)이라 한다'고 하였다. 앵두가 소 눈알만해서 붙은 이름으로 보인다. 김려와 연희가 함께 따 먹으며 마주 보고 웃던 우안앵이 바로 이 체리가 아닐까 한다.

예전에 어떤 글을 쓰면서 이 우안앵을 언급한 일이 있는데 전혀 의도하지 않은 곳에서 이 우안앵의 실체를 확인하게 되어 무척 기쁘다. 조선시대에 제주도에서 귤이 올라오면 황감제(黃柑製)라 하는 과거를 치고 신하들에게 나누어 주듯이 당시 중국에서도 이 체리를 귀한 과일로 여겼을 것으로 보인다. 그러기에 시에서 '좌석의 보배[席上珍]'라고 표현하고 이세민이 이런 시까지 쓴 것이 아닐까.

池上二絶
지상이절
연못가에서

백거이(白居易) _당(唐)

1

山僧對棋坐 　바둑판 앞에 마주 앉은 산승
산승대기좌
局上竹陰淸 　바둑판엔 시원한 대나무 그늘
국상죽음청
映竹無人見 　대에 어른대는 사람 하나 없고
영죽무인견
時聞下子聲 　이따금 딱딱 바둑알 놓는 소리
시문하자성

2

少娃撑小艇 　소녀가 작은 배를 저어가
소왜탱소정
偸采白蓮回 　흰 연꽃을 훔쳐 돌아가네
투채백련회
不解藏蹤跡 　다닌 자취 숨길 줄 몰라
불해장종적
浮萍一道開 　부평초에 길이 하나 났네
부평일도개

835년 백거이가 낙양에서 태자빈객으로 있던 64세 때에 쓴 시이다. 연못가로 산책을 나왔다가 우연히 마주한 두 가지 풍경을 시로 형상화하였다. 작은 소품이지만 여름철 정취가 잘 드러나 있다.

대나무 그늘이 우거진 곳에서 두 산승이 마주하여 바둑을 둔다. 이들이 바둑을 두는지 아는 이는 아무도 없다. 지금 이 시를 쓰는 백거이만 옆에서 지켜 볼 뿐. 아주 조용하다. 가끔 '따악' 하고 바둑 돌 놓는 소리만이 대숲을 울린다. 스님들은 청정한 세계를 지향하는데 놀이도 신선과 같으니 잠시 인간 세상을 벗어나는 기분이다. 그래서 바둑의 별칭이 좌은(坐隱)이리라.

어린 소녀가 배를 저어 가서 흰 연꽃을 따서 돌아간다. 采(채)는 探(채)의 의미로 쓴 말이다. 마음에 드는 꽃도 따고 먹을 연밥도 땄으리라. 그러나 누가 이 연꽃을 따 갔는지 훤히 알 수 있다. 연못 수면을 가득 메운 개구리밥에 배를 저어 간 길이 났기 때문이다. 소녀의 천진한 행동이 한 폭의 동화처럼 다가온다.

작은 소품이고 내용도 평이하며 동시적인 요소가 있다. 회화적 이미지가 선명하여 시의도(詩意圖)로 그리면, 풍정이 있어 여름에 감상하기 좋을 듯하다.

俞齡, **竹林七賢圖** 부분, 淸, 絹本設色, 169.2x95.9cm, 中國 濟南市博物館.
유령(俞齡)은 항주 출신의 청나라 화가인데 이름은 널리 알려지지 않았지만 이 그림은 뛰어난 작품으로 보인다.
죽림칠현은 위진 시대에 혼탁한 정치에 등을 돌리고 보신(保身)하기 위해 죽림에서 은거하며 금(琴), 바둑, 차, 술, 서화 등을 취미로 소일하였던 7명의 현자를 말한다. 이 그림은 그 현자들이 죽림에서 노니는 장면을 그린 그림인데 특히 바둑을 두는 장면은 서로 상대의 심중을 잘 아는 호적수가 만나 긴장 속에서 즐거워하는 모습이 인상적으로 묘사되어 있다. 혜강과 완적이 바둑을 잘 두었는데 지금 바둑통을 만지고 있는 사람이 백안시(白眼視)의 주인공 완적이 아닐까 한다.

6월•한낮에 나무 그늘 후원을 덮고 잠에서 깨니 이따금 꾀꼬리 소리

送靈澈上人
영철(靈澈) 상인을 전송하며

유장경(劉長卿) _당(唐)

蒼蒼竹林寺	짙푸른 숲속의 죽림사
杳杳鍾聲晚	가물가물한 저녁 종소리
荷笠帶斜陽	삿갓에 저녁 햇살 받으며
青山獨歸遠	청산에 홀로 멀어져 가네

저 멀리 걸어가는 사람을 보면 무척 아름다운 경우가 있다. 나도 청년 시절에 어떤 소설가가 이불 보퉁이를 메고 걸어가는 뒷모습이 무척 아름답다고 생각한 적이 있다. 지금은 아주 추악한 모습으로 타락하였지만 그 시절엔 그도 아름다웠기 때문에 뒷모습이 그랬을 것이다. 삿갓과 바랑에 물드는 저녁노을, 그가 터벅터벅 자신이 묵는 사찰로 걸어가고 있다.

이 시는 유장경(대략726~대략786)이 769년 내지 770년 무렵에 윤주(潤州), 즉 지금의 진강(鎮江)에서 시승 영철 상인을 만나고 헤어질 때 쓴 시로 알려져 있다. 영철 상인은 당시의 저명한 시승으로 속성은 양(楊)이고 자는 원징(源澄)이며 소흥 사람이다. 본래 회계 운문산(雲門山)으로 출가하여 당시 윤주에 있던 죽림사에 머물고 있었다.

영철 상인이 돌아가는 죽림사는 멀고 숲에 가려 잘 보이지 않지만 저녁 종소리가 아련하게 들려온다. 마지막 구에 '청산'이라 한 것은 바로 첫 구의 '짙푸른 숲속의 죽림사'를 말한 것이다.

  삿갓에 저녁 햇살을 받으며 저 멀리 산문으로 유유히 돌아간다는 뒤의 2구가 너무나 좋다. 죽장에 삿갓 쓰고 바랑 메고 청산을 향해 걸어가는 모습은 더 보태지 않아도 아무 말 안 해도 그 자체로 한 편의 산수화이다. 그런데 멀리서 종소리까지 들린다니. 게다가 뒤에서 정의(情誼) 어린 눈길로 누가 보고 있다니…….

題大禹寺義公禪房
대우사(大禹寺) 의공(義公)의 선방(禪房)에 대해

맹호연(孟浩然)_당(唐)

義公習禪寂	의공은 적막한 선정에 익숙해
結宇依空林	고요한 숲에 선방 마련하였네
戶外一峰秀	문 밖에는 아름다운 봉우리
階前衆壑深	뜰 앞에는 깊숙한 골짜기들
夕陽連雨足	비 그치자 곧 석양이 비치고
空翠落庭陰	그늘진 마당 푸른 숲 어리네
看取蓮花淨	탁한 물 청정한 연꽃을 보니
應知不染心	물들지 않는 그 마음 알겠네

대우사(大禹寺)는 회계산에 있는 사찰이다. 작년에 소흥에 있는 이 대우사에 갔는데 마침 공사 중이라 들어가 보지는 못하였다. 의공(義公)은 義(의) 자가 들어가는 법호를 가진 승려를 말한다. 맹호연이 오월 지역을 유람하다가 의공 선방을 방문한 뒤에 그 선방에 대하여 써서 준 시이다.

그러므로 이 시는 승려 의공을 찬미하는 내용을 담고 있다. 그런데 보다시피 이 시

唐艾, 紅蓮綠藻圖, 淸(1671), 紙本設色,
135.7×59cm, 中國 北京 故宮博物院.
당광(唐艾, 강희, 옹정 연간)은 연꽃을 잘 그려 운수평
과 병칭되는 화가이다. 이 그림을 보면 연의 잎과 줄기,
꽃의 생태뿐만 아니라 탁한 물에 물들지 않는 청정한
정신까지 묘사해 놓았다.

에서 의공을 찬미한 것이 명시적으로 드러난 구절은 없다. 마지막 구만이 중의법으로 의공도 연꽃처럼 세속에 물들지 않고 청정한 것을 상상해 볼 수 있을 뿐이다.

의공은 적막한 가운데 참선하는 것이 일상이 되어 거처도 인적이 드문 숲에 마련했다. 이는 구체적 사실이다. 선방의 대문 밖에 보이는 큰 산과 바로 앞을 흐르는 여러 계곡물은 경치를 묘사한 것이지만 의공의 인품이기도 하다.

雨足(우족)은 빗줄기를 말한다. 석양이 이런 빗줄기를 이었다는 말은 비가 그치자 곧 날이 개어 아름다운 석양이 비치는 것을 말한다. 여름철 비가 그치고 석양이 비치는 저녁은 얼마나 청정하고 아름답겠는가. 또 허공에 비치는 숲의 푸른 기운이 그늘진 정원에 어려 있으니 얼마나 그윽하겠는가? 이 세상에 존재하는 참다운 기쁨이 마음에 충일해질 것이다. 이러한 묘사는 실제 의공의 거처를 묘사한 것이기도 하면서 또한 의공의 정신세계를 드러낸 것이기도 하다.

이 모두는 더러운 곳에서 자라도 그 더러움에 물들지 않고 맑고 깨끗하며 고귀한 꽃을 피우는 연꽃과 같다. 시 전편에 걸쳐 선방 주변의 경치를 묘사하였지만 그 안에는 자연 의공의 인품에 대한 찬미가 담겨 있다. 그러므로 이 시는 산수시의 진면목을 보인 동시에 언어로 그려낸 한 폭의 격조 높은 인격화된 산수화이기도 한 것이다.

169
6월 18일

小兒垂釣
소 아 수 조
낚시하는 아이

호령능(胡令能) _당(唐)

蓬頭稚子學垂綸	더벅머리 아이가 낚시를 배우는지
봉 두 치 자 학 수 륜	
側坐莓苔草映身	이끼 옆에 앉아 풀이 가리고 있네
측 좌 매 태 초 영 신	
路人借問遙招手	행인이 말을 걸자 손짓으로 부르니
노 인 차 문 요 초 수	
怕得魚驚不應人	고기가 놀랄까봐 말대답을 못하네
파 득 어 경 불 응 인	

낚시에 몰두하고 있는 아이가 빚어내는 재미나는 일을 소재로 한 독특한 시이다. 고기가 놀랄까봐 행인의 물음에 곧장 대답하지 못하고 손짓으로 오라는 시늉을 하는 것이 평탄한 일상에 작은 파문을 일으킨다. 한 편의 시가 탄생하는 순간이다.

'낚싯줄을 드리우다[垂綸]'라는 말은 강태공을 소재로 한 유신(庾信)의 시에 나오는 말이다. 아이가 처음 낚시에 재미를 붙이는 상황이라 배울 학(學) 자를 썼다. '莓苔(매태)'는 이끼이다. 이끼는 축축해서 통상 이런 곳을 피해 앉는다. 그런데 지금 아이가 이끼 옆에 붙어 앉은 것은 낚시에 몰두하고 있는 상황을 의미이다. 풀이 아이의 몸을 비춘다는 말은 아이의 몸을 가리고 있다는 말이다.

'멀리서 손짓해 부르다.[遙招手]'는 말의 주체는 누구일까? 시의 맥락으로 볼 때 지나가는 행인도 될 것 같고 아이도 될 것 같다. 다만 그 주체를 지나가는 행인으로 설정하면 마지막 구와 조응이 잘 안 된다. 고기가 놀랄까봐 말로 대답하지 못한다는 말은 말 대신 다른 수단으로 응답한 것을 말한다. 그러므로 손짓해 부르는 주체가 아이가 되어야지 전후의 인과 관계가 잘 호응이 된다. 뿐만 아니라 지나가는 행인 입장에서 '저 놈이 냉큼 대답하지 않고 왜 어른을 손짓해 부르나?'라는 의혹의 상황이 설정되어 그 이후의 해명 상황이 시의 여운으로 남는 것이다. 만약 그렇지 않다면 어른이 손짓해 부르며 아이에게 말을 거는데 아무 대답도 안 하고 있는 상황이 되어 사람의 일반 생리에 닿지 않는다.

낚시에 몰두한 아이의 귀여우면서도 독특한 행동을 이렇게 정채 있게 시로 지어내려면 평소 이런 낚시의 상황을 잘 알아야 할 뿐만 아니라 그 순간을 포착하여 언어로 표현해 내는 문학적 능력이 있어야 한다.

호령능(785~826)은 정주(鄭州) 중모현(中牟縣) 사람으로 보전(甫田)에 은거한 시인이다. 집이 가난해 어렸을 때부터 거울을 닦거나 그릇, 항아리 등을 수선하는 일을 하여 호정교(胡釘鉸)라는 이름으로 불렸다. 정교(釘鉸)는 못과 가위를 의미하는 말이니 그가 수선할 때 사용하는 재료와 연장으로 그를 부른 셈이다. 우리말로는 '땜장이' 비슷한 말이다. 어떤 사람이 자신의 배를 가르고 책 한 권을 넣어주는 꿈을 꾼 뒤로 시를 짓게 되었다 한다. 시어가 쉬우면서도 구성이 치밀하며 생활 정취를 내용으로 하는 시풍을 지니고 있다. 현재 7언 절구 4수가 전한다. 이 시 한수로도 이 시인의 역량이 예사롭지 않은 것을 알 수 있다.

夏日三首 其一
하 일 삼 수

여름

장뢰(張耒) _송(宋)

長夏村墟風日淸 _{장 하 촌 허 풍 일 청}	긴 여름 시골 마을 날씨가 맑은데
簷牙燕雀已生成 _{첨 아 연 작 이 생 성}	처마의 제비와 참새 벌써 다 컸네
蝶衣曬粉花枝午 _{접 의 쇄 분 화 지 오}	한낮 꽃가지에서 나비는 햇볕 쬐고
蛛網添絲屋角晴 _{주 망 첨 사 옥 각 청}	맑은 집 모퉁이 거미는 집 보수하네
落落疏簾邀月影 _{낙 락 소 렴 요 월 영}	희부옇게 성긴 발로 달그림자 비치고
嘈嘈虛枕納溪聲 _{조 조 허 침 납 계 성}	졸졸졸 빈 침상엔 계곡물소리 들리네
久斑兩鬢如霜雪 _{구 반 량 빈 여 상 설}	오래된 흰 살쩍은 서리와 눈과 같으니
直欲漁樵過此生 _{직 욕 어 초 과 차 생}	어부나 나무꾼으로 여생을 보내고 싶네

촌허(村墟)는 촌락이라는 말인데 강촌(江村)이라 한 곳도 있다. 풍일(風日)은 날씨를 말한다. 낮도 긴 6월 시골 마을의 낮과 밤의 정취를 가운데 4구의 대구에서 잘 묘사하고 있다. 아주 공을 들인 시이다.

한낮 꽃가지에 나비가 날개를 펴고 있는데 그 옷에 묻은 꽃가루를 햇볕에 말리며 쉬고 있고, 밝은 햇빛이 비치는 집 모퉁이 서까래에 거미집이 있는데 거미가 실을 뽑

盛懋, **漁樵問答圖**, 元, 絹本設色, 29.1×20.3cm, 臺灣 國立故宮博物院.
성무(盛懋, 1310~1361)는 가흥(嘉興)에서 나고 활동한 화가로 오진(吳鎭, 1280~1354)과 이웃집에서 살았는데 필법은 정치(精緻)하지만 의취(意趣)는 좀 부족하다고 평가된다. 오진은 주로 문인화를 그려 화풍이 서로 다른데, 당대에는 성무의 명성이 더 높고 그림도 잘 팔렸지만 후대에는 직업화가보다 문인화가에 대한 가치 평가가 더 높아져 오진이 더 높이 평가된다.
그림은 중간에 강을 사이에 두고 3단의 근경, 중경, 원경의 구도이다. 어부와 나무꾼은 은자를 상징한다. 시에서 말한 어부와 나무꾼은 바로 이런 모습일 것이다.

아 집을 보수하고 있다. 이 두 구의 대구가 이 시에서 가장 정채가 나는 부분이다.

저녁이 되어 발 틈으로 달그림자가 어른어른 비치고 있고, 다소 외로운 침상으로 졸졸거리며 흘러가는 시냇물 소리가 귓전에 들린다. 이 두 구는 저녁과 밤의 풍경이다. 약간은 쓸쓸하지만 그래서 더욱 여름밤의 정취를 충분히 느낄 수 있다.

이제 나도 머리가 다 새도록 일을 해서 귀밑머리가 온통 서리와 눈이 내린 것 같으니 남은 생을 나무꾼이나 어부처럼 초야에 묻혀서 이런 전원의 아름다움을 함께 하고 싶다. 앞 6구에서 묘사한 풍경을 이렇게 마무리하며 시상을 정돈하고 있다.

장뢰(1052~1112)는 초주(楚州) 회음(淮陰), 지금의 강소성 청강현(淸江縣) 사람이다. 그는 소철(蘇轍)을 통해 소식(蘇軾)에게 시를 배웠는데 시풍이 백거이와 비슷하다. 20세에 진사에 급제하여 중앙과 지방의 여러 관직을 역임하고 태상소경(太常少卿)을 지냈다. 장뢰의 시는 25회에 이어 두 번째이다. 이 시의 원제가 〈夏日三首(하일삼수)〉인 것은 같은 제목에 3수가 있기 때문인데 이 시는 그 중 첫째 시이다.

巴女謠
파녀요

파촉(巴蜀)의 소녀

우곡(于鵠) _당(唐)

巴女騎牛唱竹枝 (파녀기우창죽지)	파촉 소녀 소 타고 죽지가 부르니
藕絲菱葉傍江時 (우사릉엽방강시)	강변에 연꽃 피고 마름 잎 자랄 때
不愁日暮還家錯 (불수일모환가착)	날 저물어 집 못 찾을까 걱정 않네
記得芭蕉出槿籬 (기득파초출근리)	무궁화 울타리에 파초가 우뚝하니까

 소를 뜯기고 날이 저물어 죽지가를 부르며 집으로 돌아오는 파촉 소녀의 모습을 그리고 있다. 시의 제목으로 볼 때 당시 민간에서 불리던 노래를 이 시인이 세련되게 만든 것으로 보인다. 날이 저물면 집을 못 찾을까 어른들은 걱정하기 마련인데 이 소녀는 아무 걱정이 없다고 한다. 자기 집에 무궁화 울타리가 있고 거기에 파초가 자라는데 아주 우뚝하여 멀리서도 바로 알아볼 수 있다는 것이다.

 대개 소를 타고 가는 목동을 그리면 소년을 소재로 하는데 소녀를 등장시킨 것이 특이하다. 대개 시골에서는 소가 길이 잘 들어 고삐를 잡고 뒤에서 따라가면 소가 알아서 자기 집으로 찾아간다. 이 시는 내용으로 볼 때 파초를 보고 집을 찾아가는 주체가 소녀로 보이지만 소로 설정한다면 더욱 묘미가 있을 듯하다.

 시에 이야기가 있고 여름의 정취가 있다. 시에 등장하는 연 줄기와 마름 잎, 파초

戴澤, **牧童圖**, 宋, 絹本設色, 25.6×22.8cm, 日本 東京國立博物館.
하천 변 버드나무 아래 체격이 크고 살이 오른 소 세 마리가 머리를 숙이고 풀을 뜯고 있다. 좌측의 목동 하나는 풀로 짠 모자와 긴 막대를 들고 소를 감시하는 중이고 우측의 다른 한 명은 소 등에 거꾸로 탄 채 피리 연주에 한참 빠져 있는 중이다. 인물과 목동의 모습이 마치 스냅사진을 찍은 듯이 자연스러운 가운데 심리도 잘 표현되었다. 대택(戴澤)은 송나라 시대의 화가이다.

6월●한낮에 나무 그늘 후원을 덮고 잠에서 깨니 이따금 꾀꼬리 소리

와 무궁화 울타리 등은 모두 여름 풍경이며 소를 타고 저물녘에 집으로 돌아오는 소녀는 매우 목가적 분위기를 자아낸다.

巴(파)를 파촉(巴蜀)이라 번역하긴 하였지만 하, 은, 주 고대에 지금의 중경(重慶) 지역에 있던 나라가 巴(파)이고 성도(成都)에 있던 나라가 蜀(촉)이다. 그러므로 정확히 말하면 파 지역, 즉 장강 중류 산악 지역의 소녀를 파녀(巴女)라 한 것이다. 이 지역이 바로 죽지사(竹枝詞)라는 민요가 발생한 지역이다.

무궁화 울타리[槿籬]는 무궁화를 집 담장처럼 심은 것을 말한다. 이런 풍경을 근래 잘 보지 못했는데, 당나라 때 왕유(王維)나 양나라 심약(沈約) 같은 시인들의 시에 나올 뿐 아니라 우리나라 목은 이색이나 다산 정약용 같은 분들의 시에도 나오는데 대개 운치 있는 한 풍경으로 그려 놓은 경우가 많다. 무궁화 가지가 조밀해 붙여 심으면 자연스럽게 울타리 역할을 한 것으로 보인다.

우곡은 당나라 대종과 덕종 연간의 시인으로 장안에 살다가 한양(漢陽)에 은거한 것으로 알려져 있다. 절도사의 막료 등의 벼슬도 하였다.

夏至日作
하지에

권덕여(權德輿) _당(唐)

璿樞無停運	북두성 쉬지 않고 운행하니
四序相錯行	사계절이 서로 번갈아 드네
寄言赫曦景	뜨거운 햇빛에 말을 하노니
今日一陰生	오늘부터 음 기운 생겼다고

하지를 정점으로 길어진 해가 다시 짧아지기 시작한다. 느낌으로는 아직 더 길어질 것 같은데 이제 성장의 극한에 도달해 다시 짧아진다니 천체 운행이 준엄하기만 하다. 무언가 인생의 교훈을 주는 것 같다.

璿樞(선추)는 璇樞(선추)라고도 하는데 중요한 뜻이 두 가지 있다. 하나는 해·달·별 등의 운행을 살피는 천체 관측 기구인 선기옥형(璇璣玉衡), 즉 혼천의(渾天儀)를 줄여 말한 것이고, 다른 하나는 북두성을 말한다. 북두성의 7개 별 중 제1별이 추(樞), 제2별이 선(璇)이기 때문이다. 고대인들이 절기를 계산하는 것은 주로 북두성의 위치와 연관이 있다. 망종(芒種) 뒤 15일에 북두성 자루가 午(오), 즉 남방을 가리키면 하지가 된다. 북두성이 쉬지 않고 운행한다는 것은 바로 천체가 그렇게 움직인다는 말이다.

錯行(착행)은 '갈마들어 운행된다.'는 말이다. 어떤 일이나 사물이 반복적으로 서로 교대하는 것을 말한다. 흔히 두 개의 일이나 사물을 놓고 말하는 경우가 많지만 여기서는 사계절이 서로 돌아가면서 순환하는 것을 말한다. 사계절의 순환에 이 말을 쓸 수 있는 것은 『예기』나 『韓詩外傳(한시외전)』 등 이전에 이 표현을 사용한 문헌이 있었기 때문이다. 한문에 어떤 새로운 표현이 나올 때는 그 의미를 논리적으로 추리하는 것이 아니라 이전에 누가 어떤 맥락에서 이런 표현을 사용하였는지를 살펴야 한다. 이것이 바로 한문의 문법이다.

赫曦(혁희)는 불타는 태양이나 뜨거운 햇빛을 말한다. 뒤에 景(경)을 붙여 뜨거운 햇빛이 만들어 내는 여름 풍경이라는 의미가 된다. 하지는 양(陽)의 기운이 최고조에 달해 낮이 가장 길기도 하지만 이날 바로 음이 생겨나 밤이 드디어 조금씩 길어지게 된다. 이 시인이 말하고 있는 것은 하지의 천체 운행 특징이기도 하지만 내 귀에는 어쩐지 인생의 교훈을 함께 말하는 것처럼 들린다.

권덕여(759~818)는 4세에 시를 짓고 15세에 문장 수백 편을 지었으며, 당 덕종 때 재상을 지낸 시인이다. 133회에 소개하였다.

山亭夏日
산속 정자의 여름

고병(高駢) _당(唐)

綠樹陰濃夏日長	초록 숲 짙은 녹음 여름날 해 긴데
樓臺倒影入池塘	누대 그림자 연못에 거꾸로 비치네
水晶簾動微風起	수정 발 찰랑찰랑 실바람 불어오니
滿架薔薇一院香	시렁의 장미꽃 정원에 가득한 향기

    이 시의 제목이 〈산거하일(山居夏日)〉로 된 곳이 많다. 산정(山亭)보다는 산거(山居)가 범위가 넓다. 시 내용을 보면 제목에서 밝힌 대로 산속 정자에서 향유하는 여름 풍경을 시의 소재로 삼은 것을 알 수 있다.

    여름의 더위 때문에 녹음이 짙기도 하고 더위를 식히려는 사람 눈에 녹음이 더 두드러지기도 한다. 날이 더운 한낮에 답답한 시인은 정자로 나간다. 누각 그림자가 맑은 연못에 거꾸로 비쳐 있다. 물이 아주 맑아 수정 같다. 바람이 불어오니 잔물결이 일어난다. 마치 수정 발 같다. 이 수면에 불어오는 미풍을 타고 정원에 시렁을 만들어 키운 장미의 향기가 그윽하게 코에 와 닿는다. 여름의 색에 이어 여름의 바람과 여름의 향기를 느낀다.

    水晶簾(수정렴)은 실제의 발이 아니라 물결을 비유한 표현으로 보인다. 짙은 나무

그늘에서 누각 그림자 때문에 연못으로 옮겨간 시선에 잔물결이 포착되는 것이 자연스럽기 때문이다. 잔물결은 다시 미풍을 떠올리고 이어 장미향으로 시상이 연쇄적으로 옮겨 간다. 때문에 3구를 우리말의 자연스러운 인과 관계를 고려하여 '실바람 불어오니 수정 발 찰랑찰랑'이라고 함부로 번역하면 시상을 망친다.

시인이 무인인 것을 감안하면 표현력이 놀랍다. 자신이 표현하고자 하는 것을 간접적으로 보여준다. 녹음이 짙다는 말로 여름의 더위가 맹렬함을 표현하였고 연못물이 맑다는 것을 누각의 그림자로 드러냈다. 정원에 만개한 장미꽃은 실바람에 실려 온 향기로 상상력을 부추긴다.

이런 기법을 볼 때 이 시인이 표현하고자 하는 것은 결국 이런 정취 있는 여름의 풍경을 음미하는 자신의 세련된 감각일 것이다.

고병(821~887)은 자가 천리(千里)로 당나라 때 여러 절도사를 지내고 양주(揚州)일대에서 할거하다가 부하에게 피살된 인물이다. 신라사람 최치원이 황소(黃巢)의 난 때 종사관으로 모신 상관이 바로 고병이다. 고병은 무인이지만 이 시에서 보듯이 문학을 상당히 애호하였다. 최치원과 말이 잘 통하지 않았을까 상상해 본다. 구판본 『천가시』에 발해인(渤海人)이라 한 것은 이 사람이 고구려 후예라는 말이 아니라 산동의 발해 고씨라는 말이다. 그의 고향은 유주(幽州), 즉 지금의 북경 남쪽이고 조부의 고향은 지금의 하북성 경현(景縣)에 해당한다. 고병은 '고변'으로 읽어도 아무 상관이 없다. 그 이유는 136회에서 이미 자세히 소개하였다.

◐盛懋, 山居納涼圖 軸 부분, 元, 絹本小靑綠, 120.9×57cm, 미국 넬슨-앳킨스미술관.
우거진 숲속 계곡 위에 자리 잡은 수각에서 윗옷을 벗고 탑상에 앉아 더위를 식히고 있는 모습에서 여름의 정취를 물씬 느끼게 된다.

積雨輞川莊作
적우망천장작

오래 비가 내린 뒤 망천장에서

왕유(王維) _당(唐)

積雨空林煙火遲 적우공림연화지	오랜 비 그친 빈 숲 연기 더디 오르니
蒸藜炊黍餉東菑 증려취서향동치	명아주 나물 기장밥 밭으로 내 가네
漠漠水田飛白鷺 막막수전비백로	넓게 펼쳐진 논에는 백로가 날고
陰陰夏木囀黃鸝 음음하목전황리	어둑한 여름 녹음 속 꾀꼬리 우네
山中習靜觀朝槿 산중습정관조근	산 속 조용한 삶 아침 무궁화 보고
松下清齋折露葵 송하청재절로규	솔 아래서 재계하며 아욱나물 뜯네
野老與人爭席罷 야로여인쟁석파	촌 노인으로 남과 허물없이 지내는데
海鷗何事更相疑 해구하사갱상의	갈매기 무슨 일로 다시 날 의심하나

이 시는 매우 뛰어난 산수시로 유명하다. 오래전에 『당시삼백수』에 수록되어 비교적 알려져 있지만 그 내용을 제대로 알기는 쉽지 않다.

우선 이 시는 장마 기간에 쓴 시가 아니라 오래 비가 내리다가 그친 뒤에 쓴 시이다. 비가 오고 있는데 어떻게 밥을 지어 들로 나가고 논과 숲을 돌아보며 무궁화를 보고 갈매기와 놀려 하겠는가?

輞川莊(망천장)은 왕유가 서안의 남쪽 종남산(終南山)에 마련한 자신의 집을 말한다. 빈 숲[空林]은 왕유가 거처하는 곳이 인적이 드문 것을 말하고, 동치(東菑)는 왕유가 개간한 밭을 말한다. 연기가 더디 난다는 말은 비가 그치긴 하였지만 아직 저기압 상태라 다소 흐린 것을 말한다.

山中習靜觀朝槿　　산 속 조용한 삶 아침 무궁화 보고
松下淸齋折露葵　　솔 아래서 재계하며 아욱나물 뜯네
(산중습정관조근)
(송하청재절로규)

習靜(습정)은 정양(靜養)하는 생활에 익숙한 것을 말하는데 아침에 무궁화를 보는 것과 무슨 관계가 있을까?

무궁화는 아침에 피었다가 저녁에 떨어지기 때문에 그 이름과 달리 인생의 짧음을 의미하는 뜻이 있다. 그래서 조근(朝槿)이라 한 것이다. 이런 덧없는 삶을 관조하여 참 삶인 정양하는 생활을 한다는 것이다. 즉 산중에서 은거 생활을 하는 것을 말한다.

소나무 아래서 재계하는 것과 아욱을 뜯는 것은 무슨 관계인가?

소나무 아래 도사처럼 앉아 재계한다는 것이 아니라 왕유의 집에 소나무가 있기 때문에 이렇게 말한 것이며, 아욱을 뜯는 것은 채소로 반찬을 하는 것을 말한다. 재계 때는 육식과 훈채를 멀리하기 때문이다. 즉 왕유 자신이 채소 반찬을 먹으며 재가 신도처럼 지낸다는 말이다.

野老與人爭席罷　　촌 노인으로 남과 허물없이 지내는데
海鷗何事更相疑　　갈매기 무슨 일로 다시 날 의심하나
(야로여인쟁석파)
(해구하사갱상의)

'촌 노인으로 다른 사람과 자리 다투기를 끝냈다'는 것은 무슨 말인가?

촌 노인은 왕유 자신이 이제 처음 장안에서 올 때처럼 도시 사람이 아니고 이제

王原祁, **輞川圖** 卷, 淸(1711), 35.6×545.5㎝, 미국 메트로폴리탄박물관.
왕원기(王原祁, 1642~1715)는 청나라 초기의 사왕(四王) 중의 한 명으로 청대 저명한 산수화파인 누동파(婁東波)의 영수이다. 이 그림은 왕유의 시 망천 20경을 후대에 상상하여 그린 그림으로 오대의 곽충서(郭忠恕) 그림을 모본으로 한 것이다. 인공적인 구조물이 실제보다 과장되어 있지만 왕유의 망천장에 대한 모습과 후대인의 인식까지 아울러 가늠해 볼 수 있다.

6월●한낮에 나무 그늘 후원을 덮고 잠에서 깨니 이따금 꾀꼬리 소리

시골 사람으로 적응했다는 말이며, '자리다툼을 한다.'는 것은 남들이 자신을 어렵게 여기지 않고 격의 없이 지낸다는 뜻이다. 춘추시대 양자거(陽子居)란 사람이 본래 예절을 따지고 까다로워 사람들이 두려워하였는데 그가 노자(老子)의 가르침을 받고 소탈한 태도를 취하자 사람들이 '좋은 자리를 서로 다툼[爭席]' 정도로 친하게 되었다는 이야기가 있다. 『장자』 「寓言(우언)」에 나온다.

여기서 '罷(파)' 자가 있어 흔히 '남들과 공명을 경쟁하는 것을 그만두었다.'고 해석하는데 그런 의미가 아니다. 이 말은 시골 노인이 되어 남들과 허물없이 지내다가 왔다는 말이다. 즉 그런 대화 자리가 끝난 것을 말한다. 그렇다면 마음속에 남을 속이려는 기심(機心)이 이미 없으니 갈매기들이 자신의 주변으로 몰려들어야 할 텐데 왜 안 그런가라고 따지는 것이다. 일종의 유머이다.

이렇게 한 글자씩 의미를 알고 이 시를 보면, 참으로 단순한 자연 풍경이 아니라 그야 말로 은거에 대한 나름의 철학을 지닌 사람이 산수에 묻혀 사는 생활을 그림으로 그려낸 시라는 것을 알게 된다. 예전 산수시를 잘 쓴 시인들의 시는 이처럼 단순히 자연 풍경을 묘사하는 것이 아니라 그 산수에 시인의 철학과 삶이 담겨 있는 것이 많다. 산수화가 바로 그런 것이 아니던가? 산수를 소재로 하여 자신의 뜻을 붙이기도 하고 다른 사람의 인품을 드러내기도 하고 살고 싶고 머물고 싶은 곳을 그려내기도 한다. 그러므로 그 산수가 눈에 보이는 산수를 단순히 풍경화로 그려낸 것도 아니지만 그렇다고 완전히 가상적으로 꾸며낸 것도 아니다. 바로 이것이 산수시(山水詩)이다. 168회에 소개한 맹호연의 시와 더불어 이 시는 참으로 격조 있는 산수시라 말할 수 있다.

所見(소견)
매미 잡는 목동

원매(袁枚) _청(淸)

牧童騎黃牛 (목동기황우)	목동이 황소를 타고 가는데
歌聲振林樾 (가성진림월)	노랫소리 길가 숲속 울리네
意欲捕鳴蟬 (의욕포명선)	우는 매미 잡으려는 생각에
忽然閉口立 (홀연폐구립)	갑자기 입을 닫고 멈춰 서네

원매(1716~1797)의 시로는 20회, 76회에 이어 3번째 소개하는 작품이다. 그의 시는 한가한 일상의 운치를 소재로 한 것이 많은데 이 시 역시 그러한 멋이 있다.

원제 〈所見(소견)〉은 시인이 길을 가다가 우연히 '본 것'이라는 의미이다. 우연히 마주친 목동의 행동이 흥취를 일으켜 시를 쓰게 한 사실을 제목에 반영한 것이다. 林樾(림월)은 숲의 그늘이나 숲의 빈 공간을 표현할 때 많이 쓴다. 그냥 숲이라는 말과 실제 의미 차이는 없다.

당나라 시인 같으면 3, 4구를 바꾸어 썼을 것 같다. 먼저 행동을 제시하고 나중에 그 원인을 밝혀주는 식으로 썼을 텐데, 이 시인은 자연스러운 성정과 평이한 것을 추구하기 때문에 논리의 순서대로 썼다.

숲이 울릴 정도로 크게 노래를 뽑으며 가다가 매미를 잡으려고 갑자가 소리를 뚝 그치고, 소걸음을 멈추게 하고 서 있는 목동의 행동을 매우 재미있게 그려낸 작품이다. 소를 몰고 갈 때는 마치 어른처럼 의젓해 보이더니 매미를 잡을 때는 영락없는 아이인 것이다. 목동의 행동으로 동심까지 묘사하고 있어 더욱 묘미가 있다.

閻次平, **四季牧牛圖** 卷 부분, 絹本設色, 35×99.7㎝, 中國 南京博物院.
염차평(閻次平)은 남송대의 저명한 화가로 집안의 가학을 이었는데 산수, 인물에도 능했지만 소 그림을 특히 생동하게 잘 그렸다. 이 그림은 각 계절별로 구성된 4폭 중 한 폭이다. 바람이 솔솔 불어오는 버드나무 아래 풀밭에서 소가 풀을 뜯으려고 잠시 멈춰 선 가운데 소등에 탄 아이가 오른 손에 든 채찍을 곧 가할 기세이다.

江南 강남

無名氏 _한(漢)

江南可采蓮	강남은 연밥 딸 수 있으니
蓮葉何田田	연잎 어쩜 저리도 무성할까
魚戲蓮葉間	물고기 연잎 사이에서 노네
魚戲蓮葉東	물고기 연잎 동쪽에서 놀고
魚戲蓮葉西	물고기 연잎 서쪽에서 놀고
魚戲蓮葉南	물고기 연잎 남쪽에서 놀고
魚戲蓮葉北	물고기 연잎 북쪽에서 노네

이 시는 한나라 때 민간에서 유행하던 악부시로 그 내용과 형식이 간단해 보인다. '보인다'고 말한 것은 대강 이해하려고 하면 간단하지만 하나씩 따지고 들면 잘 모르는 것이 많기 때문이다.

제목을 〈강남〉으로 한 것은 이 시에 맞는 제목을 붙였다기보다는 제목이 없어 첫 구를 제목으로 삼은 것으로 보인다. 고대 시가에는 특히 이런 것이 많다. '田田(전전)'은 연잎이 무성하게 서로 연이어 있는 모습을 말한다. 옛날 사전에 '동글동글하다'고 풀이한 것은 근거가 무엇인지 알 수 없다. 이 말은 연꽃이 논처럼 끝없이 펼쳐진 모양

을 田(전) 자를 겹쳐 표현한 것이 아닐까?

　중국인들 설명을 보면, '蓮(연)(2성)'은 음이 같은 '憐(연)'이나 성조만 다른 '戀(연)(3성)'을 연상하게 하여 물고기가 연잎의 사방에서 노니는 것을 사랑을 갈구하는 것으로 해석하기도 하는데 다소 이치에 닿는다. 또 이 시를 연밥을 따는 노동요라 보기도 하는데 이 역시 같은 구절의 반복을 보면 수긍이 간다. 어떤 사람은 뒤의 4구를 선창자가 부르는 것에 따라 다른 사람이 화답하는 것이라 보기도 한다.

　이 시의 첫 두 구는 같은 운자를 썼고 3구에서 일단 정리되었다가 다시 4개의 구가 덧붙은 형식으로 되어 있다. 채련곡이 주로 연밥을 따는 것을 무대로 하여 남녀 간의 사랑을 노래하는 내용으로 되어 있는 사정을 감안해 이 시를 소리 내어 외어 보면, 강남의 끝없는 호수와 강, 그리고 그곳에 자라는 연의 싱그러움과 은밀한 연정, 그리고 연을 바라보는 사람들의 흥겨움 같은 것이 우선 다가온다. 문득 고향 근처의 상주 〈공갈못 노래〉가 생각난다. 가사가 속 마음을 폭로하는 해방감을 주는데 야릇하면서도 절로 웃음이 터진다. 이런 노래를 모내기를 하면서 남녀가 합창으로 부른다고 한 번 생각해보라.

　　　상주 함창 공갈못에
　　　연밥 따는 저 처녀야
　　　연밥 줄밥 내 따 주께
　　　이 내 품에 잠자 주오

○吳應貞, **荷花圖**, 淸(1720), 紙本設色, 130×58.7㎝, 中國 北京 故宮博物院.
오응정(吳應貞)은 18세기 초 강소성 오강(吳江) 출신의 여류 화가이다. 생졸년은 미상이나 사생을 잘한 것으로 알려져 있다. 연잎과 연꽃, 연밥이 잘 어울린 가운데 이제 금방 만개하려는 연꽃에 벌이 한 마리 날아들고 있고 수면에 막 연잎과 연 꽃잎이 떨어져 있다. 물 아래 수초 사이에서 이 시에 묘사한 것처럼 물고기들이 노닐고 있다. 연밥을 묘사한 것이나 바람이 불어 연잎이 뒤척이는 모양 등 생동하면서도 사랑스러운 작품이다.

題西林壁
서림사(西林寺)의 벽에

소식(蘇軾) _송(宋)

橫看成嶺側成峰 횡으로 보면 준령 옆에서 보면 봉우리
遠近高低各不同 원근과 고저에 따라 제각각 다른 모습
不識廬山眞面目 여산의 참모습을 제대로 알지 못하니
只緣身在此山中 다만 내 몸이 이 산 속에 있기 때문에

횡으로 본다는 말은 산줄기가 뻗어간 것을 T자 형으로 본다는 말이다. 가령 태백산맥을 남북방향에서 보지 않고 동서에서 보게 되면 길게 이어지는 정상의 능선을 마주하는데 이것을 시인은 嶺(영)으로 표현한 것이다. 그러니 이 시에서의 의미는 길게 이어진 산 능선을 정면에서 마주한 것을 말한다. 그 고개의 봉우리를 보려면 다른 각도에서 보아야 하니 이를 '옆에서 본다.'라고 한 것이다. 가령 고양시 쪽에서 북한산을 보면 정상부의 준령이 웅장하게 이어져 보이지만 서울시청 쪽에서 보면 보현봉, 인수봉 등이 하나씩 조망되는 것과 같다.

'各不同(각부동)'은 판본에 따라 '總不同(총부동)'으로 된 것도 있고 '無一同(무일동)'으로 된 곳도 있다. 대체로 의미가 같지만 저마다 낫다고 여기는 표현이 있는 모양이다. 峰(봉)·同(동)·中(중)이 운자인데, 峰은 冬(동) 자 운목(韻目)이고 同·中은 東(동)

자 운목이다. 평성 운의 첫 번째가 東(동)이고 두 번째가 冬(동)이다. 이처럼 동일 운목은 아니지만 이웃한 운을 사용한 시가 많다.

서림사(西林寺)는 여산(廬山)의 서쪽 산록에 동림사(東林寺)와 이웃하여 있다. 필자는 여산에 가 보았지만 이 서림사에는 가지 못하였다. 그때 도연명 생가, 백록동 서원, 여산 폭포 이런 데도 갔지만, 소동파가 쓴 〈李君山房記(이군산방기)〉의 산방(山房)을 찾으려고 비를 맞으며 하루 종일 산을 헤매 다니느라 시간을 탕진했기 때문이다. 덕분에 여산의 크기를 실감하였다.

여산은 우리나라 지리산처럼 실제로 규모가 매우 크고 다양한 면모를 지닌 산이라 이 여산에 가보면 소동파가 왜 여산에서 이런 시를 쓰게 되었는지 이해가 된다. 이 시는 왕력(王力)의 『古代漢語(고대한어)』에도 실려 있는 중국인의 명시인데, 우리나라에도 '여산진면목'이라는 구절과 함께 퇴계, 허균 등 많은 사람들의 글에 인용되고 있다.

이 시는 청나라 왕문고(王文誥, 1764~?) 집주 『蘇軾詩集(소식시집)』 고안(誥按 왕문고 자신의 의견)과 공범례(孔凡禮, 1923~2010)의 『蘇軾年譜(소식연보)』 등을 참조하면, 소동파(蘇東坡, 1036~1101)가 1084년(원풍 7) 49세에 4월 24일부터 여산을 10일 정도 여행하고 여러 편의 시문을 지은 적이 있는데 그때 지은 시이다.

이 시는 시각과 인식의 제약으로 사물의 실체에 도달하기 어렵다는 깨달음을 준다. 또 당사자는 오히려 잘 모르고 방관자가 더 잘 알 수 있다는 의미도 전해 준다. 고정된 인식으로 사고의 지평이 제약될 때 교훈으로 삼을만하다. 사물의 내부에 갇혀 그 진상을 보지 못하기 때문이다.

특히 외세의 침략과 간섭으로 남북이 나뉘고 대결하는 지리적, 정치적 현실이 왜곡된 교육을 낳고 그대로 사람들의 인식과 사고도 구속하는 우리나라의 경우, 큰 그림을 보지 못하고 우물 안 개구리 같은 소견을 가진 사람들이 많다. 이런 사람들에게 끊임없이 북한을 왜곡하고 적대시하며 심지어는 북한에 쌀을 지원해 주거나 경제 협

력을 하는 것조차 '퍼주기', '안보 불안' 등으로 선동하여 우리 사회에 자꾸만 불안과 대결 의식을 전염시키며 이익을 꾀하는 반민족 무리들은 이 시의 죄인이라 하겠다.

　이 시의 안목과 교훈으로 보면, 6·25도 외세에 휘둘려 증오와 적대감을 부추기는 날이 아니라 불행한 민족사를 반성하며 화해와 협력을 모색하고 희생자를 위로하는 날이 되어야 한다.

　이 시는 매우 명료하면서도 인생의 어떤 화두를 던지고 있는 데다 소동파라는 대문호와 아름다운 여산이 결합되어 있어 앞으로도 많은 사랑을 받을 것은 물론이요, 점점 『논어』나 『삼국지』처럼 하나의 책, 한 편의 시가 아닌 문화 상식으로 변화될 가능성이 높다. 그러므로 이런 문화적 영향력이 큰 시는 알면 좋지만 몰라도 괜찮은 것이 아니라 교양인이라면 반드시 암송해야 하는 시라 할 수 있다.

◐ 荊浩, 匡廬圖, 絹本水墨, 185.8×106.8cm, 臺灣 國立故宮博物院.
형호(荊浩)는 당말 오대기의 혼란기에 태항산(太行山)에 은거하였던 화가로 웅장한 화면 구성과 기세를 특징으로 하는 북방 산수의 조종(祖宗)이다. 이 그림은 그의 대표작으로 여산(廬山)의 오로봉(五老峯)과 여산 폭포를 중심으로 산악의 웅위(雄偉)한 기세와 함께 넓은 공간감을 표현하고 있다. 화면 하단에 가옥과 소를 몰고 가는 사람이 있어 더욱 대자연의 웅장한 맛을 느끼게 한다. 이 그림의 제목 광려도(匡廬圖)는 후대에 붙여진 것으로 원대의 시인 가구사(柯九思)가 상단에 적은 제시에서 유래한다.

喜晴
날이 개어 기뻐하며

범성대(范成大) _송(宋)

窓間梅熟落蔕	창 앞엔 매실 익어 땅에 떨어지고
墻下筍成出林	담장엔 죽순 자라 숲 위로 나왔네
連雨不知春去	연이은 비에 봄이 간 줄 몰랐더니
一晴方覺夏深	날이 개자 여름이 깊은 줄 알겠네

범성대의 시를 153회에 이어 두 번째로 본다. 그때도 매실이 나왔는데 이번에도 매실이 나온다. 범성대는 매화와 국화를 좋아해서 품종이나 재배 방법 등 여러 전문 지식을 적은 『梅譜(매보)』, 『菊譜(국보)』를 편찬하였다. 이 시에서 落蔕(낙체)(꼭지에서 매실이 빠지다)라는 구체적 표현이 등장한 것은 아무래도 그런 영향일 것이다.

우리나라엔 널리 유행하지 못하였는데 이 시는 6언 시이다. 흔히 5언과 7언 시를 주로 접해서 그렇지 실제로 시는 3언, 4언, 5언, 6언, 7언, 그리고 장단구 등 다양한 형태가 있다. 고대에는 시경체의 4언시가 많았는데 한나라 이래 5언시가 점점 늘어나더니 당나라에 접어들 무렵엔 5언과 7언이 크게 유행하였을 뿐이다. 아마도 뜻을 풍부히 하는 것과 음악성 등을 고려하여 어떤 최적의 지점을 찾은 것이 아닌가 생각된다. 그러나 사람들은 그 이후에도 계속 다양한 시체를 지어 왔는데 특히 묘지명의 명사

(銘詞)가 고풍을 선호하였으며, 부(賦)는 여전히 여러 구가 다양하게 사용되었다.

대개 5언은 2·3으로 7언은 4·3으로 구가 나누어지는데 이 시에서 보는 것처럼 6언은 2자씩 끊어진다. 이 시는 1, 2구와 3, 4구가 각각 정묘한 대구로 이루어졌다. 가령 매실이 떨어진 것을 매실 꼭지에서 매실이 빠졌다는 의미로 '落蒂(낙체)'라 표현한 것에 대하여, 뒤에서 죽순이 자라 다른 나무들 위로 솟아났다는 의미로 '出林(출림)'이라고 쓴 것을 보면 잘 알 수 있다.

이런 대구를 유념해서 보면 窓間(창간)은 '창문 사이'가 아니고 '창문의 영역 범위'를 지칭하는 말로 '창문으로 보면 바로 보이는 곳'이라는 의미를 지니며, 墻下(장하) 역시 '담장 아래'가 아니라 '담장의 영역에 있는 곳', 즉 담장 주변이란 의미로 쓴 것을 알 수 있다. 춘간(春間), 하간(夏間)은 각각 봄과 여름을 말하며 도하(都下)는 '도성 아래'가 아니라 바로 '도성'을 말한다.

계절이 변하는 것을 서서히 느끼는 것이 아니라 어느 시점에 갑자기 느끼는 경우가 많다. 만상에 온화한 기운이 깃들고 초목에 싹이 트고 꽃이 피던 봄이 전개되더니 오래도록 비가 왔다. 매우(梅雨)이다. 이 매우가 그치니 비로소 주변의 사물이 눈에 선명히 들어온다. 매실은 어느새 꼭지에서 빠져 땅에 떨어지고 보이지 않던 대나무가 담장 위로 여기저기 자라난 것이다. 시인은 실감한다. 아, 여름이구나!

入梅
매우(梅雨) 시절로 접어들어

주남(周南) _송(宋)

地濕衣生醭	대지가 축축해 옷에 곰팡이 나고
天涼葛未裁	하늘이 서늘해 갈옷 입지 못하네
暴暄偏壞藥	뜨거운 더위에 작약은 유독 지고
微灑似成梅	안개비 뿌려 매실 익어 가는 듯
苦筍相將盡	쓴 죽순 앞으로 끝나가려 하는데
良朋久不來	좋은 친구는 오래도록 오지 않네
若無書作伴	만약 동반자가 되는 책이 없다면
那得好懷開	어떻게 좋은 회포 펴볼 수 있나

매우 시절의 정경을 그린 시이다. 구체적인 상황을 묘사하여 풍토성이 완연하고 독서를 통해 회포를 펴본다는 것이 시인의 취향을 잘 드러내고 있다.

이 시는 마지막 2구를 제외하고는 모두 정교한 대구로 이루어져 있다. 통상 대구는 형식적 제약으로 인해 표현의 제약을 가져온다고 인식하는 경우가 많다. 그러나 이 시의 3, 4구를 살펴보면 일반적 문장에서는 말이 안 되지만 대구의 문법을 이용해 오히려 표현이 가능해진 것을 만나게 된다. 또 대구는 병렬로 이루어져 '~요'라는 토가 달리는 것으로 알려져 있지만 5, 6구는 '~한데' 정도의 토가 달린다. 이는 병렬이 아니라 상황의 제시나 역접에 해당한다.

3구의 '暴暄偏壞藥(포헌편괴약)'은 '맹렬한 더위에 유독 약이 무너진다.'는 말이다. 이게 무슨 말일까? 맹렬한 더위는 이해가 가도 그 더위에 왜 약이 무너지며, 그 약은 무엇인가? 만약 이런 문장을 산문에 구사하면 의사소통이 안 된다. 그런데 다음 구에 '微灑似成梅(미쇄사성매)', 즉 '부슬부슬 뿌리는 비가 매실을 완성하는 것 같다.'는 구절이 대를 이루고 있어, 앞에 사용된 약(藥)이 매화와 대응되는 식물이어야 하고, 成(성)이 긍정적 방향의 전개이므로 앞의 壞(괴)가 그 반대의 뜻임을 알 수 있다. 그런데 成梅(성매)는 매실과 비의 관계에 의해 숙매(熟梅)의 의미를 평측의 제약으로 그렇게 표현한 것을 알 수 있으며, 이에 따라 위의 '괴약(壞藥)'은 작약 꽃이 졌다는 표현임을 알 수 있다.

가령, 사령운(謝靈運)의 〈중서성에 직숙하며[直中書省]〉 시에 "붉은 작약은 뜰에서 한들거리고, 푸른 이끼는 섬돌에 올라오네.[紅藥當階翻, 蒼苔依砌上]"라는 구절이 있고, 우리나라 강진(姜溍, 1807~1858)의 시에 "붉은 작약은 바람에 하늘거리며 곱고 푸른 매실은 비를 맞아 살찌네[紅藥飜風艶, 靑梅帶雨肥.]"라는 구절로 이런 추정을 증명할 수 있다.

김영랑의 시 〈모란이 피기까지는〉에 "오월 어느 날, 그 하루 무덥던 날, / 떨어져 누운 꽃잎마저 시들어 버리고는 / 천지에 모란은 자취도 없어지고,"라고 하는 구절이 있다. 여기서 오월은 바로 음력을 말하고 모란이 지는 상황을 사실 그대로 묘사한 것을 알 수 있다. 이 시에서 말한 '暴暄偏壞藥'이 바로 이것이며 '偏(편)'과 '壞(괴)'에는 작약이 져서 '하냥 서운해 우옵는' 심리적 의미까지 담겨 있음을 포착하게 된다.

이처럼 대구는 표현의 제약뿐만 아니라 표현의 가능을 가져오기도 하는데 유능한 시인일수록 이 대구가 걸림돌이 아니라 디딤돌의 역할을 하는 것을 알 수 있다. 화를 복으로 바꾸고 역경을 순경으로 전환한다고나 할까. 이것이 바로 대구의 묘미이고 한시의 중요한 문법적 특징이다.

  5, 6구의 대구는 일종의 유수대(流水對)로 147회에서 소개한 적이 있다. 병렬로 구성된 것이 아니라 뒤의 구가 앞의 말을 받아 이어진 것이다. 이런 점에 대해서는 왕력(王力, 1900~1986)이 『漢語詩律學(한어시율학)』에서 깊이 연구를 하였고, 우리나라 강민호는 『두보 배율 연구』에서 두보시를 예로 들어 논증하고 있다.

  형식적인 측면을 자꾸 말하면 따분할 수 있다. 다만 중요한 것은 시의 의미를 정확히 알기 위해서는 그 형식적 특징도 깊이 공부해야 한다는 점이다. 이런 형식적 특징은 드러내어 많은 말을 할 것은 아니지만, 마치 오리가 태평하게 물 위를 떠다니는 것은 그 아래 쉼 없이 움직이는 물갈퀴가 있는 것과 같다.

  주남(1159~1213)은 송나라 오군(吳郡) 사람으로, 비서성 정자(祕書省正字), 지주 교수(池州敎授), 시관(試官) 등을 지냈다. 문집 『山房集(산방집)』이 사고전서에 수록되어 있는데 이 시도 그 책에 있다.

蓮藕花葉圖 연우화엽도
연의 꽃과 잎

오사도(吳師道) _원(元)

玉雪竅玲瓏 옥설규령롱	옥설 같은 꽃 영롱한 연밥
紛披綠映紅 분피록영홍	푸른 잎 붉은 꽃 펼쳐졌네
生生無限意 생생무한의	끊임없이 낳고 낳는 뜻이
只在苦心中 지재고심중	다만 쓴 씨앗 속에 있거니

　이 시는 연의 꽃과 잎을 그린 그림에 쓴 제화시(題畵詩)이다. 시가 맑고 고운데 인생의 교훈도 함께 담고 있다.

　옥설은 백옥같이 흰 눈이다. 백련을 비유한 말이다. 영롱하다는 말은 연밥에 송송 나 있는 구멍을 표현한 말이다. 분피(紛披)의 '분(紛)'은 분분하다, 즉 많다는 말이고, '피(披)'는 열다, 헤치다는 말로 연잎과 꽃이 자라나 제 모습을 드러낸 것을 말한다.

　生生無限(생생무한)은 영원이 대를 이어간다는 말이고, 고심 중에 있다는 말은 그러한 생명 작용이 모두 쓴맛이 나는 씨 속에 들어 있다는 말이다. 우리말의 '연밥'은 주로 물뿌리개 꼭지처럼 생긴 것을 말하지만 어떤 상황에서는 그 안에 박힌 씨앗을 말하기도 한다. 여기서 心(심)이라 한 것은 첫 구의 竅(규) 안에 들어 있는 파란 씨를 말한다. 그러기에 영롱하다는 것이다. 나는 이 연밥의 모양을 아주 좋아하기에 표현이 가슴 깊이 와 닿는데 다른 분들은 어떤지 모르겠다.

전에 고려시대 복장 유물에서 나온 연자를 심어 꽃을 피웠다는 소식을 접한 적이 있다. 연자는 이처럼 오래 생명력을 간직한다. 이 시는 바로 호수 위에 별 세계를 만들어 낸 연꽃과 연잎이 모두 이 연자에서 비롯된 것을 노래하고 있다.

물론 시의 여운이 여기서 끝나지는 않는다. 화려한 연꽃을 피우기 위해 쓴 연자가 필요하듯이 아름다운 인생을 창조하기 위해서는 각고의 노력이나 인내가 필요하다는 의미 역시 전달되고 있다.

오사도(1283~1344)는 원나라 때의 도학자로 무주(婺州) 난계현(蘭溪縣) 사람이다. 19세에 송나라 유학자 진덕수(眞德秀)에 심취하여 성리학 연구에 몰두하였다. 국자박사 등의 관직을 역임하였다. 기억력이 뛰어나고 맑고 고운 시를 썼는데 이 시도 그러한 특징을 보인다.

溪亭客話
계곡 정자에서 손님과 나누는 대화

문징명(文徵明) _명(明)

綠樹陰陰翠蓋長	녹음은 그늘 좋고 비취 일산 높은데
雨餘新水漲廻塘	비온 뒤 불어난 물 연못을 돌아드네
何人得似山中叟	어느 누가 산속의 이 노인과 같으리
對語溪亭五月涼	계정에서 대화하니 오월이 시원하네

문징명의 그림과 제화시(題畵詩)가 좋아 조그만 글이라도 한 편 써 볼까 해서 여러 해 전에 번역해 두고 있었는데 오늘 다시 한 편 꺼내어 본다.

제화시는 그림을 전제로 하고 있고, 산수화는 이런 제화시를 함께 읽을 때 기본적인 이해가 가능하다. 이런 바탕 위에서 후인의 감상 시와 비평, 인장, 그리고 그림을 그린 당시의 구체적인 배경을 연구하면 어느 정도 이해에 도달한다. 이런 이해 속에서 다른 화가와의 비교, 통시적인 고찰 이런 것이 더해지면 정말 큰 재미를 느끼게 된다.

이 그림과 시에서 가장 중점적으로 표현하고자 하는 것은 계곡 정자에서 찾아온 손님과 대화하며 오월의 시원함을 느낀다는 문인의 정서이다. 바로 4구의 내용이다.

정자 앞의 바위산과 주변의 수목이 시원한 그늘을 드리우고 있다. 그 옆에 선 키 큰 나무는 마치 비취빛 일산과 같다. 문징명의 그림엔 고송이 많은데 여기엔 활엽수

를 그렸다. 비가 갠 뒤라 산에서 불어난 물로 폭포에 시원한 물줄기가 떨어진다. 그 물은 큰 너럭바위를 돌아 연못으로 흘러든다. 이것만 해도 쉽게 구하기 어려운 선경이건만 화가이자 시인은 그 바위 위에 모옥 정자를 하나 배치하였다. 작은 인공이 자연의 향유를 더 풍요롭게 한다. 이러한 것은 모두 문징명 자신의 취향이자 인품이다. 붉은 옷차림은 문징명이고 대화를 나누다 폭포 쪽으로 고개를 돌린 이는 방금 찾아 온 손님이다.

세속의 시비총중과 명리의 오니(汚泥) 속에서 사는 사람이 이런 낙을 어찌 알겠는가. 이런 계곡의 정자에서 보내는 오월의 시원함은 일사(逸士)의 여름 별미라고나 할까.

대만 고궁박물원 연구원이 쓴 해설에 의하면 서체, 필법 등을 고려할 때 이 작품을 조년기의 작품으로 보고 있다. 도록의 연대순 배치를 참조할 때 48세 이전의 작품으로 짐작된다. 그림 상단 우측에 있는 시가 지금 소개한 문징명의 시이고, 좌측의 꼬불꼬불해 보이는 필적의 시는 건륭제가 문징명의 운자를 그대로 차용해 쓴 시이다. 태곳적 사람처럼 즐겁게 대화하는 모습을 상상하니 세간의 염량세태가 끼어들 여지가 없다고 해 놓았다. 그 주변의 어지러운 인장은 건륭의 뒤를 이어 가경, 동치 황제가 감상한 감장인(鑑藏印)과 황실 서화 창고인 석거보급(石渠寶笈) 등의 장서인(藏書印)이다.

◐文徵明, **溪亭客話** 軸, 明, 紙本設色, 116.8×42.6cm, 臺灣 國立故宮博物院.
주위를 두르고 있는 고목들과 바위 벼랑, 그리고 계곡물, 그 위 너럭바위 위의 정자 등 모두 초여름의 싱그러움과 시원함을 감상자에게 제공한다.

조대별 작가 작품 목록

(가나다 순, 상권_ 1~6월 / 하권_ 7~12월 쪽수 참조)

작가	회차	날짜	작품	쪽
후한(後漢) 25-220				
채옹(蔡邕, 133-192)	030	1월 30일	飮馬長城窟行 장성(長城)의 굴에서 말에 물을 먹이며	上115
위(魏)				
유정(劉楨, ?-217)	334	11월 30일	贈從弟詩 其二 사촌 동생에게 주는 시	下482
남북조(南北朝) 439-589				
소연(蕭衍, 464-549)	228	8월 16일	襄陽踏銅蹄歌 양양답동제 노래	下155
	352	12월 18일	子夜四時歌 _ 冬歌 자야사시가 _ 동가	下547
오균(吳均, 469-520)	264	9월 21일	贈鮑春陵別 포용릉(鮑春陵)에게 시를 지어 주면서 이별하다	下252
왕적(王籍, ?-?)	206	7월 25일	入若耶溪 약야계에 들어가서	下91
유운(柳惲, 465-517)	089	3월 30일	江南曲 강남곡	上302
	265	9월 22일	擣衣詩 其一 다듬이질 시	下254
육개(陸凱, ?-504)	042	2월 11일	贈范曄 친구 범엽에게	上152
포령휘(鮑令暉, ?-?)	321	11월 17일	擬客從遠方來詩 고시(古詩) <손님이 먼 곳에서 찾아와>를 모방하여	下436
남제(南齊) 479-502				
사조(謝朓, 464-499)	150	5월 30일	王孫遊 멀리 객지에 있는 당신	上478
북제(北齊) 550-577				
위수(魏收, 507-572)	026	1월 26일	臘節 납절	上99
수말당초(隋末唐初)				
왕적(王績, 590-644)	304	10월 31일	野望 동고(東皐)의 들녘에서 바라보며	下372
당(唐) 618-907				
가도(賈島, 779-843)	116	4월 26일	三月晦日送春 삼월 그믐에 봄을 보내며	上384
	260	9월 17일	題李凝幽居 이응(李凝)의 유거에 대해	下240
	339	12월 5일	雪晴晚望 눈이 개어 저물녘 멀리 바라보며	下501
고병(高駢, 821-887)	173	6월 22일	山亭夏日 산속 정자의 여름	上543
	357	12월 23일	對雪 눈을 보며	下566
고섬(高蟾, ?-?)	284	10월 11일	金陵晚望 금릉에서 저물녘에 바라보며	下313

작가	번호	날짜	제목	페이지
고적(高適, 704-765)	323	11월 19일	別董大 二首 금사(琴師) 동정란(董庭蘭) 선생을 이별하며	下443
교연(皎然, 730-799)	285	10월 12일	九日與陸處士羽飮茶 9일에 처사 육우(陸羽)와 차를 마시며	下316
권덕여(權德輿, 759-818)	133	5월 13일	玉臺體 十二首 其三 옥대체 12수 제3	上432
	172	6월 21일	夏至日作 하지에	上541
나은(羅隱, 833-910)	338	12월 4일	雪 눈	下498
낙빈왕(駱賓王, 626-687)	137	5월 17일	詠鵝 거위	上446
	223	8월 11일	在獄詠蟬 감옥에서 매미 소리를 듣고	下141
내곡(來鵠, ?-883)	212	7월 31일	聞蟬 매미 소리를 들으며	下105
노륜(盧綸, 739-799)	324	11월 20일	和張僕射塞下曲 其三 장복야(張僕射)의 새하곡(塞下曲)에 화답하여 3	下446
노조린(盧照鄰, ?-?)	221	8월 9일	曲池荷 굽이진 연못의 연꽃	下136
당언겸(唐彦謙, ?-893)	055	2월 24일	春草 봄풀	上193
대숙륜(戴叔倫, 732-789)	101	4월 11일	蘇溪亭 소계정	上347
두공(竇鞏, 762-821)	097	4월 7일	襄陽寒食寄宇文籍 양양(襄陽)에서 한식날 우문적(宇文籍)에게	上331
두목(杜牧, 803-852)	051	2월 20일	江南春 강남의 봄	上179
	095	4월 5일	淸明 청명	上324
	145	5월 25일	齊安郡後池絶句 제안군(齊安群)의 후지(後池)에 대한 절구	上467
	235	8월 23일	齊安郡中遇題 제안군에서 우연히 쓰다	下173
	241	8월 29일	秋夕 가을 저녁	下186
	242	8월 30일	早秋客舍 이른 가을 객사에서	下188
	293	10월 20일	山行 산행	下340
	297	10월 24일	長安秋望 장안에서 가을에 바라보며	下352
	309	11월 5일	初冬夜飮 초겨울 밤에 술을 마시며	下395
두보(杜甫, 712-770)	027	1월 27일	早花 일찍 핀 꽃	上101
	050	2월 19일	春夜喜雨 봄밤에 내리는 반가운 비	上175
	052	2월 21일	望嶽 태산을 바라보며	上183
	058	2월 27일	水檻遣心 二首(其一) 물가 정자에서	上203
	077	3월 18일	絶句 其一 절구 1	上264
	087	3월 28일	旅夜書懷 배로 여행하는 밤에	上294
	102	4월 12일	春望 봄날 풍경 바라보며	上350
	110	4월 20일	春遠 봄날은 깊어 가는데	上371
	121	5월 1일	江畔獨步尋花 강 언덕을 혼자 걸으며 꽃을 구경하다가	上401
	131	5월 11일	絶句 其二 절구 2	上427
	142	5월 22일	江村 강 마을	上458
	243	8월 31일	倦夜 잠 못 이루는 밤	下190
	251	9월 8일	白露 흰 이슬	下214
	252	9월 9일	月夜憶舍弟 달밤에 동생들을 생각하며	下216
	273	9월 30일	晚晴 저녁에 날이 개어	下281

	316	11월 12일	螢火 개똥벌레	ⓣ417
	335	12월 1일	舟中夜雪, 有懷盧十四侍禦弟 배를 타고 가다가 밤에 눈이 내려 시어(侍御) 노십사(盧十四) 아우를 생각하며	ⓣ487
	351	12월 17일	房兵曹胡馬詩 방 병조(房兵曹)의 호마(胡馬)에 대한 시	ⓣ544
	358	12월 24일	小至 동지	ⓣ569
두심언(杜審言, 645-708)	048	2월 17일	和晉陵陸丞早春遊望 진릉(晉陵)의 현승(縣丞) 육 선생의 시 〈이른 봄에 놀러 나가 멀리 바라보다〉에 화답하여	ⓤ169
	068	3월 9일	渡湘江 상강(湘江)을 건너며	ⓤ237
맹교(孟郊, 751-814)	056	2월 25일	遊子吟 객지에 있는 자식의 노래	ⓤ196
	315	11월 11일	洛橋晚望 낙교(洛橋)에서 저녁에 바라보며	ⓣ414
맹호연(孟浩然, 689-740)	001	1월 1일	田家元日 농가의 새해	ⓤ33
	062	3월 3일	春曉 봄날 새벽	ⓤ219
	168	6월 17일	題大禹寺義公禪房 대우사(大禹寺) 의공(義公)의 선방(禪房)에 대해	ⓤ530
	193	7월 12일	宿業師山房待丁大不至 업(業) 선사의 산방에 머물며 오지 않는 정대(丁大)를 기다리다가	ⓣ61
	222	8월 10일	初秋 초가을	ⓣ139
	234	8월 22일	宿建德江 건덕강에 정박하여 묵으며	ⓣ171
	244	9월 1일	臨洞庭 동정호 앞에서	ⓣ195
	275	10월 2일	過故人莊 동무의 장원에 들러	ⓣ290
	283	10월 10일	秋宵月下有懷 가을 밤 달빛 아래에서	ⓣ310
	318	11월 14일	早寒江上有懷 이른 추위에 장강(長江) 가에서 회포가 있어	ⓣ424
	348	12월 14일	晚泊潯陽望廬山 저물녘 심양(潯陽)에 정박하여 여산(廬山)을 바라보며	ⓣ534
백거이(白居易, 772-846)	004	1월 4일	問劉十九 유십구에게 안부를 물으며	ⓤ41
	006	1월 6일	村雪夜坐 눈보라치는 시골집에서 밤에 앉아	ⓤ46
	008	1월 8일	夜雪 밤눈	ⓤ51
	063	3월 4일	憶江南 그리운 강남	ⓤ222
	073	3월 14일	閑出 한가하게 집을 나서며	ⓤ253
	080	3월 21일	春風 봄바람	ⓤ273
	091	4월 1일	錢塘湖春行 전당호의 봄 산책	ⓤ311
	093	4월 3일	賦得古原草送別 옛 언덕 위의 풀	ⓤ318
	098	4월 8일	大林寺桃花 대림사(大林寺) 복사꽃	ⓤ333
	119	4월 29일	山泉煎茶有懷 산 샘물로 차를 달이다가	ⓤ394
	122	5월 2일	池上早夏 못 가의 초여름	ⓤ403
	151	5월 31일	偶作 우연히 짓다	ⓤ480
	166	6월 15일	池上二絶 연못가에서	ⓤ525
	184	7월 3일	江樓夕望招客 강루에 올라 저녁에 바라보고 객을 초청하며	ⓣ37
	192	7월 11일	銷暑 피서	ⓣ58
	195	7월 14일	齋居 재계(齋戒)를 하고 지내며	ⓣ65

	209	7월 28일	聞新蟬贈劉二十八 첫 매미 소리를 듣고 유우석에게 시를 지어 주며	下98
	220	8월 8일	宴散 연회를 마치고	下133
	224	8월 12일	立秋日曲江憶元九 입추일에 곡강에서 원진을 그리워하며	下146
	230	8월 18일	新秋喜凉 시원한 초가을을 반기며	下161
	236	8월 24일	聞蟲 벌레 우는 소리를 듣고	下175
	239	8월 27일	微雨夜行 밤길의 안개비	下182
	247	9월 4일	秋熱 가을 더위	下204
	267	9월 24일	秋思 가을의 상념	下261
	268	9월 25일	晚燕 늦깎이 제비	下264
	278	10월 5일	南浦別 남포의 이별	下297
	279	10월 6일	河亭晴望〈九月八日〉 맑은 가을날 강가의 정자에서	下299
	281	10월 8일	暮江吟 저녁 강가에서	下305
	295	10월 22일	寄內 아내에게 부치는 시	下347
	310	11월 6일	冬夜聞蟲 겨울밤에 벌레 소리를 듣고	下399
	349	12월 15일	冬夜對酒寄皇甫十 겨울밤 술을 마주 하고 황보십(皇甫十)에게 보내며	下537
	355	12월 21일	邯鄲冬至夜思家 한단(邯鄲)에서 동짓날 밤에 집을 생각하며	下558
	356	12월 22일	冬至夜 동짓날 밤에	下561
사공도(司空圖, 837-907)	256	9월 13일	中秋 중추	下229
사공서(司空曙, 720-790)	109	4월 19일	峽口送友人 협곡 입구에서 벗을 보내며	上369
	135	5월 15일	藥園 약초 정원	上436
	214	8월 2일	江村卽事 강 마을의 어느 날에	下113
상건(常建, 708-765)	147	5월 27일	題破山寺後禪院 파산사(破山寺) 뒤의 선원(禪院)에 쓰다	上471
	211	7월 30일	宿王昌齡隱居 왕창령의 은거지에 묵으며	下103
	314	11월 10일	泊舟盱眙 우이(盱眙)에 배를 정박하고	下411
서인(徐寅, ?-?)	127	5월 7일	初夏戲題 초여름에 재미 삼아	上417
서정(徐晶, ?-?)	149	5월 29일	送友人尉蜀中 위(尉)에 임명되어 촉(蜀)으로 가는 친구를 전송하며	上476
설도(薛濤, 768-832)	342	12월 8일	送盧員外 노 원외(盧員外)를 전송하며	下512
송지문(宋之問, 656-712)	046	2월 15일	渡漢江 한강을 건너며	上163
	327	11월 23일	苑中遇雪應制 〈금원에서 눈을 만나〉 시에 대한 응제시	下457
시견오(施肩吾, 780-861)	188	7월 7일	夏雨後題靑荷蘭若 여름비가 내린 뒤 푸른 연이 있는 절	下48
양거원(楊巨源, 755-?)	039	2월 8일	城東早春 장안성 동쪽의 이른 봄	上142
여온(呂溫, 771-811)	329	11월 25일	冬夜卽事 잠 못 이루는 겨울밤에	下464
왕가(王駕, 851-?)	107	4월 17일	雨晴 비 개인 봄날	上365
왕건(王建, 765-830)	255	9월 12일	十五夜望月, 寄杜郎中 15일 밤 달을 바라보면서, 두 낭중(杜郎中)에게 보내다	下226
왕발(王勃, 650-676)	016	1월 16일	送杜少府之任蜀州 촉주로 부임하는 두 소부를 전송하며	上74
	305	11월 1일	山中 산중에서	下379

시인	번호	날짜	제목	쪽
왕유(王維, 701-761)	005	1월 5일	雜詩 그리운 당신	上43
	007	1월 7일	冬晚對雪憶胡居士家 늦겨울 눈 내리는 날 호 거사의 집을 생각하며	上48
	012	1월 12일	使之塞上 사신을 가다가 변경에서	上62
	014	1월 14일	終南山 종남산	上67
	023	1월 23일	觀獵 사냥 구경	上92
	060	3월 1일	鳥鳴澗 산새 우는 골짜기	上213
	067	3월 8일	春中田園作 중춘(仲春)에 전원에서	上234
	174	6월 23일	積雨輞川莊作 오래 비가 내린 뒤 망천장에서	上546
	182	7월 1일	鹿柴 사슴 울타리	下33
	215	8월 3일	山居秋暝 산 속 은거지에 찾아온 가을 저녁	下116
	248	9월 5일	輞川閒居贈裵秀才迪 망천(輞川)에서 한가롭게 지내며 수재(秀才) 배적(裵迪)에게	下206
	280	10월 7일	九月九日憶山東兄弟 9월 9일에 화산 동쪽에 있는 형제를 그리며	下302
	311	11월 7일	山中 산속	下402
	317	11월 13일	過香積寺 향적사를 찾아가서	下420
	333	11월 29일	送別 송별	下478
왕지환(王之渙, 688-742)	040	2월 9일	凉州詞 양주의 노래	上145
	232	8월 20일	登鸛雀樓 관작루에 올라	下167
왕창령(王昌齡, 698-757)	155	6월 4일	采蓮曲 연밥 따는 노래	上494
	306	11월 2일	出塞 其一 변방을 나서며 1	下382
	325	11월 21일	從軍行 종군행	下450
왕한(王翰, 687-726)	308	11월 4일	凉州詞 양주의 노래	下392
우곡(于鵠, ?-814?)	171	6월 20일	巴女謠 파촉(巴蜀)의 소녀	上538
우량사(于良史, ?-?, 8세기)	065	3월 6일	春山夜月 봄 산의 달밤	上230
우세남(虞世南, 558-638)	217	8월 5일	蟬 매미	下123
원진(元稹, 779-831)	190	7월 9일	小暑六月節 6월의 절기 소서	下54
	287	10월 14일	菊花 국화	下323
위응물(韋應物, 737-792)	088	3월 29일	長安遇馮著 장안에서 풍저(馮著)를 만나	上299
	092	4월 2일	滁州西澗 저주의 서쪽 물가에서	上315
	139	5월 19일	遊開元精舍 개원정사(開元精舍)에 놀러가서	上451
	203	7월 22일	夏花明 여름 꽃은 찬란하여라	下85
	231	8월 19일	淮上遇洛陽李主簿 회수 가에서 낙양서 알던 이 주부(李主簿)를 만나	下164
	292	10월 19일	寄全椒山中道士 전초(全椒)의 산중에 있는 도사에게	下337
	296	10월 23일	秋夜寄邱員外 가을밤에 원외랑(員外郞) 구단(邱丹)에게	下349
	347	12월 13일	夕次盱眙縣 저녁에 우이현(盱眙縣)에 정박하여	下531
유방평(劉方平, ?-? 8세기)	061	3월 2일	夜月 달밤	上216
유우석(劉禹錫, 772-842)	140	5월 20일	竹枝詞 其一 죽지사 1	上454

	216	8월 4일	秋詞 가을의 노래	下119
	238	8월 26일	秋風引 가을바람의 노래	下179
	263	9월 20일	望洞庭 동정호를 바라보며	下249
	167	6월 16일	送靈澈上人 영철(靈徹) 상인을 전송하며	下528
유장경(劉長卿, 726?-790?)	337	12월 3일	逢雪宿芙蓉山主人 눈을 만나 부용산(芙蓉山)의 어느 집에 묵으며	下494
유종원(柳宗元, 773-819)	002	1월 2일	早梅 이른 매화	上36
	134	5월 14일	梅雨 매우	上434
	197	7월 16일	溪居 우계(愚溪)에 살면서	下69
	201	7월 20일	夏晝偶作 여름 한낮에	下81
	344	12월 10일	江雪 강에 내리는 눈	下520
	359	12월 25일	酬王二十舍人雪中見寄 사인(舍人) 왕이십(王二十)이 눈 속에 보내온 시에 대한 답례로	下573
육창(陸暢, ?-? 9세기)	010	1월 10일	驚雪 신기한 눈	上57
이가우(李嘉祐, ?-?)	009	1월 9일	夜宴南陵留別 남릉(南陵)에서 떠나기 전날 밤 주연에서	上54
이건훈(李建勳, 872?-952)	290	10월 17일	采菊 국화를 따면서	下331
이교(李嶠)	257	9월 14일	仲秋月 其二 중추월 2	下232
이구령(李九齡, 645-714)	011	1월 11일	寒梅詞 겨울 매화의 노래	上59
이덕유(李德裕, 787-850)	117	4월 27일	憶茗芽 차의 어린잎을 추억하며	上386
이백(李白, 701-762)	013	1월 13일	送友人 친구를 전송하며	上64
	031	1월 31일	送友人入蜀 촉으로 가는 친구를 전송하며	上115
	070	3월 11일	勞勞亭 로로정	上244
	072	3월 13일	子夜吳歌 _ 春歌 자야오가 _ 봄노래	上250
	083	3월 24일	黃鶴樓送孟浩然之廣陵 황학루에서 광릉으로 가는 맹호연을 전송하고	上282
	084	3월 25일	春夜洛城聞笛 낙양성에서 봄밤에 피리 소리를 들으며	上284
	103	4월 13일	陽春曲 봄날의 노래	上353
	112	4월 22일	春思 봄날의 그리움	上376
	141	5월 21일	早發白帝城 아침 일찍 백제성을 떠나	上456
	148	5월 28일	聽蜀僧濬彈琴 촉(蜀)의 화상(和尙) 충준(沖濬)의 금(琴) 연주를 듣고	上473
	185	7월 4일	夏日山中 여름날 산속에서	下40
	196	7월 15일	子夜吳歌 _ 夏歌 자야오가 _ 여름 노래	下67
	213	8월 1일	望廬山瀑布 여산 폭포를 바라보며	下111
	219	8월 7일	太原早秋 태원의 이른 가을	下131
	240	8월 28일	秋思 가을의 사념	下184
	245	9월 2일	玉階怨 옥 섬돌에서의 원망	下198
	254	9월 11일	古風 其五十二 고풍 52	下223
	288	10월 15일	夜泊牛渚懷古 밤에 우저산에 정박하고 고사를 떠올리며	下326
	294	10월 21일	靜夜思 고요한 밤에 생각하며	下344

	298	10월 25일	登新平樓 신평루에 올라	ⓣ354
	301	10월 28일	菩薩蠻 _ 平林漠漠煙如織 보살만 _ 뿌연 너른 숲 천에 싸인 듯한 운무	ⓣ362
이상은(李商隱, 813-858)	144	5월 24일	晚晴 저녁에 날이 개어	ⓑ464
	233	8월 21일	樂遊原 낙유원	ⓣ169
	262	9월 19일	秋雨寄北 가을비에 북으로 부치며	ⓣ246
	300	10월 27일	霜月 서리와 달	ⓣ360
이세민(李世民, 598-649)	165	6월 14일	賦得櫻桃 앵두에 대한 노래	ⓐ522
이세민(李世民)	346	12월 12일	賜蕭瑀 소우(蕭瑀)에게 하사한 시	ⓣ528
이신(李紳, 772-846)	152	6월 1일	憫農 농부의 고생을 생각하며	ⓑ485
이융기(李隆基, 685-762)	271	9월 28일	經鄒魯祭孔子而嘆之 추로(鄒魯) 지역을 경유하여 공자의 사당에 제사를 지내고 탄식하며	ⓣ274
이하(李賀, 790-816)	253	9월 10일	馬詩 其五 말에 대한 시 5	ⓣ219
임걸(林杰, 831-847)	250	9월 7일	乞巧 바느질 솜씨 비는 날	ⓣ212
잠삼(岑參, 718?-769?)	322	11월 18일	郡齋平望江山 고을 관사에서 강산을 바라보며	ⓣ440
	326	11월 22일	白雪歌送武判官歸京 백설가(白雪歌). 귀경하는 무판관(武判官)을 송별하면서	ⓣ454
장경충(張敬忠, ?-? 8세기)	043	2월 12일	邊詞 변방의 노래	ⓐ155
장계(張繼, ?-? 8세기)	299	10월 26일	楓橋夜泊 단풍나무 숲의 다리 가에 밤에 배를 정박하고	ⓣ357
장구령(張九齡, 673-740)	226	8월 14일	自君之出矣 당신이 가신 뒤로는	ⓣ150
	259	9월 16일	望月懷遠 달을 보고 먼 그대를 그리며	ⓣ237
	274	10월 1일	感遇十二首 其一 감회를 사물에 부쳐	ⓣ287
장위(張謂, ?-?)	019	1월 19일	早梅 일찍 핀 매화	ⓐ82
	270	9월 27일	同王徵君湘中有懷 징사(徵士) 왕(王) 선생의 〈소상강에서의 감회〉 시에 화답하여	ⓣ271
장적(張籍, 766?-830?)	113	4월 23일	春別曲 봄날의 이별 노래	ⓑ378
	276	10월 3일	秋思 가을날의 고향 생각	ⓣ292
전기(錢起, 722?-780)	225	8월 13일	月下洗藥 달 아래 약초에 물을 주며	ⓣ148
제기(齊己, 863?-937?)	100	4월 10일	春風曲 봄바람의 노래	ⓑ344
	106	4월 16일	謝中上人寄茶 차를 보내 준 중상인(中上人)에게 감사하며	ⓑ362
조영(祖詠, 699-746)	029	1월 29일	蘇氏別業 소씨(蘇氏)의 별장에서	ⓐ107
	340	12월 6일	終南望餘雪 종남산의 쌓인 눈을 바라보며	ⓣ504
진자앙(陳子昂, 659?-702?)	104	4월 14일	春夜別友人 봄밤에 벗을 작별하며	ⓑ356
최도융(崔道融, 880?-907)	105	4월 15일	春晚 저무는 봄날	ⓑ360
최호(崔護, 772-846)	064	3월 5일	題都城南莊 도성 남쪽 어느 집 정원에 쓰다	ⓐ226
	099	4월 9일	上巳 삼짇날	ⓑ337
	015	1월 15일	長干行 장간의 노래	ⓐ71
하지장(賀知章, 659?-744?)	041	2월 10일	詠柳 버드나무	ⓐ148
	057	2월 26일	回鄉偶書 고향에 돌아와서	ⓐ200
한굉(韓翃, ?-?)	096	4월 6일	寒食 한식	ⓑ328

한유(韓愈, 768-824)	032	2월 1일	春雪 봄 눈	ⓛ121
	049	2월 18일	早春呈水部張十八員外 이른 봄에 수부원외랑 장적(張籍)에게 드림	ⓛ173
	111	4월 21일	晚春 늦봄	ⓛ374
혜능(慧能, 638-713)	319	11월 15일	菩提偈 깨달음의 게송	Ⓣ428
호령능(胡令能, 785-826)	169	6월 18일	小兒垂釣 낚시하는 아이	ⓛ533

송(宋) 960-1279

가현옹(家鉉翁, 1213-1297)	136	5월 16일	萱草篇 원추리에 대하여	ⓛ440
구양수(歐陽脩, 1007-1072)	047	2월 16일	携手曲 둘이 손잡고	ⓛ166
대복고(戴複古, 1167-1248?)	123	5월 3일	初夏游張園 초여름 장원(張園)에서 놀면서	ⓛ406
두뢰(杜耒, ?-1225)	330	11월 26일	寒夜 추운 밤	Ⓣ467
매요신(梅堯臣, 1002-1060)	086	3월 27일	春社 토지신에게 지내는 봄 제사	ⓛ290
문천상(文天祥, 1236-1283)	157	6월 6일	端午卽事 단옷날에	ⓛ500
범성대(范成大, 1126-1193)	153	6월 2일	四時田園雜興 夏日 여름철 전원의 어떤 흥취	ⓛ489
	178	6월 27일	喜晴 날이 개어 기뻐하며	ⓛ560
범중엄(范仲淹, 989-1052)	269	9월 26일	江上漁子 강가의 어부	Ⓣ267
사마광(司馬光, 1019-1086)	130	5월 10일	客中初夏 객지에서 초여름에	ⓛ424
	205	7월 24일	六月十八日夜大暑 6월 18일 밤 대서	Ⓣ89
서기(徐璣, 1162-1214)	249	9월 6일	秋行 가을날의 산책	Ⓣ210
석 문향(釋 文珦, 1201-?)	071	3월 12일	幽處 내가 은거하는 곳	ⓛ247
	312	11월 8일	立冬日野外行吟 입동일에 야외에서 거닐며 시를 읊다	Ⓣ405
섭소옹(葉紹翁, ?-?)	054	2월 23일	遊園不值 정원에 놀러 갔으나 주인을 만나지 못하고	ⓛ190
	237	8월 25일	夜書所見 밤에 본 것을 쓰다	Ⓣ177
소순흠(蘇舜欽, 1008-1048)	159	6월 8일	夏意 여름의 맛	ⓛ506
소식(蘇軾, 1037-1101)	045	2월 14일	減字木蘭花 _ 立春 감자목란화 _ 입춘	ⓛ159
	069	3월 10일	惠崇春江晚景 혜숭(惠崇)의 그림 〈춘강만경(春江晚景)〉을 보고	ⓛ240
	082	3월 23일	減字木蘭花 _ 鶯初解語 감자목란화 _ 꾀꼬리가 울기 시작할 무렵	ⓛ280
	143	5월 23일	飮湖上初晴後雨 맑았다가 흐려지는 서호 가에서 한잔 마시며	ⓛ461
	177	6월 26일	題西林壁 서림사(西林寺)의 벽에	ⓛ556
	207	7월 26일	六月二十七日望湖樓醉書 6월 27일 망호루에 올라 술에 취해 쓰다.	Ⓣ94
	258	9월 15일	陽關曲 _ 仲秋月 양관곡 _ 중추월	Ⓣ234
	307	11월 3일	贈劉景文 冬景 유경문(劉景文)에게 드림. 초겨울	Ⓣ385
	이 책을 마치며		於潛僧綠筠軒 오잠현(於潛縣) 승려의 녹균헌에	Ⓣ598
소옹(邵雍, 1011-1077)	364	12월 30일	冬至吟 동지의 시	Ⓣ591
신기질(辛棄疾, 1140-1207)	186	7월 5일	西江月 _ 夜行黃沙道中 서강월 _ 밤에 황사령(黃沙嶺)을 지나가다가	Ⓣ42

	361	12월 27일	生査子 _ 重葉梅 생사자 _ 꽃잎이 여러 겹인 매화	下579
안기도(晏幾道, 1038-1110)	094	4월 4일	鷓鴣天 _ 十里樓臺倚翠微 자고천 _ 십리 누대가 푸른 산에 기대 있고	上321
	363	12월 29일	鷓鴣天 _ 曉日迎長歲歲同 자고천 _ 새벽에 동지 맞이 제사는 해마다 같으니	下587
양만리(楊萬里, 1127-1206)	035	2월 4일	立春日 입춘일에	上130
	038	2월 7일	新柳 새봄의 버드나무	上139
	053	2월 22일	桑茶坑道中 상다갱(桑茶坑)을 지나는 길에	上187
	124	5월 4일	閑居初夏午睡起 한가하게 지내며 초여름 날 낮잠을 자고 일어나서	上408
	125	5월 5일	宿新市徐公店 신시(新市) 서씨(徐氏)네 주점에서 숙박하며	上412
	128	5월 8일	小池 작은 연못	上420
	189	7월 8일	曉出淨慈寺送林子方 새벽에 정자사를 나와 임자방을 전송하며	下50
	204	7월 23일	夏夜追凉 여름 밤 시원함을 좇아	下87
	261	9월 18일	秋凉晚步 시원한 가을의 저녁 산보	下244
	350	12월 16일	至日前思親 동지를 앞두고 부모를 그리며	下540
	365	12월 31일	稚子弄冰 아이의 얼음 장난	下596
왕령(王令, 1032-1059)	120	4월 30일	送春 봄을 보내며	上397
왕안석(王安石, 1021-1086)	017	1월 17일	梅花 매화	上77
	036	2월 5일	元日 새해 첫 날	上133
	079	3월 20일	泊船瓜州 과주에 배를 대고	上269
	129	5월 9일	初夏卽事 초여름 어느 날에	上422
	138	5월 18일	書湖陰先生壁 其一 호음 선생(湖陰先生)의 집 벽에 쓰다	上448
	146	5월 26일	題何氏宅園亭 하씨(何氏) 댁 정원의 정자에 쓰다	上469
	282	10월 9일	江上 강 위에서	下308
	362	12월 28일	冬至 동지	下584
원흥종(員興宗, ?-? 12세기)	075	3월 16일	春日過僧舍 봄날 절간에 들러	上259
유극장(劉克莊, 1187-1269)	085	3월 26일	鶯梭 베틀 북 같은 꾀꼬리	上286
유한(劉翰, ?-?)	218	8월 6일	立秋日 입추일	下128
육유(陸游, 1125-1210)	018	1월 18일	示兒 아들에게	上80
	028	1월 28일	臘月 납월	上104
	033	2월 2일	立春前三日作 입춘 전 3일에	上123
	044	2월 13일	立春後作 입춘을 지내고	上157
	132	5월 12일	春晚雜興 六 저물어가는 봄날 이런 저런 생각들 6	上429
	154	6월 3일	五月一日作 5월 1일에 짓다	上491
	158	6월 7일	乙卯重五詩 을묘년 단옷날에	上503
	191	7월 10일	夏日六言 其三 여름 6언 시	下56
	194	7월 13일	幽居卽事 其九 은거해 살면서 9	下63
	272	9월 29일	秋社 其一 토지신에게 지내는 가을 제사	下278

	303	10월 30일	初寒 첫 추위		㊦369
	336	12월 2일	十一月四日風雨大作 11월 4일에 비바람이 몰아치기에		㊦490
	354	12월 20일	冬夜讀書示子聿 겨울밤에 독서하다가 아들 율(聿)에게		㊦556
이청조(李淸照, 1084-1155)	200	7월 19일	如夢令 _ 常記溪亭日暮 여몽령 _ 저물녘 냇가 정자에서 놀던 때 기억나지		㊦77
	343	12월 9일	淸平樂 _ 年年雪裏 청평락 _ 어릴 땐 해마다 눈 속에서		㊦516
장뢰(張耒, 1054-1114)	025	1월 25일	臘月書事 저물어가는 12월		㊤97
	170	6월 19일	夏日三首 其一 여름		㊤535
	360	12월 26일	冬至後三日 동지를 지나 사흘째 되는 날에		㊦576
장식(張栻, 1133-1180)	037	2월 6일	立春偶成 입춘날에		㊤137
장효상(張孝祥)	332	11월 28일	卜算子 _ 雪月最相宜 복산자		㊦474
조사수(趙師秀, 1132-1170)	163	6월 12일	約客 온다는 손님은 안 오고		㊤516
좌위(左緯, ?-1142?)	108	4월 18일	春晩 저물어가는 봄날		㊤367
주남(周南, 1159-1213)	179	6월 28일	入梅 매우(梅雨) 시절로 접어들어		㊤562
주방언(周邦彥, 1057-1121)	202	7월 21일	浣紗溪 _ 翠葆參差竹徑成 완사계 _ 무성한 푸른 대숲 아래 오솔길 생기고		㊦83
주숙진(朱淑眞, 1135?-1180?)	126	5월 6일	初夏 초여름		㊤414
주희(朱熹, 1130-1200)	034	2월 3일	庚申 立春前一日 입춘 하루 전 경신일에		㊤127
증기(曾幾, 1084-1166)	160	6월 9일	三衢道中 삼구산(三衢山) 가는 길에		㊤508
	198	7월 17일	大暑 대서		㊦73
진관(秦觀, 1049-1100)	114	4월 24일	三月晦日偶題 삼월 그믐날에		㊤380
진윤평(陳允平, 1215?-1297?)	074	3월 15일	湖上 호숫가에서		㊤256
	286	10월 13일	江村 강 마을		㊦320
추등룡(鄒登龍, ?-?)	210	7월 29일	王氏山房 왕씨 산방		㊦101
황경(黃慶)	115	4월 25일	對客 손님과 마주 앉아		㊤382
황정견(黃庭堅, 1045-1105)	187	7월 6일	鄂州南樓書事 악주의 남루에 올라		㊦44

송말원초(宋末元初)

구원(仇遠)	227	8월 15일	中元 백중		㊦153

원(元) 1271-1368

백박(白樸, 1226-1306?)	164	6월 13일	天淨沙 _ 夏 천정사 _ 여름		㊤519
	277	10월 4일	天淨沙 _ 秋 천정사 _ 가을		㊦295
	313	11월 9일	天淨沙 _ 冬 천정사 _ 겨울		㊦408
오사도(吳師道, 1283-1344)	180	6월 29일	蓮藕花葉圖 연의 꽃과 잎		㊤565
오서일(吳西逸, ?-? 14세기)	302	10월 29일	淸江引 _ 秋居 청강인(淸江引) _ 가을에		㊦366
왕면(王冕, 1310-1359)	021	1월 21일	白梅 흰 매화		㊤87
	353	12월 19일	墨梅 묵매		㊦550

명(明) 1368-1644

동기(董紀, ?-?)	289	10월 16일	小山叢竹四首 其四 소산총죽 4수 4	下329
문징명(文徵明, 1470-1559)	181	6월 30일	溪亭客話 계곡 정자에서 손님과 나누는 대화	上567
	320	11월 16일	畫雪景 설경	下432
심주(沈周, 1427-1509)	090	3월 31일	平坡散牧 평화로이 걸어가는 소	上305
	291	10월 18일	墨菊 국화 그림	下334
양신(楊愼, 1488-1559)	081	3월 22일	出郊 교외에 나가서	上277
유기(劉基, 1311-1375)	022	1월 22일	北風行 북풍의 노래	上89
	161	6월 10일	五月十九日大雨 5월 19일 큰 비가 내리다	上512
임광(林光, 1439-1519)	229	8월 17일	露坐 한데에 앉아서	下158
축윤명(祝允明, 1461-1527)	156	6월 5일	首夏山中行吟 초여름 산길을 가다가	上498

청(淸) 1616-1912

고정(高鼎, 1828-1880)	078	3월 19일	村居 시골에서 살면서	上267
공자진(龔自珍, 1792-1841)	183	7월 2일	己亥雜詩 其五 기해년 잡시 5	下35
납란성덕(納蘭性德, 1655-1685)	345	12월 11일	採桑子 _ 塞上詠雪花 채상자 _ 변방에 내리는 눈	下524
시윤장(施潤章, 1619-1683)	118	4월 28일	山行 산행	上391
	328	11월 24일	雪中閣望 눈이 내리던 날 초각(草閣)에서 바라보며	下461
	331	11월 27일	雪中望岱岳 눈 속에 대악(岱岳)을 바라보며	下470
시정의(柴靜儀, ?-?)	266	9월 23일	秋分日憶用濟 추분 일에 아들 용제를 생각하며	下258
원매(袁枚, 1716-1798)	020	1월 20일	十二月十五夜 12월 15일 밤에	上84
	076	3월 17일	春風 봄바람	上262
	175	6월 24일	所見 매미 잡는 목동	上551
장유병(張維屛, 1780-1859)	066	3월 7일	新雷 첫 천둥	上232
정섭(鄭燮, 1693-1766)	003	1월 3일	竹石 대나무와 바위	上38
	024	1월 24일	詠雪 눈	上95
지생(智生, 1635-1653)	162	6월 11일	夏詞 여름의 노래	上514
진문술(陳文述, 1771-1843)	208	7월 27일	夏日雜詩 여름날의 잡시	下96
홍승(洪昇, 1645-1704)	341	12월 7일	雪望 내리는 눈 속에서 바라보며	下508

미상

無名氏	059	2월 28일	子夜四時歌 한밤의 사랑 노래	上208
無名氏	176	6월 25일	江南 강남	上553
失名	199	7월 18일	勅勒歌 칙륵가	下75
無名氏	246	9월 3일	勸學詩 학문을 권하는 시	下200

작가별 작품 목록

(상권_ 1~6월 / 하권_ 7~12월 쪽수 참조)

작가	회차	날짜	작품	쪽
가도(賈島)	116	4월 26일	三月晦日送春 삼월 그믐에 봄을 보내며	上384
	260	9월 17일	題李凝幽居 이응(李凝)의 유거에 대해	下240
	339	12월 5일	雪晴晚望 눈이 개어 저물녘 멀리 바라보며	下501
가현옹(家鉉翁)	136	5월 16일	萱草篇 원추리에 대하여	上440
고병(高駢)	173	6월 22일	山亭夏日 산속 정자의 여름	上543
	357	12월 23일	對雪 눈을 보며	下566
고섬(高蟾)	284	10월 11일	金陵晚望 금릉에서 저물녘에 바라보며	下313
고적(高適)	323	11월 19일	別董大 二首 금사(琴師) 동정란(董庭蘭) 선생을 이별하며	下443
고정(高鼎)	078	3월 19일	村居 시골에서 살면서	上267
공자진(龔自珍)	183	7월 2일	己亥雜詩 其五 기해년 잡시 5	下35
교연(皎然)	285	10월 12일	九日與陸處士羽飲茶 9일에 처사 육우(陸羽)와 차를 마시며	下316
구양수(歐陽脩)	047	2월 16일	携手曲 둘이 손잡고	上166
구원(仇遠)	227	8월 15일	中元 백중	下153
권덕여(權德輿)	133	5월 13일	玉臺體 十二首 其三 옥대체 12수 제3	上432
	172	6월 21일	夏至日作 하지에	上541
나은(羅隱)	338	12월 4일	雪 눈	下498
낙빈왕(駱賓王)	137	5월 17일	詠鵝 거위	上446
	223	8월 11일	在獄詠蟬 감옥에서 매미 소리를 듣고	下141
납란성덕(納蘭性德)	345	12월 11일	採桑子_ 塞上咏雪花 채상자_ 변방에 내리는 눈	下524
내곡(來鵠)	212	7월 31일	聞蟬 매미 소리를 들으며	下105
노륜(盧綸)	324	11월 20일	和張僕射塞下曲 其三 장복야(張僕射)의 새하곡(塞下曲)에 화답하여 3	下446
노조린(盧照鄰)	221	8월 9일	曲池荷 굽이진 연못의 연꽃	下136
당언겸(唐彦謙)	055	2월 24일	春草 봄풀	上193
대복고(戴複古)	123	5월 3일	初夏游張園 초여름 장원(張園)에서 놀면서	上406
대숙륜(戴叔倫)	101	4월 11일	蘇溪亭 소계정	上347
동기(董紀)	289	10월 16일	小山叢竹四首 其四 소산총죽 4수 4	下329
두공(竇鞏)	097	4월 7일	襄陽寒食寄宇文籍 양양(襄陽)에서 한식날 우문적(宇文籍)에게	上331
두뢰(杜耒)	330	11월 26일	寒夜 추운 밤	下467
두목(杜牧)	051	2월 20일	江南春 강남의 봄	上179
	095	4월 5일	淸明 청명	上324
	145	5월 25일	齊安郡後池絕句 제안군(齊安群)의 후지(後池)에 대한 절구	上467
	235	8월 23일	齊安郡中遇題 제안군에서 우연히 쓰다	下173
	241	8월 29일	秋夕 가을 저녁	下186
	242	8월 30일	早秋客舍 이른 가을 객사에서	下188

작가별 작품 목록 581

	293	10월 20일	山行 산행		下340
	297	10월 24일	長安秋望 장안에서 가을에 바라보며		下352
	309	11월 5일	初冬夜飮 초겨울 밤에 술을 마시며		下395
두보(杜甫)	027	1월 27일	早花 일찍 핀 꽃		上101
	050	2월 19일	春夜喜雨 봄밤에 내리는 반가운 비		上175
	052	2월 21일	望嶽 태산을 바라보며		上183
	058	2월 27일	水檻遣心 二首(其一) 물가 정자에서		上203
	077	3월 18일	絶句 其一 절구 1		上264
	087	3월 28일	旅夜書懷 배로 여행하는 밤에		上294
	102	4월 12일	春望 봄날 풍경 바라보며		上350
	110	4월 20일	春遠 봄날은 깊어 가는데		上371
	121	5월 1일	江畔獨步尋花 강 언덕을 혼자 걸으며 꽃을 구경하다가		上401
	131	5월 11일	絶句 其二 절구 2		上427
	142	5월 22일	江村 강 마을		上458
	243	8월 31일	倦夜 잠 못 이루는 밤		下190
	251	9월 8일	白露 흰 이슬		下214
	252	9월 9일	月夜憶舍弟 달밤에 동생들을 생각하며		下216
	273	9월 30일	晩晴 저녁에 날이 개어		下281
	316	11월 12일	螢火 개똥벌레		下417
	335	12월 1일	舟中夜雪, 有懷盧十四侍禦弟 배를 타고 가다가 밤에 눈이 내려 시어(侍御) 노십사(盧十四) 아우를 생각하며		下487
	351	12월 17일	房兵曹胡馬詩 방 병조(房兵曹)의 호마(胡馬)에 대한 시		下544
	358	12월 24일	小至 동지		下569
두심언(杜審言)	048	2월 17일	和晉陵陸丞早春遊望 진릉(晉陵)의 현승(縣丞) 육 선생의 시 〈이른 봄에 놀러 나가 멀리 바라보다〉에 화답하여		上169
	068	3월 9일	渡湘江 상강(湘江)을 건너며		上237
매요신(梅堯臣)	086	3월 27일	春社 토지신에게 지내는 봄 제사		上290
맹교(孟郊)	056	2월 25일	遊子吟 객지에 있는 자식의 노래		上196
	315	11월 11일	洛橋晩望 낙교(洛橋)에서 저녁에 바라보며		下414
맹호연(孟浩然)	001	1월 1일	田家元日 농가의 새해		上33
	062	3월 3일	春曉 봄날 새벽		上219
	168	6월 17일	題大禹寺義公禪房 대우사(大禹寺) 의공(義公)의 선방(禪房)에 대해		上530
	193	7월 12일	宿業師山房待丁大不至 업(業) 선사의 산방에 머물며 오지 않는 정대(丁大)를 기다리다가		下61
	222	8월 10일	初秋 초가을		下139
	234	8월 22일	宿建德江 건덕강에 정박하여 묵으며		下171
	244	9월 1일	臨洞庭 동정호 앞에서		下195
	275	10월 2일	過故人莊 동무의 장원에 들러		下290
	283	10월 10일	秋宵月下有懷 가을 밤 달빛 아래에서		下310
	318	11월 14일	早寒江上有懷 이른 추위에 장강(長江) 가에서 회포가 있어		下424

	348	12월 14일	晚泊潯陽望廬山 저물녘 심양(潯陽)에 정박하여 여산(廬山)을 바라보며	下534
문징명(文徵明)	181	6월 30일	溪亭客話 계곡 정자에서 손님과 나누는 대화	上567
	320	11월 16일	畫雪景 설경	下432
문천상(文天祥)	157	6월 6일	端午卽事 단옷날에	上500
백거이(白居易)	004	1월 4일	問劉十九 유십구에게 안부를 물으며	上41
	006	1월 6일	村雪夜坐 눈보라치는 시골집에서 밤에 앉아	上46
	008	1월 8일	夜雪 밤눈	上51
	063	3월 4일	憶江南 그리운 강남	上222
	073	3월 14일	閑出 한가하게 집을 나서며	上253
	080	3월 21일	春風 봄바람	上273
	091	4월 1일	錢塘湖春行 전당호의 봄 산책	上311
	093	4월 3일	賦得古原草送別 옛 언덕 위의 풀	上318
	098	4월 8일	大林寺桃花 대림사(大林寺) 복사꽃	上333
	119	4월 29일	山泉煎茶有懷 산 샘물로 차를 달이다가	上394
	122	5월 2일	池上早夏 못 가의 초여름	上403
	151	5월 31일	偶作 우연히 짓다	上480
	166	6월 15일	池上二絶 연못가에서	上525
	184	7월 3일	江樓夕望招客 강루에 올라 저녁에 바라보고 객을 초청하며	下37
	192	7월 11일	銷暑 피서	下58
	195	7월 14일	齋居 재계(齋戒)를 하고 지내며	下65
	209	7월 28일	聞新蟬贈劉二十八 첫 매미 소리를 듣고 유우석에게 시를 지어 주며	下98
	220	8월 8일	宴散 연회를 마치고	下133
	224	8월 12일	立秋日曲江憶元九 입추일에 곡강에서 원진을 그리워하며	下146
	230	8월 18일	新秋喜涼 시원한 초가을을 반기며	下161
	236	8월 24일	聞蟲 벌레 우는 소리를 듣고	下175
	239	8월 27일	微雨夜行 밤길의 안개비	下182
	247	9월 4일	秋熱 가을 더위	下204
	267	9월 24일	秋思 가을의 상념	下261
	268	9월 25일	晩燕 늦깎이 제비	下264
	278	10월 5일	南浦別 남포의 이별	下297
	279	10월 6일	河亭晴望〈九月八日〉 맑은 가을날 강가의 정자에서	下299
	281	10월 8일	暮江吟 저녁 강가에서	下305
	295	10월 22일	寄內 아내에게 부치는 시	下347
	310	11월 6일	冬夜聞蟲 겨울밤에 벌레 소리를 듣고	下399
	349	12월 15일	冬夜對酒寄皇甫十 겨울밤 술을 마주 하고 황보십(皇甫十)에게 보내며	下537
	355	12월 21일	邯鄲冬至夜思家 한단(邯鄲)에서 동짓날 밤에 집을 생각하며	下558
	356	12월 22일	冬至夜 동짓날 밤에	下561
백박(白樸)	164	6월 13일	天淨沙 _ 夏 천정사 _ 여름	上519
	277	10월 4일	天淨沙 _ 秋 천정사 _ 가을	下295
	313	11월 9일	天淨沙 _ 冬 천정사 _ 겨울	下408

범성대(范成大)	153	6월 2일	四時田園雜興 夏日 여름철 전원의 어떤 흥취	上489
	178	6월 27일	喜晴 날이 개어 기뻐하며	上560
범중엄(范仲淹)	269	9월 26일	江上漁子 강가의 어부	下267
사공도(司空圖)	256	9월 13일	中秋 중추	下229
사공서(司空曙)	109	4월 19일	峽口送友人 협곡 입구에서 벗을 보내며	上369
	135	5월 15일	藥園 약초 정원	上436
	214	8월 2일	江村卽事 강 마을의 어느 날에	下113
사마광(司馬光)	130	5월 10일	客中初夏 객지에서 초여름에	上424
	205	7월 24일	六月十八日夜大暑 6월 18일 밤 대서	下89
사조(謝朓)	150	5월 30일	王孫遊 멀리 객지에 있는 당신	上478
상건(常建)	147	5월 27일	題破山寺後禪院 파산사(破山寺) 뒤의 선원(禪院)에 쓰다	上471
	211	7월 30일	宿王昌齡隱居 왕창령의 은거지에 묵으며	下103
	314	11월 10일	泊舟盱眙 우이(盱眙)에 배를 정박하고	下411
서기(徐璣)	249	9월 6일	秋行 가을날의 산책	下210
서인(徐寅)	127	5월 7일	初夏戲題 초여름에 재미 삼아	上417
서정(徐晶)	149	5월 29일	送友人尉蜀中 위(尉)에 임명되어 촉(蜀)으로 가는 친구를 전송하며	上476
석 문향(釋 文珦)	071	3월 12일	幽處 내가 은거하는 곳	上247
	312	11월 8일	立冬日野外行吟 입동일에 야외에서 거닐며 시를 읊다	下405
설도(薛濤)	342	12월 8일	送盧員外 노 원외(盧員外)를 전송하며	下512
섭소옹(葉紹翁)	054	2월 23일	遊園不值 정원에 놀러 갔으나 주인을 만나지 못하고	上190
	237	8월 25일	夜書所見 밤에 본 것을 쓰다	下177
소순흠(蘇舜欽)	159	6월 8일	夏意 여름의 맛	上506
소식(蘇軾)	045	2월 14일	減字木蘭花 _ 立春 감자목란화 _ 입춘	上159
	069	3월 10일	惠崇春江晚景 혜숭(惠崇)의 그림 〈춘강만경(春江晚景)〉을 보고	上240
	082	3월 23일	減字木蘭花 _ 鶯初解語 감자목란화 _ 꾀꼬리가 울기 시작할 무렵	上280
	143	5월 23일	飲湖上初晴後雨 맑았다가 흐려지는 서호 가에서 한잔 마시며	上461
	177	6월 26일	題西林壁 서림사(西林寺)의 벽에	上556
	207	7월 26일	六月二十七日望湖樓醉書 6월 27일 망호루에 올라 술에 취해 쓰다	下94
	258	9월 15일	陽關曲 _ 仲秋月 양관곡 _ 중추월	下234
	307	11월 3일	贈劉景文 冬景 유경문(劉景文)에게 드림. 초겨울	下385
	이 책을 마치며		於潛僧綠筠軒 오잠현(於潛縣) 승려의 녹균헌에	下598
소연(蕭衍)	228	8월 16일	襄陽踏銅蹄歌 양양답동제 노래	下155
	352	12월 18일	子夜四時歌 _ 冬歌 자야사시가 _ 동가	下547
소옹(邵雍)	364	12월 30일	冬至吟 동지의 시	下591
송지문(宋之問)	046	2월 15일	渡漢江 한강을 건너며	上163
	327	11월 23일	苑中遇雪應制 〈금원에서 눈을 만나〉 시에 대한 응제시	下457
시견오(施肩吾)	188	7월 7일	夏雨後題青荷蘭若 여름비가 내린 뒤 푸른 연이 있는 절	下48
시윤장(施潤章)	118	4월 28일	山行 산행	上391
	328	11월 24일	雪中閣望 눈이 내리던 날 초각(草閣)에서 바라보며	下461
	331	11월 27일	雪中望岱岳 눈 속에 대악(岱岳)을 바라보며	下470

시정의(柴靜儀)	266	9월 23일	秋分日憶用濟 추분 일에 아들 용제를 생각하며	下258
신기질(辛棄疾)	186	7월 5일	西江月 _ 夜行黃沙道中 서강월 _ 밤에 황사령(黃沙嶺)을 지나가다가	下42
	361	12월 27일	生查子 _ 重葉梅 생사자 _ 꽃잎이 여러 겹인 매화	下579
심주(沈周)	090	3월 31일	平坡散牧 평화로이 걸어가는 소	上305
	291	10월 18일	墨菊 국화 그림	下334
안기도(晏幾道)	094	4월 4일	鷓鴣天 _ 十里樓臺倚翠微 자고천 _ 십리 누대가 푸른 산에 기대 있고	上321
	363	12월 29일	鷓鴣天 _ 曉日迎長歲歲同 자고천 _ 새벽에 동지 맞이 제사는 해마다 같으니	下587
양거원(楊巨源)	039	2월 8일	城東早春 장안성 동쪽의 이른 봄	上142
양만리(楊萬里)	035	2월 4일	立春日 입춘일에	上130
	038	2월 7일	新柳 새봄의 버드나무	上139
	053	2월 22일	桑茶坑道中 상다갱(桑茶坑)을 지나는 길에	上187
	124	5월 4일	閑居初夏午睡起 한가하게 지내며 초여름 날 낮잠을 자고 일어나서	上408
	125	5월 5일	宿新市徐公店 신시(新市) 서씨(徐氏)네 주점에서 숙박하며	上412
	128	5월 8일	小池 작은 연못	上420
	189	7월 8일	曉出淨慈寺送林子方 새벽에 정자사를 나와 임자방을 전송하며	下50
	204	7월 23일	夏夜追凉 여름 밤 시원함을 좇아	下87
	261	9월 18일	秋凉晚步 시원한 가을의 저녁 산보	下244
	350	12월 16일	至日前思親 동지를 앞두고 부모를 그리며	下540
	365	12월 31일	稚子弄冰 아이의 얼음 장난	下596
양신(楊愼)	081	3월 22일	出郊 교외에 나가서	上277
여온(呂溫)	329	11월 25일	冬夜卽事 잠 못 이루는 겨울밤에	下464
오균(吳均)	264	9월 21일	贈鮑春陵別 포용릉(鮑春陵)에게 시를 지어 주면서 이별하다	下252
오사도(吳師道)	180	6월 29일	蓮藕花葉圖 연의 꽃과 잎	上565
오서일(吳西逸)	302	10월 29일	淸江引 _ 秋居 청강인(淸江引) _ 가을에	下366
왕가(王駕)	107	4월 17일	雨晴 비 개인 봄날	上365
왕건(王建)	255	9월 12일	十五夜望月, 寄杜郎中 15일 밤 달을 바라보면서, 두 낭중(杜郎中)에게 보내다	下226
왕령(王令)	120	4월 30일	送春 봄을 보내며	上397
왕면(王冕)	021	1월 21일	白梅 흰 매화	上87
	353	12월 19일	墨梅 묵매	下550
왕발(王勃)	016	1월 16일	送杜少府之任蜀州 촉주로 부임하는 두 소부를 전송하며	上74
	305	11월 1일	山中 산중에서	下379
왕안석(王安石)	017	1월 17일	梅花 매화	上77
	036	2월 5일	元日 새해 첫 날	上133
	079	3월 20일	泊船瓜州 과주에 배를 대고	上269
	129	5월 9일	初夏卽事 초여름 어느 날에	上422
	138	5월 18일	書湖陰先生壁 其一 호음 선생(湖陰先生)의 집 벽에 쓰다	上448
	146	5월 26일	題何氏宅園亭 하씨(何氏) 댁 정원의 정자에 쓰다	上469
	282	10월 9일	江上 강 위에서	下308

	362	12월 28일	冬至 동지	ⓗ584
왕유(王維)	005	1월 5일	雜詩 그리운 당신	ⓛ43
	007	1월 7일	冬晚對雪憶胡居士家 늦겨울 눈 내리는 날 호 거사의 집을 생각하며	ⓛ48
	012	1월 12일	使之塞上 사신을 가다가 변경에서	ⓛ62
	014	1월 14일	終南山 종남산	ⓛ67
	023	1월 23일	觀獵 사냥 구경	ⓛ92
	060	3월 1일	鳥鳴澗 산새 우는 골짜기	ⓛ213
	067	3월 8일	春中田園作 중춘(仲春)에 전원에서	ⓛ234
	174	6월 23일	積雨輞川莊作 오래 비가 내린 뒤 망천장에서	ⓛ546
	182	7월 1일	鹿柴 사슴 울타리	ⓗ33
	215	8월 3일	山居秋暝 산 속 은거지에 찾아온 가을 저녁	ⓗ116
	248	9월 5일	輞川閒居贈裵秀才迪 망천(輞川)에서 한가롭게 지내며 수재(秀才) 배적(裵迪)에게	ⓗ206
	280	10월 7일	九月九日憶山東兄弟 9월 9일에 화산 동쪽에 있는 형제를 그리며	ⓗ302
	311	11월 7일	山中 산속	ⓗ402
	317	11월 13일	過香積寺 향적사를 찾아가서	ⓗ420
	333	11월 29일	送別 송별	ⓗ478
왕적(王籍)	206	7월 25일	入若耶溪 약야계에 들어가서	ⓗ91
	304	10월 31일	野望 동고(東皐)의 들녘에서 바라보며	ⓗ372
왕지환(王之渙)	040	2월 9일	涼州詞 양주의 노래	ⓛ145
	232	8월 20일	登鸛雀樓 관작루에 올라	ⓗ167
왕창령(王昌齡)	155	6월 4일	采蓮曲 연밥 따는 노래	ⓛ494
	306	11월 2일	出塞 其一 변방을 나서며 1	ⓗ382
	325	11월 21일	從軍行 종군행	ⓗ450
왕한(王翰)	308	11월 4일	涼州詞 양주의 노래	ⓗ392
우곡(于鵠)	171	6월 20일	巴女謠 파촉(巴蜀)의 소녀	ⓛ538
우량사(于良史)	065	3월 6일	春山夜月 봄 산의 달밤	ⓛ230
우세남(虞世南)	217	8월 5일	蟬 매미	ⓗ123
원매(袁枚)	020	1월 20일	十二月十五夜 12월 15일 밤에	ⓛ84
	076	3월 17일	春風 봄바람	ⓛ262
	175	6월 24일	所見 매미 잡는 목동	ⓛ551
원진(元稹)	190	7월 9일	小暑六月節 6월의 절기 소서	ⓗ54
	287	10월 14일	菊花 국화	ⓗ323
원흥종(員興宗)	075	3월 16일	春日過僧舍 봄날 절간에 들러	ⓗ259
위수(魏收)	026	1월 26일	臘節 납절	ⓛ99
위응물(韋應物)	088	3월 29일	長安遇馮著 장안에서 풍저(馮著)를 만나	ⓗ299
	092	4월 2일	滁州西澗 저주의 서쪽 물가에서	ⓛ315
	139	5월 19일	遊開元精舍 개원정사(開元精舍)에 놀러가서	ⓛ451
	203	7월 22일	夏花明 여름 꽃은 찬란하여라	ⓗ85
	231	8월 19일	淮上遇洛陽李主簿 회수 가에서 낙양서 알던 이 주부(李主簿)를 만나	ⓗ164

	292	10월 19일	寄全椒山中道士 전초(全椒)의 산중에 있는 도사에게		下337
	296	10월 23일	秋夜寄邱員外 가을밤에 원외랑(員外郎) 구단(邱丹)에게		下349
	347	12월 13일	夕次盱眙縣 저녁에 우이현(盱眙縣)에 정박하여		下531
유극장(劉克莊)	085	3월 26일	鶯梭 베틀 북 같은 꾀꼬리		上286
유기(劉基)	022	1월 22일	北風行 북풍의 노래		上89
	161	6월 10일	五月十九日大雨 5월 19일 큰 비가 내리다		上512
유방평(劉方平)	061	3월 2일	夜月 달밤		上216
유우석(劉禹錫)	140	5월 20일	竹枝詞 其一 죽지사 1		上454
	216	8월 4일	秋詞 가을의 노래		下119
	238	8월 26일	秋風引 가을바람의 노래		下179
	263	9월 20일	望洞庭 동정호를 바라보며		下249
유운(柳惲)	089	3월 30일	江南曲 강남곡		上302
	265	9월 22일	擣衣詩 其一 다듬이질 시		下254
유장경(劉長卿)	167	6월 16일	送靈澈上人 영철(靈徹) 상인을 전송하며		上528
	337	12월 3일	逢雪宿芙蓉山主人 눈을 만나 부용산(芙蓉山)의 어느 집에 묵으며		下494
유정(劉楨)	334	11월 30일	贈從弟詩 其二 사촌 동생에게 주는 시		下482
유종원(柳宗元)	002	1월 2일	早梅 이른 매화		上36
	134	5월 14일	梅雨 매우		上434
	197	7월 16일	溪居 우계(愚溪)에 살면서		下69
	201	7월 20일	夏晝偶作 여름 한낮에		下81
	344	12월 10일	江雪 강에 내리는 눈		下520
	359	12월 25일	酬王二十舍人雪中見寄 사인(舍人) 왕이십(王二十)이 눈 속에 보내온 시에 대한 답례로		下573
유한(劉翰)	218	8월 6일	立秋日 입추일		下128
육개(陸凱)	042	2월 11일	贈范曄 친구 범엽에게		上152
육유(陸游)	018	1월 18일	示兒 아들에게		上80
	028	1월 28일	臘月 납월		上104
	033	2월 2일	立春前三日作 입춘 전 3일에		上123
	044	2월 13일	立春後作 입춘을 지내고		上157
	132	5월 12일	春晚雜興 六 저물어가는 봄날 이런 저런 생각들 6		上429
	154	6월 3일	五月一日作 5월 1일에 짓다		上491
	158	6월 7일	乙卯重五詩 을묘년 단옷날에		上503
	191	7월 10일	夏日六言 其三 여름 6언 시		下56
	194	7월 13일	幽居卽事 其九 은거해 살면서 9		下63
	272	9월 29일	秋社 其一 토지신에게 지내는 가을 제사		下278
	303	10월 30일	初寒 첫 추위		下369
	336	12월 2일	十一月四日風雨大作 11월 4일에 비바람이 몰아치기에		下490
	354	12월 20일	冬夜讀書示子聿 겨울밤에 독서하다가 아들 율(聿)에게		下556
육창(陸暢)	010	1월 10일	驚雪 신기한 눈		上57
이가우(李嘉祐)	009	1월 9일	夜宴南陵留別 남릉(南陵)에서 떠나기 전날 밤 주연에서		上54

이름	번호	날짜	제목	페이지
이건훈(李建勳)	290	10월 17일	采菊 국화를 따면서	下331
이교(李嶠)	257	9월 14일	仲秋月 其二 중추월 2	下232
이구령(李九齡)	011	1월 11일	寒梅詞 겨울 매화의 노래	上59
이덕유(李德裕)	117	4월 27일	憶茗芽 차의 어린잎을 추억하며	上386
이백(李白)	013	1월 13일	送友人 친구를 전송하며	上64
	031	1월 31일	送友人入蜀 촉으로 가는 친구를 전송하며	上115
	070	3월 11일	勞勞亭 로로정	上244
	072	3월 13일	子夜吳歌 _ 春歌 자야오가 _ 봄노래	上250
	083	3월 24일	黃鶴樓送孟浩然之廣陵 황학루에서 광릉으로 가는 맹호연을 전송하고	上282
	084	3월 25일	春夜洛城聞笛 낙양성에서 봄밤에 피리 소리를 들으며	上284
	103	4월 13일	陽春曲 봄날의 노래	上353
	112	4월 22일	春思 봄날의 그리움	上376
	141	5월 21일	早發白帝城 아침 일찍 백제성을 떠나	上456
	148	5월 28일	聽蜀僧濬彈琴 촉(蜀)의 화상(和尙) 충준(沖濬)의 금(琴) 연주를 듣고	上473
	185	7월 4일	夏日山中 여름날 산속에서	下40
	196	7월 15일	子夜吳歌 _ 夏歌 자야오가 _ 여름 노래	下67
	213	8월 1일	望廬山瀑布 여산 폭포를 바라보며	下111
	219	8월 7일	太原早秋 태원의 이른 가을	下131
	240	8월 28일	秋思 가을의 사념	下184
	245	9월 2일	玉階怨 옥 섬돌에서의 원망	下198
	254	9월 11일	古風 其五十二 고풍 52	下223
	288	10월 15일	夜泊牛渚懷古 밤에 우저산에 정박하고 고사를 떠올리며	下326
	294	10월 21일	靜夜思 고요한 밤에 생각하며	下344
	298	10월 25일	登新平樓 신평루에 올라	下354
	301	10월 28일	菩薩蠻 _ 平林漠漠煙如織 보살만 _ 뿌연 너른 숲 천에 싸인 듯한 운무	下362
이상은(李商隱)	144	5월 24일	晩晴 저녁에 날이 개어	上464
	233	8월 21일	樂遊原 낙유원	下169
	262	9월 19일	秋雨寄北 가을비에 북으로 부치며	下246
	300	10월 27일	霜月 서리와 달	下360
이세민(李世民)	165	6월 14일	賦得櫻桃 앵두에 대한 노래	上522
	346	12월 12일	賜蕭瑀 소우(蕭瑀)에게 하사한 시	下528
이신(李紳)	152	6월 1일	憫農 농부의 고생을 생각하며	上485
이융기(李隆基)	271	9월 28일	經鄒魯祭孔子而嘆之 추로(鄒魯) 지역을 경유하여 공자의 사당에 제사를 지내고 탄식하며	下274
이청조(李淸照)	200	7월 19일	如夢令 _ 常記溪亭日暮 여몽령 _ 저물녘 냇가 정자에서 놀던 때 기억하나지	下77
	343	12월 9일	淸平樂 _ 年年雪裏 청평락 _ 어릴 땐 해마다 눈 속에서	下516
이하(李賀)	253	9월 10일	馬詩 其五 말에 대한 시 5	下219
임걸(林杰)	250	9월 7일	乞巧 바느질 솜씨 비는 날	下212
임광(林光)	229	8월 17일	露坐 한데에 앉아서	下158
잠삼(岑參)	322	11월 18일	郡齋平望江山 고을 관사에서 강산을 바라보며	下440

작가	번호	날짜	제목	쪽
	326	11월 22일	白雪歌送武判官歸京 백설가(白雪歌), 귀경하는 무 판관(武判官)을 송별하면서	下454
장경충(張敬忠)	043	2월 12일	邊詞 변방의 노래	上155
장계(張繼)	299	10월 26일	楓橋夜泊 단풍나무 숲의 다리 가에 밤에 배를 정박하고	下357
장구령(張九齡)	226	8월 14일	自君之出矣 당신이 가신 뒤로는	下150
	259	9월 16일	望月懷遠 달을 보고 먼 그대를 그리며	下237
	274	10월 1일	感遇十二首 其一 감회를 사물에 부쳐	下287
장뢰(張耒)	025	1월 25일	臘月書事 저물어가는 12월	上97
	170	6월 19일	夏日三首 其一 여름	上535
	360	12월 26일	冬至後三日 동지를 지나 사흘째 되는 날에	下576
장식(張栻)	037	2월 6일	立春偶成 입춘날에	上137
장위(張謂)	019	1월 19일	早梅 일찍 핀 매화	上82
	270	9월 27일	同王徵君湘中有懷 징사(徵士) 왕(王) 선생의 〈소상강에서의 감회〉 시에 화답하여	下271
장유병(張維屛)	066	3월 7일	新雷 첫 천둥	上232
장적(張籍)	113	4월 23일	春別曲 봄날의 이별 노래	上378
	276	10월 3일	秋思 가을날의 고향 생각	下292
장효상(張孝祥)	332	11월 28일	卜算子 _ 雪月最相宜 복산자	下474
전기(錢起)	225	8월 13일	月下洗藥 달 아래 약초에 물을 주며	下148
정섭(鄭燮)	003	1월 3일	竹石 대나무와 바위	上38
	024	1월 24일	咏雪 눈	上95
제기(齊己)	100	4월 10일	春風曲 봄바람의 노래	上344
	106	4월 16일	謝中上人寄茶 차를 보내 준 중상인(中上人)에게 감사하며	上362
조사수(趙師秀)	163	6월 12일	約客 온다는 손님은 안 오고	上516
조영(祖詠)	029	1월 29일	蘇氏別業 소씨(蘇氏)의 별장에서	上107
	340	12월 6일	終南望餘雪 종남산의 쌓인 눈을 바라보며	下504
좌위(左緯)	108	4월 18일	春晚 저물어가는 봄날	上367
주남(周南)	179	6월 28일	入梅 매우(梅雨) 시절로 접어들어	上562
주방언(周邦彦)	202	7월 21일	浣紗溪 _ 翠葆參差竹徑成 완사계 _ 무성한 푸른 대숲 아래 오솔길 생기고	下83
주숙진(朱淑眞)	126	5월 6일	初夏 초여름	上414
주희(朱熹)	034	2월 3일	庚申 立春前一日 입춘 하루 전 경신일에	上127
증기(曾幾)	160	6월 9일	三衢道中 삼구산(三衢山) 가는 길에	上508
	198	7월 17일	大暑 대서	下73
지생(智生)	162	6월 11일	夏詞 여름의 노래	上514
진관(秦觀)	114	4월 24일	三月晦日偶題 삼월 그믐날에	上380
진문술(陳文述)	208	7월 27일	夏日雜詩 여름날의 잡시	下96
진윤평(陳允平)	074	3월 15일	湖上 호숫가에서	上256
	286	10월 13일	江村 강 마을	下320
진자앙(陳子昂)	104	4월 14일	春夜別友人 봄밤에 벗을 작별하며	上356

채옹(蔡邕)	030	1월 30일	飮馬長城窟行 장성(長城)의 굴에서 말에 물을 먹이며	上111
최도융(崔道融)	105	4월 15일	春晚 저무는 봄날	上360
최호(崔護)	015	1월 15일	長干行 장간의 노래	上71
	064	3월 5일	題都城南莊 도성 남쪽 어느 집 정원에 쓰다	上226
	099	4월 9일	上巳 삼짇날	上337
추등룡(鄒登龍)	210	7월 29일	王氏山房 왕씨 산방	下101
축윤명(祝允明)	156	6월 5일	首夏山中行吟 초여름 산길을 가다가	上498
포령휘(鮑令暉)	321	11월 17일	擬客從遠方來詩 고시(古詩) 〈손님이 먼 곳에서 찾아와〉를 모방하여	下436
하지장(賀知章)	041	2월 10일	詠柳 버드나무	上148
	057	2월 26일	回鄕偶書 고향에 돌아와서	上200
한굉(韓翃)	096	4월 6일	寒食 한식	上328
한유(韓愈)	032	2월 1일	春雪 봄 눈	上121
	049	2월 18일	早春呈水部張十八員外 이른 봄에 수부원외랑 장적(張籍)에게 드림	上173
	111	4월 21일	晩春 늦봄	上374
혜능(慧能)	319	11월 15일	菩提偈 깨달음의 게송	下428
호령능(胡令能)	169	6월 18일	小兒垂釣 낚시하는 아이	上533
홍승(洪昇)	341	12월 7일	雪望 내리는 눈 속에서 바라보며	下508
황경(黃慶)	115	4월 25일	對客 손님과 마주 앉아	上382
황정견(黃庭堅)	187	7월 6일	鄂州南樓書事 악주의 남루에 올라	下44
失名	199	7월 18일	勅勒歌 칙륵가	下75
無名氏	059	2월 28일	子夜四時歌 한밤의 사랑 노래	上208
無名氏	176	6월 25일	江南 강남	上553
無名氏	246	9월 3일	勸學詩 학문을 권하는 시	下200

❖ 참고문헌 ❖

| 단행본 |

● 중국 서적

岡元鳳 纂輯(日本)·王承略 點校,『毛詩品物圖考』, 山東畫報出版社, 2002.
蓋國梁 主編,『中華韻典』, 上海古籍出版社, 2004.
計成(明) 著, 李世葵·劉金鵬 編著,『園冶』, 中華書局, 2018.
高居翰(美),『詩之旅』, 三聯書店, 2014.
高居翰(美),『氣勢撼人』, 三聯書店, 2010.
高居翰(美),『山外山』, 三聯書店, 2014.
高居翰(美),『江岸送別』, 三聯書店, 2014.
顧學頡 校點,『白居易集』, 中華書局, 1999.
郭沫若 主編,『中國史稿地圖集』(上下), 中國地圖出版社, 1996.
郭茂倩 編,『樂府詩集』, 中華書局, 2007.
郭思(宋) 編·楊伯 編著,『林泉高致』, 中華書局, 2015.
孔凡禮 撰,『蘇軾年譜』, 中華書局, 2005.
仇兆鰲 注,『杜詩詳註』, 中華書局, 1999.
瞿蛻園 箋證,『劉禹錫集箋證』(全三册), 上海古籍出版社, 1989.
瞿蛻園·朱金城 校注,『李白集校注』(全四册), 上海古籍出版社, 2007.
譚其驤 主編,『中國歷史地圖集』(全8册), 中國地圖出版社, 1996.
陶敏·易淑瓊 校注,『沈佺期宋之問集校注』, 中華書局, 2001.
屠隆(明) 著·趙菁 編,『考槃餘事』, 金城出版社, 2012.
佟培基 箋注『孟浩然詩集箋注』, 中華書局, 2019.
竇苹 著·石祥 編著,『酒譜』, 中華書局, 2018.
婁瑋 著,『石田秋色』, 石頭出版, 2012.
廖立 箋注,『岑嘉州詩箋注』, 中華書局, 2004.
林家治 著,『明四大家研究與藝術鑑賞, 沈周』, 河北教育出版社, 2011.
林洪 撰·章原 編著,『山家淸供』, 中華書局, 2019.
方世舉 撰, 郝潤華·丁俊麗,『韓昌黎詩集編年箋注』(上下), 中華書局, 2016.
潘富俊 著/攝影,『唐詩植物圖鑑』, 上海書店出版社, 2003.
潘富俊 著·呂勝由 攝影,『詩經植物圖鑑』, 上海書店出版社, 2003.
潘富俊 著·呂勝由 攝影,『楚辭植物圖鑑』, 上海書店出版社, 2003.

本社 編, 『中國古代版畫叢刊二編』, 上海書店出版社, 1994.
富壽蓀 標校, 『范石湖集』, 上海古籍出版社, 2006.
上海博物館 編, 『集古大成, 上海博物館藏』虞山畫派藝術』, 上海書畫出版社, 2013.
上海博物館 編, 『丹青寶筏, 董其昌書畫藝術特輯』, 上海書畫出版社, 2018.
成林·程章燦 注譯, 黃志民·鄺宷芸, 『詩品讀本』, 三民書局, 2003.
蘇易簡 著·石祥 編著, 『文房四譜』, 中華書局, 2015.
蘇州博物館 編, 『石田大穰, 吳門畫派之沈周』, 古吳軒出版社, 2012.
蘇州博物館 編, 『衡山仰止, 吳門畫派之文徵明』, 古宮出版社, 2013.
蘇州博物館 編, 『六如真如, 吳門畫派之唐寅』, 古宮出版社, 2014.
蘇州博物館 編, 『十洲高會, 吳門畫派之仇英』, 古宮出版社, 2015.
蘇州博物館 編, 『蘇州博物館藏明清書畫』, 文物出版社, 2006.
蘇州博物館·上海博物館 編, 『明吳門四杰書畫精品集』, 文物出版社, 2006.
孫望 編, 『韋應物詩集繫年校箋』, 中華書局, 2006.
辛更儒 箋校, 『楊萬里集箋校』(全十冊), 中華書局, 2007.
沈德籫 選評, 聞旭初 標點, 『古詩源』, 中華書局, 2018.
王國安 箋釋, 『柳宗元詩箋釋』, 上海古籍出版社, 1998.
王琦 注, 『李太白全集』, 中華書局, 1999.
王文誥 輯註, 孔凡禮 交點, 『蘇軾詩集』, 中華書局, 2007.
王氏(明) 原編·張宏宇 整理, 『詩餘畫譜』, 河南大學出版社, 2004.
王友勝校注, 『韋應物集校注』, 上海古籍出版社, 1998.
王兆鵬·邵大爲·張·唐元 著, 『唐詩排行榜』, 中華書局, 2011.
王兆鵬·邵大爲·張·唐元 著, 『唐詩排行榜』, 中華書局, 2012.
楊倫 箋注, 『杜詩鏡銓』(上下), 上海古籍出版社, 2019.
楊新 主編, 『古宮博物院藏文物珍品大系』(全60冊), 上海科學技術出版社, 2007.
葉子 編, 『黃賓虹山水畫論稿』, 上海人民美術出版社, 2014.
溫洪隆 注譯·齊益壽 校閱, 『新譯 陶淵明集』, 三民書局, 2012.
劉尙榮 校點, 『黃庭堅詩集注』, 中華書局, 2007.
『劉禹錫集』整理組 點校, 卞孝萱 校訂, 『劉禹錫集』. 中華書局, 2004.
劉學鍇·余恕誠 著『李商隱詩歌集解』, 中華書局, 2007.
尹瘦石 主編, 『中國古畫譜集成』(全二十二冊), 山東美術出版社, 2000.
尹占華·韓文奇, 『柳宗元集校注』, 中華書局, 2014.
李逸安·孫通海·傅信 點校, 『張耒集』(上下), 中華書局, 1990.
李之充 補箋, 『王荊公詩注補箋』, 巴蜀書社, 2002.

蔣寅 校注, 『戴叔倫詩集校注』, 上海古籍出版社, 1993.
儲仲君 撰, 『劉長卿詩編年箋注』, 中華書局, 1999.
錢仲聯 校注 『劍南詩稿校注』(全八冊), 上海古籍出版社, 2005.
錢仲聯 集釋, 『韓昌黎詩繫年集釋』, 上海古籍出版社, 2007.
齊文榜 校注, 『賈島集校注』, 人民文學出版社, 2001.
祖保泉, 『中國詩文理論探徵』, 安徽人民出版社, 2006.
鍾振振, 『唐詩之美日曆』, 中華書局, 2020.
朱權·田藝蘅 著, 黃明哲·吳浩 編著, 『茶譜·煮泉小品』, 中華書局, 2016.
朱金城 箋校, 『白居易集箋校』(全六冊), 上海古籍出版社, 1988.
中國古代書畫鑑定組 編, 『中國繪畫全集』(全30冊), 文物出版社, 1997.
中國古代書畫鑑定組編, 『中國古代書畫圖目』(全24冊), 文物出版社, 1986.~ 2000.
遲乃義 編, 『名家書畫唐詩精萃』, 中華書局, 2003.
陳貽焮 著, 『杜甫評傳』(上中下), 北京大學出版社, 2011.
陳鐵民 校注, 『王維集校注』, 中華書局, 2005.
陳鐵民·侯忠義 校注, 『岑參詩校注』, 上海古籍出版社, 2004.
馮應榴 輯注, 黃任軻·朱懷春 校點, 『蘇軾詩集合注』(全三冊), 上海古籍出版社, 2001.
柯律格(英) 著, 劉宇珍·邱士華·胡雋 譯, 『雅債』, 三聯書店, 2015.
胡曉明 主編, 『江南詩』, 上海科學技術文獻出版社, 2019.
黃鳳池(明) 原編·張宏宇 整理, 『唐詩畫譜』, 河南大學出版社, 2004.

● 대만 서적

古宮博物院 編, 『古宮文物月刊』(1~449), 1983년~2020.
古宮博物院 編, 『古宮書畫圖錄』(全24冊), 古宮博物院, 1989.
古宮博物院 編, 『古宮書畫菁華特輯』, 古宮博物院, 2015.
古宮博物院 書畫處, 『國寶的形成』, 國立古宮博物院, 2019.
邱燮友 註譯, 『唐詩三百首』, 三民書局, 1993.
邱燮友·劉正浩, 『千家詩』, 三民書局, 2000.
羅立乾 注譯·李震興 校閱, 『新譯 文心雕龍』, 三民書局, 2006.
傅錫壬 注譯, 『新譯 楚辭讀本』, 三民書局, 2003.
李天鳴 著, 『中國疆域的變遷』(上下), 國立古宮博物院, 2014.
卜孝萱·朱崇才·齊益壽, 『唐人絕句選』, 2003.
傅璿琮, 『中國詩學大辭典』, 浙江教育出版社, 1999.
勝志賢 注譯·葉國良 校閱, 『詩經讀本』(上·下), 2013.

辛文房 撰·戴揚本 注譯,『新譯 唐才子傳』, 2005.
楊家駱 主編,『詩人玉屑』, 世界書局, 1980.
王英志 注譯,『新譯 淸詩三百首』, 三民書局, 2010.
王耀庭 著,『古書故畫今日看』, 國立古宮博物院, 2014.
汪中 註譯,『宋詞三百首』, 三民書局, 1988.
郁賢皓 注譯,『新譯 李白詩全集』(上中下), 三民書局, 2011.
劉修橋 發行,『漢文大系』, 新文豊出版公司(대만), 1978.
李玉珉·何炎泉·邱士華·尾川明穗,『妙合神離, 董其昌書畫特展』, 2017.
林莉娜 著,『明淸宮庭繪畫藝術鑑賞』, 國立古宮博物院, 2015.
周啓成·崔富章·朱宏達·張金泉·水渭松·伍方南 注譯, 劉正浩·陣滿銘·沈秋雄·黃俊郎·黃志民·周鳳五·高桂惠 校閱,『新譯 昭明文選』(全四冊), 三民書局, 2001.
張松輝 注譯,『杜牧詩文集』(上下), 三民書局, 2002.
張忠綱·趙睿才·綦維,『新譯 杜甫詩選』, 三民書局, 2012.
中國社會科學院語言研究所 古代漢語研究室,『古代漢語虛詞詞典』, 商務印書館, 2001.
陳鐵民 注譯,『新譯 王維詩文集』(上下), 三民書局, 2009.
何炎泉, 陳階晉, 陳韻如 編輯·文字撰述,『明四大家特展 沈周』, 國立古宮博物院, 2014.
何炎泉, 陳階晉, 陳韻如 編輯·文字撰述,『明四大家特展 文徵明』, 國立古宮博物院, 2014.
許文美, 劉芳如 編輯·文字撰述,『明四大家特展 仇英』, 國立古宮博物院, 2014.
林莉娜, 陳建志, 鄭淑方 編輯·文字撰述,『明四大家特展 唐寅』, 國立古宮博物院, 2014.

●한국 서적
강민호,『두보 배율 연구』, 서울대학교출판문화원, 2015.
郭若虛 지음·박은화 옮김,『圖畫見聞志』, 시공사, 2005.
국립중앙박물관 편,『明淸繪畫』, 국립중앙박물관, 2010.
권석환 저,『中國雅集』, 박문사, 2015.
金鍾太 편,『東洋의 名畫3 中國Ⅰ』, 三省出版社, 1985.
김진석·김태영 지음,『한국의나무』, 돌베개, 2012.
서릉 편·권혁석 역,『옥대신영』(전3책), 소명출판, 2006.
신기질 저·서성 역주,『가헌사』(전5책), 학고방, 2020.
심덕잠 엮음·서성 옮김,『당시별재집』(전6책), 소명출판, 2013.
안대회,『궁극의 시학』, 문학동네, 2013.
양문생(楊文生) 저·이태형 역,『중국사보(詞譜)의 이해』, 學古房, 2018.
왕력 지음·송용준 옮김,『중국시율학』(전4책), 소명출판, 2005.

왕유 지음·박삼수 역주, 『왕유詩全集』, 현암사, 2008.
위안싱페이 저·김수연 옮김, 『도연명을 그리다』, 태학사, 2012.
이나미 리쓰코 지음·김석희 옮김, 『중국의 은자들』, 한길사, 2002.
李成美 편, 『東洋의 名畵4 中國Ⅱ』, 三省出版社, 1985.
장언원 지음·조송식 옮김, 『역대명화기』(상하), ㈜시공사, 2008.
車柱環, 『중국시론』, 서울대학교출판부, 2003.
許英桓 편, 『東洋의 名畵5 中國Ⅲ』, 三省出版社, 1985.
『같고도 다른: 치바이스와의 대화』, 예술의 전당, 2018.
영인본 『杜律·陶淵明集』, 學民文化社, 1992.
영인본 『詳說古文眞寶大全 前集』, 學民文化社, 1992.
영인본 『詩海韻珠』, 學民文化社, 1994.
영인본 『雅頌 附集解』, 學民文化社, 1996.
영인본 『諺解 杜詩澤風堂批解』, 다운샘, 2002.
영인본 『御定杜陸千選』, 學民文化社, 1995.
영인본 『濂洛風雅』, 學民文化社, 2001.
영인본 『五言七言唐音』, 學民文化社, 1990.
영인본 『全韻玉編·奎章全韻』, 學民文化社, 1998.
영인본 『繪圖千家詩註釋』, 學民文化社, 1997.
『姑蘇志』(奎中2699-v.1-39), 서울대학교규장각.

● 일본 서적
釋 淸潭 등, 『續國譯漢文大成』, 日本圖書センター, 1978.
下中邦彦, 『書道全集』(전27책), 平凡社, 1970.

| 논문 |
● 중국 논문
熊飛, 「『戴叔倫詩集校注』 評價」, 『咸寧師專學報』, 1995.
蔣寅, 「戴叔倫」
袁慶, 『白居易茶時硏究』, 陝西師範大學學位論文, 2016.

● 한국 논문
김경동, 「"停車坐愛楓林晩"−詩語로서 '坐'의 의미」, 『중국학보』, 2015.

김동환, 「抄略本『明心寶鑑』의 刊行 經緯와 그 內容」, 『서지학연구』, 1999.
김종덕·고병희, 「해바라기(向日葵, 向日花)의 어원에 대하여」, 『韓國醫史學會誌』, 2001.
김종태, 「대와 물로 두른, 심주(沈周)의 유죽거(有竹居)」, 『문헌과해석』 71호, 2015.
김종태, 「예찬(倪瓚)의 빈 정자」, 『문헌과해석』 72호, 2015.
김종태, 「구영이 그린 독락원도 속의 누정들」, 『문헌과해석』 73호, 2015.
김종태, 「서호십경(西湖十景)을 거닐다」, 『문헌과해석』 74호, 2016.
김종태, 「자적(自適)과 소쇄(蕭灑)의 시경(詩境)」, 『문헌과해석』 81호, 2017.
김종태, 「귤의 향기」, 『문헌과해석』 85호, 2019.
白承錫, 「駱賓王賦研究」, 『중국어문학』, 2007.
이치수, 「楊萬里의 시론과 시」, 『중국어문논총』, 1999.
정민, 「접시꽃과 해바라기의 착종과 오해」, 『문헌과해석』 29호, 2004.

● 북한 논문

김금혁, 「한문부사의 어휘문법적특성」, 『김일성종합대학학보』 58권 제2호, 2012.
김일, 「한문운문의 운율과 번역에서 제기되는 몇가지 문제」, 『김일성종합대학학보』 63권 제2호, 2017.
김희옥, 「사(詞)의 문체론적특징에 대한 고찰」, 『김일성종합대학학보』 53권 제2호, 2007.
김희옥, 「악부의 문체론적 특징에 대한 간단한 고찰」, 『김일성종합대학학보』 54권 제3호, 2008.
김희옥, 「한문운문에서 운율조성방법의 변화과정」, 『김일성종합대학학보』 58권 제4호, 2012.
김희옥, 「한문운문의 발생에 대한 리해」, 『김일성종합대학학보』 59권 제2호, 2013.
김희옥, 「한문운문의 한 형식으로서의 찬과 송」, 『김일성종합대학학보』 63권 제1호, 2017.
려동일, 「한자 其의 조사적 쓰임에 대하여」, 김일성종합대학학보』 54권 제4호, 2008.
려동일, 「한문 문장에서 한자 其와 之의 대명사적 쓰임에 대하여」, 『김일성종합대학학보』 55권 제2호, 2009.
려동일, 「한문의 품사전성현상에 대한 고찰」, 『김일성종합대학학보』 55권 제4호, 2009.
려동일, 「한문의 어순과 그 기능에 대한 고찰」, 『김일성종합대학학보』 55권 제4호, 2010.
려동일, 「한문의 품사전성 현상에서 주목되는 사동용법과 의동용법에 대한 리해」, 『김일성종합대학학보』 59권 제3호, 2013.
려동일, 「한문명사의 결합관계」, 『김일성종합대학학보』 59권 제1호, 2013.
려동일, 「한자의 본의와 파생어의 본질과 그 파생방법」, 『김일성종합대학학보』 60권 제1호, 2014.
려동일「한문단어의 기본 기능과 림시 기능에 대한 리해」, 『김일성종합대학학보』 60권 제4호, 2014.
려동일, 「한문문장 속에서 일부 명사의 부사조성현상에 대한 리해」, 『김일성종합대학학보』 61권 제4호, 2015.
려동일, 「한문에서 형용사의 품사전성현상에 대한 리해」, 『김일성종합대학학보』 62권 제2호, 2016.
오희복, 「한문의 문법 구조와 론리적의미사이에 차이가 생기는 몇가지 원인」, 『김일성종합대학학보』 60권 제1호, 2014.

장철수,「한문생략문의 문장 유형에 대한 고찰」,『김일성종합대학학보』55권 제4호, 2010.

| 웹 사이트 |

동양고전종합 DB.
바이두(百度).
사고전서(四庫全書)(전자판).
상우천고(尙友千古).
한국고전번역원 DB.
한국사 DB.

❖ 찾아보기 ❖

ㄱ

가(可) 上 191, 380 下 244
가도(賈島) 上 385 下 240, 501
가련(可憐) 下 305
가서(家書) 上 351
가의(賈誼) 上 318
가인(可人) 上 380
가종(歌鐘) 下 589
가주(嘉州) 下 442
가찬식(加餐食) 上 112
가평(嘉平) 上 99
가합(可合) 上 380
가현옹(家鉉翁) 上 445
각(卻) 上 122
각서(角黍) 上 492, 504
각하(却下) 下 199
간(看) 上 395
간다(看茶) 上 499
간어락(看魚樂) 下 215
간저(澗底) 下 337
간저송(澗底松) 下 338
갈홍(葛洪) 上 191, 258
〈감자목란화(減字木蘭花)〉 上 160, 281
강남롱(江南弄) 上 353
〈강남춘(江南春)〉 上 322
강녕(江寧) 下 308
강녕부(江寧府) 上 269
강릉(江陵) 上 361
강반(强半) 下 538
강비(江妃) 下 582

강상(江上) 下 308
강서시파(江西詩派) 上 141
『강안송별(江岸送別)』 下 298
강와(僵臥) 下 492
강유위 下 36
강주(江洲) 上 334
강채평(江采萍) 下 582
강호파(江湖派) 下 211
개원사(開元寺) 上 451
개원정사 上 451
개진(蓋盡) 下 568
〈객정(客亭)〉 上 297
갱(坑) 上 188
거(去) 上 260
거류(去留) 上 369
거안제미(擧案齊眉) 上 300
거저(居諸) 上 238
거주(去住) 上 369
건강(建康) 上 180
건양(建陽) 上 240
건업(建業) 上 180
걸교(乞巧) 下 212
걸교절(乞巧節) 下 212
〈걸부증유계손장(乞賻贈劉季孫狀)〉 下 386
『검남시고』 上 158
『검남시고교주(劍南詩稿校註)』 上 429
견(見) 下 293
견(遣) 上 245
견심(遣心) 上 204
견풍(甄豐) 下 90

견흥(遣興) 上 204
결금란(結金蘭) 下 547
경(驚) 上 122
경경(耿耿) 下 465
경구(京口) 上 269
경기(京畿) 上 75
경단(驚湍) 下 224
경락(京洛) 下 272
경번(景樊) 上 180
경영(輕盈) 上 432
경요(瓊瑤) 下 574
경지(瓊枝) 下 568
경호(鏡湖) 上 200
계림(桂林) 上 464
계림(雞林) 上 465
〈계산초각도(溪山草閣圖)〉 上 426
계택(鷄澤) 上 369
계서(雞黍) 下 290
계수(桂水) 下 487
계화(桂花) 上 214 下 226
고(故) 上 122
고객(孤客) 下 180
고거한(高居翰) 下 298
고광(孤光) 下 476
고국(故國) 下 131
『고대한어(古代漢語)』 上 557
고림(高林) 上 472
고목(膏沐) 下 151
『고문진보』 上 88, 112, 196
고병(高駢) 上 545 下 566
고산(孤山) 上 191, 258, 312
〈고산유수곡(高山流水曲)〉 上 475
고선지(高仙芝) 下 440

고성(孤城) 下 451
『고소지(姑蘇志)』 上 57
『고시경(古詩鏡)』 上 370
〈고시문망(古詩文網)〉 上 279
고안(誥按) 上 557
고안(孤雁) 下 217
고엽(菰葉) 上 492
고영(高詠) 下 328
고우(高郵) 上 381
〈고원초(古原草)〉 上 194
고음신(苦吟身) 上 384
고인(古人) 上 303
고적(高適) 上 156 下 444
고정(高鼎) 上 268
고체시 上 90
고풍(古風) 上 90 下 381
고호 上 283
고황(顧況) 上 318
곡강(曲江) 下 146
곡경(曲徑) 上 472
곡률광(斛律光) 上 93
곡부(曲阜) 上 130
곡패(曲牌) 上 519 下 295, 408
곤명(昆明) 上 477
〈공갈못 노래〉 上 73
공격 下 580
공림(孔林) 下 276
공묘(孔廟) 下 276
공문우(空門友) 下 538
공범례(孔凡禮) 上 557
공부(孔府) 下 276
공상임(孔尙任) 下 510
공수반(公輸般) 上 378

찾아보기 599

공안(公案) 上 260
공안파 上 143
공취(空翠) 下 404
공치규(孔稚珪) 上 257
공현(鞏縣) 上 183
과(過) 上 94
과(果) 下 548
과주(瓜洲) 上 269
〈곽조심(郭祖深)〉 上 180
관부주(關不住) 上 192
관작루 下 167
광릉 上 282
광풍(光風) 下 224
괘석벽(掛石壁) 下 40
괴약(壞藥) 上 563
교교(交交) 上 288
구강(九江) 上 223, 334
구구(九九) 上 260
구단(邱丹) 下 349
『구당서』 上 195
구당협(瞿塘峽) 上 456
구등(篝燈) 上 383
〈구변(九辯)〉 下 380
구양수(歐陽脩) 上 293
구영(仇英) 上 437
구원(仇遠) 下 154
구주(九州) 上 80
구현(衢縣) 上 508
구화(九華) 上 259
구화산(九華山) 上 259
『구화집』 上 259
『국보(菊譜)』 上 560
군산(君山) 下 250

군평(君平) 上 117 下 578
굴원(屈原) 上 193, 210, 478 下 118
궁려(穹廬) 下 76
궁원시(宮怨詩) 下 186
궁통(窮通) 下 577
권(倦) 下 190
권덕여(權德輿) 上 433, 542
권호문(權好文) 上 507
궤(几) 上 124
궤장(几杖) 上 124
귀(歸) 下 68
귀거(歸去) 下 68
〈귀거래사〉 下 207
〈귀안(歸雁)〉 下 148
귀와(歸臥) 上 478
귀장(歸葬) 上 325
규곽(葵藿) 下 224
규원시(閨怨詩) 下 255
규화(葵花) 上 424
귤만거(橘滿車) 下 342
〈귤송(橘頌)〉 下 387
근아(根芽) 下 526
근친(勤親) 上 325
금관성(錦官城) 上 178
금락뇌(金絡腦) 下 220
금란(金蘭) 下 547
금릉 上 245
금사(琴師) 下 444
금슬(琴瑟) 上 358
급암(汲黯) 上 395
급조서(急鳥棲) 下 215
금준(琴樽) 上 358
급시우(及時雨) 上 176

기(寄) 上 477
기구(崎嶇) 上 116
기국(杞菊) 上 248
기상사(起相思) 下 238
기수(沂水) 上 342
기연(綺筵) 上 358
기주(夔州) 下 214
기창(綺窓) 上 43
김광균 上 167
김귀주(金龜柱) 上 235
김소월 上 301
김억 上 75

ㄴ

나단(裸袒) 下 40
나부(羅敷) 上 251
나승(羅勝) 下 589
나은(羅隱) 下 499
나진(挼盡) 下 518
낙(酪) 上 492
낙뇌(絡腦) 下 220
낙빈왕(駱賓王) 上 191, 447 下 141
〈낙빈왕부연구(駱賓王賦研究)〉 下 141
낙산(樂山) 下 441
낙성 上 284
낙양기영회(洛陽耆英會) 上 404
낙양성 上 284
낙유원 下 169
낙읍(洛邑) 上 284
낙천(樂天) 上 254
낙천지명(樂天知命) 下 288
낙체(落蔕) 上 560, 561
난간(闌干) 下 456

난득호도(難得糊塗) 上 40
난방(蘭房) 上 515
난산(蘭珊) 上 482
난산동(亂山東) 下 308
난손(蘭蓀) 下 332
난수설(難受雪) 上 509
난야(蘭若) 下 48
난장(難將) 上 198
남가일몽(南柯一夢) 下 371
남경 上 245
남경(南京) 上 180
남관(南冠) 下 142
남극노인성 上 217
남루(南樓) 下 488
남빈(南賓) 下 562
『남사(南史)』 上 180
남송사대중흥시인(南宋四大中興詩人) 上 489
남시북송(南施北宋) 上 392
남양(南陽) 上 328
남월(南越) 上 434
남위(南威) 下 204
남이(南夷) 下 70
『남조사고(南朝寺考)』 上 180
남창(南昌) 上 323
남홍북공(南洪北孔) 下 510
납(臘) 上 100
납란성덕(納蘭性德5) 下 524
납월(臘月) 上 100
납제(臘祭) 上 99
납팔절(臘八節) 上 100
낭주(閬州) 上 101 下 120
내곡(來鵠) 下 142
냉병(冷餅) 上 158

찾아보기 601

냉천정(冷泉亭) 上 258
년시(年時) 下 476
노(老) 上 499
노광(露光) 下 140
노륜(盧綸) 下 446
노사민(盧士玟) 下 513
노아(蘆芽) 上 241
노악(盧岳) 下 488
노인성 上 217
노조린(盧照鄰) 下 136
노하(露下) 下 149
녹(綠) 上 217
녹균헌(綠筠軒) 下 598
녹기금(綠綺琴) 上 473
녹눈(綠嫩) 上 363
〈녹명(鹿鳴)〉 上 358
녹문산(鹿門山) 上 195, 219 下 171
녹산(綠山) 下 250
『논어』 上 342, 559
농두(隴頭) 上 152
농서원(朧西院) 上 116
뇌봉탑 下 53
누란(樓蘭) 下 452
누외루(樓外樓) 上 312 下 53
눈록(嫩綠) 上 363
『능개재시화(能改齋詩話)』 上 449
능운장지(凌雲壯志) 下 507
능화문 下 45

ㄷ

『다경(茶經)』 下 316
다당주(茶當酒) 下 467
다산사(茶山寺) 下 73

닥풀 下 224
단교(斷橋) 上 257
단교잔설(斷橋殘雪) 257, 311
단연(斷煙) 下 502
『단연총록(丹鉛總錄)』 上 182
〈단풍잎이 맺어 준 사랑〉 上 229
〈달밤[月夜]〉 上 351
담이옹(儋耳翁) 上 161
담주(潭州) 익양(益陽) 上 344
〈답위중립서(答韋中立書)〉 上 435
당(當) 上 191, 377
당로(當壚) 上 499
『당시기사(唐詩紀事)』 上 446
『당시배항방(唐詩排行榜)』 上 164, 172, 178, 182, 221, 283, 317, 320, 330, 352, 457 下 118, 168, 304, 340, 346, 359, 382
『당시삼백수』 上 88, 164, 218, 301, 546
당언겸(唐彥謙) 上 195
『당인절구선(唐人絕句選)』 上 213, 221, 315
『당재자전(唐才子傳)』 上 446 下 138, 373, 392, 412, 444, 465
당 현종(唐玄宗) 下 274
대구 上 564 下 185
대내(大內) 下 418
『대동시선(大東詩選)』 上 148
대랍(大臘) 上 99
대랍(大蠟) 上 99
대력십재자(大曆十才子) 上 369, 436 下 449
대림사 上 334
대명현(大名縣) 上 398
대복고(戴複古) 上 407
대서(大暑) 下 89
대숙륜(戴叔倫) 上 347

『대숙륜시집교주(戴叔倫詩集校註)』 上 348
『대숙륜집(戴叔倫集)』 上 348
대종(代宗) 上 185
〈대주억하감 이수(對酒憶賀監 二首)〉 上 150
대하(大夏) 上 477
대화(大火) 下 132
덕종(德宗) 上 328
덕청(德淸) 上 198
도(挑) 下 178
도(棹) 上 128
도(都) 上 122
도강언(都江堰) 上 178
도광암(韜光庵) 上 258
도림(桃林) 上 305
도림사(道林寺) 上 363
도부(桃符) 上 133
도소(屠蘇) 上 134
도장구(倒裝句) 上 187
도치 下 185
도하(都下) 上 561
도해(稻蟹) 下 279
도홍경(陶弘景) 上 395 下 480
독락원(獨樂園) 上 272, 404
〈독락원기〉 上 436
돈좌(頓挫) 上 428
동(桐) 下 124
동경(動景) 上 264
동고산(東皐山) 下 372
동관(潼關) 上 305, 350
동기(董紀) 上 330
동기창(董其昌) 上 67
동리국(東籬菊) 下 317
동림(東林) 上 363

동림사(東林寺) 上 334, 557
동정란(董庭蘭) 下 444
동지(東指) 下 35
두공(竇鞏) 上 332
두뢰(杜耒) 下 469
『두륙천선(杜陸千選)』 上 81
두목(杜牧) 上 180, 243, 326, 467 下 188, 352, 395
『두목시문집(杜牧詩文集)』 下 398
두병(斗柄) 下 35
두보(杜甫) 上 101, 169, 350, 371, 401, 458 下 190, 214, 216, 281, 417, 487, 544
『두보 배율 연구』 上 564
『두보시선』 上 183
두상(頭上) 下 580
두성(斗星) 上 35
『두시상주(杜詩詳註)』 上 373
두심언(杜審言) 上 169, 237
두예(杜預) 上 170 下 277
두우(杜佑) 上 180
두음법칙 上 244
두천산(竇圖山) 上 115
두한(杜閑) 上 184
등고(登高) 下 300
〈등낙유원(登樂遊原)〉 上 167
〈등왕각서(滕王閣序)〉 上 318 下 379
등화(燈花) 上 518
〈등황귤록도(橙黃橘綠圖)〉 下 389

ㄹ

라(懶) 下 40
래(來) 下 179
랭염(冷艶) 下 476
량천(涼天) 下 350

력미균(力未勻) 下 108
령령(泠泠) 上 395
로로정(勞勞亭) 上 245
료(聊) 下 64
류(柳) 上 139, 245
류(留) 上 245
리(里) 上 477
리(罹) 下 482
리리(離離) 上 320

ㅁ

마름쇠 下 45
마침계(磨針溪) 上 116
막번(莫璠) 上 461
막부문(莫復問) 下 478
막상최(莫相催) 下 55
만(晚) 下 381
만년현(萬年縣) 下 189
『만수당인절구(萬首唐人絕句)』 上 46
『만수절구선(萬首絕句選)』 上 316
만유(漫遊) 上 185 下 197
〈맑은 한낮[淸晝]〉 上 414
망강남(望江南) 上 222
망우초(忘憂草) 上 442
망원정 上 176
망천장(輞川莊) 上 67 下 116
망초 上 65
망해루(望海樓) 下 37
망형지교(忘形之交) 上 196
망호루 下 94
매류도강춘(梅柳渡江春) 上 172
『매보(梅譜)』 上 560

매비(梅妃) 下 582
매악(梅萼) 上 128
매옥(梅屋) 下 101
매요신(梅堯臣) 上 241
매우(梅雨) 上 561
매처학자(梅妻鶴子) ☞ 임포(林逋)
매화옥(梅花屋) 下 551
맥기(麥氣) 上 422
맥랑(麥浪) 上 422
맥상장(麥上場) 上 492
맥주(麥酒) 上 422
맥추(麥秋) 上 422
맥향(麥香) 上 422
맹교(孟郊) 上 196
맹진(孟津) 上 131
맹호연(孟浩然) 上 221, 282 下 139, 195, 290, 310, 534, 424
맹호연 산수시 下 61
명명(冥冥) 上 300
『명시종(明詩綜)』 上 348, 349
『명심보감』 下 201
모점(茅店) 下 43
목란선(木蘭船) 上 378
〈목란화〉 上 161
목서(木犀) 上 214
몰마제(沒馬蹄) 上 314
〈몽혼(夢魂)〉 上 43
무가(無可) 下 501
무궁화 울타리[槿籬] 上 540
무본(無本) 下 501
〈무성(武成)〉 上 305
무우(舞雩) 上 342
무원형(武元衡) 下 514

무유(無有) 上 394
무유(無由) 上 395
무유력(無遺力) 下 557
무제(武帝) 上 395
무착선사(無著禪師) 上 260
무한 上 282
무호의(無好意) 下 518
문리 上 105
『문선(文選)』 上 112 下 155
문수보살(文殊菩薩) 上 260
문징명(文徵明) 上 306 下 432
문풍(聞風) 下 288
문향(文珦) 上 247 下 405
물(勿) 下 478
물화(物化) 上 418
물후(物候) 上 172
미괘사(未挂絲) 上 156
미우(微雨) 下 182
미인 下 225
미인안(迷人眼) 上 314

ㅂ

바둑 上 516
박로(博路) 下 586
박목월 上 391
반계(磻溪) 下 189
반문롱부(班門弄斧) 上 379
반미균(半未勻) 下 108
반소(班昭) 下 526
반악(潘岳) 上 179
〈발묵선인도(潑墨仙人圖)〉 上 482
방(倣) 上 251
방(榜) 下 72, 96

방담(放膽) 上 323
방덕공(龐德公) 上 221
방롱(房櫳) 下 562
방연(芳煙) 上 363
방학정 上 312
방회(方回, 1227~1306) 上 292
배(排) 下 120
배면(裵冕) 上 460
백(白) 下 533
백거이(白居易) 上 253, 311, 318, 525 下 37, 58, 65, 98, 133, 142, 146, 161, 175, 261, 264, 297, 299, 305, 347, 399, 537, 558, 561
『백거이다시연구(白居易茶時研究)』 上 394
『백거이시집교주(白居易詩集校註)』 上 313
『백거이집전교(白居易集箋校)』 上 253, 312, 394, 480
백락(伯樂) 下 326
『백련집(白蓮集)』 上 344
백묘법(白描法) 下 517
백박(白樸) 上 521 下 295, 408
백불(白佛) 上 125
백설(百舌) 上 354
〈백설곡(白雪曲)〉 下 439
백운(白雲) 下 479
백월(百越) 上 465
〈백이전(伯夷傳)〉 下 373
백일전(白日戰) 上 90
백제(白堤) 上 257, 311
백제성 上 456
백제성 서각(西閣) 下 281
〈백주(柏舟)〉 上 238
백중 下 153
백초(白草) 下 455
〈백혜(伯兮)〉 上 442 下 150

찾아보기 605

〈벌목(伐木)〉 上 288
범석(帆席) 下 328
범성대(范成大) 上 489, 560
범양(范陽) 上 350, 385 下 240
범엽(范曄) 上 37, 153
범중엄(范仲淹) 下 267
『벽암록(碧巖錄)』 上 260
벽해(碧海) 下 471
변(便) 下 469
변새시(邊塞詩) 上 62 下 382
별서(別墅) 上 109
별업(別業) 上 109
별장 上 109
병무(騈拇) 上 442
병지(騈枝) 上 442
보각(寶覺) 上 269
보살만(菩薩蠻) 下 362
보전(莆田) 上 289
『보주두시(補註杜詩)』 上 372
복(覆) 下 572
복괘(復卦) 下 591
복산자(卜算子) 下 474
〈봄날의 눈석이〉 上 233
봉교(封橋) 下 357
봉소(鳳沼) 下 574
봉절(奉節) 上 454 下 249
봉주(峰州) 上 237
『봉지음고(鳳池吟稿)』 上 348
부(負) 下 370
부(賦) 下 143
부녀절(婦女節) 下 212
부비흥(賦比興) 下 143
부앙(俯仰) 下 63

부용(芙蓉) 下 67
부운(浮雲) 上 66
부이(芣苢) 下 353
부자(夫子) 下 275
부자동(夫子洞) 上 130 下 275
부적(不適) 下 169
부절(符節) 上 452
부주(不住) 上 192
부주(鄜州) 上 350
부죽(符竹) 上 452
부지(不知) 上 220
부형(腐刑) 下 418
북[梭] 上 287
북고봉(北高峰) 上 257
북당(北堂) 上 442
북두칠성 上 35
〈북산이문(北山移文)〉 上 257
북제 上 99
분수(汾水) 下 132
분양계(分兩髻) 上 504
분황(焚黃) 上 325
불계선(不系船) 下 114
불사(不似) 上 238
불상식(不相識) 上 200
불여(不如) 上 348
비(比) 下 143
비봉(飛蓬) 上 66
비장군(飛將軍) 下 383
〈비파행〉 上 89, 223, 251
빈(蘋) 上 172

사(似) 下 72

사(使) 上 245
사(斜) 上 217
사(梭) 上 286
사(詞) 上 159, 280
사공도(司空圖) 下 231, 334
사공서(司空曙) 上 369 下 114
사낭(謝娘) 下 526
사도온(謝道韞) 下 526
사령운(謝靈運) 上 479
사륙변려문 上 121
사림(社林) 下 43
사마광(司馬光) 上 136, 272, 436 下 89
『사문유취(事文類聚)』 上 229
사방득(謝枋得) 上 316
사산(蛇山) 下 44
사서(四書) 上 185
사아(些兒) 下 476
사안(謝安) 上 479 下 526
사우(社雨) 上 292
〈사의책(寫意册)〉 上 306
사일(社日) 下 278
사조(謝朓) 上 479
사조루(謝朓樓) 上 479
사직지신(社稷之臣) 下 396
사차(私次) 上 109
〈사추낭(謝秋娘)〉 上 222
사회시 上 486
산가(山茄) 下 321
〈산거하일(山居夏日)〉 上 543
산당가(山塘街) 上 223
산상묘(山上苗) 下 338
산수시 上 315, 532 下 93, 116
산수시(山水詩) 上 550

산수우(山水友) 下 538
〈산유화〉 上 301
산음(山陰) 下 56, 63, 556
〈산중송별(山中送別)〉 上 194
삼공(三孔) 下 276
삼구(三衢) 上 508
『삼국지』 上 185, 559
삼담인월(三潭印月) 上 313
삼면류(三眠柳) 上 258
삼보(三輔) 上 75
삼삼(三三) 上 260
삼절(三絶) 上 306
삼조칠자(三曹七子) 下 484
삼진(三秦) 上 75
상(上) 上 146
상(尙) 下 492
상강 上 237
상건(常建) 上 472 下 103, 411
상기(相欺) 上 60
상덕(常德) 下 120
상득(想得) 下 560
상만천(霜滿天) 下 358
상사(相思) 上 56
상사병(相思病) 上 56
상산(湘山) 下 250
상수(霜樹) 下 352
상심벽(傷心碧) 下 363
상엽(霜葉) 下 352
상완(賞玩) 上 230
상요(上饒) 下 73
상우천고(尙友千古) 下 437
상월(霜月) 下 580
상인 上 362

찾아보기 607

상종(霜鍾) 上 475
상주(常州) 上 170, 347
〈새상추(塞上秋)〉 上 520
새전(賽田) 上 292
생(生) 下 340
〈생사자〉 下 579
생의(生衣) 下 204
서(舒) 下 572
서(鋤) 上 235
서강 下 327
서강월(西江月) 下 42
서거정(徐居正) 上 254
〈서경부〉 上 252
서경업(徐敬業) 下 145
『서경(書經)』「열명(說命)」 上 59
서기(徐璣) 下 211
서동문(書同文), 거동궤(車同軌) 下 473
서령인사(西泠印社) 上 312
『서록시고(西麓詩藁)』 上 257
서륙(西陸) 下 142
서릉(徐陵) 上 167
서림사(西林寺) 上 334, 557
서사(書事) 下 44
서서(棲棲) 下 275
서시(西施) 下 91
서인(徐寅) 上 418
서정(徐晶) 上 477
〈서호(西湖)〉 下 45
서호(西湖) 上 190, 257 下 267
〈서호모춘(西湖莫春)〉 上 257
〈서호십경(西湖十景)〉 上 461
서호십경 上 311
『서호지』 上 160

석거보급(石渠寶笈) 上 569
석문산(石門山) 下 103
석조(射雕) 上 93
『석호어창사(石湖漁唱詞)』 上 257
선경후정(先景後情) 上 448
선기옥형(璇璣玉衡) 上 541
『선문염송집(禪門拈頌集)』 上 260
선봉(船蓬) 下 488
선상(禪牀) 上 125
선성(宣城) 上 473, 479 下 461, 470
선여(仙輿) 下 458
선연(嬋娟) 下 361
선조(宣祖) 上 79
선추(璇樞) 上 541
선추(璿樞) 上 541
선취(禪趣) 上 190
설국(雪國) 下 64
설도 下 513, 526
『설부(說郛)』 上 229
『설원(說苑)』 上 147
설중(雪重) 上 52
설착(說著) 下 560
설퇴장(雪堆莊) 下 66
설화(雪花) 上 127
섭소옹(葉紹翁) 上 190
섭유옹(囁嚅翁) 上 332
성도(成都) 上 178
성류(聖柳) 上 258
성매(成梅) 上 563
『성명백가시(盛明百家詩)』 上 349
성재체(誠齋體) 上 141
세락(歲落) 下 132
세류영(細柳營) 上 93

세수(歲首) 上 35
『세시잡영(歲時雜詠)』 上 293
세한송백(歲寒松柏) 下 482
소(酥) 173
〈소견(所見)〉 上 551
소경(小景) 上 58
소경화(小景畵) 上 240
소계진(蘇溪鎭) 上 347
소녀절(少女節) 下 212
소동파 ☞ 소식(蘇軾)
소령(小令) 下 408
소마(銷磨) 上 201
소무(蘇武) 上 112
소문사학사(蘇門四學士) 上 97
소보(巢父) 上 191
소분(掃墳) 上 325
『소산사(小山詞)』 上 322
소산총죽(小山叢竹) 下 329
소삼협(小三峽) 上 457
〈소상팔경도〉 上 238
소서(小暑) 下 54
소서(銷暑) 下 59
소소(蕭疏) 下 97
소식(蘇軾) 上 176, 240, 280 下 45, 94, 234, 385
『소식시집(蘇軾詩集)』 上 557
『소식연보(蘇軾年譜)』 上 557
소심(小心) 上 323
소아(素娥) 下 361
소연(蕭衍) 下 155, 549
소연(翛然) 上 493
소옹(邵雍) 下 591
소우(蕭瑀) 下 528
소월(素月) 下 361

〈소윤 양거원을 전송하는 서문[送楊巨源少尹序]〉 上 143
소조(蕭條) 下 262
소주(蘇州) 上 57, 506
소중현대(小中現大) 上 182
소지(小至) 下 569
소철(蘇轍) 上 288
소통(蕭統) 下 155
소혼(消魂 / 銷魂) 下 59
소화행 上 143
소흥(紹興) 上 200, 338, 503
송강(松江) 上 176
송라(松蘿) 下 62
〈송맹동야서(送孟東野序)〉 上 196
『송백가시존(宋百家詩存)』 上 257
송별(送別) 上 54
송별시 上 245
송사(宋詞) 上 159
『송사배항방(宋詞排行榜)』 上 281, 381
『송시기사(宋詩紀事)』 上 270
송지문(宋之問) 上 163 下 457
수(須) 上 146
수가(誰家) 下 227
〈수계도〉 上 338
수계일(修禊日) 上 338
수면(水面) 下 305
수부(水部) 上 173
수성(壽星) 上 217
수언(誰言) 上 198
수운(愁雲) 下 456
수원(隨園) 上 262
수원주인(隨園主人) 上 262
수유(茱萸) 下 304

찾아보기 609

수정렴(水晶簾) 上 543
수중(水中) 下 305
수함(水檻) 上 204
수향(睡鄕) 下 64
숙기최황조(淑氣催黃鳥) 上 172
순리(循吏) 下 396
『술이기(述異記)』 上 379
슬슬(瑟瑟) 上 395 下 305
습정(習靜) 上 547
승(勝) 上 161
승사(勝事) 上 230
『승정원일기』 上 109
시견오 下 49
『시경』「위풍(衛風)」〈백혜(伯兮)〉 上 66
시노(詩奴) 下 501
시성(詩城) 上 456
시우(詩友) 下 538
시윤장(施潤章) 上 392 下 461
시의도(詩意圖) 上 326, 366, 526
『시인옥설(詩人玉屑)』 上 516
시전(詩戰) 上 90
『시집전(詩集傳)』 上 288
시정의(柴貞儀) 下 259
시정의(柴靜儀) 下 259
시중유화(詩中有畫) 上 50 下 118
시참(詩讖) 下 138
신(新) 下 108
신기질(辛棄疾) 下 43, 579
신다(神茶) 上 133
신비(身否) 下 276
신수(神秀) 下 428
신악부(新樂府) 下 55, 146, 323
신운(神韻) 下 535

신지(新知) 上 303
신지락(新知樂) 上 303
신흠(申欽) 上 507
심(尋) 下 439
심덕잠(謝枋得) 上 316
심성(心星) 下 132
심약(沈約) 上 303, 479
심양(沁陽) 上 169
심양강(瀋陽江) 上 378
심용제(沈用濟) 下 259
심전기 上 164
심주(沈周) 上 305 下 334
심회(心灰) 下 562
십팔(十八) 上 173
쌍백이주(雙白移主) 上 480

아(兒) 上 206
아란야(阿蘭若) 下 48
아란야(araṇya) 下 48
아란야가(阿蘭若迦, āraṇyaka) 下 48
아정(雅正) 上 289
〈악부상(樂府上)〉 上 112
악부체 上 478
〈악양루기(岳陽樓記)〉 下 250
안기도(晏幾道) 上 321 下 587
악장 下 156
악주(鄂州) 下 44
안록산 上 350
안륙(安陸) 下 131
안수(晏殊) 上 323
안용(岸容) 下 572

안진(雁陣) 上 243
안항(雁行) 下 217
암향(暗香) 上 77
애만정(愛晚亭) 下 343
애민시(愛民詩) 上 486 下 268
앵도도(櫻桃圖) 上 524
야광배 下 393
야란(夜蘭) 下 491
야반객(夜半客) 下 90
야애(野艾) 下 321
『야언(野言)』 下 203
약선(弱線) 下 570
양(楊) 上 139
양거원(楊巨源) 上 143
양관곡(陽關曲) 下 234
양덕봉(楊德逢) 上 449
양류(楊柳) 上 139
양만리(楊萬里) 上 131, 187, 412 下 45, 50, 244, 540
『양만리집전교(楊萬里集箋校)』 上 188
양매(楊梅) 上 435
양무제(梁武帝) 下 549
양서(瀼西) 下 214
『양송명현소집(兩宋名賢小集)』 上 256
양신(楊愼) 上 182, 277
양양(襄陽) 上 219 下 171, 357
양양성(襄陽城) 上 331
양자거(陽子居) 上 550
양좌(良佐) 下 552
양주(揚州) 上 180, 282
양주성(涼州城) 上 146
양주팔괴 上 40, 95
〈양춘곡(陽春曲)〉 下 439
양해(梁楷) 上 482

양홍(梁鴻) 上 300
어아(魚兒) 上 206
어안(魚雁) 上 112 下 217
『어정송금원명사조시(御定宋金元明四朝詩)』 上 348
『어정역대시여(御定歷代詩餘)』 上 322
『어정전당시(御定全唐詩)』 上 348
『어정전당시록(御定全唐詩錄)』 上 341, 348
어탑(御榻) 上 125
어휘의 전성 下 72
〈언덕〉 上 167
언외지의(言外之意) 上 262 下 557
엄군평(嚴君平) 上 117
엄무(嚴武) 上 294, 371
엄준(嚴遵) 下 578
엄화창(罨畫窓) 下 86
여교서(女校書) 上 514
여금(如今) 下 568
여산(廬山) 上 334
여상문(如相問) 下 515
여설(餘雪) 下 504
여악(厲鶚) 上 270
여차(如此) 上 58
여차(旅次) 下 412
여치거각(子齒去角) 下 599
『역대명화기』 上 218
역사(驛使) 上 152
연(然) 上 266
연경(燕京) 下 219
연산(燕山) 下 219
연수객(延壽客) 下 304
연야(練若) 下 48
연연산(燕然山) 下 219
『연의삼국지』 上 277

찾아보기 611

연자(燕子) 上 206	오강(烏江) 上 379
연주(兗州) 上 184	오균(吳均) 下 253
연창궁(連昌宮) 上 97	『오대사보(五代史補)』 上 345
연풍(年豊) 下 279	오도(吾道) 下 577
염정시(艷情詩) 上 166	〈오두선생전(五斗先生傳)〉 下 373
영(影) 下 296	오문(五紋) 下 570
영(嶺) 上 556	오병(吳竝) 上 449
영(影) 上 128	오사도(吳師道) 下 566
영가(永嘉) 下 211	오상고절(傲霜孤節) 下 324
영가사령(永嘉四靈) 下 211	오서일(吳西逸) 下 367
『영규율수(瀛奎律髓)』 上 292	오수유(吳茱萸) 下 304
영득(贏得) 下 518	오언장성(五言長城) 下 494
영물시(詠物詩) 上 58	오원(五原) 上 156
〈영반월(詠半月)〉 上 148	오잠(於潛) 上 247 下 405
영분(榮墳) 上 325	오증(吳曾) 上 449
영사시(詠史詩) 上 456	오진(五津) 上 75
영성제 上 218	『오칠당음』 上 88, 163, 164, 192
영양괘각(羚羊掛角) 下 535	오흥(吳興) 下 148, 253
영은사(靈隱寺) 上 258, 447 下 145	『옥대신영(玉臺新詠)』 上 167, 433
영장(迎長) 下 589	옥대체 上 167
영제(永濟) 下 231	옥천(玉泉) 上 257
영제현(永濟縣) 上 366 下 302	옥천사(玉泉寺) 上 258
영주 사마(永州司馬) 上 434	온풍(溫風) 上 55
〈영주팔기(永州八記)〉 上 435	〈와유(臥遊)〉 上 305
영창(永昌) 上 277	〈와유도첩(臥遊圖帖)〉 上 306
영천(穎川) 下 228	와합논도(臥閤論道) 下 397
영철 상인 上 528	완비(緩轡) 下 434
영파(寧波) 上 256 下 320	완사계(浣紗溪) 下 68
영파(宁波) 下 477	완약(婉弱) 上 323
영향(寧鄉) 上 344	완약사(婉弱詞) 下 519
영허(寧許) 上 58	완화계(浣花溪) 上 206, 371, 401, 458 下 190, 512
예장(豫章) 下 105	왕건(王建) 下 228
예찬(倪瓚) 上 125, 306, 472	왕광양(汪廣洋) 上 348

왕기(王琦) 下 225
왕력(王力) 上 557
왕령(王令) 上 398
왕망(王莽) 下 90
왕면(王冕) 上 87 下 550
왕문고(王文誥) 上 557
왕발(王勃) 上 318
왕부지(王夫之) 上 428
왕사(王師) 上 80
왕상(王相) 上 143
왕손(王孫) 上 193, 478
왕숙문(王叔文) 下 120
왕안석(王安石) 上 136, 269 下 308, 584
『왕안석문집』 上 269
『왕안석시(王安石詩)』 上 270
왕운오(王雲五) 上 270
왕유(王維) 下 33, 116, 302
『왕유시문집』 上 43, 234
『왕유시전집』 上 44
왕응지(王凝之) 下 526
왕적(王籍) 下 93, 372
왕지환(王之渙) 上 145, 156 下 392
왕창령(王昌齡) 上 156, 497 下 103, 382, 450
『왕충근공봉지음고(汪忠勤公鳳池吟稿)』 上 349
왕탁 고거(王鐸故居) 上 131
왕한(王翰) 下 392
왕휘(王翬) 上 472
외경내정(外景內情) 上 448
요뇨(嫋嫋) 下 297
〈요부소거(堯夫小車)〉 下 342
요시(要是) 上 173
욕(欲) 上 243
욕점건(欲沾巾) 上 383

용빈최(容鬢催) 上 103
용성(龍城) 下 383
용유(龍游) 下 441
『용재속필(容齋續筆)』 上 271
용천(龍泉) 上 190
용흥사(龍興寺) 上 363
우강(盱江) 下 469
우계(愚溪) 下 69, 573
『우고당시화(優古堂詩話)』 上 449
우량사(于良史) 上 231
우문적(宇文籍) 上 332
우산(虞山) 上 472
우산화파(虞山畫派) 上 472
우세남(虞世南) 下 142
우승유(牛僧孺) 上 387
우안앵(牛眼櫻) 上 524
우의(寓意) 下 120
우저(牛渚) 上 327
우족(雨足) 上 532
〈운간동천(雲間洞天)〉 上 257
운계(雲溪) 上 213
운근(雲根) 下 243
운동(雲洞) 上 257
운문선사(雲門禪師) 上 260
운물(雲物) 下 572
운미(雲迷) 上 128
운수평(惲壽平) 上 524
운안(雲安) 上 294
운현(雲縣) 上 294
울루(鬱壘) 上 133
원공(遠公) 下 535
원림 上 109
원매(袁枚) 上 262, 273, 551

찾아보기 613

원방(遠芳) 上 319	유별(留別) 上 54
원백(元白) 下 55, 323	유상곡수(流觴曲水) 上 338
원안(袁安) 上 48	유세기(劉世琦) 上 180
원양(遠揚) 上 235	유수(流水) 下 189
〈원유(遠遊)〉 上 198	유수구(流水句) 下 189, 232, 526
원진(元稹) 下 55, 146	유수대(流水對) 上 472 下 507
원호문(元好問) 下 409	유숙(劉淑) 上 338
월계(越鷄) 上 434	유연시(遊宴詩) 上 245
월락(月落) 下 57	유우석(劉禹錫) 上 454 下 119
〈월령(月令)〉 下 55	『유우석집(劉禹錫集)』 下 122
위고(韋皐) 上 369 下 514	유운(柳惲) 上 302 下 257
위민시(爲民詩) 下 498	유유(悠悠) 下 92, 229
위성(渭城) 上 93	유자(遊子) 上 66, 199
〈위성곡(渭城曲)〉 下 234	유장경(劉長卿) 上 528 下 494
『위우거사집(委羽居士集)』 上 368	유정(劉楨) 下 483
위우산(委羽山) 上 368	유종원(柳宗元) 上 434 下 69, 81, 520, 573
위응물(韋應物) 299, 315, 451 下 337, 349, 531	유죽거(有竹居) 上 306
『위응물시집계년교전(韋應物詩集繫年校箋)』 上 451	유중영(柳仲郢) 下 246
『위응물집교주(韋應物集校注)』 上 316, 451	유평(劉平) 下 385
위자부(衛子夫) 上 167	〈유평전(劉平傳)〉 下 386
위좌(危坐) 上 112	유한(劉翰) 下 128
위청(衛靑) 下 383	유헌(俞憲) 上 349
위촌(渭村) 下 175	유현(攸縣) 上 412
「위풍(魏風)」〈척고(陟岵)〉 下 302	유협(榆莢) 上 274
유(綏) 下 124	유협전(榆莢錢) 上 274
유거(幽居) 下 241	육개(陸凱) 上 37
유경(柳京) 上 268	육개(陸凱) 上 153
유경문(劉景文) 下 385	육관(六琯) 下 570
유계손(劉季孫) 下 385	육구연(陸九淵) 上 259
『유계시화(柳溪詩話)』 上 516	육운(陸雲) 下 124
유극장(劉克莊) 上 289	육유(陸游) 上 104, 503 下 56, 63, 278, 369, 490, 556
유기(劉基) 上 89, 513	『육조단경(六祖壇經)』 下 429
유련망반(留連忘返) 下 324	육출(六出) 下 568

육핵(六翮) 下 444
윤대(輪臺) 下 455, 492
〈윤사월〉 上 391
윤여성세(閏餘成歲) 上 137
윤오영 下 203
윤주(潤州) 上 259
율곡(栗谷) 上 318
율려조양(律呂調陽) 上 137
율수현(溧樹縣) 上 263
율양현위(溧陽縣尉) 上 196
융주(隆州) 上 259
융중(隆中) 上 221
은근(慇懃) 上 322
은촉(銀燭) 上 358
은현(鄞縣) 上 256 下 320
음령(陰嶺) 下 504
〈음마장성굴행(飮馬長城窟行)〉 上 112
음산(陰山) 上 383
음편(吟鞭) 下 35
음하(陰霞) 下 92
응련(應憐) 上 191
응미족(應未足) 下 445
응한(凝寒) 上 482
의(擬) 上 251
의고(擬古) 上 252
의오(義烏) 上 347
의춘(宜春) 上 362
의흥(義興) 下 494
이건훈(李建勳) 下 332
이격비(李格非) 上 517
이광(李廣) 下 383
이교(李嶠) 下 232
이구령(李九齡) 上 59

〈이군산방기(李君山房記)〉 上 557
이노(狸奴) 下 491
이당(離堂) 上 358
이덕유(李德裕) 上 222, 387
이도리(履道里) 上 404
이동현정(以動顯靜) 下 92
이문(夷門) 下 513
이백(李白) 上 209, 282 下 131, 198, 223, 326, 344, 354
『이백시전집』 上 245, 353, 377
이보국(李輔國) 下 417
이빙(李冰) 上 178 下 512
이상은(李商隱) 上 167, 464 下 169, 360
『이상은시가집해(李商隱詩歌集解)』 上 465
이세민(李世民) 下 528
〈이소(離騷)〉 上 210 下 225
이수광(李睟光) 上 214
이시항 上 252
『이십사시품(二十四詩品)』 下 231
이용악 上 359
이제현(李齊賢) 上 321
이천(伊川) 上 417 下 268
이청조(李淸照) 上 517, 526
이체(已滯) 下 380
『이태백전집』 下 225
이하(李賀) 下 220
『익제난고(益齊亂稿)』 上 321
〈인간세(人間世)〉 下 59
인경(麟經) 下 277
인류(人柳) 上 258
인사(人事) 上 201
인수(仁壽) 上 259
인품화 上 449

찾아보기 615

일지춘(一枝春) 上 152
일품(逸品) 下 536
일하(一何) 下 482
임강(臨江) 上 101
임강선(臨江仙) 上 160
임거최(任渠催) 下 469
임걸(林杰) 下 212
임군주(飮君酒) 下 478
임안(臨安) 上 247
임월(林樾) 上 551
임이(任爾) 上 60
임자방 下 50
임천(臨川) 上 323 下 469
임타(任他) 上 60
임포(林逋) 上 191, 258, 312 下 101
입(入) 上 136, 185
입춘 上 33, 130, 158
입춘첩 上 74
입하(立夏) 上 414

ㅈ

자(煮) 363
〈자고천(鷓鴣天)〉 上 321
자금(紫禁) 下 458
자수(者樹) 下 160
자시(自是) 上 173
자야(子夜) 上 209
〈자야사시가(子夜四時歌)〉 上 250
〈자야오가(子夜吳歌)〉 上 209
자연(紫煙) 上 457
자월(子月) 下 591
자이(自爾) 下 288
자주(煮酒) 上 499

『자치통감』 上 272
잔도박물관 上 117
잔설(殘雪) 下 504
잔안(殘雁) 上 47
잠산노수(潛山老叟) 上 247
『잠산집(潛山集)』 上 247
잠삼(岑參) 上 156 下 440, 455
잠영(簪纓) 下 70
잠조(簪組) 下 70
잠총(蠶叢) 上 117, 178
장(杖) 上 161
장(將) 下 447
장건봉(張建封) 下 446
장경충(張敬忠) 上 156
장공예(張公藝) 下 99
장구(杖屨) 上 124
장구(章丘) 下 77
장구령(張九齡) 下 195
장궤(長跪) 上 112
장귀(將歸) 下 380
장뢰(張耒) 下 576
장물(長物) 下 59
장복야(張僕射) 下 446
장사(長沙) 下 128
장상사(長相思) 上 112
장상억(長相憶) 上 112
장식(張栻) 上 137, 259
장안 上 101
장양(長養) 上 417
장언원 上 218
장유병(張維屛) 上 232
장적(張籍) 上 379 下 292
장포(場圃) 上 492

장하(墻下) 上 561
장한(張翰) 下 293
〈장한가〉 上 89
장효상(張孝祥) 下 477
재(纔) 下 468
재거(齋居) 下 65
재계(齋戒) 下 65
재사(才思) 上 375
쟁도(爭渡) 下 80
적구충장(適口充腸) 下 170
적막(寂寞) 下 262
〈적벽부〉 上 112, 338 下 45
적선(謫仙) 上 150
적아(荻芽) 上 241
전(剪) 下 248
전경후정(前景後情) 下 300
『전국책(戰國策)』 下 444
전당강(錢塘江) 下 39
『전당시(全唐詩)』 上 107, 156, 195, 218, 349
〈전라도 가시내〉 上 359
전록빈(轉綠蘋) 上 172
전병(田駢) 上 443
전원시 下 290
전자초(田字草) 上 172
전작화(剪作花) 上 58
전전(田田) 上 553
전초(全椒) 下 337
전촉서창(剪燭西窓) 下 247
전홍숙(錢弘俶) 下 94
절계(折桂) 上 214
절류(折柳) 上 284
절물(節物) 上 380
〈절양류(折楊柳)〉 上 284

절죽성(折竹聲) 上 52, 58
점단(點丹) 上 504
점심(點心) 上 504
점파(點破) 上 279
점화(點化) 上 316, 450
정(正) 上 188
정(靜) 下 140
정감(情感) 上 229
정경(靜景) 上 264
정경교융(情景交融) 下 251
정단(鄭旦) 下 68
정봉(征蓬) 上 64
정사(呈辭) 上 324
정섭(鄭燮) 上 40, 95
정중경(情中景) 上 170
정취(情趣) 上 190
제(除) 上 136
제갈공명 上 221
제기(齊己) 上 344
제기(諸暨) 上 87
제남 下 517
제발(諸發) 上 153
제안군(齊安郡) 下 173
제영시(題詠詩) 上 245
제화시(題畫詩) 上 58, 240, 565, 567 下 550
조(曹) 上 254
조(鳥) 上 351
조근(朝槿) 上 547
조물(造物) 上 232
조물자 上 232
조사수(趙師秀) 上 518
조영(祖詠) 下 507
조주선사(趙州禪師) 上 260

조화(造化) 上 232
『졸오시고(拙吾詩稿)』 上 268
종남산(終南山) 上 69, 547
종산(鍾山) 上 269
종의(鍾儀) 下 142
종자기(鍾子期) 上 475
좌(坐) 上 395 下 185, 341
좌위(左緯) 上 368, 375
좌은(坐隱) 上 526
주금성(朱金城) 394, 480 下 99
주남(周南) 上 564
주명(朱明) 下 224
주밀(周密) 上 410
주발(周勃) 上 93
주부(朱浮) 下 90
주숙진(朱淑眞) 上 416
주앵숙(朱櫻熟) 上 492
주우(酒友) 下 538
주이존(朱彝尊) 上 349 下 170
주자 上 127 下 200
주차(舟次) 下 412
죽경(竹徑) 上 472
죽궤(竹几) 上 493
죽로(竹爐) 下 467
죽석도 上 38
죽지사(竹枝詞) 上 71, 540
중경(重慶) 下 369
『중국사고지도집(中國史稿地圖集)』 上 146
『중국의 은자들』 上 263
〈중답장적서(重答張籍書)〉 上 174
중상인(中上人) 上 362
즉경(卽景) 上 204 下 113
즉사(卽事) 上 204 下 113

즉일(卽日) 下 113
증(曾) 上 185, 373
증기(曾幾) 上 508 下 73
증점(曾點) 上 342
지(知) 上 158, 220 下 370
지기하(知幾何) 上 220
『지봉유설(芝峯類說)』 上 214
〈지상편(池上篇)〉 上 404
지생(智生) 上 514
지영(智永) 下 123
지음(知音) 下 326
지일(遲日) 上 238, 264
『지조론』 下 203
지주(池州) 上 326
직금관(織錦官) 上 178
직신(直臣) 下 396
진강(鎭江) 上 269
진관(秦觀) 上 381 下 533
진관사 上 333
진릉(晉陵) 上 170
진문술(陳文述) 下 97
진숙(晉肅) 下 220
진시(眞是) 上 173
진양(晋陽) 下 167
〈진유(溱洧)〉 上 73
진윤평(陳允平) 上 256
진자앙(陳子昂) 上 356
진주(秦州) 下 216
진철민(陳鐵民) 下 403
진포(陳褒) 下 99
진회(秦檜) 下 492
진회하(秦淮河) 上 71
질(疾) 上 94

징군(徵君) 下 272
징사(徵士) 下 272
쭝즈(粽子) 上 492

ㅊ

차군(此君) 下 599
차두(釵頭) 下 589
차전초(車前草) 上 353
착행(錯行) 上 542
찬황(贊皇) 上 387
참처(慘凄) 下 482
참치(參差) 上 469
창간(窓間) 上 561
창랑(蒼浪) 上 562
창랑정(滄浪亭) 上 506
창사(窓紗) 上 217
창주(滄州) 下 313
창주(滄洲) 下 444
채(柴) 下 33
채(寨) 下 33
〈채미(采薇)〉 上 147
채석기(采石磯) 下 327
채약포(採藥圃) 上 436
채염(蔡琰) 下 526
채옹(蔡邕) 上 113
채운(彩雲) 上 457
처량(凄涼) 下 140
처처(萋萋) 上 320 下 297
척과영거(擲果盈車) 上 179
척사대회(擲柶大會) 上 288
천(穿) 上 122
천(泉) 下 421
『천가시(千家詩)』 上 64, 107, 143, 164, 192, 316 下 168

천교(遷喬) 上 288
천교(遷橋) 上 288
천맥(泉脈) 上 235
천부지국, 옥야천리(天賦之國, 沃野千里) 上 178
천수시(天水市) 下 216
천애(天涯) 下 519
천인합일(天人合一) 下 251
〈천정사(天淨沙)〉 上 519 下 295
천주(泉州) 下 329
『천중기(天中記)』 上 229
천진(天津) 下 415
천진교(天津橋) 下 415
철리시(哲理詩) 下 381
첩장산방(疊嶂山房) 下 461
청강인(淸江引) 下 367
청광전록빈(晴光轉綠蘋) 上 172
청기(靑旂) 下 460
청녀(靑女) 下 361
〈청명(淸明)〉 上 243
청명 上 324
〈청명상하도(淸明上河圖)〉 135, 267, 289
청명화(淸明火) 上 389
청사(淸祀) 上 99
청운(靑雲) 下 479
청원산(淸源山) 下 329
청유(晴柔) 上 420
〈청창연담(晴窓軟談)〉 上 507
청취(晴翠) 上 319
청한(淸寒) 下 235
청해(靑海) 下 451
청해호(靑海湖) 下 451
초(初) 上 122
초당사걸 上 76

〈초은사(招隱士)〉 ⬆ 193, 478 ⬇ 118
촉(屬) ⬇ 349, 381
촉규(蜀葵) ⬆ 426
촉금(蜀錦) ⬆ 178
〈촉도난(蜀道難)〉 ⬆ 57
〈촉도이(蜀道易)〉 ⬆ 57
촉전(燭剪) ⬇ 248
〈촌가의 사랑방〉 ⬇ 203
촌허(村墟) ⬆ 535
총시(總是) ⬆ 173
최(催) ⬇ 394
최도융(崔道融) ⬆ 361
최시(最是) ⬆ 173
『추구(推句)』 ⬆ 231
추규(秋葵) ⬆ 426 ⬇ 224
추사(秋社) ⬆ 290
추사(秋思) ⬇ 262
추색(秋色) ⬆ 508
〈추성부〉 ⬆ 168
추연(秋燕) ⬇ 265
추총(秋叢) ⬆ 323
〈추포쌍원(秋浦雙鴛)〉 ⬆ 240
춘간(春間) ⬆ 561
춘광선도길인가, 화기자생군자댁(春光先到吉人家, 和氣自生君子宅) ⬆ 131
춘만(春晚) ⬆ 368
춘번(春幡) ⬆ 161
춘병(春餠) ⬆ 106
〈춘사(春社)〉 ⬇ 43
춘사(春社) ⬆ 290
춘색(春色) ⬇ 508
춘승(春勝) ⬆ 161
춘우(春牛) ⬆ 161

〈춘원(春怨)〉 ⬆ 218
춘장(春杖) ⬆ 161
춘초(春草) ⬆ 194
『춘추곡량전』 ⬆ 175
출(出) ⬇ 120
충담(冲淡) ⬇ 289
충주(忠州) ⬆ 294
충현(忠縣) ⬆ 294
취과양주 귤만거(醉過揚洲 橘滿車) ⬆ 179
吹落耳(취락이) ⬆ 91
〈취옹정기〉 ⬆ 168, 315
취차(取次) ⬆ 322
측천무후(則天武后) ⬆ 163, 237, 447
치(治) ⬆ 477
치각(齒角) ⬇ 599
친정(親庭) ⬇ 542
『칠언당음』 ⬆ 200, 316, 370
〈칠월(七月)〉 ⬆ 235, 238 ⬇ 132
칠월 칠석 ⬇ 212
침울돈좌(沈鬱頓挫) ⬆ 428

ㅌ

탁현(涿縣) ⬆ 385
탑상(榻床) ⬆ 125
탑전 정탈(榻前定奪) ⬆ 125
탑전 하교(榻前下敎) ⬆ 125
태백사(太白祠) ⬆ 116
태원(太原) ⬆ 195 ⬇ 132, 167, 384
태을산 ⬆ 69
태주시(台州市) ⬆ 368
택국(澤國) ⬇ 64
『통전(通典)』 ⬆ 180
퇴고(推敲) ⬇ 241

ㅍ

파경(破鏡) 下 465
파산(巴山) 下 246
파산사(破山寺) 上 472
파산야우(巴山夜雨) 下 247
파촉(巴蜀) 上 540
판교(板橋) 上 95
판탕(板蕩) 下 529
패릉(覇陵) 上 300
『패문재영물시선(佩文齋詠物詩選)』 上 279, 348
〈팽총전(彭寵傳)〉 下 90
팽호(澎湖) 下 49
편경홀후신(偏驚物候新) 上 172
편요이변(遍繞籬邊) 下 324
편의(偏宜) 下 272
평림(平林) 下 363
평양 上 268
평천별서(平泉別墅) 上 387
포개(圃開) 下 215
포령휘(鮑令暉) 下 436, 438
포적중(蒲積中) 下 293
포주(蒲州) 上 235 下 167, 302
표돌천(趵突泉) 下 80
표요(飄飖) 下 444
〈표유매(摽有梅)〉 上 354
품국(品菊) 下 291
품다(品茶) 上 363 下 291
풍광선착류(風光先著柳) 上 139
풍교(楓橋) 下 357, 550
〈풍림정거(楓林停車)〉 下 342
풍일(風日) 上 535
〈풍입송(風入松)〉 上 475
풍자시 上 316

풍저(馮著) 上 299
필경(畢竟) 下 52

ㅎ

하(何) 上 146
하간(夏間) 上 561
하규(下邽) 下 347
하남 윤(河南尹) 上 276 下 65
하내(河內) 上 237
하범범(何泛泛) 下 92
하의(夏衣) 下 205
하중(河中) 下 464
하지장(賀知章) 上 148, 200
하진(河津) 下 372
하황(何況) 下 262
한(閑) 上 255
한강(韓康) 上 300
한단몽(邯鄲夢) 下 370
한산(寒山) 下 363
한색(寒色) 下 508
『한선부(寒蟬賦)』 下 124
한성 上 284
한수(漢水) 上 219
한식 上 324
한아(寒鴉) 下 296
한양성 上 284
『한어시율학(漢語詩律學)』 上 564
한유(韓愈) 上 121, 196, 375
한자(韓子) 上 153
한중(寒中) 下 580
한중(漢中) 上 117
한중위(漢中尉) 上 476
함곡관(函谷關) 上 350

함담(菡萏) 下 67
함도(含桃) 上 354
항아(嫦娥) 下 361
항애산맥(杭愛山脈) 下 219
항주 上 262, 268 下 35, 259
해각(海角) 下 519
해국(海國) 下 64
해당(海棠) 上 415
해분(海氛) 下 279
해상(海上) 下 308
해위(解爲) 下 348
행인(行人) 上 322
향국(鄕國) 下 572
향산(香山) 上 404
향산구로회(香山九老會) 上 404
향우지탄(向隅之歎) 上 147
향이문(向夷門) 下 515
허경(虛境) 下 168
허유(許由) 上 191
허중상인(虛中上人) 上 362
허창(許昌) 下 228
헌영(軒楹) 上 204
헐후(歇後) 上 113
혁희(赫曦) 上 542
현토 上 69
혐(嫌) 上 122
형적(形跡) 上 452
혜강(嵇康) 上 475
혜능(惠能) 下 428
혜능(慧能) 下 428
혜원선사(慧遠禪師) 下 535
호계삼소(虎溪三笑) 下 535
호도(糊塗) 上 40

호득생(胡得生) 上 344
호락(濩落) 下 562
호령능(胡令能) 上 534
호문(互文) 上 395 下 288, 382
호방(豪放) 上 323
『호산야록(湘山野錄)』 下 363
호상(湖上) 下 308
『호연재아담(浩然齋雅談)』 上 410
혼(渾) 上 351
혼천의(渾天儀) 上 541
홍승(洪昇) 下 510
홍인(弘忍) 下 428
화(花) 上 351
화각(畵角) 下 409
화갱(和羹) 上 59
화광동진(和光同塵) 上 40
화두(話頭) 上 260
화산(華山) 上 305
〈화석정〉 上 318
화시(花市) 下 64
화욕연(花欲燃) 上 266
화취(畵趣) 上 190
화타(華陀) 上 134
화항(火炕) 下 491
화현(和縣) 上 379
환골탈태 上 450
황강시(黃岡市) 上 467
황공망(黃公望) 上 472
황량몽(黃粱夢) 下 371
황보서(皇甫曙) 下 537
황보악(皇甫岳) 上 213
황봉지(黃鳳池) 下 324
황사랑(黃四娘) 上 401

황애(黃埃) 上 514
황정견(黃庭堅) 上 141
〈황조(黃鳥)〉 上 288
황주(黃州) 上 467 下 173
황촉(況屬) 下 381
황촉규(黃蜀葵) 上 426
〈황학루(黃鶴樓)〉 上 341
황학루 上 282
회남소산(淮南小山) 上 193
회당(會當) 上 186
회룡고조(回龍顧祖) 下 510
회류(回流) 下 92
회박(回薄) 下 224
회양(淮陽) 下 395
회재불우(懷才不遇) 上 297
〈회향우서(回鄕偶書)〉 上 150
후(候) 下 62
훈풍(薰風) 上 417
훤당(萱堂) 上 442
휴수곡(携手曲) 上 166
흘거(歇去) 上 380
흘다거(吃茶去) 上 260
흥(興) 下 143, 425
흥복사(興福寺) 上 472
희곡 下 156
희우(喜雨) 上 175
〈희우정기〉 上 176
〈흰 망아지[白駒]〉 上 379
힐단(詰旦) 下 458

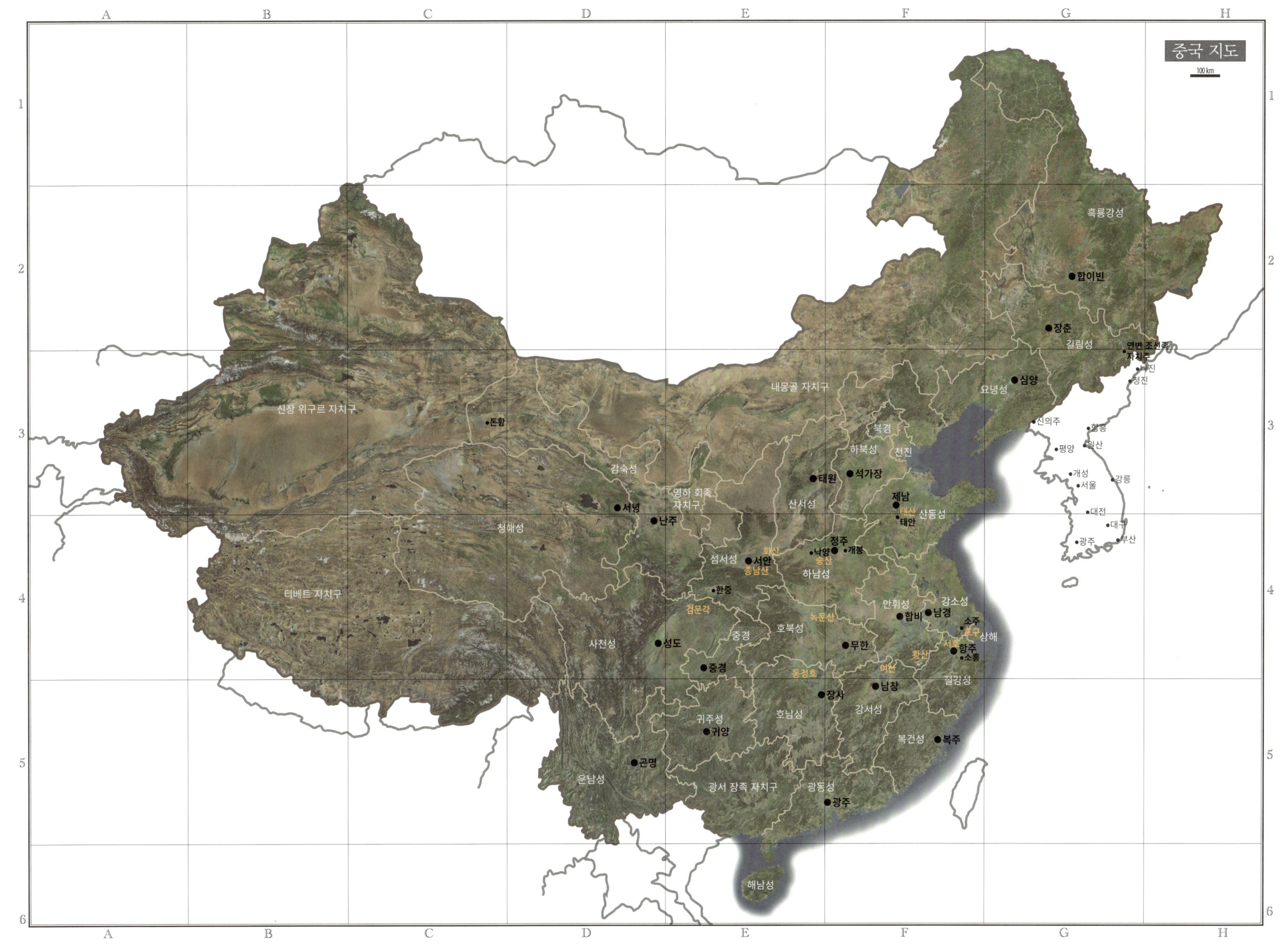

지도 찾기

지명	위치
감숙성	D3
강서성	F5
강소성	F4
개봉	F4
검문각	E4
곤명	D5
광서 장족 자치구	E5
귀양	E5
귀주성	E5
길림성	G2
낙양	E4
남경	F4
남창	F5
내몽골 자치구	E3
녹문산	E4
돈황	C3
동정호	E4
무한	F4
복건성	F5
복주	F5
북경	F3
사천성	D4
산동성	F3
산서성	E3
상해	F4
서녕	D3
서안	E4
서호	F4
석가장	F3
섬서성	E4
성도	D4
소주	F4
소흥	F4
숭산	E4
신장 위구르 자치구	B3
심양	G3
안휘성	F4
여산	F4
연변 조선족 자치주	G3

지명	위치
영하 회족 자치구	E3
요녕성	G3
운남성	D5
장사	E5
장춘	G2
절강성	F4
정주	F4
제남	F3
종남산	E4
중경	E4
천진	F3
태산	F4
태안	F4
태원	E3
하남성	E4
하북성	F3
한중	E4
합비	F4
합이빈	G2
항주	F4
해남성	E6
호구	F4
호남성	E5
호북성	E4
화산	E4
황산	F4
흑룡강성	G2